Sp e cial
Education

U0652183

"十三五"
国家重点图书

教师教育精品教材

特殊教育专业系列

特殊儿童
沟通与交往

雷江华　主编

张振业　刘文丽　副主编

华东师范大学出版社

我国古代思想家荀子曾说："人之生不能无群。"马克思也认为"人是一切社会关系的总和"，这说明社会性是人的本质属性，折射出人在社会中自如地生活需要具备一定的沟通与交往能力。特殊儿童由于自身的障碍，在与他人沟通与交往的过程中或多或少地存在一些困难。这不但限制了他们个人综合素质的提升和优化，而且影响了他们社会融合的进程和效果。因此，学会沟通与交往既是特殊儿童个体有尊严地生活的重要手段，也是特殊儿童融入社会的必由之路。正是考虑到沟通与交往能力的发展对于特殊儿童终身发展的奠基作用，我们结合承担的中国残疾人联合会的课题"信息化进程中残疾人沟通与交往变革研究"以及湖北省教育厅哲学社会科学重大攻关项目"听觉障碍学生语言障碍的认知机制与干预研究"，设计了本书的编写思路。

本书试图实现理论性与实践性的有机结合，在明晰特殊儿童沟通与交往的核心概念和基本理论的基础上介绍了十类特殊儿童的沟通与交往。按照这一思路，雷江华组织编写人员商定了具体的编写提纲并确定了各章编写人员，具体分工如下：第一章，雷江华、陈影、刘礼兰、宫慧娜（华中师范大学）；第二章，冯会（深圳元平特殊教育学校）、贾玲（新疆师范大学）；第三章，王晓甜（华中师范大学）；第四章，黄钟河（华中师范大学）；第五章，孙雯（华中师范大学）；第六章，彭霓（铜仁学院）；第七章，乔蓉、张振业（华中师范大学）；第八章，潘娇娇、李静郧（华中师范大学）；第九章，崔婷（武汉体育学院）、贾玲（新疆师范大学）；第十章，刘文丽（安庆师范大学）；第十一章，王艳、罗司典（华中师范大学）。因本书辅助技术部分涉及医学知识，编写人员邀请了华中师范大学附属医院院长张振业医生参与了各章的编写统稿工作。

本书能得以出版，得到了国家哲学社会科学规划一般项目（15BYY069）以及中国残疾人联合会2014—2015年度课题（2014&22001）的资助，在此表示衷心的感谢！特别感谢华东师范大学出版社吴海红编辑的精心校改！

本书在写作的过程中参阅了大量的文献资料，虽然尽量做到明确标注，但难免挂一漏万，在此对未列入注释和参考文献的作者表示诚挚的歉意。由于时间仓促，撰稿者较多，虽数易其稿，但难免有疏漏及欠妥之处，敬请读者不吝赐教！

编者
2017 年 6 月

目录

第一章　概　　述

　　沟通与交往是人类的基本社会活动,是人与人之间信息、思想、情感的交流过程。特殊儿童因自身障碍在沟通与交往过程中面临诸多现实问题,这不仅影响其良好个性和健全人格的养成,而且限制了其参与社会生活的范围和质量。如何提高特殊儿童的沟通与交往能力是特殊教育领域的重要命题,教育部 2007 年颁布的三类特殊儿童义务教育课程设置实验方案中增设的"沟通与交往"内容就凸显了对特殊儿童沟通与交往能力培养的重视。随着信息化进程的不断推进,信息技术的充分利用,信息资源的逐步开发,信息交流与知识共享使得人们的生活方式发生深刻变革,同时也为特殊儿童的沟通与交往带来了诸多机遇与挑战。因此,如何帮助特殊儿童掌握多元有效的沟通与交往技巧,提高特殊儿童沟通与交往的能力,对于促进其实现全面发展进而更好地融入社会具有重要意义。

第一节　概　念　与　理　念

一、概念界定

　　"沟通"(Communication),《新华字典》释义"沟"指流水道,水沟,像沟的东西;"通"意为没有阻碍,可以穿过,能够达到。《教育大辞典》中,"沟通"亦称"联络"或"通讯",人与人之间传达思想、交换信息,以完成组织目标的过程[①]。目前对沟通还没有一个统一的定义,比较有代表性的观点归纳起来主要有四种[②]:①方法说:是用任何方法彼此交换信息,即指一个人与另一个人之间用符号、电话、电报、收音机、电视或其他工具为媒介,所从事交换信息的方法。②交换说:沟通是文字、文句或消息之交流,思想或意见之交换。③传递说:是什么人说什么,由什么路线传给什么人,达到什么效果。④程序说:沟通可视为任何一种程序,借此程序组织中的一员,将其所决定意见或前提,传送给其他有关成员。观点虽然很多,但综合分析各种观点可总结出沟通的几大要素。首先,沟通主体包括发送者和接收者,沟通是双向的,参与主体的角色不是固定的,不同情境中双方角色可以转换。其次,沟通的内容是信息,信息既可以是语言、文字、图案,还可以是表情、动作等,含义十分丰富。第三,沟通是一个信息交换的过程,这个过程以语言为主要方式,同时表情、肢体动作等非言语手段也发挥着重要作用。最后,沟通是有

---

① 顾明远.教育大辞典[Z].上海:上海教育出版社,1998:693.
② 上海国家会计学院编.沟通与交流[M].大连:大连出版社,2010:97.

结果的,既包括行为过程又包括行为结果①,是要达成某种共识或者结果,不是漫无目的的行为。有学者认为这也正是沟通与交流的区别:交流有沟通的过程,但不一定有"通"之效果②。

沟通根据不同标准可划分为不同类型。黑贝尔斯和威沃尔(Hybels & Weaver)根据沟通的不同层次将其分为自身内沟通、人际沟通、小组中沟通、公共场合沟通和大众沟通③;也有人将沟通分为人际沟通、组织沟通和大众传播④。根据沟通所使用的不同方式分为面对面沟通、电话沟通、网络沟通等不同类型。

"交往",《心理学大辞典》将其定义为人与人之间的信息沟通和物品交换⑤。《教育大辞典》解释为:处于一定社会中的个人之间的关系,是人类特有的社会现象,人们在生产、分配和交换过程中发生经济交往,在此基础上发生政治交往和思想沟通,从而建立与生产相适应的政治关系和意识形态⑥。与沟通一样,交往的定义也有很多,不同学科不同视角对于交往有不同的解释。有研究者总结了当代西方交往理论主要的三种形态:第一种是狭义的交往理论,主要是信息科学和传播学,它把交往作为一种单一的对象,研究交往的图式、交往的系统管道和交往的技术手段等问题;第二种是广义社会学意义上的交往理论,把交往放到社会、文化和历史的大背景中,既关注各种文化网络的交往,也研究个体与社会的交往关系,同时总结认为"这两种交往理论的共同之处在于它们对交往的工具化理解,即把交往仅仅看作是人与人之间沟通和交往的一种手段、工具";第三种是哲学意义上的交往理论,最主要的特点是不仅认为交往是人与人之间沟通的手段,更强调交往是人的生存方式或生活方式⑦。

沟通与交往既相互区别,又相互联系,事实上我们很难严格区分沟通与交往。从这个意义上说,交往似乎是比沟通更广涵的概念,交往包括沟通。张东娇则认为"交往是以沟通和理解为目的的行为,交往是沟通和理解发生的前提,有沟通一定意味着有直接或间接的交往发生,有交往也一定有沟通的目的,但却不一定有沟通的结果"⑧。沟通与交往的区别可以大致概括为:交往更侧重于行为活动层面,而沟通强调信息交换的过程,更侧重于语言符号系统;交往有沟通的目的,但不一定有沟通的结果。同时,沟通和交往又是密不可分的,只有在沟通的基础上,交往的双方才能明白对方的意图,进而对是否继续交往做出判断和决定,因而,从某种意义上说,沟通是交往的一个间接目的,不达到沟通,交往就没有效果⑨。沟通与交往的相互联系表现在:都有参与主体;都有直接和间接两种方式;都以语言为主要方式,但非言语方式也发挥着重要作用;都是为了达成一定的目的,比如共识、理解、行动等。

---

① 上海国家会计学院编.沟通与交流[M].大连:大连出版社,2010:97.
② 张东娇.简论沟通及其教育价值[J].教育科学,2002(1):4—7.
③ [美]黑贝尔斯,威沃尔.有效沟通[M].李业昆,译.7版.北京:华夏出版社,2005:3—24.
④ 上海国家会计学院编.沟通与交流[M].大连:大连出版社,2010:98—99.
⑤ 林崇德,杨治良.心理学大辞典[Z].上海:上海教育出版社,2003:598.
⑥ 顾明远.教育大辞典[Z].上海:上海教育出版社,1998:693.
⑦ 岳伟.交往理论的教育意义探索[D].武汉:华中师范大学,2002:7.
⑧ 张东娇.简论沟通及其教育价值[J].教育科学,2002(1):4—7.
⑨ 顾明远.教育大辞典[Z].上海:上海教育出版社,1998:693.

综上所述,在探讨特殊儿童沟通与交往能力时,我们更倾向将沟通与交往作为一个整体,这个整体不仅包括语言符号系统的活动,也包含行为层面的活动,是一个复杂的、整合的过程,而语言沟通和社会交往行为是其中最重要的两个方面。特殊儿童①的沟通与交往是指身心发展上有障碍的儿童通过言语和非言语等多种方式,借助各种硬件、软件辅助技术来交流信息、传递和反馈思想与感情的过程。

值得注意的是,特殊儿童的沟通与交往中对于媒介技术的依赖十分明显。在特殊儿童的沟通与交往中,媒介主要是指特殊儿童与周围人进行信息、思想、情感交流时所借助的工具和手段,尤其体现在对各种硬件、软件辅助技术的应用上,比如听障儿童的人工耳蜗植入技术等。特殊儿童及其周围的人借助这些辅助技术可使沟通与交往达到更好的效果。

二、基本理念

随着经济社会的快速发展,特殊教育事业近年来取得了很大的进步,"融合教育"的思想理念越来越深入人心,普特合一的教育模式也被越来越多的人所肯定和接受。特殊儿童的沟通与交往作为特殊儿童教育的一个重要方面,除了具有特殊教育的一般特点之外,还呈现出自己独特的理念和思想。

(一) 以人为本

"以人为本"是人本主义思想在教育领域的具体体现,意味着教育活动要一切以学生为本。人的本质在其社会性,沟通与交往是人类实现自身发展及适应社会的重要途径,重视沟通与交往能力本身也是以人为本的体现。特殊教育因其对象的特殊性,更要贯彻"以人为本"的理念,具体来说就是特殊教育活动要以特殊儿童的需要为出发点;活动的主体是特殊儿童,而不是教师、家长或其他人;目的是为了特殊儿童的全面发展。

特殊儿童沟通与交往中以人为本理念主要体现在:第一,注重特殊儿童的个别差异。不同障碍类型的特殊儿童在沟通与交往方面面临不同的问题,有着不同的需求,即便是同一种障碍类型的特殊儿童因其障碍程度的差异也有不同的特点,所以更要关注特殊儿童的个别差异,从具体实际出发,分析每一个特殊儿童沟通与交往的特点,开展合适的教学和实践活动。第二,突出特殊儿童的主体地位。要充分尊重和发挥特殊儿童在沟通与交往活动中的主体作用,教师、家长、社会工作者等人员是促进者、协调者、辅助者,不能越俎代庖,要让特殊儿童自己去实践、去尝试。第三,目的上着重特殊儿童的社会适应和全面发展。特殊儿童的沟通与交往最终是为了促进特殊儿童的社会融合,提高特殊儿童的社会适应能力,帮助实现特殊儿童的全面发展。

(二) 综合沟通

综合沟通理念主要是指沟通与交往的方式、对象、途径、策略等的多元化和综合性。

---

① 这里的特殊儿童的年龄划分根据《联合国儿童权利公约》的相关规定,是指0—18岁的在身心发展上存在障碍和特殊需要的儿童。

联合国.儿童权利公约[EB/OL].[2015－11－05]. http://www.un.org/chinese/esa/social/youth/children.htm.

特殊儿童由于自身缺陷及种种原因,沟通与交往的方式、策略和对象较为单一,进行沟通与交往的途径和范围也较为狭窄,效果并不理想。因此,在特殊儿童的沟通与交往中重视并坚持综合沟通的理念显得尤为重要。我们不仅要继续提高特殊儿童运用口语、书面语等语言符号系统的能力,还要培养特殊儿童通过理解和调控面部表情、肢体动作、人际距离等多种方式进行沟通的能力;不仅要在综合性特殊学校、专门性特殊学校中,还要在资源教室中,在普通学校普通班级中;不仅要在学校中,还应在家庭中,在不同家庭之间;不仅要通过教师的课堂讲授,更要通过在日常社会环境中的实践活动来进行沟通与交往;不仅要依托教学和实践获得的知识、技能,还应该通过各种硬件、软件技术的辅助来帮助特殊儿童的沟通与交往达到更好的效果;不仅要在现实社会中,还应帮助特殊儿童学会在虚拟的网络社会中进行沟通与交往,提高其运用信息技术、适应网络社会的能力。

(三) 科技辅助

特殊儿童的沟通与交往是一种与周围人通过各种方式进行信息、情感、思想交流与传播的过程。特殊儿童的特殊性在一定程度上限制了其沟通与交往的范围,影响了沟通与交往的效果,因而更需要科技辅助。当今时代信息技术发展的日新月异为特殊儿童沟通与交往辅助技术的研发和应用提供了前所未有的机遇,对科技的依赖和应用是特殊儿童沟通与交往的一个显著特点。与信息传播紧密联系的一个概念是“媒介”,媒介的本质是传递信息的工具,是在人与外部世界之间嵌入的中介[1],作为中介,媒介一边连接着外部世界的各种信息,另一边连接着作为传者/受者的人,连接着他们的感官和思维活动。特殊儿童沟通与交往中科技辅助主要体现在各种媒介技术对于信息传播及其过程的影响。第一,科技促进传播符号的发展,如文字、声音、图片、图像等的综合使用,以更加直观生动的、更易于接受的方式作用于特殊儿童。第二,科技对传播载体的影响。传播载体是承载、传递和接收信息符号的技术工具[2],包括以印刷术、广播、无线电视、互联网等为代表的信息技术的进步,以及像纸张、收音机、电视机、手机、电脑等接收信息的终端设备的发展,这些都对特殊儿童沟通与交往过程中信息的传播速度、传播范围、信息容量等产生变革性的影响。第三,科技促进传播方式的变革。传播方式是传播载体与受众之间形成的信息“传递—接收”的活动方式[3],具体体现在信息传播从线性的单向传递向交互传递的方向发展,传播方式的变革极大地拓展了特殊儿童沟通与交往的范围和参与度;终端信息呈现方式日益多样和复杂,特殊儿童获取信息的渠道更加多元,除了直接从他人身上得到信息,电视、电脑、报刊等为他们了解世界提供了更多的选择;辅助技术对接收终端信息的人体感官功能的发展和延伸,比如听障儿童的人工耳蜗植入技术使得听障儿童可以依靠人工耳蜗来接收外界信息,视障儿童的盲文打印机、Daisy 阅读器等也使视障儿童的识字、阅读、写作更加便捷。

---

[1] 陈作平.媒介分析[M].北京:中国人民大学出版社,2014:4.

[2] 同上,4—5.

[3] 同上.

（四）社会融合

社会融合这一概念在政府机构和社会政策研究中屡见不鲜。2003 年欧盟在关于社会融合的联合报告中对社会融合做出如下定义：社会融合是这样一个过程，它确保具有风险和社会排斥的群体能够获得必要的机会和资源，通过这些机会和资源，他们能够全面参与经济、社会和文化生活以及享受正常的生活和在他们居住的社会中应该享受的正常社会福利[①]。沟通与交往是特殊儿童进行正常社会交往、参与社会生活的基本途径，最终目的也是为了促进特殊儿童向主流的、普通的社会环境回归，即促进特殊儿童的社会融合。社会融合的思想体现在特殊儿童沟通与交往过程的方方面面。从对象上来看，特殊儿童与其他特殊儿童、家长、教师、普通儿童以及其他的社会人员交往；从方式来看，特殊儿童除了使用手语、盲文等为特殊儿童专门设计开发的特殊的沟通与交往方式，对普通人在日常生活中经常使用的如口语、书面语、肢体动作、面部表情等方式也有着强烈需求，这能帮助增进特殊儿童与普通人之间的理解；从环境方面来看，特殊儿童沟通与交往不再局限于传统的、隔离的、受限制的环境中，越来越多的特殊儿童进入普通班级、普通学校，进入社区，走进普通人生活的社会环境中，他们的沟通与交往变得越来越"正常"。也就是说，特殊儿童的沟通与交往总是力求在普通的社会环境中，面向所有的社会对象，使用正常的、普通的社会沟通与交往方式，追求平等宽容的社会融合。在这种融合的环境中，特殊儿童所学的关于沟通与交往的知识、技能、观念等更能满足自身需求，具有更高的实用性，因而对于特殊儿童融入社会具有更重要的价值和意义。

三、意义

（一）个体意义

第一，沟通与交往有利于特殊儿童自我意识的发展。自我意识是指个体对自己以及自己和他人的关系的认识，它由自我认识、自我体验和自我控制三种心理成分构成[②]。在沟通与交往中，特殊儿童通过和他人的互动不断调节对自身的认识和评价、需求和动机，学会更客观地认识自己的优点和缺点，学会正确看待学习生活中的成功与失败；获得更全面的自我体验，形成积极的态度和情感，如自信、自尊、成就感和满足感等；并且学会对自身行为和心理活动进行自觉的、有目的的调节和控制，形成坚定的意志和良好的自我控制能力，学会悦纳自己。自我意识的发展有利于特殊儿童良好人际关系的建立和维持。第二，沟通与交往有利于促进特殊儿童的社会化。社会化是指个体形成适应社会的人格并掌握社会认可的行为方式的过程[③]，个体道德的发展是其中一个主要方面。特殊儿童沟通与交往的对象不仅是像自己一样的特殊儿童，还包括自己的家庭、别的家庭、教师、普通儿童等。同时他们不仅在家庭里，也在学校中、社会中进行沟通与交往，与普通儿童一样，特殊儿童在和别人的相互作用中不断扮演各种社会角

---

① 嘎日达，黄匡时.西方社会融合概念探析及其启发[J].理论视野.2008(1)：47—49.

② 陈琦，刘儒德.教育心理学[M].2 版.北京：高等教育出版社，2011：55—57.

③ 彭聃龄.普通心理学(修订版)[M].北京：北京师范大学出版社，2004：522.

色,从而使得他们能够亲身实践其他角色,体验他人在各种情况下的内心情感,获得与他人相同或相似的体验,理解应该有怎样的态度和行动。在与他人的互动中,特殊儿童逐渐学会理解社会对不同角色的期望,按社会对该角色的要求去行动,成为履行不同角色责任和义务的角色,他们不断习得、内化社会认可的各种规范和道德、行为准则,并最终以这些道德准则来指导自己的行为,从而不断实现自身的社会化。第三,沟通与交往有利于帮助特殊儿童实现人生价值。人的价值就是作为客体的人的认识和实践活动对作为主体的人的各种需求的满足,包括社会价值、个人价值和自我价值①,简单地说就是"我能为他人和社会做什么"、"他人和社会能为我做什么"以及"我能为我自己做什么"。特殊儿童作为需要的主体,有其自身的需求,在与他人和社会的沟通与交往中,从他人和社会那里获得需求的满足(个人价值的实现);另一方面,它又是需要的客体,在与周围人的沟通交往过程中,又以其自身的存在和实践活动来满足他人和社会的需求(社会价值的实现);另外,就特殊儿童自身来说,他又要作为客体通过自身的各种认识和实践活动来满足自身那些社会和他人无法给予满足的需求(自我价值的实现)。

(二) 家庭意义

特殊儿童的沟通与交往对于特殊儿童家庭也具有重要意义。第一,促进亲子关系、家庭关系的和谐,主要体现在三个方面:①促进家人理解特殊儿童。例如有的家长因为孩子自身的障碍,可能会过于关注孩子某一方面的问题,而忽视其他方面的发展。如果特殊儿童与家长之间的沟通与交往富有成效,可以帮助家长学会平等地看待儿童,不过分保护他们,也不过分低估他们的能力和发展的可能性,学会倾听他们的想法和心情,信任他们,正视他们的潜力和发展的可能性。②促进特殊儿童理解家人。特殊儿童由于自身的缺陷,在性格上可能比较封闭、自卑,不敢或不擅长与人交流,这些对于他们的发展是不利的。家长在与儿童的沟通与交往中向他们表达自己的真实想法、希望和期待,表达爱意和关怀,儿童在此过程中逐渐学会主动去和家长进行沟通与交往,不断调整对家长或父母的态度,学会理解家人的合理期待,理解家人的矛盾和难处,加深对家人的爱意和情感依赖,促进亲子间关系的和谐。③促进特殊儿童与家人之间的相互理解。特殊儿童与家长间的沟通和交往是一个相互作用的过程,这种相互作用有利于促进特殊儿童和家长了解彼此的真实想法,并不断地尝试设身处地理解对方,有利于促进特殊儿童家庭关系、亲子关系的和谐。第二,特殊儿童的沟通与交往还可以提高家庭或家长参与特殊儿童教育的主动性和有效性,有利于家长与学校形成教育合力,帮助特殊儿童更全面地掌握沟通与交往的有效技巧,提高特殊儿童沟通与交往的能力,并最终帮助特殊儿童实现自身的全面发展。例如很多特殊儿童的家长都有想帮助孩子学习和生活的意愿,但苦于没有正确的方法和策略,不知如何下手,通过与儿童之间的沟通与交往,家长可以了解和掌握更多的、更真实的有关孩子观念、情感、态度、能力、社交等方面的信息,而这些信息在学校中却是很难观察到的,家长可以多和教师交流这些信息,同时也能从教师那里了解到更多的关于孩子在学校中的情况。"能够提供帮助并且帮得上忙"这种认知有利于提高家长参与特殊儿童教育的主动性和有效性,有效的"家校

---

① 胡万钟.从马斯洛的需求理论谈人的价值和自我价值[J].南京社会科学,2000(6):25—29.

合作"对于特殊儿童的发展十分重要。

（三）社会意义

一方面,特殊儿童沟通与交往能力的提升有利于促进社会和谐。一个和谐的社会,必定是一个人人平等享有教育权的社会,是一个多方面和谐发展的社会①。重视特殊儿童的沟通与交往,帮助特殊儿童掌握沟通与交往的多元技巧,提高特殊儿童沟通与交往的能力,让特殊儿童和社会其他成员一样能够平等参与社会生活、进行正常的社会交际,帮助特殊儿童融入主流社会,这些都体现了社会民主的发展。同时在沟通与交往中,特殊儿童不断树立文化多元和文化包容的观念,促进其与不同社会群体间的文化认同,有利于推动社会主义和谐社会的发展。另一方面,从人力资本理论的角度看,有助于培养特殊儿童成为优质的人力资本,促进经济社会发展。在隔离的或受限制的环境中,特殊儿童和周围人缺乏沟通和交往,人们对特殊儿童缺乏正确的了解,更倾向于把特殊儿童看成是残疾、残障、有缺陷的人,忽视他们其他方面的才能,很多特殊儿童的能力可能被埋没,得不到充分展现;并且在这种受限制的环境中,特殊儿童也主要是依靠家庭或者社会帮助,其所能创造的物质财富非常有限。沟通与交往能力的提升,对于特殊儿童知识、技能、情感价值观等方面的发展都大有裨益,能激发他们的潜能,使他们更加适应普通的甚至竞争性的社会工作环境,使他们能像普通人一样参与社会生产,例如,盲人从事乐器调音工作,盲人按摩等。

（四）教育意义

第一,有利于进一步发展和完善特殊教育理论,主要体现在特殊教育课程、教师专业发展等方面。2007年教育部发布《聋校义务教育课程设置实验方案》,增设沟通与交往课程,旨在帮助聋生掌握多元的沟通交往技能与方式,促进聋生语言和交往能力的发展②。然而时至今日,很多聋校的沟通交往课却还没有统一教材、没有专门的沟通与交往课的教师、没有特定的教法,盲校、培智学校的义务教育课程设置实验方案中增设的沟通与交往内容也并没有在实践中发挥应有的作用③。在特殊儿童沟通与交往的方式、途径、辅助技术、策略等方面进行有益探索,对特殊儿童沟通与交往课程的建设有重要的借鉴意义。同时,关于特殊儿童沟通与交往的基础理论、教学策略、案例指导、辅助技术等方面的知识,任课教师也可以得到相对专业的培训,有利于沟通与交往课程教师的专业发展。另外,对于特殊儿童沟通与交往的研究,还可以促进特殊教育其他领域,如特殊教育立法的发展。第二,进一步丰富和发展特殊教育实践。特殊儿童沟通与交往的特殊教育实践一个最大的特点就是紧密联系特殊儿童的实际生活,即来源于实际生活、在实际生活中进行、为了改善实际生活中的种种沟通与交往问题。特殊儿童在进行沟通交往时将学到的知识和技能运用于实践,并通过实践检验这些内容的有效性,不断发现问题、解决问题、再发现问题、再解决问题,这是一个不断实践、不断改善的反复的过程,因此必然不断推动特殊教育中关于特殊儿童沟通与交往实践的丰富和发展。

① 李欢,肖非.论特殊教育与构建和谐社会的关系[J].中国特殊教育,2009(7):14—18.
② 教育部.聋校义务教育课程设置实验方案[J].现代特殊教育,2007(3):8—10.
③ 柯琲.听障学生沟通与交往课程在综合性特殊教育学校实施现状与对策研究[D].武汉:华中师范大学,2015:1,8.

同时,特殊儿童的沟通与交往也有利于"大特殊教育"观的践行。"大特殊教育"观认为特殊教育不应局限于某一学科、局限于特定的群体,而主张不同学科、不同人员之间的通力合作以促进特殊教育的发展。特殊儿童的沟通与交往要求各方参与和跨学科合作,在沟通与交往的内容、方法、策略、辅助技术等的选用上,学校、教师、家长以及其他相关机构组织要相互交流、相互合作,进一步明确各自的职责和义务,要积极吸取相关学科的有益经验,推动特殊儿童沟通与交往取得更好的效果。

第二节　理论基础

特殊儿童的沟通与交往有着丰富、坚实的理论基础,涉及诸多学科,同样,与特殊儿童沟通与交往相关的一些具体理论实际上也关涉到不同的学科,例如,需要理论既涉及心理学,也和社会学、管理学联系紧密。因此,鉴于这种学科背景交互融合的特点,下面将从具体理论的角度来探讨特殊儿童沟通与交往的理论基础。

一、人权理论

什么是人权? 简单地说就是指在一定的社会历史条件下每个人按其本质和尊严享有或应该享有的基本权利。人权理论中最为核心的两个概念就是平等和自由。平等权是指特殊儿童应享有和其他普通人同等的接受教育和进行正常社会交往等活动的基本权利;自由指的是特殊儿童在享受这些基本权利时不受他人的干涉和侵犯。特殊儿童的权利维护经历了从生存权到教育权,再到人格权[①](融入社会生活的各项权利)等一系列的演变过程。在古代社会,特殊儿童的生存权很难得到保障。特殊儿童教育权的维护经历了从孤立到隔离,再到整合,进而发展到融合的历史演进过程,这与融合教育的发展密切相关。而对特殊儿童人格权的维护,某种意义上可以说是对融合教育的拓展与深化,把对特殊儿童权利的维护从教育权延伸到了社会生活的人格权这一更加广泛的视野上。对特殊儿童的生存权到教育权,再到人格权的维护、保障的发展与人权运动关于特殊儿童或残疾人群体权利维护的发展密切相关,因此从人权运动发展的基本线索中可以一窥特殊儿童权利维护和保障的演变历程。

人权运动的基本线索是：1948 年联合国的《人权宣言》提出受教育是人的基本权利。1971 年,联合国通过了《弱智儿童权利宣言》,1975 年联合国签署的《障碍者权利宣言》(Declaration on the Rights of Disabled Persons)中指出："障碍者有维持人类尊严的基本权利。身心障碍者不论他们的出身、障碍的性质和严重程度,都应享有与其他同龄公民一样的基本权利,也就是拥有一个正常而充足的生活的权利。"1979 年 12 月,联合国通过第 34 次大会决议,确定 1981 年为国际残疾人年,其口号为"机会均等与全面参与"(Full Participation and Equality),呼吁全世界的人都能正视残疾人的基本人权,共同

---

① 这是 1979 年"国际儿童年"特别强调的观念,即对特殊儿童不仅要给予教育,同时对他的人格应予以尊重,不仅不要歧视,还应让他有参与各种活动的机会。详见柳树森.全纳性教育[M].武汉:武汉出版社,1998:4.

致力于开展残疾人的教育福利及康复工作,使残疾人能充分参与社会生活,并分享因社会经济进步所带来的现代生活的改善①。1989 年联合国通过的《儿童权利公约》提出:国家承认儿童受教育的权利,在平等的基础上逐步使儿童实现这一权利,并且提出一些具体做法;同时提出国家应鼓励教育领域的国际合作。1993 年联合国的《障碍者机会均等实施准则》(Standards Rules on the Equalization of Opportunities for Persons with Disabilities)第 6 条不仅肯定了残疾儿童、青年人以及成年人享有平等的受教育机会,而且进一步提出,这部分人的教育应该在残疾学生和其他学生融合的学校环境,或者普通学校中进行②。2000 年在国际残疾日,障碍者权利运动的口号是"所有关于我们的事情,我们都要参与"(Nothing About Us,Without Us)。2008 年 5 月 3 日,联合国《残疾人权利公约》正式生效,全球约 6.5 亿残疾人的权利从此以国际公约的形式受到保障。其基本宗旨是促进、保护和确保所有残疾人充分、平等地享有一切人权和基本自由,并促进对残疾人固有尊严的尊重,其核心内容是确保残疾人享有与健全人相同的权利③。

沟通与交往不仅是特殊儿童平等地享有受教育权的要求,也是特殊儿童自由、平等进行社会交往、参与社会生活的要求。特殊儿童的沟通与交往是与人权运动以及融合教育的发展息息相关的,也就是说,对于特殊儿童的沟通与交往的关注和重视也经历了一个循序渐进、不断发展的过程。在早期,人们主要关注特殊儿童的身体缺陷、残疾、障碍以及如何治疗、康复等方面的问题,着眼点在如何保证特殊儿童的生存上;随着人权运动的进一步发展,人们认识到特殊儿童也有受教育的需要,有像普通学生一样接受正规学校教育的权利和要求,这是受教育权;在回归主流、融合教育等国际教育思潮的影响下,越来越多的人开始注意到特殊儿童不仅要生存、要受教育,更要生活,应享有和普通社会公民一样的平等地进行社会交往、建立社会关系、参与社会生活的权利和需要,他们需要与普通人同等的尊重和关注,这是对于特殊儿童人格权的尊重和维护,即对特殊儿童不仅要给予教育,同时对他的人格应予尊重,不仅不要歧视,还应让他有参与各种活动的机会④。对特殊儿童的权利的维护和保障是不断向前推进的,保障特殊儿童享有其他公民一样的基本权利,拥有正常的、充足的参与共同社会生活的权利,已经逐渐成为全社会的共识。

二、交往理论

哲学上的交往不同于信息学和传播学,或者社会学上的交往,哲学意义上的交往主要特点在于不仅认为交往是人和人进行沟通的手段,更重要的是强调交往是人的生存方式或生活方式⑤。交往理论比较有代表性的是马克思的交往理论、哈贝马斯的交往行为理论以及雅斯贝尔斯的交往理论。

---

① 台湾特殊教育学会.特殊教育课程与教学[M].台北:心理出版社,1987:26.
② 联合国教科文组织编.全纳教育共享手册[M].陈云英,杨希洁,赫尔杰译.北京:华夏出版社,2004:14.
③ 雷江华.融合教育导论[M].北京:北京大学出版社,2012:30.
④ 同上,29.
⑤ 岳伟.交往理论的教育意义探索[D].武汉:华中师范大学,2002:7—8.

(一) 马克思的交往理论

马克思所说的交往含义比较宽泛,不仅包括生存过程中由所有制和分工导致的人与人之间的交换关系,还涵盖了运输、交通、贸易往来、金融等各种形式在内的内容,它是一个总体性的范畴,包括物质性的交往和精神性的交往①。他所指的交往与社会生产密不可分,满足人的生活需要的物质生产活动是一切人类生产的前提,"人们为了能够'创造历史',必须能够生活。但是为了生活,首先就需要衣、食、住及其他东西。因此人类的第一个历史活动就是生产满足这些需要的资料,即生产物质生活本身"②,这种生活的生产表现为双重关系,一方面是自然关系,一方面是社会关系,同自然发生的关系是生产过程,同社会发生的关系就是人们彼此交往的过程③。因此,从马克思的理论来看,他认为交往是和生产相互作用的,人类进行交往的需要源自于生产的需要,而生产的过程又是人类进行相互交往的过程。

在马克思看来,人的发展(即人的全面发展)就是"作为一个总体的人,以一种全面的方式,占有自己的全面的本质",具体地体现为人的社会关系、人的活动及能力、人的需要、人的素质及人的个性的发展上④。交往与人的发展关系体现在:第一,交往促进人的本质的生存与发展,即人的社会关系的产生和发展、人的劳动能力的发展、人的需要本质的生成和发展等,是随着人的交往活动的发展而发展的。第二,交往为人的发展创造了客观条件。交往促进生产力的发展,为人的发展提供物质条件;交往促进社会关系、社会制度的变革,为人的发展提供社会条件。第三,交往促进人的主体意识的生产和发展⑤。另外,根据马克思的观点,人类的普遍交往是个人全面发展的基础。"人类历史从根本上说是人的活动,人的全面发展就依赖于人的活动的广度和深度的不断拓展。而人作为社会的人,是在社会关系中生存和发展的,社会关系实际上决定着一个人可以发展到什么程度。"⑥具体表现为,个人关系的全面性以普遍交往为基础;普遍交往是个人全面而丰富的需要产生和满足的前提;普遍交往条件下的个性解放要求个人本身才能的全面发挥。特殊儿童的沟通与交往,有利于促进特殊儿童的社会关系、劳动能力、需要的生成和发展,促进特殊儿童主体意识的发展,促进特殊儿童最终实现全面发展,并为这种全面发展提供物质的和社会的客观条件支持。

(二) 哈贝马斯的交往行为理论

哈贝马斯发展了马克思关于交往的观点。哈贝马斯认为,"交往是主体间通过符号协调的一种相互作用,它以语言为媒介,以人与人之间的相互'理解'和'一致'为核心,以确立统一、有效的社会规范为归宿"⑦。哈贝马斯将人的行为分为两类,一类是"工具性行为",即"目的—手段"合理行为,指的是人与自然的关系,强调人利用工具达到认识、改造自然的目的;另一类是交往行为,是交往参与者遵循有效的规范,保持社会一体

---

① 岳伟.交往理论的教育意义探索[D].武汉:华中师范大学,2002:9—10.
② 中共中央编译局译.马克思恩格斯全集(第3卷)[M].北京:人民出版社,1960:31—33,24.
③ 姜爱华.马克思交往理论研究[M].北京:知识产权出版社,2009:106.
④ 刘明合.交往与人的发展:基于马克思主义的视角[M].北京:中央编译出版社,2008:20.
⑤ 同上,20—53.
⑥ 姜爱华.马克思交往理论研究[M].北京:知识产权出版社,2009:128.
⑦ 同上,134.

化的行为,是主体间相互理解的行为①。哈贝马斯的这两种行为与马克思的生产和交往行为是相应的,其交往行为理论的构建得益于马克思的交往理论。

哈贝马斯交往理论的基本框架:交往理论的基本原则是交往理性;交往行为的主体是语言生成的个人;交往行为发生在生活世界中(背景);商谈伦理学是交往行为的规范;交往行为最终在于形成一个理想的交往共同体——世界公民社会②。尽管对于哈贝马斯的交往行为理论褒贬不一,有人认为他的交往实际上颠覆了马克思基于物质生产关系实践的交往,而把交往看成是一种依靠语言系统的精神的行为;也有人认为他建立"世界公民社会"这一理想的交往共同体的想法,只能是一种现实世界的乌托邦,因为在阶级矛盾、国际冲突不断加剧的情况下,要求国家以世界公民权利为基础,放弃对个体权利的调控,是不切实际的。但不管争论如何,哈贝马斯的交往行为理论的确意义重大。首先,他对话语交往行为的界定,丰富了交往理论的研究视域。第二,重新界定理性,实现了对交往行为的思维方式的变革。面对技术主义不断膨胀带来的"人"的失落,哈贝马斯没有走向非理性和彻底的反理性,也不是进行悲观主义的理性批判,而是认为唯有发展理性,才能捍卫理性主义,他提出从语言哲学上来拯救一种怀疑主义和后形而上学的但并非悲观主义的理性概念,即交往理性。第三,分析生活世界的殖民化,体现出强烈的社会批判精神。哈贝马斯认为资本主义经济的发展及其对"科技进步"的盲目乐观信仰造成了生活世界的结构性变化,公共领域的自由和理性原则愈来愈被政党、权威、国家所控制,公众逐渐丧失了自由表达意愿的权利,理性愈来愈被局限于目的—手段的关系,萎缩成工具理性,交往行为因此逐渐被工具行为所取代,生活世界走向殖民化。最后,建构商谈伦理学,认为道德律令、社会规范可以通过主体之间的平等理解、交往与商谈建立起来,提供了解决交往异化的新思路③。

(三) 雅斯贝尔斯的交往理论

雅斯贝尔斯从个体生存的意义上理解交往,他认为人的生存是自由的,个人只有在与他人的交往中才能获得真正的自由。他将交往分为两种类别,即"实存的交往"(Daseins Kommunikation in Existencee)和"生存的交往"(Existentille Kommunikation)④,人的交往是一种从经验性的"实存交往"走向超验性的"生存交往"的过程⑤。从狭义上说,实存交往可以分为三种形式,不同形式的交往,形成不同层次的人与人之间的理解共同体。第一种是人作为独立的个体,人与人完全对立,失去共性,人把他人当作客体、当作物来使用,这种交往是手段—目的性的交往,即交往是为了达到某种目标;第二种是个人完全融于集体中,使自己的意识与普遍意识相等同,在交往中努力去模仿他人和集体,最终实现所有人的平均化;第三种就是理念支配下的交往,每个人的理智都服从

---

① 岳伟.交往理论的教育意义探索[D].武汉: 华中师范大学,2002: 10.

② 姜爱华.马克思交往理论研究[M].北京: 知识产权出版社,2009: 135—157.

③ 同上,157—168.

④ 这里的"实存的交往"和"生存的交往"引自华中师范大学岳伟老师的硕士论文《交往理论的教育意义探索》(2002)。对雅斯贝尔斯关于交往的分类,不同学者有不同的译法。李百玲在《晚年马克思恩格斯交往观研究》(2009)一书中分别将其译为"此在交往"和"生存交往",也有将其分别译为"生存的交往"和"存在的交往"。

⑤ 李百玲.晚年马克思恩格斯交往观研究[M].北京: 中央编译出版社,2009: 229.

于具有普遍合理性的规范,由此进一步使该共同体产生一个处于高度集中化的整体性之中的理念①。实存的交往构成了人类日常生活的基础,但没有从人的本质属性上来理解交往的本质和价值。雅斯贝尔斯认为交往的价值不在于其外在的物理作用,而在于它的精神价值,即在促进人的自由的全面实现上的价值。"生存的交往"是一种精神交往,人在交往中作为独立、自主的个体,既不丧失于他人之中,也不与他人相对立,而是在保持自己的人格、个性和自由的同时又把自己的心昭示给他人,理解他人内心,彼此达到心灵相通,这个过程他称作"爱的斗争"②。

可以看出,马克思、哈贝马斯和雅斯贝尔斯对交往理论的论述角度不同:哈贝马斯和雅斯贝尔斯所谈的交往主要是指精神层面的,哈贝马斯理想的完美交往是指在理想的言说语境下所达成的一种非强迫性的共识,雅斯贝尔斯的生存交往主要是"爱的斗争",而马克思所谈的交往要更宽泛一些,主要是指与物质活动相关联的,是以人的物质生产条件为基础的,交往关系是人与人之间的一种实践关系。但他们思想的共通之处在于:首先,都认为真正的交往是人与人的相互作用,是人的本质力量的相互作用。其次,都赋予了交往极大的意义与价值,在交往中,交往的双方在认识自己、完善自己的同时也使对方得到完善。最后,都把交往看作人的一种存在方式,人存在着就必然交往着,孤立的个人是不存在的③。

交往理论对于特殊儿童的沟通与交往具有深刻意义。首先,特殊儿童作为社会的人,交往是一种存在方式,沟通与交往是特殊儿童必需的。其次,特殊儿童的沟通与交往是特殊儿童与周围环境的相互作用,在这种相互作用中特殊儿童及其交往的对象都在不断认识自己、完善自己,同时也使对方不断完善,要充分肯定交往对于特殊儿童的发展的巨大意义和价值。

三、需要理论

需要,就是有机体缺乏某种物质或受到某种刺激,特别是受到强烈刺激时产生的一种主观状态,是有机体特有的一种寻求自我保护和自我发展的心理倾向④。简单地说,需要就是人对某种目标的渴求或欲望。人在不断满足最基本的生存需要的前提下,不断产生各种新的、高层次的需要以推动人的行为,推动人的发展。需要具有广泛性、关联性、反复性、竞争性、发展性和差异性等特点。社会性是人的本质属性,进行人际互动、建立关系、进行沟通与交往是人的一种基本需要,许多理论都对人的这一需要进行了研究。

(一) 需要层次理论

美国心理学家马斯洛提出需要层次理论,他将人的需要分为生理需要、安全需要、社交需要、尊重需要和自我实现的需要五种。社交需要也称归属与爱的需要,是指个人

---

① 岳伟.交往理论的教育意义探索[D].武汉:华中师范大学,2002:8—9.

② 同上,8—9.

③ 同上,8—11.

④ 姜琳.交流心理学[M].北京:清华大学出版社,2008:46—47.

渴望得到家庭、团体、朋友、同事的关怀爱护理解,是对友情、信任、温暖、爱情的需要[①]。社交需要比生理和安全需要更高一级,也更难捉摸,可以说,社交需要是人作为社会人的一种基本需求。按照马斯洛的观点,这五种需要是由低到高、按层次逐级发展的,高一层次需要的发展要以低一层次需要的发展为基础。社交需要的满足与实现,对更高一级的尊重需要以及自我实现需要的发展十分重要。因此,关注特殊儿童的沟通与交往不仅要注意满足其生理、安全需要,还要认识到满足其进行社会交往的需要,是促进特殊儿童最终自我实现的必然要求。

(二) 奥尔德福的 ERG 理论

克莱顿·奥尔德福(Clayton Alderfer)发展了马斯洛的需要层次理论,在此基础上提出了 ERG 理论(如图 1-1 所示),全称是"Existence Relatedness Growth"。他认为人有三种核心需要:①生存(Existence),这是最基本的需要,指人在饮食、住房、衣服等方面的基本需要,相当于马斯洛的第一级和第二级的需要;②关系(Relatedness),指与其他人和睦相处、建立关系和建立归属感的需要,相当于马斯洛第三级的需要;③发展(Growth),指个人在事业、能力等方面有所成就和发展,相当于马斯洛第四级和第五级的需要。

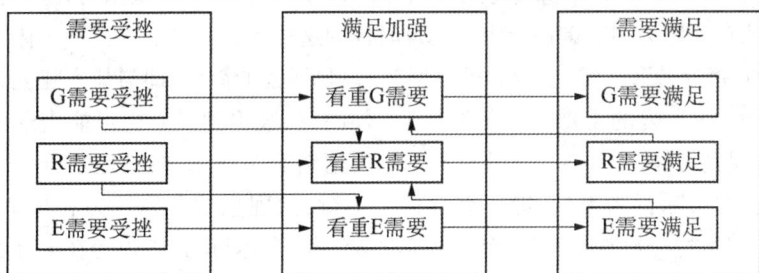

图 1-1

ERG 理论

总体来说,奥尔德福的 ERG 理论是对马斯洛需要层次理论的修正和发展。该理论认为:第一,人的这三种需要不是与生俱来的,有的需要(如关系和发展的需要)是通过后天学习才形成的;第二,每个人的需要结构和需要强度是各不相同的,要采取适当措施满足每一个人的不同需要;第三,人的需要并不一定按照从低到高的次序进行,是可以越级的[②]。为此他提出著名的"挫折—倒退"假设,即需要被满足的程度越低,个体对该需求的追求就越强;当较低层次的需要得到满足后,对较高层次的需要会加强(满足—上进模式);然而当较高层次需要受挫时,个体对低层次需要满足的追求将越强烈(挫折—衰退模式)[③]。

根据 ERG 理论,特殊儿童的沟通与交往是特殊儿童三种核心需要之一,即建立关系的需要,沟通与交往需要的满足可以通过后天学习形成并满足;每一个特殊儿童在沟通与交往上存在不同的问题,因此教师和家长要因材施教,采取合适的措施和方法促进

---

① 宋海啸,辛一山.中国社会工作理论[M].北京:时事出版社,2013:93.
② 熊勇清.管理学 100 年[M].长沙:湖南科学技术出版社,2013:132—133.
③ 同上.

特殊儿童的发展；由于不同层次需要之间存在"挫折—衰退"模式和"满足—上进"模式，因此要注意在满足特殊儿童生存需要的基础上促进其对建立相互关系需要的追求，同时也要注意协调好特殊儿童对建立关系需要和发展需要之间的关系，通过促进特殊儿童的沟通与交往帮助特殊儿童发展，或在其发展需要出现"受挫—衰退"时学会适时调整，协助其实现关系需要，进而最终实现特殊儿童的成长发展。

（三）舒兹的人际需要理论

社会心理学家舒兹（W. Schutz）于1958年提出人际需要的三维理论，他假设每个人都有三种人际需要：沟通的需要、支配的需要、爱的需要。

具体地说，首先，人际沟通需要是指个体参与群体的需要，是个体关于形成和保持满意的人际关系的需要。舒兹认为，儿童时期的沟通经验以及人际沟通需要得到满足的程度会影响到其成年的行为方式。如，儿童时期与双亲的过分沟通，可能形成超常的社会行为，即总是寻求接触，热衷与人交往和参加群体活动，希望引起别人的注意；儿童时期与双亲不完全融洽，可能形成不完全的社会行为，即性情内向，与他人保持距离，摆脱相互作用，回避参与群体与人际交往[1]。其次，人际支配的需要则归结为人际关系中所谓的支配权问题。舒兹将这一理论与儿童和双亲的关系相联系，他认为，双亲对儿童过分的或不充分的控制，可能使儿童产生焦虑或防御性行为，儿童为克服焦虑，就会采取支配其他人、完全拒绝控制或受某个人的控制等行动，理想的双亲与儿童的关系，有利于减少儿童的焦虑和防御性行为。儿童时代的这种经验可以形成三种个体行为的控制类型：即"拒绝型"、"独裁型"和"民主型"[2]。最后，爱的需要，即与他人建立亲密情绪联系的需要。这种爱的需要可以表现为肯定性的（从吸引到爱），也可能表现为否定性的（从不赞同到憎恨）。舒兹根据儿童与双亲的情绪联系状态，相应地划分了三种来源于儿童经验的人际行为类型，即不充分的个体行为、理想的个体行为和超个体行为。如，儿童与双亲过分冷淡，可能导致儿童的不充分的个体行为，表现为在人际关系中避免建立密切关系，倾向于与他人保持一定的情感距离[3]。

值得注意的是，舒兹的人际需要理论揭示了人际需要同人际行为和人际关系之间的内在联系，强调了儿童时期的人际关系和人际行为之间的历史继承关系[4]，承认了家庭环境对个体行为模式的影响，具有一定的合理性。但舒兹的人际需要理论具有明显的精神分析倾向，忽视了社会关系对人际关系的制约性影响；同时，一定程度上也夸大了个体儿童时期的人际经验对个体人际行为的影响作用。

（四）社会需要理论

社会需要理论是由心理学家魏斯（Robert Weiss）于1974年提出来的。魏斯分析了人类的亲和需要，提出了六条基本的"社会关系律"，即依附的需要、社会整合的需要、价值保证的需要、可靠同盟的需要、关系指导的需要以及关心他人的需要。在这六条基本定律中，我们可以发现，如果要使这些需要得到满足，人就不可避免地要与他人进行交

---

① 冯兰.人际关系学[M].沈阳：辽宁大学出版社，2005：43.
② 同上.
③ 同上.
④ 胡申生.传播社会学导论[M].上海：上海大学出版社，2002：127.

往。社会需要理论认为,人类亲和的需要是人际交往发生的基础[①]。

　　总体来说,需要理论对特殊儿童为什么要进行沟通与交往、源自于什么的需要、如何调控和满足这些需要以及具有何种意义等方面的内容有诸多启发,能帮助我们更深刻地理解特殊儿童沟通与交往及其需要,并据此在教育教学和日常社会生活中采取适当的措施以满足特殊儿童的沟通与交往需要,促进其实现全面发展。

四、传播理论

　　特殊儿童的沟通与交往过程是通过多种方式和媒介来交流信息、传递思想与感情的过程,从根本上讲,是一个信息的传播过程,目的是为了达到相互了解、互通情报、与外界保持一定联系。因此,这里主要是从传播学的视角来探讨沟通与交往的功能及几种代表性模式。传播功能根据性质可分为正向功能和负向功能,本部分将分别进行阐述。

(一) 传播的功能

1. 传播的正向功能

　　关于传播的正向功能,心理学家、社会学家、政治学家等从不同视角都有过探讨。瑞士心理学家皮亚杰将儿童的谈话分为社交性的和"自我中心性"的,认为在自我中心的谈话中,儿童并不在意别人是否在听,而是为了获得一种心理上的满足。爱德华·托尔曼则认为人类讲话只不过是一种工具,本质上与绳子、棍子、盒子等工具没有什么不同,是为了达到某种目的。除了传播对个体的正向功能外,1948 年美国政治学家哈罗德·拉斯韦尔(Harold Lasswell)提出传播具有三个社会功能的经典论述,即环境监视、使社会各个部分相关联以适应环境、使社会遗产代代相传。1975 年社会学家查尔斯·赖特在《大众传播:功能的探讨》一书中,在拉斯韦尔三个维度的基础上增加了第四个功能——娱乐,他的这一补充,使传播的功能观更趋完善。而后,威尔伯·施拉姆在其1982 年出版的《传播学概论》中把传播的功能归纳为监视、管理、指导和娱乐四个方面[②]。

　　上述观点主要是从个体和社会的不同视角对传播的正向功能进行了相关论述。传播对于社会的发展、对社会群体以及对作为个体的每一位社会成员都有很大影响,发挥着不同的作用,主要表现在以下六个方面。

　　第一,获取信息。无论在什么时代,人类都需要从传播或其他信息渠道获得维持心理平衡和生存需要的信息。在今天的社会中,人与人、人与社会都有着越来越丰富、越来越复杂的信息交流,最显著的一个特征就是信息传播的跨地域、跨时空性,各种传播方式相互结合、相互补充,疏通和利用了各种可能的传播通道,使文化信息、科学经济信息、社会信息等在广阔的范围内传播和扩散,促进了国家之间、各国人民之间的相互沟通和交流。

　　第二,社会化途径。每个个体在社会交往和互动中不断学习社会所认可的行为标

① 彭贤,李海青.人际关系心理学[M].2 版.北京:北京交通大学出版社,2013:28.
② 戴元光,金冠军.传播学通论[M].上海:上海交通大学出版社,2000:47.

准和行为规范,不断获得信息以及其他社会性文化遗产并逐渐参与其中,这个学习和参与的过程即个体的社会化过程,这在大众媒体上有更直观的体现。媒体的传递除了信息之外,还有大量的生活方式的展现,承载着文化和社会价值观念,这些都在不知不觉中对每一个社会个体产生着潜移默化的影响。

第三,知识教育。从广义上说,传播活动本身就是一个开阔人们视野,丰富人们阅历的过程。21世纪是知识经济时代,大众传媒的普及为从根本上改变人的知识结构提供了无与伦比的手段,在现代人的知识结构中,有大量的知识来自于各种传播媒介,人们几乎无时无刻不处在各种信息的传播之中,这无形中就在接受着教育。同时,信息技术的发展逐渐打破时间、空间的限制,使得信息和知识的共享越来越快速便捷,改变着人们的知识获取方式,学会收集信息成为了现代人的必备能力。

第四,文化传承与交流。人类文明成果的积累离不开世世代代的传播活动,人与人、人与自然、人与社会之间的沟通、交流、传播等活动,使得人类将社会的文明成果一代代传递下去,并在其中有所扬弃、有所借鉴、有所创造。另一方面,传播方式和技术的发展使得信息可以在瞬间传至世界的每一个角落,人们可以在同一时间不同地点享受同一个重要信息,使得各民族文化因传承和交流而具有了更宝贵的普世价值。

第五,舆论监督与引导。舆论监督是社会传媒的重要功能之一。从形式上看,虽然是一种不带强制性的社会监督,但由于舆论监督主体与客体的广泛性、监督方式的公开性、监督手段的评介性和监督效应的及时性,决定了社会传媒在社会运行过程中具有重要作用。舆论监督的开展,有利于增强人们的民主意识和责任心,调动广大群众议政参政的积极性,共同为国家、社会的有序健康发展建言献策。

第六,调节身心。这种观点认为在与外部世界的相互作用中,人在体力和心智方面常常处于一种紧张状态,特别是现代社会中,来自自然、社会的许多烦恼充斥人们的生活。而各种传播活动可以帮助人们缓解"压力"和"紧张",而达到一种放松的状态,这与赖特所说的"娱乐"功能[1]类似,即人们通过"娱乐"来释放压力。比如,广播、电视、电影等给受众带来逼真生动的感受,使不同层次的受众在轻松的娱乐中得到了身心的满足[2]。

2. 传播的负向功能

拉扎斯菲尔德曾对传播负向功能进行了论述。1948年社会学家拉扎斯菲尔德和罗伯特·默顿对传播的负向功能做出了经典的论述,他们认为媒介的大量使用使大众的审美鉴赏力退化和文化水平下降,使人们丧失辨别力而不假思索地顺从现状,占用和剥夺人们的自由时间,麻醉精神[3]。关于传播的负向功能,可以概括为以下几个方面。

第一,媒介情境非真实化。媒介在真实世界和受众之间扮演着一种展示"社会现实"的角色,尽管媒介构建现实的来源并非子虚乌有,是建立在真实的社会现实上的,但出于美学价值、利润、政治目的等原因,媒介常常对现实进行了不同程度的改变,提供给大众一个表面真实的幻想,也就是说传播形式上的真实感并不能保证其在内容上的真

---

① 奚晓霞.教育传播学教程[M].重庆:西南师范大学出版社,2009:9.
② 戴元光,金冠军.传播学通论[M].上海:上海交通大学出版社,2000:55—56.
③ 同上,47.

实性。打个比方,一些纪录片、新闻报道中也常发生扮演、歪曲、摆拍的现象,观众却因为这种形式的"真实性"(大部分人倾向于认为纪录片是真实客观的)而对内容也深信不疑,这不能不说是媒介对观众的一种欺骗和愚弄。

第二,信息庸俗化。媒介所传播的大量信息很多时候是不加选择的,很多信息实际上是无用的"垃圾信息。"信息的庸俗化对整个社会产生着不良影响,尤其是对缺乏分辨力和抵抗力的青少年儿童。一些暴力、色情等信息的大量传播对青少年产生潜移默化的影响,极易诱使他们产生反社会行为。

第三,文化殖民化。国际传播和交流既可以增进了解与合作,但同时也为一些民族文化向其他民族的扩张提供了便利。国际经济、技术发展的不平衡造成了国际间传播不合理的格局,发达国家凭借其在技术上的优势,利用其在国际信息传播中单向流动的格局,使卫星电视、网络传播成为其对其他国家思想侵扰和文化浸透的重要手段。

第四,思维行为惰性化。传播媒介对人的影响和渗透是内在的、深层的。以电视为例,电视作为一种直观性、形象性的"感受型"媒介拓展着图像性思维,但也正是由于电视直接作用于人们感官,一目了然,浅显易懂,人们习惯于接收信息而疏于思考探索,久而久之,人们越来越依赖于通过电视等媒介提供的信息认识社会、评价社会,而不是直接、主动地干预生活,以致满足于大众媒介传播的信息,最终以知代行,丧失自我辨别能力和行动能力。

自20世纪以来,由于社会信息的迅猛增加,传播媒介、技术的迅速发展,整个社会、每个个体无时无刻不处在信息和观点的包围之中,特殊儿童当然也不例外。特殊儿童沟通与交往的环境、内容、方式、手段等都发生了很大改变,在与周围环境的相互作用中,特殊儿童的认知、态度、情感以及价值观、文化心理都在不知不觉中发生着变化。探讨传播的作用与功能,可以帮助我们更好地理解一些问题:例如传播活动对特殊儿童有哪些影响? 特殊儿童通过这种沟通与交往能发挥什么作用? 如何更好地发挥信息传播对特殊儿童的正向功能? 如何提高特殊儿童在传播中的主动性和有效参与度? 依照传播的功能理论,教师和家长要积极发挥传播对特殊儿童的正向功能,努力避免负向功能的影响,促进特殊儿童发挥积极作用,提高特殊儿童参与社会生活的主动性和有效性,特殊儿童自己也要积极主动地参与其中,从而真正地帮助特殊儿童实现平等、有效参与社会生活以及促进自身更好发展的愿望。

(二) 几种代表性的传播模式

传播模式研究的是信息传播过程。比较有代表性的观点是拉斯韦尔的5W传播模式和贝罗的传播模式,下面分别予以介绍。

1. 拉斯威尔的5W模式

拉斯韦尔的5W模式(如图1-2所示①),描述了大众传播过程中的五个基本要素。从"5W传播模式"的角度,对于如何改善特殊儿童的沟通与交往,可以从传播过程的五个要素出发,即可以对传者、内容、媒体、受众以及效果这五个要素进行考察、评价、改进、调整,以使特殊儿童的沟通与交往取得更好的效果。

---

① 林铭.现代教育技术:理论与实践[M].北京:电子工业出版社,2013:35.

图 1-2

拉斯韦尔的
5W 模式

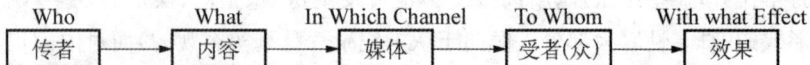

例如,从媒体来看,我们可以通过开发、应用一些有利于沟通与交往的辅助技术;从内容来看,我们不仅要关注特殊儿童的语言、文字、图画等可直接看到的信息的传播,更要关注在这个过程中特殊儿童的情感、态度等方面的内容;从受众来看,我们可以加强宣传,转变普通大众对于特殊儿童沟通与交往所存在的一些固有的、不适当的观念,增加其对特殊儿童的理解。

2. 贝罗的传播模式(又称 SMCR 模式)

贝罗的 SMCR(Source-Message-Channel-Receiver)传播模式认为传播过程由四个要素组成,即信源、信息、通道、受者(如图 1-3 所示①)。贝罗模式大体上与拉斯韦尔的 5W 传播模式相似,但在每一个要素上进行了具体的阐述。从贝罗的 SMCR 传播模式出发,我们也可以从这四个要素入手,去改善特殊儿童的沟通与交往。例如,从信源(特殊儿童)来看,通过分析特殊儿童的传播技巧、态度、知识、社会背景、文化等内容,可以对他们在进行沟通与交往时的一些倾向、表现、问题有更深刻的理解;从信息来看,对信息结构、符号表征方式、信息处理方式等进行调整和改善,以更加适应特殊儿童的沟通与交往。另外,需要注意的是贝罗模式在当今网络信息时代的局限性:第一,它所谈论的信息是一种相对狭义的信息,主要是指以语言符号为特征的口语、文字等内容,而关于情感、态度、表情等隐性内容较少涉及;第二,它认为信息传播通道主要是以视、听、触、嗅、味等为主的感官通道,较少论及现代信息与传播高新技术在沟通与交往过程的作用。

图 1-3

贝罗的 SMCR
模式

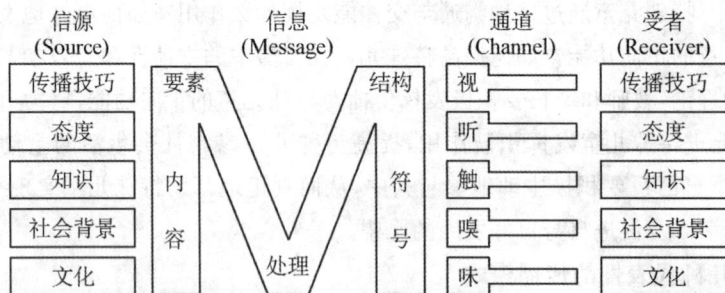

我们要注意到,传统意义上的信息、受者、传者日益增加并变得多元化,信息与传播高新技术迅猛发展,信息传播速度和传播范围空前提升与扩大,深刻影响着人们的沟通与交往。因此,不论是拉斯韦尔的 5W 传播模式,还是贝罗的 SMCR 模式,对于处于信息技术时代的特殊儿童的沟通与交往,要注意在基本理论的指导下,积极地利用信息与传播技术发展的有益成果,给特殊儿童的沟通与交往赋予新的时代内容。

---

① 余武.教育技术学[M].2 版.合肥:中国科学技术大学出版社,2003:20—22.

五、媒介理论

特殊儿童的沟通与交往是特殊儿童利用口语、手语、盲文、书面语、表情、肢体动作等多种方式,借助电子信箱、聊天软件、网络资源、口语阅读器、翻译手环等硬件、软件辅助技术来交流信息、传递和反馈思想与感情的过程,根本上是一个信息传播的过程。与信息传播紧密联系的一个概念是"媒介",媒介的本质是传递信息的工具,是在人与外部世界之间嵌入的中介[①]。具体来看,传播媒介有语言、书刊、报纸、广播、电视、电影、多媒体等各种形式。尽管有人说语言不是媒介,而是人的感官所具有的功能,但从更广阔的视角看,语言是人类创造出来的、为了更好地进行社会生产生活实践的一种工具,其本质上也是一种媒介,但与其他媒介相比,语言的特殊性在于它不仅传递信息,语言本身就是内容、信息(这与麦克卢汉的"媒介就是讯息"有相似的意义)。可以认为,一部传播史就是一部媒介发展的历史[②],因此从媒介发展历史中可以一窥传播活动发展历史的基本概况。

媒介的发展阶段可分为:口语传播阶段的语言传播;文字传播阶段的印刷媒介;电子传播阶段的广播、电视和电影;网络传播阶段的多媒体技术[③]。

(一) 传播媒介发展的四阶段

1. 口语传播阶段的语言传播

在文字产生之前,人类主要依靠口语进行信息的交流。现代语言学之父索绪尔(F. Saussure)是最早对符号进行分类的学者,他根据人类建构和传递符号的方式将符号分为语言符号和非语言符号两大类。在信息传播的过程中,语言本身的内容以及语言背后隐含的含义都在传递着信息和意义。语言媒介在传播活动中具有简洁便捷、亲切性、生动形象、易于控制的特点,是人类使用范围最广泛、最直接也是最有效的传播手段,但同时也有保存性差、空间范围有限的缺点。

与语言传播相对应的是非语言传播,事实上,语言能够传达的信息有限,人类社会中有很大一部分的信息是通过非语言来传播的。非语言符号包含的内容丰富且十分复杂,通常可以划分为以下几种类型:①体语,包括动作(动态无声类)、姿势(静态无声类)、类语言(包括有声的但非语言性的各种动作,如语调、喷嚏、呻吟、叹气等)三种;②视觉性非语言符号,包括象征符号和实义符号;③听觉性非语言符号;④近体,即传播者与受传者在沟通时的空间距离;⑤服饰;⑥艺术(主要指舞蹈和音乐)。非语言传播具有语言传播不具备的独特功能,它能传播态度和情绪,能起到辅助语言传播的作用,甚至某些时候可以代替语言。对于语言和非语言,在特殊儿童的沟通与交往中要综合分析两者的特点和局限性,协调利用,相互补充,以发挥最佳的效果。

2. 文字传播阶段的印刷媒介

文字的发明是人类文明史上的一次巨大革命,极大延伸了人际传播的距离,使得人类文明成果和文化的传播得到进一步加强。同时,纸的发明,特别是印刷术的发明和传

---

① 陈作平. 媒介分析[M]. 北京:中国人民大学出版社,2014:4.
② 戴元光,金冠军. 传播学通论[M]. 上海:上海交通大学出版社,2000:300.
③ 同上.

播使得文字可以借助这种低廉、便利的印刷媒介得以在全世界传播,能够大规模地复制和传递信息,高效率地传播文化。书籍、杂志、报纸是比较典型和普遍的印刷媒介。

3. 电子传播阶段的广播、电视和电影

电子传播包括一切用电磁波或电子技术来进行传播的方式。无线电广播、电视(不包括现在的数字电视、互动电视或智能电视等)和电影是其中的代表,三者在传播中具有不同的特性。广播时效性强、覆盖面广、渗透力强、群众性强,但广播顺序播出、选择性差、保留时间短。电视媒介是视听兼容的共时性传播,是深入家庭的传真性传播,是高度综合的连续性传播,但传播内容平面化、表面化,且选择性和保存性较差。电影作为文化传播的大众媒介,因其独特的艺术性和感染力深受大众喜爱,从文化传播的角度,电影以消遣娱乐性信息为主要传播内容,在表现形式上通常富有艺术性。

4. 网络传播阶段的多媒体技术

这个阶段的多媒体技术以互联网、手机终端和电子出版物为代表,也有学者将其归纳为新媒体。新媒体是指在传统媒体之后发展起来的新的媒介形态,通常泛指利用数字技术、网络技术,通过互联网、宽带、无线通信网、卫星等渠道,以及电脑、手机、数字电视等终端,向用户提供信息和娱乐服务的传播形态。以多媒体技术为媒介的网络传播具有一些特点:信息数字化,传播的双向互动性,传播权利的普及和平等参与,传播的个性化和个人化①。

在特殊儿童的沟通与交往中,互联网、手机和电子出版物发挥着愈发显著的作用。互联网具有多媒体性、交互性和数字信息化等特点。手机技术的发展使手机越来越具有互联网的功能,手机融合了报纸、广播、电视、电影、网络等媒介的特点,具有传播速度快、范围广、互动性强、个人性以及高度的便捷性等特点。电子出版物一般具有丰富的文字、图形、图像、动画等表现能力,以及快速便捷的查询检索方式,小体积、大容量的信息保存特点,可通过改进的图书发行和网络联机服务实现传播,内容更新快、获取快、传播快、质量高②。另外,像 QQ、微信、微博等网络通信、社交软件的流行和发展也给特殊儿童的沟通与交往带来了更多新的变化。

(二) 代表性观点

1. 英尼斯的媒介偏倚论

加拿大著名传播学家英尼斯认为,传播媒介可以分为倚重时间的媒介和倚重空间的媒介。偏倚时间的媒介包括石头、黏土、羊皮纸等,他们比较耐久、便于长时间保存,有助于树立权威、形成等级森严的社会体制;偏倚空间的媒介包括电报、纸张等,轻便易携带,可以跨越空间距离的限制,有助于知识的扩散和帝国的扩张。英尼斯认为人类传播媒介史,是从质地较重向质地较轻,由偏倚时间向偏倚空间发展的历史,而且与人类的文明进步相协调。他还认为媒体是人类思维的延伸,而传播就是思想的扩张③。

---

① 戴元光,金冠军.传播学通论[M].上海:上海交通大学出版社,2000:325—326.

② 林穗芳.电子编辑和电子出版物:概念、起源和早期发展(上)[J].出版科学,2005(3):6—16.

③ 申凡.传播学原理[M].武汉:华中科技大学出版社,2012:210.

2. 麦克卢汉的媒介理论

马歇尔·麦克卢汉是 20 世纪最富原创性的传播学理论家,英尼斯的学生。他延续了英尼斯的研究思想,从媒介技术与历史进程的联系入手分析媒介,重点分析了媒介技术带来的人的感官比例、直觉形式的变化。他的媒介理论的要点主要有:第一,媒介是人体的延伸。麦克卢汉所说的媒介是广义上的媒介,凡是能与人、与周围事物产生联系的物质都是媒介,是无处不在、无时不有的。在他看来,任何媒介都是人体或某器官能力的延伸或拓展。比如文字是视觉的延伸,无线电通信是听觉的延伸,电话是声音和耳朵的延伸等等。他还认为,电子传播阶段由于各种电子媒介的使用,充分调动了人的视觉和听觉,改变了人类自印刷时代单纯延伸视觉的状况,从而恢复了人类的"感觉平衡"。第二,媒介即讯息。麦克卢汉认为使人们生活真正发生变化的是那个时代的主导媒介,而不是其内容,因此媒介起着决定性作用,人类社会有了某种媒介才可能从事与之相对应的传播或其他社会活动。但这种看法有媒介决定/技术决定论的倾向,事实上我们已经知道主导社会变化的决定性力量是社会生产力的发展水平,而不是技术,或是传播媒介。第三,热媒介与冷媒介。这是麦克卢汉的媒介理论中最新颖也是最受争议的部分。"热媒介"是指表达信息资料的明确度、准确度高,受众参与度较低的媒介。热媒介提供了大量完备的高度清晰的信息,受众不需要调动大量感官去思考、参与媒介传递的信息。比如书籍、报刊、照片等。相应地,"冷媒介"就是受众参与度高的媒介。冷媒介传递的信息量小,清晰度较低,提供的多是不充分的信息,需要接受者动用多种感官和思维活动才能合适地理解这信息。比如电视、电话、电影、漫画等。第四,提出"地球村"理论。现在我们经常谈及的"地球村"的说法同样出自麦克卢汉。现代电子媒介技术的普及和发展,加上交通工具的发达,使整个世界成了一个小小的"地球村"。

对麦克卢汉的媒介理论的探讨能帮助我们更好地理解媒介对人体感官能力的延伸和拓展,以及媒介本身的作用和意义;热媒介和冷媒介理论使我们更清晰地认识到不同媒介作用于人的方式不同,引起的心理和行为反应也可能不同;地球村理论对于传播媒介以及技术发展带来的世界范围的变化有较为正确的预测,对更深刻认识特殊儿童的沟通与交往有一定的启发意义。

3. 布热津斯基的媒介失控论

布热津斯基提出的媒介理论代表了当代美国政治界和传播界许多人的态度和观点,受到西方各国的重视,也影响到了包括我国在内的世界各国的大众传播活动和传播政策的制定和实施。他的思想主要包括:第一,世界强国的关键是文化力量及全球传播能力。第二,媒介是失控与混乱之源。他认为电视刺激了全球群众在物质上的攀比欲望,并且引发了全球范围内的精神危机。尽管与"媒介决定论"相比,布热津斯基不是单纯在媒介科技与社会环境和人类行为变化之间做出因果推论,而是认为媒介技术的发展及其产生的后果主要是各种社会力量的博弈结果,但本质上仍强调媒介技术的强大力量。

布热津斯基的媒介失控理论给我们很多启发。首先,加强文化力量和全球传播能力建设是国家综合实力建设的重要部分,因此加强这方面的建设也将会是未来国家、社会发展的必然趋势;其次就是关于传播媒介对社会和个人发展可能产生的消极影响的探讨。尽管这方面的言论可能过于极端,但确实让我们注意到传播媒介及其技术发展可能带来的危害,在互联网传播媒介日益普及的今天,让特殊儿童的沟通与交往在享受网络信息媒介带来的便捷和益处的同时,如何正确对待互联网等传播媒介对社会发展以及对特殊儿童个人发展产生的利与弊,值得我们思考。

第三节   特殊儿童沟通与交往的原则

原则是言行所依据的准则或规范。特殊儿童沟通与交往的原则是指在沟通与交往中特殊儿童与不同交往对象之间应该依据和遵守的准则和规范。沟通与交往是不同主体间传递信息情感、建立关系的过程,不同主体在沟通与交往时,既要遵循符合社会规范的共性原则,也要遵循适合群体身份特征的差异性原则。在与特殊儿童沟通与交往的过程中,所有主体都应遵循自由平等原则、多元全面原则和个性化原则,教师和家长还应遵守分类指导原则、分层引导原则、缺陷补偿原则和生活适应原则等,特殊儿童自身还要坚持积极自主等原则。

一、自由平等原则

我国宪法规定:公民有言论、出版、集会、结社、游行、示威的自由。特殊儿童也不例外,其基本人权受法律保护而不应因自身障碍或其他原因而受到限制。正如美国政治哲人罗尔斯所言:"社会的每一个成员都被认为是具有一种基于正义,或者说基于自然权利的不可侵犯性。在一个正义的社会里,基本的自由被看作是理所当然的。由正义保障的权利不受制于政治交易或社会利益的均衡。"[①]不管特殊儿童的自然禀赋和社会状况如何,其基本的平等自由权利应该得到尊重和保护。沟通与交往,既是特殊儿童自由平等权利的重要体现,也是实现其基本人权的重要途径,所以自由平等原则在特殊儿童沟通与交往过程中是应被遵循的。特殊儿童是弱势群体,在社会中处于不利地位,在沟通与交往过程中也面临着很多阻碍。社会人士在与特殊儿童沟通与交往时存在不同的交往心理,例如过分怜悯、敬而远之甚至不屑一顾,在沟通与交往行为上也存在着多种不合理的模式,例如过分迁就、勉强敷衍、强势独断等。而自由平等是对于和谐状态的一种追求,特殊儿童在沟通与交往的过程中和交往对象有着平等地位,身体上的障碍不应该成为影响沟通与交往的因素。在沟通与交往实践中,我们不可否认的是特殊儿童确实处境不利,在沟通与交往能力相对较弱的同时,沟通与交往的机会少、对象窄,范围也受到了限制。这正是社会所需要努力的方向,即为特殊儿童平等自由地进行沟通与交往营造氛围、创造机会和提供支持。

在具体实践中应该做到:第一,所有社会主体应该认识到沟通与交往过程中人人自由平等。在和特殊儿童沟通与交往的过程中,普通人必须尊重他们沟通自由的权利,平等地与之交往,不可以因特殊儿童沟通能力弱,沟通流畅性不高就歧视他们、排斥他们,也不能因为特殊儿童存在发展障碍就过分迁就或者敷衍。只有社会营造出人人自

---

① [美]约翰·罗尔斯.正义论[M].何怀安,何包钢,廖申白,译.北京:中国社会科学出版社,2009:25.

由平等的沟通与交往氛围,特殊儿童才愿意主动参与到社会生活中。第二,特殊儿童在沟通与交往过程中应不卑不亢。既然在沟通与交往过程中人人自由平等,特殊儿童就不应该感觉自卑或低人一等,也不能将身体障碍作为自己无理取闹的借口,应该尊重交往对象,表达自身的合理需求。家长、教师和社会工作者应该注意在沟通与交往实践中加以引导,使特殊儿童在认识到自身缺陷的同时,能以乐观的态度参与到沟通与交往的过程当中。

二、多元全面原则

多元全面原则,是指根据特殊儿童沟通与交往的水平差异而综合采用多种方式方法,以实现提高特殊儿童沟通能力的目的。特殊儿童的沟通与交往容易窄化,例如在特殊教育学校就读的特殊儿童交往范围更多地局限在学校和家庭之间,且特殊教育学校学生较少、班额较小,交往对象受到限制。在家庭中,很多家长出于安全等各方面的考虑减少儿童与外界的接触。长此以往,特殊儿童的沟通与交往活动范围和交往对象受到了限制,方式和内容会逐渐变得单一。

特殊儿童因家庭、个人成长经历、天赋以及兴趣爱好等因素的不同而表现出较大的个体差异性,故而沟通与交往的问题类型也呈现出多样复杂的特征。在此境遇下,仅仅使用某一种方法并不能适用于所有的特殊儿童。因此,用以提高特殊儿童沟通与交往能力的方式方法不可能是单一的,而应该是多元且全面的。

具体而言,特殊儿童沟通与交往的多元全面性体现为以下两个方面。首先,多元全面原则体现为方法多元化。沟通与交往的方法多种多样,每种方法都有自身的优缺点。针对不同程度的沟通问题采用适宜的方法,才有可能达到设想的目标。其次,多元全面原则体现为方式多元化。特殊儿童沟通方式既有言语沟通,也有非言语沟通,每种方式又有多种表现形式,这为提高特殊儿童的沟通与交往能力提供了极大的选择性。而且借助于电子产品和网络发展起来的新型沟通与交往方式也极大地改变了特殊儿童的生活。如微信、QQ、可视电话、邮件等,它们在节约时间、保护隐私、提升效率、增强特殊儿童沟通与交往技巧方面发挥了较为重要的作用,也为特殊儿童沟通与交往提供了更多的选择。需要注意的是,面对多元的沟通与交往的方式方法,特殊儿童、家长、教师不可盲目选择,只有在仔细考察每个方式和方法的利弊、适用对象、使用规则等之后,才可以尝试将这一方式、方法运用到特殊儿童的沟通与交往中,并在实践中加以检验和修正。

三、个性化原则

特殊儿童沟通与交往的个性化原则,是指在尊重特殊儿童个性差异的基础上基于特殊儿童特有的沟通与交往方式,为特殊儿童选择能发挥自身优势、规避自身缺点的沟通与交往方法,让特殊儿童有效地进行沟通与交往。每一个儿童都是与众不同的,有自己独特的天赋特性、偏好和天生优势,也有不同于别人的弱点。特殊儿童与普通儿童之间、不同类型的特殊儿童之间的差异性都很大。这种差异导致他们的沟通与交往能力各异,为了有效解决特殊儿童在沟通上存在的障碍,应该遵循个性化的原则去满足每一个特殊儿童沟通与交往的要求。

在特殊儿童沟通与交往中运用个性化原则有利于在考察特殊儿童不同的学习兴趣、学习能力、学习需求的基础上选择适合特殊儿童沟通与交往的方法,满足特殊儿童个别化的沟通与交往需求,这是尊重特殊儿童个性的表现,也是重视特殊儿童的主体选择和个性表达的需要。个性化原则的多样性和弹性化特征有利于在特殊儿童现有基础上开发其潜能,促进其社会适应能力的提高,进而"实现自我,服务社会"。

尊重特殊儿童沟通与交往的个性化原则就是承认因智力、社会背景、情感和生理等方面不同的特殊儿童在沟通与交往中存在的个别差别。要提高特殊儿童的沟通与交往能力就要了解其兴趣、爱好和特长,在了解差异的基础上对特殊儿童进行适应其能力水平的个别化指导。尊重特殊儿童沟通与交往的个性化原则也是要帮助特殊儿童发掘、形成个性化的沟通与交往方式,使特殊儿童的个性得到充分施展。个性化原则的实现,需要将特殊儿童的个性化培养理念贯穿于特殊儿童个性化培养计划的设计以及计划实施的全过程中,首先是从特殊儿童沟通的兴趣入手,设计好启发与互动的方法,调动特殊儿童沟通兴趣;其次在实践中有针对性地训练特殊儿童的沟通与交往能力,帮助特殊儿童建构起适合其障碍特征和发展需求的沟通与交往模式。

四、分类指导原则

分类指导原则是指根据特殊儿童的障碍类型对其沟通与交往进行针对性指导。尽管特殊儿童之间的个体差异较大,但同一障碍类型的特殊儿童会运用具有鲜明群体特征的沟通与交往方式,例如听障儿童会利用手语或者唇读的方式进行沟通与交往,视障儿童则会更多地借助声音渠道的信息与外界沟通。教育人员应当根据不同障碍类型特殊儿童沟通与交往的实际情况进行有针对性的指导。

面对不同障碍类型的特殊儿童,要尊重其特有的沟通与交往方式,并对现有的沟通与交往模式进行优化,在这一过程中还要注意集体性和个别化的差异。在具体实践中应当做到:第一,依据共性进行集体指导。每类特殊儿童在沟通与交往中都有自己的特殊性,教育者应当针对各类障碍儿童的身心特点进行分类指导,组织具有针对性的沟通与交往活动。例如,视障儿童多接受寄宿制管理,离家稍远的视障儿童周末也不能回家,因此沟通与交往的范围受到了极大的限制。因此学校可以组织一些校外集体活动,或者将一些普通学校的活动以及志愿者活动联系到学校举行,并作为常态化活动持续开展,在丰富视障儿童生活的同时也为其沟通与交往创造了机会。第二,根据实际差异进行个别辅导。同一障碍类型的特殊儿童之间也存在极大的个体差异,因而也具有不同的沟通与交往模式。例如盲文掌握不好的视障儿童在课下和同伴进行口语交流完全没有问题,但是课堂上由于盲文阅读较慢,儿童更多地依赖自己听到的信息,很容易出现信息错漏。还有一些多重视觉障碍儿童可能会存在一些语言理解力较弱、性格过于孤僻等方面的问题,这些都需要我们区别对待,单独指导。

五、分层引导原则

分层引导原则是指根据特殊儿童能力、需要等方面的差异对沟通与交往进行针对性指导。特殊儿童个体之间的能力层次和发展速度存在很大差异，对沟通与交往也有着不同的需求，因而分层指导就格外重要。例如智力障碍按照障碍程度可以分为轻度、中度、重度和极重度，受障碍程度的影响，不同层级的智障儿童有着不同的沟通与交往能力，学习沟通与交往知识技能的速度也存在着极大差异，对于沟通与交往也有着不同的需求，所以应该首先依据基础水平、发展速度以及需求差异等方面对儿童的沟通与交往能力水平进行分层，为每一层级的儿童制定合适的发展目标，帮助儿童在原有能力基础上实现一定的发展。

分层引导是基于特殊儿童发展需求、契合特殊儿童发展实际的重要原则。它的基本要求是：第一，确定特殊儿童的能力水平。确定特殊儿童沟通与交往能力的发展水平的参照可以是普通儿童，也可以是特殊儿童，例如随班就读特殊儿童沟通与交往能力的参照以普通儿童为主。另外还可以根据沟通与交往某一方面的能力来确定，例如口语能力发展水平、书面语能力发展水平等。在了解特殊儿童真实发展水平的基础上，结合其对于沟通与交往的需求制定合理的发展目标。第二，确定特殊儿童的需要层次和内容。每个人都有沟通与交往的基本需要，但是不同个体对于沟通与交往的需要有着层次和内容上的差异，当然这和儿童的障碍程度、家庭环境以及个人意愿等都紧密相关。例如有的特殊儿童喜欢热闹，因而格外需要学习一些重要礼仪，有的特殊儿童容易冲动，则应着重注意情绪管理的策略指导。第三，确定适宜的发展目标。在确定特殊儿童能力水平、需求层次和内容的基础上为每一层次的特殊儿童制定合理的发展目标，推动特殊儿童在各自层次上沟通与交往能力的提升。

六、缺陷补偿原则

有学者认为，对缺陷理解的多层面、多视角的体察，体现了缺陷的丰富含义和人们认识的多元化，体现了各个领域的特点和需要[①]。特殊儿童的缺陷不仅仅局限于一种可视的缺陷，同时也指向另一种隐形的、潜在的缺陷。后者主要是指特殊儿童精神、态度、思维等主观精神世界对缺陷的意识。正是这样的缺陷才导致了特殊儿童与普通儿童的不同，才构成了标识特殊儿童身份的关键因素。针对特殊儿童的缺陷，我国学者朴永馨认为："缺陷补偿是在机体失去某种器官或某种机能受到损害时的一种适应，是一种与正常发展过程不完全相同的有特殊性的发展过程。"[②]缺陷补偿不仅意味着要帮助特殊儿童提高生存能力，还要帮助特殊儿童提高生存的智慧。补偿既有对缺陷本身的补偿，更有对缺陷给特殊儿童滞留的意识性存在的补偿。由于人的精神意识的参与，缺陷的意识性存在比缺陷本身丰富得多，复杂得多。

如上所言，缺陷补偿主要有两方面。一方面，对于缺陷本身的补偿，现代科学技术发挥了重要作用，如人工耳蜗对听障儿童的听力补偿。另一方面，也是根本的方面，就

① 王培峰.残疾人教育补偿的哲学思考[J].中国特殊教育,2011(7)：3—7.
② 朴永馨.特殊教育学[M].福州：福建教育出版社,1995：67.

是要对特殊儿童的"精神意识性缺陷"进行补偿,引领特殊儿童以实践理性的自由意志超越对生命缺陷的自觉意识,鼓励其不断释放生命潜能与实现自我价值,进而使得缺陷非但没有制约其身心的健康发展,反而缩小甚至填补了缺陷及其划定的成长鸿沟。

根据缺陷补偿原则,培养特殊儿童沟通与交往能力可以从以下两个方面入手。第一,通过早期干预和辅具选择进行缺陷补偿。早期康复对于特殊儿童的功能修复或代偿具有重要作用,一些现代辅具的开发和利用也极大地减少了缺陷带来的障碍。第二,鼓励特殊儿童正视残疾,面对现实、积极主动创造补偿条件,用坚强的意志和乐观的态度战胜残疾。唯有这样,才能顺利地实现补偿,这是战胜残疾、实现补偿的重要环节。在这一过程中,特殊儿童通过沟通与交往学习别人的成功之处,培养自己的自信心和意志力,如勇敢、顽强、对挫折的承受力、对困难的忍受力等,进而增强战胜自身缺陷的信念。

七、生活适应原则

生活适应是指个人在生活之中,运用自身的力量、技巧与策略,与环境之间形成平衡之互动关系。坚持适应生活原则符合融合教育的基本精神,也符合特殊儿童的认知特点,对于特殊儿童融入主流社会具有重要意义。

适应在特殊儿童成长发展中有生理、心理、社会化的意义,生活适应是特殊儿童沟通与交往的主要目标之一。良好的生活适应能力是个人在未来社会获得较好发展的重要素养之一,而生活适应不良则会影响个体的正常生活。特殊儿童由于受各种障碍影响,沟通与交往能力较难适应生活需要,社会生活会受到一定影响。

适应能力作为生活的重心,有动态、可变的特点。只要给予足够的时间与支持便能增进适应能力、生活能力①。学校、家庭和社区是特殊儿童生活的三个主要生态环境,在我国社会教育中已开始形成家庭—学校—社区一体化的格局②,因此,可将学校、家庭和社区统整起来培养特殊儿童沟通与交往的生活适应能力。学校、家庭、社区三者相互影响与支持,也可以独立构成体系。家庭教育是最早的教育,是一切教育的基础,学校教育在特殊儿童成长中具有主导作用,社区教育是在家庭和学校的基础上进行的,并对两者起补充作用。首先,学校是特殊儿童接受正规而系统教育的主要场所,要培养特殊儿童沟通与交往的生活适应能力就需要发挥学校的主导作用。把以"生活"为中心的知识和技能作为教学的内容,凸显课程的丰富、实用,在此基础上依据特殊儿童沟通与交往的能力水平及适应现状,为特殊儿童开设个性化教育课程③。其次,家长是特殊儿童接触频率最高的人,家庭是特殊儿童一个非常重要的生活场所,必须重视家庭在提高特殊儿童沟通与交往的生活适应能力中的作用。家长应对孩子适应生活的能力保持较高的期望,应经常带孩子外出参与各种社会活动,有意识地培养孩子沟通与交往的适应能力,且在家庭中创造一切条件培养孩子在生活情境中迁移和应用沟通与交往技能的能力。最后,社区教育提供教育机会给每一个人,以便达到更充实更有意义的生活。社

---

① 张文京.弱智儿童适应性教育再思考[J].中国特殊教育,2003(5):19—23.
② 王艳杰.中、重度智障儿童生活适应能力的生态化教育模式初探[J].中国特殊教育,2006(8):26—29.
③ 张文京.环境生态课程编制[J].中国特殊教育,2003(3):53—55.

区教育是修正现在的教育系统,以利于一些社会弱势群体接受教育①。在培养特殊儿童生活适应能力中不可忽视社区的功能,社区本身就是一种教育资料,包括各种天然资源、人力资源和物质资源,这对特殊儿童的生活适应具有不可估量的作用。

八、积极自主原则

积极自主原则强调的是个体的主观能动性以及自我决定能力,人本主义心理学认为,人的心理成长过程不是消极被动的,而是积极自主的。个体在沟通与交往过程中的心理发展也遵循这一规律。积极强调的是个体参与沟通与交往的主动性,能否积极地参与进来并且发挥应有的作用,自主则侧重于儿童能否按自己的意愿选择立场、方式以及内容,例如能否对交往对象传递的信息做出自我选择和价值判断等。积极自主原则对于特殊儿童摆脱在沟通与交往过程中的被动地位具有重要意义,只有坚持积极自主原则,特殊儿童才能在沟通与交往中获得认可与尊重。

强调积极自主原则对于特殊儿童摆脱沟通与交往过程中面临的困境具有重要意义。特殊儿童的沟通与交往范围狭窄、方式单一,习惯于固定沟通与交往模式的特殊儿童很难去接纳新的交往活动,例如习惯了待在盲校和家庭的视障儿童可能不愿意去参加一些其他活动,长期发展下去,特殊儿童主动沟通与交往动机不强,沟通与交往行为不积极,这对于特殊儿童的长远发展是不利的。另外,部分教师和家长在面对特殊儿童时,很容易成为沟通与交往活动的主导者,总是想要特殊儿童遵从自己的观点,甚至帮助特殊儿童做出各种选择,这不仅忽视了特殊儿童自身的主观意愿,也影响了特殊儿童判断能力和选择能力的培养。因此,积极自主原则对于特殊儿童在更广阔的范围内进行更高质量的沟通与交往具有重要作用。

在沟通与交往过程中坚持积极自主,要做到以下两点:第一,以思想上的主动性促进行为上的主动性。积极自主原则强调的是内在动机的激发,特殊儿童应从思想上克服恐惧、焦虑、自卑等心理,主动去参与集体活动,扩大交友范围,即特殊儿童既要有积极参与沟通与交往的意识,也要有积极参与沟通与交往的行为,有沟通与交往的积极性和自主性,真正成为沟通与交往的主动性主体。第二,发展自我决定能力。在特殊儿童发展的过程中,需要得到来自于家庭、学校、社区以及社会的帮助,但是并不影响其自我决定能力的发展。有些家长为特殊儿童包办一切的做法并不可取,特殊儿童在沟通与交往过程中应该具有自主性,能在深入思考的基础上发表意见,能对关乎切身利益的选择做出自己的判断,而不盲目听从,成为沟通与交往活动中的随从者。当然,这需要家长、教师、志愿者以及其他人士的相互配合。

第四节 特殊儿童沟通与交往的方法

特殊儿童由于各种原因不能有效进行沟通与交往,进而影响到他们正常的社交生活,降低了生活质量,难以适应社会。寻求实用的沟通与交往方法对提升特殊儿童人际

---

① 周文健,宁丰.城市社会建设概论[M].北京:中国社会出版社,2001:352—353.

交流水平至关重要。尽管国家、社会和学校对特殊儿童的沟通与交往关注度提升,但在具体操作方法上依然存在偏差,这在一定程度上影响到特殊儿童沟通与交往的开展,因此,对特殊儿童沟通与交往方法进行适当的梳理确有必要。根据信息载体的不同,沟通可分为言语沟通和非言语沟通。各类儿童对沟通方法的选用会有不同的侧重,后面章节会具体阐释,以下仅对言语沟通和非言语沟通作简要介绍。

一、言语沟通

言语沟通是建立在语言文字基础上的,是特殊儿童表达情感的重要方式,也是获得外界帮助的有效渠道。根据沟通方式不同,言语沟通可细分为口语、手语和书面语。

(一) 口语

"口语指用口说出有明确意义的词语或句子"[①]。口语是普通人沟通与交往的最主要、最常见、最熟悉的方式。在信息传递中,利用口语这种沟通与交往方式,所要表述的意义损失最少。口语沟通在特殊儿童沟通与交往方式中具有重要地位,它极大地影响了特殊儿童社会适应能力的发展。口语具有多方面的特点和优点,首先口语具有有声性。它以语音为承载材料,诉诸听觉器官,不仅有声有义地表现了语言中的字、词、句,而且还常常运用语调的高低、语音的轻重、语气的变化、语速的快慢、顿连的长短、节奏的抑扬等有声语言的技巧,丰富多彩、生动活泼、绘声绘色地传达了信息[②]。其次,口语具有即时性。不像书面语不受时空限制,口语一般突发性较强,时间限制多,无法事前准备,对说话者的言语交际能力有一定要求。最后,口语具有抽象性。因为口语的概括性强,对于看不见摸不着的抽象事物的描述,口语比其他语言具有更好的表达效果。

口语包括有声和无声两种情况。无声语言没有声音材料,只有发声动作,特殊儿童凭借对发声动作的辨认解读沟通者想表达的内容,进而与之沟通。唇读(Lip-reading)是一种很典型的无声沟通,是人类言语活动中非常特别的一种现象[③]。唇读,是听觉障碍儿童利用图像线索的视觉通道获取信息进行沟通与交往的一种应用性方法。看话人通过观察说话人的口唇发音动作、肌肉活动及面部表情,形成连续的视知觉,并与头脑中储存的词语表象进行比较和联系,进而理解说话者所说的内容"[④]。

(二) 手语

手语是听障儿童使用最自然也是使用最多的一种沟通与交往的方法。美国教育改革家、特殊教育家加劳德特在法国聋教育家莱珮的基础上完善了手语,并在美国推广和使用,奠定了手语教学的基础。在那个时期,人们认为听障儿童和普通人一样,是整个社会的一部分,是应该可以接受教育的,唯一的不同点在于听障儿童听力弱于普通人,听障儿童应该有属于自己的母语——手语,不一定非要学习口语,因为手语也有自己完

---

① Wetherby, A. M. , Prizant, B. M. Enhancing Language and Communication Development in Autism Spectrum Disorders: Assessment and Intervention Guidelines [M]//Zager D. *Autism Spectrum Disorders*. 2005: 27 - 365.

② 赵君.口语特点浅谈[J].青海师专学报:2001(5):46—47.

③ 徐诚.唇读研究回顾:从聋人到正常人[J].华东师范大学学报(教育科学版),2013,31(1):56—61.

④ 朴永馨.特殊教育辞典[Z].北京:华夏出版社,1996:203.

整的体系,可以帮助听障儿童进行有效的沟通与交往。事实证明,手语沟通效率高,能很好地帮助听障儿童在沟通与交往中表达自己的看法,已成为听障儿童沟通和思维的主要工具。

手语包括手指语和手势语。手指语是用手指的指式变化和动作代表字母,并按照拼音顺序依次拼出词语;手势语是自然手势和人为手势的结合,自然手势来源于远古时代用来表示意思的各种姿势,具有指示性和形象性,人为手势是具有语言性质的手势,是在有声语言和文字基础上产生的。手语的操作方式是表达者以手势代替语言(以手代口),接受者则以视觉察看手势的比划(以目代耳)[①]。

(三) 书面语

书面语是指以书面文字作为媒介,在人们之间进行信息传递与思想交流的一种沟通方式。口语和书面语是相互依存、相互影响、相互转化、共同发展的,口语是活的语言,是书面语的来源,书面语是口语的加工提炼形式。书面语的主要形式有文件、报刊、书面报告、书信、便条、邮件等。

较生活化的口语而言,书面语言相对要更加正式,也更严谨。书面语言可使所要表达的意思更清晰、更有条理,最方便的一点就是大脑记不住的可以以书面的形式记录下来,如此一来,书面语便有了记录和保存的功能。书面语言是将声音转化为文字,靠文字记录书写的一种语言符号系统,是隐含着语音而无声响的语言。书面语是靠视觉感知的语言形式,阅读是理解书面语言最重要的形式。在传达较为困难和复杂的信息时,书面语具有一定优势,同时书面语还利于信息的长期保存、传播和复制,当然书面语沟通也可能存在耗时耗力等不足。

二、非言语沟通

非言语沟通是除文字、口语之外表达思想、情感的一种方式,面部表情、肢体语言以及触摸等都属于非言语沟通,它们在人与人的沟通与交往中具有不可替代的作用。特殊儿童在利用非言语沟通方式时或多或少地存在一些问题,需要家长和教师进行积极引导。

(一) 面部表情

面部表情是指通过眼部肌肉、颜面肌肉和口部肌肉的变化来表现各种情绪状态。比如我们经常说"眼睛是心灵的窗户",我们可以通过眼神实现信息交流。面部表情是一种十分重要的非言语沟通方法,通过这种方法,特殊儿童的喜怒哀乐等都可以通过面部表情来表达。

面部表情通过眼、嘴、脸实现表达。眼,能够最直接、最完整、最深刻、最丰富地表现特殊儿童的精神状态和内心活动,可以代替词汇贫乏的表达,促成无声的对话。通过眼睛可以看出特殊儿童是快乐还是忧伤,是烦恼还是悠闲,是厌恶还是喜欢。眼神、瞳孔、目光和眉毛均是特殊儿童和外界沟通与交往的手段。嘴部表情主要体现在口形变化

---

① 袁茵.听觉障碍儿童沟通方法评价[J].中国特殊教育,2002(1): 37—40.

上。伤心时嘴角下撇,欢快时嘴角上扬,委屈时噘起嘴巴,惊讶时张口结舌,愤恨时咬牙切齿,忍耐痛苦时咬住下唇。一般来说,面部各个器官是一个有机整体,它们协调一致地表达出同一种情感。面部肌肉松弛表明心情愉快、轻松,肌肉紧张表明痛苦、严肃,当一个人感到尴尬、有难言之隐或想有所掩饰时,其五官将出现复杂而不和谐的表情。

(二) 肢体动作

肢体动作是具有一定的动机和目的并指向一定客体的运动系统。特殊儿童的肢体动作不是孤立的,而是包括在整体活动之中的。它以自觉的目的为特征,并且总是由一定的动机所激发,因而具有社会的性质。总的来说,特殊儿童的肢体动作大致有两类:手部动作和身体姿势。手部动作:有意触碰、抓、推或指向某人某物表示引起注意或表达需求。身体姿势:用身体摆出各种姿势来表达内心想法,如低头表示伤心。特殊儿童由于口语交往能力较弱,常常以动作实现沟通与交往。

主要参考文献

1. 陈琦,刘儒德. 教育心理学[M]. 2 版. 北京:高等教育出版社,2011.
2. 陈作平. 媒介分析[M]. 北京:中国人民大学出版社,2014.
3. 戴元光,金冠军. 传播学通论[M]. 上海:上海交通大学出版社,2000.
4. 冯兰. 人际关系学[M]. 沈阳:辽宁大学出版社,2005.
5. 顾明远. 教育大辞典[Z]. 上海:上海教育出版社,1998.
6. 胡申生. 传播社会学导论[M]. 上海:上海大学出版社,2002.
7. 姜爱华. 马克思交往理论研究[M]. 北京:知识产权出版社,2009.
8. 姜琳. 交流心理学[M]. 北京:清华大学出版社,2008.
9. 雷江华. 融合教育导论[M]. 北京:北京大学出版社,2012.
10. 李百玲. 晚年马克思恩格斯交往观研究[M]. 北京:中央编译出版社,2009.
11. 联合国教科文组织编. 全纳教育共享手册[M]. 陈云英,杨希洁,赫尔杰,译. 北京:华夏出版社,2004.
12. 林崇德,杨治良. 心理学大辞典[Z]. 上海:上海教育出版社,2003.
13. 林铭. 现代教育技术:理论与实践[M]. 北京:电子工业出版社,2013.
14. 刘明合. 交往与人的发展:基于马克思主义的视角[M]. 北京:中央编译出版社,2008.
15. 柳树森. 全纳性教育[M]. 武汉:武汉出版社,1998.
16. 彭聃龄. 普通心理学(修订版)[M]. 北京:北京师范大学出版社,2004.
17. 彭贤,李海青. 人际关系心理学[M]. 2 版. 北京:北京交通大学出版社,2013.
18. 朴永馨. 特殊教育学[M]. 福州:福建教育出版社,1995.
19. 朴永馨. 特殊教育词典[Z]. 北京:华夏出版社,1996.
20. 上海国家会计学院编. 沟通与交流[M]. 大连:大连出版社,2010.
21. 申凡. 传播学原理[M]. 武汉:华中科技大学出版社,2012.
22. 宋海啸,辛一山. 中国社会工作理论[M]. 北京:时事出版社,2013.
23. 台湾特殊教育学会. 特殊教育课程与教学[M]. 台北:心理出版社,1987.
24. 奚晓霞. 教育传播学教程[M]. 重庆:西南师范大学出版社,2009.
25. 熊勇清. 管理学 100 年[M]. 长沙:湖南科学技术出版社,2013.
26. 余武. 教育技术学[M]. 2 版. 合肥:中国科学技术大学出版社,2003.
27. 中共中央编译局译. 马克思恩格斯全集(第 3 卷)[M]. 北京:人民出版社,1960.
28. 周文健,宁丰. 城市社会建设概论[M]. 北京:中国社会出版社,2001.
29. [美]黑贝尔斯,威沃尔. 有效沟通[M]. 李业昆,译. 7 版. 北京:华夏出版社,2005.

30. ［美］约翰·罗尔斯. 正义论［M］. 何怀安，何包钢，廖申白，译. 北京：中国社会科学出版社，2009.

31. 李晓庆. 智障儿童沟通与交往的研究现状［J］. 南京特教学院学报，2014(2).

32. 江小英，周静. 中学聋生网络交往情况的调查与分析［J］. 中国特殊教育，2010(9).

33. 谈秀菁，陈蓓琴. 聋校沟通与交往课程实施现状的调查研究［J］. 中国特殊教育，2010(7).

34. 江琴娣. 随班就读轻度智力落后学生心理健康问题的研究［J］. 中国特殊教育，2005(2).

35. 嘎日达，黄匡时. 西方社会融合概念探析及其启发［J］. 理论视野，2008(1).

36. 贺荟中. 自然教学策略：自闭症干预的 PRT 技术［J］. 华东师范大学学报(教育科学版)，2013，31(4).

37. 胡万钟. 从马斯洛的需求理论谈人的价值和自我价值［J］. 南京社会科学，2000(6).

38. 教育部(署名文件). 聋校义务教育课程设置实验方案［J］. 现代特殊教育，2007(3).

39. 李欢，肖非. 论特殊教育与构建和谐社会的关系［J］. 中国特殊教育，2009(7).

40. 林穗芳. 电子编辑和电子出版物：概念、起源和早期发展(上)［J］. 出版科学，2005(3).

41. 王培峰. 残疾人教育补偿的哲学思考［J］. 中国特殊教育，2011(7).

42. 王艳杰. 中、重度智障儿童生活适应能力的生态化教育模式初探［J］. 中国特殊教育，2006(8).

43. 魏玉桂，李幼穗. 不同移情训练法对儿童分享行为影响的实验研究［J］. 心理科学，2001，24(5).

44. 徐诚. 唇读研究回顾：从聋人到正常人［J］. 华东师范大学学报(教育科学版)，2013，31(1).

45. 许月琴. 沟通障碍者的辅助科技：辅助沟通系统简介［J］. 特殊教育季刊，2001(75).

46. 袁茵. 听觉障碍儿童沟通方法评价［J］. 中国特殊教育，2002(1).

47. 张东娇. 简论沟通及其教育价值［J］. 教育科学，2002(1).

48. 张宁生，胡雅梅. 听觉障碍者的综合交流法［J］. 心理科学，2002，25(6).

49. 张文京. 环境生态课程编制［J］. 中国特殊教育，2003(3).

50. 张文京. 弱智儿童适应性教育再思考［J］. 中国特殊教育，2003(5).

51. 赵君. 口语特点浅谈［J］. 青海师专学报，2001(5).

52. 岳伟. 交往理论的教育意义探索［D］. 武汉：华中师范大学，2002.

53. 柯琲. 听障学生沟通与交往课程在综合性特殊教育学校实施现状与对策研究［D］. 武汉：华中师范大学，2015.

54. Wetherby, A. M., Prizant, B, M. Enhancing Language and Communication Development in Autism Spectrum Disorders：Assessment and Intervention Guidelines ［M］. //Zager, D. *Autism Spectrum Disorders*. 2005.

55. Heather, B. H. Peer-Mediated Interventions to Facilitate Social Interaction for Children With Autism ［J］. *American Psychological Association*, *Convention Presentation*, 2006.

第二章　听觉障碍儿童的沟通与交往

沟通与交往是听觉障碍儿童(以下简称"听障儿童")融入主流社会的基本需求,也是学习知识、提升能力的必要技能。在2007年教育部公布的《聋校义务教育课程设置实验方案(试行)》中,首次将"沟通与交往"作为一门必修课程列入了聋校的课程计划,希望通过"感觉训练、口语训练、手语训练、书面语训练及其他沟通方式和沟通技巧的学习与训练,帮助听觉障碍儿童掌握多元的沟通交往技能与方式,促进听觉障碍儿童语言和交往能力的发展"。本章将从听障儿童沟通与交往的概述出发,通过介绍听障儿童沟通与交往的方式、途径、辅助技术,以及提出相关的策略和现实的案例来促进听障儿童的沟通与交往。

第一节　听觉障碍儿童沟通与交往的概述

与普通儿童的沟通与交往相比,由于各种因素的影响,听障儿童的沟通与交往有着自身的特殊性。本节主要从听障儿童沟通与交往的概念界定、基本特点和影响因素三个方面进行介绍。

一、概念界定

听觉障碍是指由于各种原因导致双耳不同程度的听力损伤,听不到或听不清周围环境声及言语声,以致影响日常生活和社会参与。根据听力损失的程度,将听觉障碍分为四级,表述为"听力残疾一级"、"听力残疾二级"、"听力残疾三级"、"听力残疾四级",每一级都有其相对应的特点(见表2-1)。

表2-1 听觉障碍分级及其特点	分级	听力损失程度	特　点
	一级	≥91 dB	听觉系统的结构和功能极重度损伤,在无助听设备的帮助下,不能依靠听觉进行言语交流,在理解和交流等活动上极度受限,在参与社会生活方面存在极严重障碍。
	二级	81—90 dB	听觉系统的结构和功能重度损伤,在无助听设备的帮助下,在理解和交流等活动上重度受限,在参与社会生活方面存在严重障碍。
	三级	61—80 dB	听觉系统的结构和功能中重度损伤,在无助听设备的帮助下,只能听到部分词语,在理解和交流等活动上中度受限,在参与社会生活方面存在中度障碍。
	四级	41—60 dB	听觉系统的结构和功能中度损伤,在无助听设备的帮助下,能听到言语声,但辨音不清,在理解和交流等活动上轻度受限,在参与社会生活方面存在轻度障碍。

听障儿童指因先天或后天的各种因素造成的听力损失和语言发展受到损害的儿童。从表2-1中可以发现，不同程度的听力损伤会对听障儿童利用言语沟通参与社会交往的过程产生不同程度的影响。"耳聋剥夺的不是声音，而是语言的学习。对于听障儿童来说，他们碰到的第一个问题就是如何学习语言，也就是沟通的问题。"[①]一个多世纪以来，聋教育工作者一直致力于听障儿童沟通问题的研究，力图使聋教育走出困境。然而，时至今日，听障儿童的沟通与交往依然是聋教育有待解决的重大问题。我国关于听障儿童沟通与交往的方式方法，特别是语言教育方法出现过三种模式，第一种是手语沟通法（Manual Method），手语沟通法是听障儿童以手语作为交往手段的沟通方式，也是听障儿童最自然的沟通方式。第二种是口语沟通法（Oral Method），它是指以口头语言作为交往的手段，主要教听障儿童利用残余听力和读话技能接受外来的信息，利用视觉、触觉和残余听力学习说话来表达思想感情。第三种是综合沟通法（Total Communication），它是一种基本原则，要求把适当的听觉、手语和口语交往方式结合起来运用，以保证听障儿童进行有效的交往[②]。每种方法都有自身的优点和不足之处，一百多年来围绕听障儿童沟通方式的争议一直没有停止过。但是影响听障儿童沟通与交往的因素有很多，方式方法只是其中的一个方面。

听障儿童的沟通与交往需要在不同的交往情景下，考虑不同的交往对象、途径、辅助设备等影响因素，及时评估听障儿童沟通与交往的能力，制定相应的沟通与交往计划，采用不同的沟通与交往方法，掌握不同的沟通技巧和策略，以达到顺利进行沟通与交往的目的。因此，听障儿童的沟通与交往是指听障儿童在进行沟通能力评估的基础上，有效利用各种辅助技术，通过各种言语和非言语的形式与不同的对象进行思想、情感、知识等交流的过程。

二、基本特点

沟通是指人与人之间相互发送（表达）和接受（理解）信息。这就意味着，沟通需要一定的媒介将信息传递给双方或者更多人，并需要受话者具有对信息做出反应的能力。与普通儿童不同，听障儿童受到生理和心理因素的影响，因此有其独特的沟通与交往特点，下面主要从媒介特点、对象特点、心理特点、能力特点四个方面进行描述。

（一）媒介特点

沟通和交往的顺利进行必须依赖有效的媒介，听障儿童的沟通媒介主要有手语、书面语、口语等。对于手语至今仍存在着不少偏见和误解，很多人认为，所谓手语就是通过打手势或者用手比划来表达意思，进行交际；还有些人认为手语只不过是口语的一种辅助表达形式，用来表达一些较为简单、具体、直观的语言概念；更有人认为手语是由口语转化来的，没有自己的词汇、句法和语法，不能充分精确地表达语意尤其是抽象语意，因而它从性质上说是模拟的、具有依赖性的、不健全的语言表达形式，而非真正意义上

---

① 龚群虎.中国手语语法问题浅谈[Z].第47届国际聋人节暨聋人教育研讨会发言稿.2004：9.
② 袁茵.听觉障碍儿童沟通方法评介[J].中国特殊教育，2002（1）：37—40.

的语言,等等①。这些误解其实都是因为我们对听障儿童及其赖以沟通与交往的媒介形式缺乏认识与了解造成的②。

手语作为听障儿童沟通与交往的主要媒介,具有语言的本质属性③。手语是一种动态性的语言,它以手势作为语言符号,离不开手、手指、两臂、身体动作及面部表情。手语通过动作来表达交往的意思。如果没有动作,听障儿童就无法实现与他人的沟通。手语是一种视觉语言,它是给受话者看的而不是听的。口语可以在完全没有光线或者隔着障碍物的条件下实现交往,但是手语不行。听障儿童在与他人进行交往时,如果单单是以手势交往,他的表达肯定会受到限制,沟通就会变得枯燥无味。手语的运用需要配上夸张的口型、丰富的表情以及适合的体态,这样手语的交往才会引人注意,形象生动。

除了手语以外,书面语也是听障儿童沟通时常用的媒介之一。尽管如此,手语和书面语之间的差异给听障儿童运用书面语交往带来了诸多的困难,因为手语和书面语在词汇系统和句法系统上有着很大的不同。首先,书面语的词汇主要分为实词和虚词。实词主要表义,虚词主要表示语法功能。手语中虚词的意义是靠手势的停顿、身体的移动和表情的变化传达的。其次,手语和书面语的句法系统不一样。书面语由单句和复句组成,句式比较长;手语一般用单句,较少用复句,句式一般比较短。手语的载体是身体,是手、动作和表情,手语没有独立的书写符号,它要借用书面语的文字。要同时系统地、完整地掌握两种语言系统,无论对于普通儿童还是对于听障儿童都是困难的④。因此,有研究者发现听障儿童在利用书面语进行交往时,表达存在众多通病:词序改变,语序错误,省略代词、虚词,指代不明确;词语的表达意义不明确,不符合汉语习惯;动词、形容词使用贫乏;记叙、描写欠具体⑤。

在日常交往中,看话(又称为唇读)也是听障儿童进行交往的媒介。有研究发现听障儿童90%以上的信息来源依靠视觉,需要借助看话来增进他们与周围人的交往⑥。看话指"聋人利用视觉信息,感知言语的一种特殊方式和技能。看话人通过观察说话人的口唇发音动作、肌肉活动及面部表情,形成连续的视知觉,并与头脑中储存的词语表象相比较和联系,进而理解说话者的内容"⑦。从中可以看出,看话的基础是视觉信息;看话的可视要素由说话人的面部表情、肌肉活动和口唇发音动作等构成;与头脑中储存的词语表象进行比较和联系的过程需要思维活动的参与⑧。

口语也是许多听障儿童家长希望听障儿童与他人交往时能利用的媒介。口语法虽然较难学习,但对听障儿童的个体发展却具有很大的帮助。张宁生对听障儿童语言沟通法的历史演变⑨进行研究发现,一般而言,口语法具有下列优点:①符合一般语文的

① Wilkinson,J., Marthinussen, B. American Sign Language & Deaf Culture in America [EB/OL]. http://library. think quest. org.

② 国华. 用手表达的语言——从语言学角度认识手语[J]. 中国特殊教育,2005(9): 50—54.

③ 郑璇. 浅论手语对聋儿主流语言学习的影响[J]. 中国听力语言康复科学杂志,2004(1): 51—53.

④ 吴钤. 聋人书面语学习困难的研究[J]. 中国特殊教育,2007(5): 33—37.

⑤ 黄红燕. 关于聋生书面语技能的培养及训练[J]. 中国特殊教育,2004(4): 26—29.

⑥ 陈莹. 影响聋儿看话的因素及应注意的问题[J]. 现代特殊教育,2000(5): 33—34.

⑦ 朴永馨. 特殊教育辞典[Z]. 北京: 华夏出版社,1996: 188.

⑧ 马万伟. 国内唇读研究对听障儿童语言康复的启示[J]. 现代特殊教育,2015(6): 54—57.

⑨ 张宁生. 听障者语言沟通法历史演变[J]. 中国听力语言康复科学杂志,2004(2): 6—8.

语法、语序、语型,可避免听障儿童使用手语法而产生的许多错误语言习惯;②有助于听障儿童与一般人沟通;③可表达抽象语汇与复杂句型。在新中国成立后的一段时间里,我国采用口语教学为主,大力提倡听障儿童使用口语进行交往和学习。通过实验学校的试验,发现利用口语进行沟通和教学,取得了一定成效。梅次开撰文谈到自己多年的教学经验发现,教师使用口语教学提高了听障儿童的语言能力①。但是口语沟通也有其局限性:①听障儿童难以学习。能够用口语作充分沟通的听障儿童毕竟不多。口语的学习成效也容易受听障儿童早期训练、听力损失程度等多方面因素的影响;②即使学会一些口语,听障儿童同伴之间以口语进行沟通的少之又少,也非易事;③许多字词的发音、语调、口型非常类似,很难分辨;④许多听障儿童即使幼年或小学阶段曾接受过口语的训练,但随着年级渐增,课程内容增多,口语教学往往会耽误教学进度。有时迫使教师改用手语,以往辛苦学习的若干口语经验难以保持②。

(二) 对象特点

听障儿童与不同的人沟通交往会呈现出不一样的特点。在与听障人沟通交往时他们的方式较多元,而且交往的效果也非常理想,很少出现沟通障碍,同时内容也十分地丰富。而与健听人交往则呈现出方式各异的特点,听障儿童主要使用手语,而健听人则使用口语,常常因为沟通方式的不一致,而无法达到理想的沟通效果,沟通的内容也比较贫乏。

1. 与听障人的沟通与交往

听障儿童与听障人的交往特点主要包括三点:方式多元、过程流畅、内容丰富。首先,沟通的方式多元。听障儿童的交往方式一般有三种:手语、口语和书面语。听障儿童与听障人的交往以手语为主,书面语和口语等为辅。手语是听障儿童交际的主要工具,它作为一种语言,已逐渐为人们所接受。对于听障儿童而言,手语的作用是有声语言无法替代的,作为听障儿童社会交际的工具和聋校教育教学的重要辅助手段,手语的作用又是非常明显的。刘永萍通过问卷调查,并辅以访谈,对江西部分聋校教师、学生的语言沟通方式进行了调查与分析③,结果发现听障儿童与听力残疾人沟通,100%最常用的是手语,且都没有很大障碍,因此手语是听障儿童与听障人沟通最重要的语言沟通方式。通过与聋校教师的访谈得知,听障儿童与听障人沟通多用中国手语与自然手语的结合。笔谈采用的是文字符号系统,也是听障儿童沟通与交往的一种方式,汤凌燕和马红英对听障儿童使用笔谈的情况进行了调查研究④,结果发现听障儿童间的交际使用笔谈的情况不多,此外还发现听力损失程度越重的听障儿童使用笔谈的频率就越高;反之,听力损失程度越低,选择笔谈交际的频率也就越低。其次,沟通的过程流畅。有研究发现⑤绝大部分听障儿童在班级中可以比较有效地参加集体讨论和活动,部分听障儿童具备被同伴崇拜的技能或能力,能够广泛地与同伴交往。尤其是在聋校,听障

① 梅次开.谈聋校口语教学与双语教学问题[J].中国特殊教育,2004(1):44—47.
② 张宁生.听障者语言沟通法历史演变[J].中国听力语言康复科学杂志,2004(2):6—8.
③ 刘永萍.听障儿童语言沟通方式的调查与分析——江西的案例[J].江西教育科研,2007(10):91—92.
④ 汤凌燕,马红英.聋生使用笔谈的调查研究[J].中国特殊教育,2004(9):56—60.
⑤ 刘扬.1—6年级聋生与普通学生学校社会行为的比较研究[J].中国特殊教育,2004(11):40—44.

儿童的主要交往对象是与其同样存在听觉障碍的同伴,虽然没有口语交往的能力,但听障儿童之间可以用手语和面部表情等各种身体语言进行沟通。因此,听障儿童在学校中与同伴大量的交往和互动行为并不会因为其言语障碍而减少,而且沟通的效果也非常好。最后,沟通的内容丰富。由于生长的经历和环境相似,听障儿童之间有许多共同的话题可以进行交流,既有学习上相互解决难题的交流,也有生活实际需要方面的沟通,同时也有感情方面的交流,此外还会有娱乐游戏等课外生活的交流。

2. 与健听人的沟通与交往

随着融合教育的大力推进,听障儿童与健听人的交往是听障儿童回归主流,进一步融入社会的重要条件。听障儿童与健听人的交往主要有三个特点:首先是沟通的方式比较单一。听障儿童习惯用手语与健听人交往,但是很少有健听人会手语,健听人绝大部分时间是用口语交往,因此听障儿童与健听人的沟通方式存在巨大差异,大多数时候为了让沟通继续,听障儿童更乐意用书面语与健听人交往,这是健听人与听障儿童交往的主要方式。其次是沟通效果不佳,容易受到阻碍。如一位聋人回忆与健听人士交往时的情况:"记得有一次,我和父母一起去文具店,我想说买个橡皮,可是我该怎么表达呢?这令我紧张,而且我的发音很模糊,可是一定要用语言来沟通,这才是正常人。我便一而再再而三地说了几遍,商店老板好像还看不懂我的意思,我很着急,又不能说得很清楚。后来商店老板和父母终于明白我要买的是什么了,他们立刻用唇语说:橡——皮?我松了口气笑了,点点头:是的!我就跟他们说一遍:橡——皮。我又告诉父母和商店老板,我还要买文具盒。他们仍然用唇语说着:文——具——盒。我也点点头。"[①]最后是交往的内容比较贫乏。独特的思维方式,封闭的生活环境,使听障儿童对外界事物接触比较少,单一的生活节奏,使听障儿童课外生活缺乏乐趣,因此听障儿童在与健听人交往时,交往的内容也很难丰富多彩。

(三)心理特点

由于生理缺陷,听障儿童在与他人进行交往时容易产生自卑心理,唯恐受到歧视,这会导致内心的失落,进而出现一些退怯情绪、社交恐惧,不愿意与他人进行交往。听障儿童也会因为听不清或者听不见他人的谈话,但内心又渴望参与交往,而出现急躁不安的情绪,他人也因为看不懂听障儿童的手语,或者听不清听障儿童不标准的发音,而表现出不耐烦的情绪。因此,听障儿童在沟通与交往的过程中会表现出复杂的心理特点。

1. 心理健康水平较低

由于听力语言障碍的影响,听障儿童对外界事物的认识和了解有着明显的缺陷,他们更多用眼睛去观察,看待事物和事情具有很强的片面性和主观性。听障儿童的想象力是非常丰富的,他们的观察力也极为敏锐;如果他们不被交往环境接纳,有的会产生冷漠、退缩、自卑等情绪,有的可能会出现烦躁不安,甚至故意破坏东西等行为。此外,听力言语障碍使听障儿童和健听人交往时产生困难,严重妨碍听障儿童的社会交往,长期的听力言语障碍使聋生的交往能力受到很大的限制,难以结交同年龄的健听人,有的可能因为耳聋而被他人欺负,也可能会被认为是能力低下的人。在人际交往中,由于种

---

① 林勉君.聋人世界——聋人成长实录[EB/OL]. http://www.ailongshouyu.com/deaf_world/109.html.

种障碍,他们会感到非常自卑,怕见陌生人,害怕别人的指点和议论,心理健康水平较低[①]。

2. 自卑、自私、自闭心理

生理缺陷导致听障儿童最大的心理偏差是自卑心理。在与人交往时,听障儿童总会认为自己不如健全人,害怕受到歧视和不平等待遇,因而不敢积极主动地参与社会交往,在沟通交往时也会产生自卑感。此外,由于家庭和社会可能会因为听障儿童的缺陷对其过分偏爱和宽容,使听障儿童在和他人进行交往时容易产生"以自我为中心"的自私心理。有研究者对听障儿童的学习和交往成败归因进行调查研究。结果发现,听障儿童在学习和交往中倾向于外部、稳定、不可控因素的归因,并具有利己主义归因偏向[②]。另外,部分家庭和学校为安全考虑而过分保护听障儿童,导致其交往圈子狭窄,交往形式单调,心理上形成了自我封闭的意识。

(四) 能力特点

沟通交往能力是指个体在事实、情感、价值取向和意见观点等方面采用有效且适当的方法与对方进行沟通和交往的本领。具备符合现代汉语规范的听、说、读、写能力是听障儿童获得社会适应能力、交往协作能力、职业竞争能力的基础。最新颁布的《聋校义务教育课程设置实验方案(试行)》对听障儿童的语言能力培养更是提出了具体切实的新要求。但现实情况是,听障儿童沟通与交往的能力仍然有待提高。由于受到听力损伤的影响,听障儿童的沟通能力直接受到不同程度的影响。主要表现为:

1. 手语运用能力出色

手语作为聋人进行交际和交往的主要方式,在聋人知识习得、认知发展和社会性发展中有重要的作用[③],是听障儿童最常用的沟通方式。手语是许多听障儿童及出生在聋人家庭的健听儿童的第一语言。听障儿童还可以使用手语进行诸如诗歌创作、表演等多种社会活动,并且手语词汇也随着社会的发展不断演变[④]。尽管有些地方的自然手语不一致,但当两个第一次见面的听障儿童进行交往时,他们能很快就知道彼此手语所表达的意思,能够利用手语无障碍地交往。

2. 唇读语言能力超常

唇读这一独特的技能基于相当复杂的生理基础,需要经过专门的训练和培养才能获得。很早以前就有研究者对听障儿童的唇读能力进行了调查,发现我国听障儿童看话的准确率与国外听障儿童相近;听障儿童的年龄、听力状况、句子的类型与长短以及词语的口形等因素与看话的准确性有紧密的联系[⑤]。雷江华等人通过一系列的实验研究发现音素可见性在听障儿童语音识别过程中发挥了很强的作用,单韵母是最易识别的,声母是最难识别的[⑥];另外听障儿童唇读汉字语音识别的效果中,视听条件优于视

① 刘在花,许家成,吴铃.聋人大学生心理健康状况研究[J].中国特殊教育,2006(8):91—95.

② 肖阳梅.听障大学生学习和交往归因的调查研究[J].中国特殊教育,2005(11):26—31.

③ 郑璇.浅论手语对聋儿主流语言学习的影响[J].中国听力语言康复科学杂志,2004(1):51—53.

④ 林水英.浅论手语对聋生学习汉语的影响[J].现代特殊教育,2007(1):21—22.

⑤ 王强虹.聋生看话能力的调查[J].中国特殊教育,1997(2):15—19.

⑥ 雷江华,张凤琴,方俊明.字词条件下聋生唇读汉字语音识别的研究[J].中国特殊教育,2004(11):37—39.

觉条件,视觉条件优于听觉条件①。

3. 词汇运用能力低下

与普通儿童相比,听障儿童的词汇量较少,而且随着年龄的增长差距日益变大。听障儿童更多的是使用具体名词如"书"、"学校"、"爸爸"等进行交往,一般而言,听障儿童在与他人交往时,很少使用抽象名词如"幽默"、"自由"等。此外,在形容词和副词方面,听障儿童也很少使用,高频出现的限于"冷"、"热"等②。在词性方面,听障儿童与他人交往时,也常常出现错误,如将名词误用为介词或动词:"老师在黑板面字。"也有将动词误用名词:"同学们走到食堂买吃。"③

4. 语法运用能力不足

掌握并运用语法知识是交往时正确使用句子的保证,同时对于理解说话者想要表达的意思也有重要作用。手语语法结构与口语存在很大差异,受到手语的影响,听障儿童在与他人交往时,明显表现出语法运用能力不足的特点。有研究者发现听障儿童在交往时会使用成分残缺不全的病句,如:下雨时,人们(　)雨伞看电影(遗漏"打着")。也会出现语序颠倒的情况,如:接受老师的批评我(应为"我接受老师的批评")。还会在沟通时出现搭配不当的情况,如:在会上,大家都提出了自己的决心("提出"可改为"表示",或"决心"改为"想法")。④

5. 语用交往能力滞后

语用交往行为,即言语行为,指说话者用语言来表达做某事的意图⑤。具体表现为交往过程中交际意图的习得,相应语言表达的发展,也包括在言语出现之前,即通过发声和手势的交际行为⑥。有研究者对4—6岁重度听障儿童与同龄健听儿童语用交往行为进行比较研究,发现4—6岁重度听障儿童与同龄健听儿童的语用交往行为随着年龄增长稳步发展。在言语倾向、言语行动、言语变通三个层面上二者均存在一些共同的语用类型(如"指令和回答"、"言语诱导和回答"、"宣告和回答"、"标记和回答"、"陈述和回答"、"问题和回答"等);与同龄健听儿童相比,4—6岁重度听障儿童语用交往行为发展滞后,主要体现在注意系统、情绪系统、讨论与协商系统、澄清系统,表现为被动的应答,无法主动表达自己的交往意图、主导社会互动的方向⑦。

三、影响因素

(一) 主观因素

"语言是人类沟通的工具,是情感交往的桥梁。"听力是影响儿童语言发展的重要因

---

① 雷江华,等.听障学生唇读语音识别视听通道效应的实验研究[J].心理科学,2008(2):312—314.

② 方俊明,雷江华.特殊儿童心理学[M].2版.北京:北京大学出版社,2015:99.

③ 王姣艳.从聋校学生的书面语谈其语言能力与教育对策[J].中国特殊教育,2004(7):17—20.

④ 刘德华.聋生书面语中动词及相关成分的异常运用[J].中国特殊教育,2002(2):43—46.

⑤ Austin, J. L. *How to Do Things with Words* [M]. New York: Oxford University Press, 1962.

⑥ Astington, J. W. Promises: Words or deeds? [J]. *First Language*, 1988,24(8):259-270.

⑦ 贺荟中,贺利中.4—6岁听障与健听儿童语用交流行为之比较[J].华东师范大学学报(教育科学版),2009(1):63—71.

素,90%的听障儿童都不同程度地出现了语言发展迟缓现象[①],而多数听障儿童从小缺乏专业的语言康复训练,自身口语表达功能日渐退化,甚至最终失去了口语沟通与交往的能力,这就弱化了听障儿童主动与他人沟通与交往的欲望。由于听障儿童的口语表达能力较差,他们在讨论问题时只能用手语来表达,课堂上小组合作交往叙述一个问题、阐述一个观点时,很难表达清楚,以致听障儿童与普通儿童之间相互理解的意思有时不一定与所表达的意思完全一样[②]。而大多数听障儿童不能使用口语与健听人进行顺畅的交往,加之很少有健听人掌握听障儿童习惯使用的手语,造成听障儿童与健全人的沟通非常困难,有时甚至产生误解。

除了生理因素引起的沟通与交往问题,心理因素也是一个不容忽视的原因。听障儿童较为普遍的不良心理有:一是自卑心理;二是封闭心理;三是多疑心理;四是敌视心理[③]。有研究者对以就业为导向的听障儿童人际交往进行了调研,发现了听障儿童在人际交往上存在心理障碍,主要表现为:在困难面前退缩,做事固执,胆小害羞,孤僻、自卑、急躁、主观片面、猜疑心强、自私[④]。听障儿童这些不健康的心理严重地影响了与他人的沟通与交往。

(二) 客观因素

社会对听障儿童的态度也会影响听障儿童的沟通与交往。由于种种原因,社会上的某些人对残疾人不理解、不同情,甚至会产生歧视现象,还有些人认为与听障儿童打交道麻烦,残疾人可信度低,这些都影响了主流社会与残疾人的交往[⑤]。许巧仙和王毅杰对某学院聋人大学生的社会交往进行了实证研究,发现日常生活中,即便是没有感受到健听人歧视的学生,在"朋友构成"选项中也更倾向于选择"聋健差不多"和"聋人多"[⑥]。社会上还有些人把听障儿童视为"异类",看到听障儿童在一起打手语,觉得好奇。有的人还会对聋人有偏见甚至歧视,与听障儿童接触容易有"恐惧感",远离他们,或者不信任他们。一位聋人曾回忆说:"我记得有一次,上公共汽车时,我投了钱,接着去找座位坐,开始我觉得有点不对劲,好像别人都在看我,我一抬头,果然,真的有人在看我,他说什么我听不懂,他指着司机,我回头看司机,司机一脸难看,我尴尬地过去找司机,想问问怎么了,司机指着投钱箱,我说已经投了,他看不懂我说什么,我会说一点点话,但是我发音不准,我急了,他说请投钱,我说我已经投过钱了,他愣住了,没说什么,他就继续开车,我回到自己的座位,别人还在看着我,我觉得我的自尊心受到了伤

① Nelson, K., Loncke, F., Camarata, S. Implications of research on deaf and hearing childrens' language learning [M]. //Mars, C. M., Clark, M. D. (Eds.). *Psychological Perspectives on Deafness*. Hillsdale, New Jersey: Lawrence Erlbaum Associates Publishers, 1993: 123 – 151.

② 王明丽.聋生语言沟通障碍成因分析及对策[N].毕节日报,2011 – 3 – 14(7).

③ 刘春生.试论聋生社会交往障碍的成因及对策[J].教苑杂坛,2011(11): 183.

④ 邱淑女,许保生,廖晓丽.以就业为导向的聋生人际交往调研与辅导策略[J].南京特教学院学报,2013(3): 32—34.

⑤ 张丁,黄益名.聋生的社会交往障碍和构筑聋生适应社会交往的良好心理基础[C]//中国心理卫生协会残疾人心理卫生分会第四届学术交流会论文集.中国心理卫生协会残疾人心理卫生分会,2002.

⑥ 许巧仙,王毅杰.从社会交往看聋人大学生的社会融合——基于某学院的实证研究[J].中国特殊教育, 2011(10): 43—48.

害,心里很不是滋味。"①由于文化观念的落后,一般很少有健全人主动去接触听障儿童,了解听障儿童,并积极适应与听障儿童的沟通与交往。除了特殊教育工作者和少量残疾人工作者外,与听障儿童直接交往的群体主要是听障儿童的家庭与学校同伴、老师,以及用人单位的同事或朋友。由此可见,整个社会环境对听障儿童的沟通与交往产生了深刻的影响。此外,学校教育、家庭环境等对听障儿童沟通与交往产生的影响也不可忽视。

第二节　听觉障碍儿童沟通与交往的方式

听障儿童使用何种沟通与交往方式一直都存在较大争议,一些专家学者对听障儿童的沟通方式进行过归纳,主要是手语沟通法、口语沟通法和综合沟通法。本节主要从言语沟通和非言语沟通两个方面对听障儿童的沟通与交往方式进行介绍,其中包括手语、口语、书面语、面部表情、肢体动作等。

一、言语沟通

我国台湾地区特殊教育专家林宝贵认为:"要解决听障者的问题,最根本的方法就是要为他们解决语言沟通问题。语言沟通问题解决了,其他的教育问题、学习问题、情绪问题、社会适应问题、就业问题等自然迎刃而解。"由此可见听障儿童言语沟通的重要性。而一般的听障儿童的言语沟通主要包括手语、口语、书面语等。

(一)手语

听障儿童以手语作为沟通的主要方式,手语也是听障者最自然的沟通方式。手语是一种将手形、位置、方向和动作,配合面部表情和肢体动作,按照一定的语法规则排列组合来表达意义的符号系统,是一种靠视觉进行交际的特殊语言,是听障儿童交往的主要方式②。我国有研究者对手语的发展进行了研究,发现我国对于手语的研究主要围绕手语的界定、中国手语的语言学研究、手语习得的研究、中国手语语法规律研究、手语的脑功能研究、手语作用的研究以及对国外手语发展状况的研究等进行③。

手语与口语一样有其自然、完整的体系,用手语交往有助于听障儿童更好地表达思想,增强对语言的理解和记忆④。手语包括用手势表达思想、进行思维的手势语和用手指的指式变化代表字母、按拼音顺序依次拼出词语的手指语。刘永萍对听障儿童语言沟通方式进行了调查与分析,发现手语是听障儿童与听力残疾人沟通最重要的语言沟通方式⑤。听障儿童的手语又分为自然手语和文法手语。自然手语是指听障儿童自发形成和使用的手势动作,有不同于有声语言的表达顺序。这种手语是听障儿童在平时的交往中产生的,它形象、直观、简练,听障儿童多喜欢使用这种语言。自然手语是聋人

① 林勉君.聋人世界——聋人成长实录[EB/OL].http://www.ailongshouyu.com/deaf_world/109.html.
② 张宁生.手语翻译概论[M].郑州:郑州大学出版社,2009:77.
③ 余晓婷,贺荟中.国内手语研究综述[J].中国特殊教育,2009(4):36—42.
④ 袁茵.听觉障碍儿童沟通方法评介[J].中国特殊教育,2002(1):37—40.
⑤ 刘永萍.听障儿童语言沟通方式的调查与分析——江西的案例[J].江西教育科研,2007(10):91—92.

之间日常的交往工具,具有很强的形象性和随意性,并且具有独特的语法特点①。虽然每个地方的自然手语都不一样,但是差别并不是很大,听障儿童之间的交往并不会因为自然手语不一样而出现障碍。有研究对听障儿童的通用手语使用特征进行调查,发现听障儿童利用手语沟通会受到语用习惯、文法手语地区文化差异等因素的影响,但是听障儿童自创的手语形象生动、简洁,更有利于沟通②。文法手语一般是听障儿童在学习汉语的过程中,受汉语语法结构的影响形成的汉语手势表达形式,聋校教师在和听障儿童沟通时,通常会用汉语的叙述顺序及语法规则来打手语,这样也会逐渐影响听障儿童的手语向文法手语方向发展。目前在聋校课堂教学中,很多都使用的是文法手语,而不是自然手语。

(二) 口语

口语是听障儿童的沟通方法之一,是指以口头语言作为交往的手段,听障儿童主要利用残余听力和唇读技能接受外来的信息,利用视觉、触觉和残余听力学习说话来表达思想感情。口语包括有声和无声两种情况。无声语言没有声音材料,只有发音动作,可促进听障儿童在与他人交往时,思考过程中的内部语言活动③。因此,大部分听障儿童利用口语进行交往不仅仅是为了出声交往,更是为了锻炼自身的内部语言能力与思维能力。从言语交往、运行和发展机制的角度看,内部言语是言语印入和言语表述的中间环节。它一方面是"表现性言语,开始于表述的动机、一般的思想,后者再借助内部言语进行编码而成为言语图式,这些言语图式在'生成性的'或'发生性的'语法基础上转化为展开的言语";另一方面是"印入性言语,它经历着相反的道路——从知觉别人的言语流及其解码开始,通过分析、分出重要的因素并把所感知的言语表述压缩为某个图式,这种言语图式再借助于内部言语而转化为表述、一般的思想以及隐藏在其中的弦外之音"④。

(三) 书面语

书面语是听障儿童与普通儿童沟通的最佳方式之一,也是听障儿童与家人常用的沟通方式。汤凌燕、马红英对听障儿童使用书面语笔谈的情况进行调查,发现笔谈能切实提高听障儿童与普通儿童的交往效果,对听障儿童形成积极的交往态度、帮助他们回归主流社会有着重要的意义;听力损失程度与笔谈使用频率有着极其显著的正相关;语文成绩与笔谈水平存在着极其显著的正相关⑤。吴铃的研究指出,听障儿童通过手语与人交往或讲述事情时可以绘声绘色地表达很丰富的内容,这足以说明听障儿童已经具备了一定的语言基础。但在转换成使用汉语书面语表达的过程中,出现语言不规范、表达不清楚的现象,原因是听障儿童在向汉语转换时省略、忽略、简化、回避了一些应该表达的东西,使翻译后的汉语句子只剩下一些词语,而无法表述清楚⑥。听障儿童由于听力的损失,组织书面语言的能力明显低于同龄的普通人,交谈时常句不达意、支离破

① 吕雪晶,王爱英.聋生自然手语的研究与思考[J].中国特殊教育,2007(6):40—48.
② 沈秀荣.听障学生通用手语使用特征的调查与分析[J].南京特教学院学报,2014(2):21—23.
③ 张宁生.对聋哑儿童进行口语训练的心理学意义[C]//国家教育委员会初等教育司.特殊教育文件、经验选编.北京:人民教育出版社,1989:343—352.
④ [苏]А·Р·鲁利亚.神经心理学[M].汪青,等,译.北京:科学出版社,1983:296,291—293.
⑤ 汤凌燕,马红英.聋生使用笔谈的调查研究[J].中国特殊教育,2004(9):56—60.
⑥ 吴铃.手语语法和汉语语法的比较研究[J].中国特殊教育,2006(8):50—54.

碎、前后颠倒。如听障儿童爱说"我完了作业"(我做完了作业)、"我做到能"(我能做到)等。王姣艳对聋校学生的书面语进行了调查和分析,发现结构残缺、用词不当两类错误居多,分别占 31.13% 和 30.19%。如主语残缺:下课了,(我们)去吃饭。先吃饭完了,再去操场(玩)。再如谓语不当:同学们都要去踢足球比赛。又如补语缺失:王老师说:"小学生留,中学生(回)去。"动词、名词运用不当的情况时有发生,如:我看李某某(在)教室里画画。又如:我和王某某、李某某吃食堂[①]。

二、非言语沟通

听障儿童与普通儿童在言语语用交往行为类型上并没有显著性区别,但是在非言语语用交往行为上具有差异性,表现为具有中耳炎的儿童更少使用非言语语用交往行为[②]。听障儿童的非言语沟通非常丰富,尤其是面部表情和肢体动作。

(一)面部表情

1. 表现丰富的面部表情——促进沟通

表情是人类及其他动物从身体外观投射出的情绪指标,多数指面部肌肉及五官形成的状态,如笑容、怒目等,也包括身体整体表达出的身体语言。表情语是通过面部表情来交流情感、传递信息的语言。表情作为听障儿童非言语交往的方式之一,对手语意思的完整表达和正确体现具有重要的作用。当两个听障儿童在一起交谈时,手势上下飞舞,如流水线,比划得十分热烈,他们的脸上时而喜笑颜开,时而痛苦不堪,表情十分丰富。有研究发现,当排除面部表情只对手势进行识别时,人们所能理解的内容不会超过 60%[③]。心理学家 Mehrabian 提出,在人们的交流中,通过面部表情传递的信息量达到了 55%[④]。由此可见表情在手语中的特殊地位,没有表情的配合,交往可能无法顺利地进行。

2. 面部表情的语用功能——帮助交往

听障儿童的很多手势都需要依靠面部表情来表达一些细微意思的差别,尤其是在表达一些感情和情绪时,通常除了手势外,更重要的是面部表情,在沟通过程中,这些面部表情是句子意思完整体现的一个重要组成部分,如在打"高兴"的手语时,需要听障儿童双手掌心向上,在胸前上下扇动,脸露笑容。在打"苦"的手语时,听障儿童要将一手拇指和食指握成小圆圈,放于口边,同时脸露苦状。此外,听障儿童在与他人沟通时,面部表情等非言语在一定程度上体现了语法上的功能,如疑问、感叹等语法功能,通过看面部表情等得知句子是否讲完,看面部表情判断是什么类型的句子,是陈述句、否定句、疑问句,还是感叹句。

(二)肢体动作

肢体动作是一种非言语表达方式,在日常生活和交往中,肢体动作常常作为辅助手

---

① 王姣艳.从聋校学生的书面语谈其语言能力与教育对策[J].中国特殊教育,2004(7):17—20.

② Snow, C.E., Pan, B.A, Alison, I.B. Learning how to say what one means: A longitudinal study of children's speech act use [J]. *Social Development*, 1996(1):56-84.

③ Ong, S.C.W., Ranganath, S. Automatic sign language analysis: A survery and the future beyond lexical meaning. IEEE TPAMI, 2005,27(6):873-891.

④ Mehrabian, A. Communication without words [J]. *Psychology Today*, 1968,2(4):53-56.

段使说话人的意思和意图表达得更加精确、形象,是了解他人的感情、态度和想法的重要线索,这些线索对于沟通以及对他人和自身做出评价都具有重要意义。一方面,听障儿童由于言语沟通的欠缺,他们会更加倾向于利用肢体动作来表达沟通与交往的需要。一些听障儿童喜欢用拍打对方的肩膀、胳膊或者跺脚震动地板等方式引起对方的注意。但是听障儿童常常会因为缺乏沟通与交往的技巧、力度过大以及肢体动作不恰当而引起别人的误会从而导致沟通与交往困难重重。更严重的甚至会因此引发人际冲突和交往矛盾。另一方面,听障儿童在与他人沟通与交往时常常利用肢体动作来辅助手语的交往。在手语交流中,同一个手语配上不同的肢体动作,意思则完全不同。

第三节　听觉障碍儿童沟通与交往的途径

在不同的沟通与交往途径下,听障儿童面临的沟通与交往对象不同,使用的沟通与交往方式也会有所差别,因此,听障儿童的交往也表现出不同的特点,下面分别从学校、家庭、社会三个方面进行介绍。

一、学校中的沟通与交往

听障儿童的听力损失程度和沟通方式一定程度上影响着教育安置的选择,80%接受特殊学校教育安置的听障儿童都有中重度以上的听力损失,普通学校的特殊班可以服务各种听力损失程度的学生,而一般随班就读普通学校的教育主要服务于轻度听力损失的儿童。不同的教育安置下的沟通模式也存在差异。

(一)特殊教育学校中的沟通与交往

1. 综合性特殊教育学校中的沟通与交往

综合性特殊教育学校包括了不同类型的特殊需要学生,主要有听障、智障、视障、自闭症等。在综合性特殊教育学校,听障儿童的沟通交往对象较多,包括听障同伴、其他儿童以及老师。这就需要听障儿童在与不同的交往对象沟通时,采用不同的沟通方式。手语是听障儿童表达情感思想、进行交际的重要语言工具。由于手语不受听力限制,不受双方文化水平的限制,所以手语仍然是最主要、最便捷、最容易为听障儿童所接受的,也是听障儿童沟通与交往的主要方式。听障儿童必须学会并熟练掌握手语,并运用手语与同伴进行交往。但是除了听障儿童以外,综合性特殊教育学校还有其他类型的障碍儿童,因此,口语和书面语也是必不可少的交往工具。听障儿童虽然有听力损失,但很多儿童的发音器官是好的,而且通过辅助设备和读唇,听障儿童还是可以接收到交往的信息的。听障儿童在与其他障碍儿童交往时,应该根据自身的情况,如有没有残余听力,读唇能力如何等,直截了当地告诉对方,让对方采用合适的方式与自己交谈。有的听障儿童与他人交谈时,只能看懂熟悉人的口型,读懂其他人的口型有些困难,于是,一些听障儿童就会变得自闭,不敢和不熟悉的人交往。下面这个案例[①]就是听障儿童自

---

① 孟繁玲.聋人与社会[M].郑州:郑州大学出版社,2010:140.

闭导致的交往障碍。

　　浩浩,男,听障儿童,就读于某综合性特殊教育学校。浩浩的性格内向,比较封闭,虽然浩浩的读唇很好,但是只能看懂几个上课老师的唇型和一个同桌的唇型,不擅长与人交往合作。浩浩很爱学习,成绩不错;但是不喜欢与同学探讨,同学问他问题,浩浩都不愿意帮助他人。久而久之,同学们都觉得浩浩很自大、自私,都不愿意与他交朋友了。长此以往,孤独的浩浩又产生了自卑的心理,更不愿意与同学们交往了。从此,浩浩迷恋上了网络游戏,忽略同学、老师之间的交往,因此学习也不如以前了,烦恼也越来越多。

　　听障儿童在与人交往过程中,自卑心理是培养交际能力的一大心理障碍。听障儿童不应该沉浸在自己的世界里面,更不应该封闭自己。要争取每个机会参与交往,参与实践,多认识朋友。对于浩浩这样有封闭心理的儿童,老师和同伴应该帮助他正确认识自己、努力改变自己。身边的同学和老师要多关心他,使他通过与他人交往,在自己和他人的相互作用中了解自己,完善不足的地方。老师在听障儿童交往遇到困难时,应该积极主动地帮助其克服困难,并发挥自身的力量带动听障儿童参与日常的交往。

2. 专门性特殊教育学校中的沟通与交往

　　由于条件限制、听力损失严重等原因,我国大多数听障儿童只能去聋校就读。而聋校一直实行封闭式管理,这使得听障儿童交往范围缩小,交往对象局限于听障同伴之间。陈雪英对聋校高中生人际交往进行研究,发现听障儿童人际交往方面存在诸如嫉妒、猜疑、道德观念淡薄、自控能力差、意气用事、是非不分、自卑等方面的障碍[①]。贺荟中、林海英采用调查法与社会网络分析法,对聋校三年级学生班级群体友伴网络进行了两年追踪研究,以探索友伴网络的建构及发展特征,发现在三年级初期,听障儿童友伴网络个体中心度与个体外貌、成绩、年龄等个人特征显著相关,但是随年级升高该相关性逐渐消失;听障儿童友伴网络中存在一个十分稳定的中心小团体,其成员在整个网络中处于中心地位;听障儿童班级群体中互选朋友关系呈中等程度稳定性[②]。也有研究者对聋校听障儿童在交际中语码选择和转换进行了个案研究,发现个案在交往中选用的语码类型丰富,与健听老师和听障同伴交往时出现了五种类型,即:口语、手语、手口并用、口语中夹杂有手语词和肢体语言。在与健听的陌生人交往时,又增加了书面语这一类型。但是由于该聋校一直坚持口语教学,所以研究还发现个案与健听陌生人、健听老师交往时,以口语为主,手语运用比例很少,间或出现其他的语码类型。而其与听障同伴交往时则以手语为主,但口语和手口并用的比例也不小[③]。由此可见,听障儿童的交往方式会受到学校教育方式的影响。但是,大部分聋校还是趋向于利用手语进行日常交际,听障儿童也习惯于使用自然手语,而聋校教师则更多使用文法手语,由于手语

①　陈雪英.聋高中生人际交往障碍及辅导策略[J].现代特殊教育,2000(3):27—28.
②　贺荟中,林海英.聋校低年级学生班级友伴网络建构追踪研究[J].心理科学,2013(5):1159—1162.
③　汤凌燕.听障儿童在交际中语码选择和转换的个案研究[J].中国特殊教育,2006(7):13—17.

使用存在一些差异,师生之间的沟通有时也很难达到令人满意的效果。张又宝、高宇翔以乌鲁木齐市为例对聋校师生手语使用现状进行了调查,发现听障儿童对于教师教学使用的手语能够理解大多数的有 33.3%,基本不能看懂的占 2%;同时,教师认为自己的手语可以被听障儿童理解大多数的仅有 5.9%,相信听障儿童基本不能看懂自己手语的比例达到 23.3%[①]。

(二)普通学校中的沟通与交往

我国特殊教育在长期实践的基础上,积极吸取融合教育理念,同时结合我国的具体国情,实行了特殊学生随班就读政策。听障儿童随班就读政策是对相关的适龄学生实施教育的一种重要形式,营造一个积极向上、交往和谐、蓬勃发展的人文环境,把经过早期听力语言康复训练并达到一定标准的听障儿童安置在普通学校随班就读,与普通儿童一起学习交往,有利于他们自身的全面发展和充分发展,良好同伴关系的建立也有助于听障儿童社会能力的发展[②]。

1. 普通班级中的沟通与交往

当听障儿童所在的班级老师和学生能平等对待听障儿童时,可以适当扩大听障儿童的交往范围。有研究证明融洽和谐的同学或同伴关系,有利于听障儿童的社会适应,具体表现为:促进了社会文化的交往和学习;促进了正面自我概念的发展;有利于形成听障儿童间的依恋感、归属感、同盟感,促进他们建立友谊,以群体的方式适应主流社会[③]。听障儿童以群体的方式学习、生活,有利于增加沟通与交往的机会,促进其沟通与交往的欲望,进一步发展其社会适应能力。然而,由于听力损失,听障儿童与普通儿童交往时,需要靠触摸等来吸引别人的注意,这样相互交往的协调性就会缺乏,同时也容易引起他人的误会,造成与他人沟通的矛盾,阻碍听障儿童交往的发展[④]。

一般而言,安排在普通班级中的听障儿童人数不宜过多,1—2 人最佳,最多不超过 3 人,而且障碍的程度不宜过重,最好要有一定的残余听力,或者能佩戴相关的辅助设备,以保证基本的沟通。国外已有学者对在融合教育环境下听障儿童沟通与交往的情况进行研究,有研究者发现,融合环境中的许多听障儿童很难与普通儿童产生和保持同伴关系[⑤],并且普通儿童虽然出于亲社会目的与听障儿童成为朋友,但听障儿童在班级中的社会地位低下,经常被同伴忽视[⑥],即使拥有与年龄相匹配的语言能力,发起交往和回应的技能与普通儿童无显著性差异,仍然被同伴排斥[⑦]。所以,虽然听障儿童有和

① 张又宝,高宇翔.聋校师生手语使用现状调查——以乌鲁木齐市为例[J].绥化学院学报,2013(1):91—94.

② 李慧龄.听障儿童随班就读工作手册[M].北京:华夏出版社,1993:2—5.

③ 张宁生.听障儿童的心理与教育[M].大连:辽宁师范大学出版社,2002:5,187.

④ 荣卉.影响聋童亲子关系和同伴关系的因素[J].心理学动态,1996,4(3):11—12.

⑤ Weisel, A.; Most, T., Efron, C. Initiations of social interactions by young hearing impaired preschoolers [J]. *Journal of Deaf Studies and Deaf Education*. 2005,10(3):161-170.

⑥ Nunes, T., Pretzlik, U.,Olsson, J.Deaf children's social relationships in mainstream schools [J]. *Deafness & Education International*. 2001,3(3):123-136.

⑦ Deluzio, J.,Girolametto, L.Peer interactions of preschool children with and without hearing loss [J]. *Journal of Speech, Language, and Hearing Research*. 2011,54(4):1197-1210.

普通学生交往的机会,但仍倾向于选择与听障儿童交往①。更有研究显示,由于无法和普通儿童进行足够交往,听障儿童更愿意回到特殊学校②。在我国也有一些因为沟通障碍而回流到特殊学校就读的听障儿童,但是成功的例子也并不缺乏,如周婷婷、姚登峰等。

此外,人工耳蜗植入作为听力学进步的一项新成果,它让原本没有希望听见声音和进行口语表达的重度听力损失的儿童和家庭看到了希望。但是综合对不同背景、不同年龄儿童的耳蜗植入的效果研究可以发现,耳蜗植入的效果具有巨大的个体差异性。瑞典学者蒲赖斯勒等人访谈了11位耳蜗植入历史在5—7.5年的儿童,其中5个来自普通学校。访谈发现11个儿童都满意于耳蜗植入让他们听见声音,但听见声音并不等于听清楚和理解,他们的听力状况类似于重听儿童;大多数儿童经常佩戴耳蜗,只在某些特别的场合比如运动和周围声音喧嚣时取下;在普通学校接受教育的儿童虽然也接受口语教育,但常常有交往的困难,比如觉得老师讲得太快、声音太小,和同伴交往有时候也需要手语帮助等③。

也有研究运用同伴提名、观察、访谈及质化分析的方法,对早期融合教育班级内两名听障儿童的同伴交往过程进行了动态考察,研究结果表明:听障儿童发起的交往有效性低,提出的交往要求经常不符合情景,有使用攻击行为引起他人注意或模仿他人发起交往的行为特点;听障儿童与同伴维持交往的形式单一、持续时间短,经常因为无法相互理解而中断;在产生冲突时,听障儿童以抱怨或诉求的方式解决冲突,方法有效度差④。下面的两个情景⑤就是研究者实地观察到的听障儿童在融合教育班级中的沟通与交往的情况:

情景一:角色扮演游戏:医生与病人

普通儿童C在佳佳家"晕倒",医生佳佳(听障儿童)将他扶到医院,帮他躺在病床上,给他盖被子、量体温、挂温水瓶并打针。然后,佳佳拿出听诊器在C身上来回敲击,C试图从床上爬起,佳佳将他按倒,又给他盖被子,C使劲爬起,扔掉被子离开了病房。

情景二:集体游戏

在集体游戏时,洋洋(听障儿童)一个人在"建筑区"里面转悠,普通儿童C正在独自搭摩天轮。洋洋突然拿走摩天轮上面的"乘客",并笑眯眯地看着C,C没有理会他。洋洋就拿积木扔摩天轮,然后又抬头看着C,但是C仍然没有反应。洋洋继续扔,C略带生气地问他:"干嘛?"洋洋这才停止了捣乱,笑着帮C一起搭造摩天轮。

① Lederberg, A. R., Ryan, H. B., Robbins, B. L. Peer interaction in young deaf children: The effect of partner hearing status and familiarity [J]. *Developmental Psychology*. 1986,22(5): 691-700.

② Musselman, C., Mootilal, A., Mackay, S. The social adjustment of deaf adolescents in segregated, partially integrated, and mainstreamed settings [J]. *Journal of Deaf Studies and Deaf Education*. 1996,1(1): 52-63.

③ Preisler, G., Anna-Lena, T., Ahlstrom, M. Interviews with deaf children about their experiences using cochlear implants [J]. *American Annals of the Deaf*. 2005,150(3): 260-268.

④ 夏滢,周兢. 融合环境下听力损伤幼儿同伴交往特点研究[J]. 学前教育研究,2008(3): 41—45.

⑤ 同上.

2. 资源教室中的沟通与交往

资源教室是一种教育安置形式,它是指在普通学校中设置的,专为特殊儿童提供适合其特殊需要的个别化教学的场所(教室),这种教室聘有专门推动特殊教育工作的资源教师,配置了各种教材、教具、教学媒体、图书设备等。特殊儿童于特定的时间到此接受特殊教育,其他时间仍在普通班级中上课①。听障儿童在离开学前语训班进入普小随班就读的过程中,还会出现交往困难,如:发音不清、听不清、听不懂、表达不了内心的感受等问题,因此他们的思维总是停留在较低水平。资源教室是随班就读的重要支持系统,为了解决他们的困难,资源教师要把对听障儿童进行坚持不懈的语言训练当作首要任务。首先:练好字词句,保持沟通与交往的意识,推动创造性思维的发展;其次:一字多词,一词多句和扩展句子,发展语言的两种方式,并利用不同的语言方式进行交往;最后:多种形式结合,强化听说能力。在训练中教师要为听障儿童提供可看、可听、可读的直观材料,引导听障儿童把观察到的、听到的、想到的用完整的句子表达出来,发展他们的语言逻辑思维,提高其认识能力,从而促进他们与普通儿童的沟通与交往②。只有提高了他们的听说能力,才能保障他们与普通儿童进行沟通与交往,并促进其身心全面发展和健康成长。

二、家庭中的沟通与交往

亲子沟通指家庭中父母与子女之间信息交往的过程。亲子沟通的质量、状况、方式等将会影响儿童自我概念的建立、道德判断的形成,以及儿童的学业成绩、心理行为问题③。家庭,作为听障儿童沟通与交往行为最先开始的场所,也是其心理发展和行为塑造的最基本、最经常的场所,是儿童同伴交往的除个人、社会因素以外的重要影响因素。家庭影响因素具体包括:家庭的物理、心理环境;家长的教养态度、观念及教育选择等④。

1. 听障儿童家庭沟通水平不一

听障儿童家庭亲子沟通的程度和水平对于提高听障儿童的生活质量,促进其语言、认知,尤其是社会性的发展具有特殊价值。美国的拉克纳研究了由特殊教育专业人员推选出的 19 个健康的听障家庭,健康的标准主要包括家庭沟通直接清楚、家庭成员关系亲密、家庭角色职责分明并具有一定灵活性、接受听障儿童的缺陷等,研究发现促使这些家庭健康的因素主要是:承担家庭责任,学会用手语和听障儿童交往,得到来自大家庭、朋友和社区的支持,得到来自教育机构的专业人员的支持和对听障儿童有高的期待⑤。由此可见,家庭沟通直接清楚是评判一个听障儿童家庭是否健康的标准。

---

① 徐美贞,杨希洁.资源教室在随班就读中的作用[J].中国特殊教育,2003(4):13—18.

② 张萌.资源教室对听障学生进行语言训练的实践[J].中国特殊教育,2005(2):18—21.

③ 雷雳,王争艳,李宏利.亲子关系与亲子沟通[J].教育研究,2001(6):50—53.

④ 高慧.听障儿童同伴交往的家庭影响因素及干预策略[J].前沿.2014(10):146—148.

⑤ Luckner, J.L., Velaski, A. Healthy Families of Children Who are deaf [J]. *American Annals of the Deaf*, 2004,149(4):324-336.

2. 听障儿童家庭沟通方式各异

艾维克等通过质性研究考察了影响重度听力损失儿童的父母选择沟通方式的因素,主要有四个方面:父母得到的关于沟通方式的信息、对助听设备的效用认识、专业人员和教育权威等对沟通方式的态度以及他们能够接触到的支持性服务,比如是否有接受手语培训的机会①。听障儿童父母对沟通方式的选择不是可以自由决定的,它依赖于信息的获得、技术条件以及经济条件和当地的社会支持状况等②。

一位听障朋友曾讲述她在家庭中与家人的沟通情况:"我总是主动跟家人沟通,而且我很渴望自己能用言语和家人一起交往,每当我试着用言语交往时,我的声音自己能听到,只是我的声音一时大,一时小,发音一时清晰,一时含糊,所以我的家人有时候不能耐心听我说话,但大多数时候他们耐心倾听,也愿意花时间在我身边听清我的声音,除了听,他们还要看我的唇形,为了方便沟通,他们努力看懂我的唇形和听懂我的声音。每次和家人交往的时候,我都会着急,盼望家人能够看懂我的语言,我很渴望自己能像某个正常人一样说话,轻松和别人交往。说实话,我觉得很累,因为他们要花两分钟才能看懂我的意思,一天天我渐渐地习惯了,如果我要说简单的话,我就开口说话跟他们沟通,如果我要说一段复杂的话,我就用笔和纸来写字和他们交往。这就是我与家人的沟通方式。"这位听障朋友依靠自己的意志改变自己,努力克服听障带来的沟通障碍,通过各种不同的沟通方式,积极主动配合家人的交往习惯,只为了与自己的家人能够顺利地沟通交往。

从上面的案例③中可以看出家庭内听障儿童的沟通与交往需要听障儿童自身和家长的共同努力,只有通过相互间的磨合才能形成高效的沟通模式。

3. 听障儿童家庭沟通现状不佳

我国有研究者从沟通方式、沟通内容、沟通态度、沟通对象、沟通时间等方面对呼和浩特市听障儿童的亲子沟通情况进行了调查,结果发现:在采用何种沟通方式方面,家长的期望和学前康复机构具有一致性,为了使听障儿童进入普通学校,融入主流社会,家长和康复中心都不希望听障儿童过早使用手语,而是希望通过植入人工耳蜗、戴助听器等手段实现口语沟通,往往排斥听障儿童使用自发的手势语。然而儿童的听力损失程度、人工耳蜗的植入时机、康复的效果等都将在一定程度上限制儿童的口语沟通,因此在沟通方式上往往会表现出局限性和矛盾性。在沟通内容上,主要为了解听障儿童基本的生活需要,满足听障儿童的个人要求,难以做更深层次的交往,沟通内容比较单一。在沟通态度上,研究者通过对听障儿童家庭的深度访谈,了解到许多家长对听障儿童的个性以及与他人交往态度的评价具有一定的主观性。并发现由于受到我国文化背景的影响,超过半数(51.3%)的家长觉得家长的权威很重要,大多数听障儿童处于亲子

① Eleweke, C. J., Michael, R. Factors contributing to parents' selection of a communication mode to use with their deaf children [J]. *American Annals of the Deaf*, 2000,145(4): 375—384.
② 刘胜林.听障儿童的家庭应对和以家庭为中心的早期干预[J].中国特殊教育,2010(1): 19—23.
③ 该案例来源于作者的听障朋友.

互动的被动地位,亲子交往呈现单向性等①。赵庆春对农村新入学的听障儿童家庭交往进行调查后发现,听障儿童的家庭交往状况不佳,表现在家长与听障儿童之间没有共同的、规范的交往工具;他们之间使用少量的"家庭手势",但根本不能满足正常的交往需要;许多家长不知道听障儿童是怎样交往的,也说不清他们是怎样与听障儿童交往的。更多的家长是只管听障儿童吃喝,其他就不管了,亲子交往极其贫乏②。

三、社会中的沟通与交往

听障儿童融合教育的最终目的是希望他们能够进入社会,达到社会融合。布劳(P. M. Blau)在其社会交往研究中从交往结构视角出发,根据交往的密切程度将社会交往分为交友和通婚两个表现形式,他认为如果双方建立起跨群体的社会交往网络,彼此密切接触而不是"形式的、表面的"互动,将促使彼此接纳对方,进而发生社会融合③。而听障儿童的沟通与交往分为在现实社会和虚拟社会中的沟通与交往。

(一) 现实社会中的沟通与交往

1. 双向融入社会交往较难

听障儿童由于听力受损,与健听人交往较少,因而主流社会对听障儿童不了解,很多人认为残疾人很可怜,所以愿意在物质上给予一定的帮助,但一般情况下也不会主动与听障儿童进行交往。另外,一些经济落后地区的听障儿童往往被人利用,成为偷窃集团的主要成员,因而社会上有一部分人对听障儿童有很大的戒备心理,甚至歧视他们。这样,往往就把听障儿童与健听人的交往无形地隔断了④。

2. 沟通与交往意愿较高

尽管听障儿童在融入主流社会时存在一定的困难,但是听障儿童仍然渴望和普通儿童进行交往。有研究者对听障儿童人际关系进行调查,发现听障儿童对人际关系有很高的期望。53.65%的听障儿童希望能有大量的健听人朋友,37.5%的听障儿童希望在生活(学习)的地方有较好的人际关系,45.83%的听障儿童希望在生活中有良好的人际关系⑤。也有研究者对听障儿童运用信息技术与听障儿童和社会人士进行沟通与交往的意愿进行调查,发现沟通与交往的意愿强烈,困难较低,且不受性别和学段的影响⑥。

3. 交往方式因对象不同各异

在现实社会中听障儿童会根据不同的交往对象而改变自己的交往方式。赵锡安对江苏省一所聋校的听障儿童进行了调查,发现主要有两种交往方式:①主体校内交往。是指听障儿童在校内同教师、同学交往。听障儿童在校内进行交往时,83%的听障儿童

① 高慧.呼和浩特市听障儿童家庭亲子沟通现状的调查研究[J].内蒙古师范大学学报(教育科学版),2014 (12):65—67.

② 赵庆春.农村新入学聋儿家庭交往的调查研究[J].现代特殊教育,2006(6):45—47.

③ [美]彼得·布劳.不平等与异质性[M].王春光,谢圣赞,译.北京:中国社会科学出版社,1991:394—395.

④ 陈静.听障学生人际交往能力培养研究[D].苏州:苏州大学,2007:13.

⑤ 同上.

⑥ 田林,雷江华,宫慧娜.信息化背景下听障学生沟通与交往的现状及对策研究[J].现代特殊教育,2015(5): 18—23.

喜欢使用手语,且最喜欢与同伴进行交往。②主体校外交往。是指听障儿童与家人、社会上的聋人、健听人的交往。与健听人和家人交往使用书面语最多,与社会聋人交往使用手语较多①。

下面两段文字②是听障儿童在现实社会中与人沟通交往时产生的真实心理想法。

"有时去外边买东西和卖家不方便交往,买东西也无法讲价。当自己有心事时,又因为语言能力不足无法跟健听人倾诉,总是会引起一些不必要的麻烦。自己的心事还没解决,又因为沟通问题愁上加愁。"

关于听障儿童去医院看病,通常都让健听朋友或父母陪同,因为"看病的时候,身体部位的名字都不知道用手语怎么打,即使打出来医生也看不懂,很麻烦,无法与医生流畅地表达病情;另外看病的时候,让写东西,写部位的名字,都不知道怎么写,然后没有耐心就很生气,有时候还吵架,然后就说算了,就走了。……很多时候听障儿童焦急无奈之下干脆放弃看病"。

(二)虚拟社会中的沟通与交往

1. 网络交往日益增多

随着信息化时代的到来,信息技术的应用在很大程度上满足了听障儿童的特殊教育需要,使他们能够尽可能克服或弱化认知、情感以及身体和感官障碍带来的困难,更加自主地学习、交往与生活③。网络为听障儿童的沟通与交往提供了一个全新的平台。网络交往是指人们以互联网为载体,利用图像、文字和声音进行信息交往、沟通思想、联络感情的过程④。网络交往具有交往时空的即时性、无限性;交往方式的间接性、隐蔽性;交往角色的虚拟性、匿名性;交往关系的平等性、民主性;交往对象的群体性、复杂性等特点⑤。在现实生活中,由于交往手段的限制,听障儿童往往"更乐意和听障人士进行交往"⑥,但是网络给生活在无声世界的听障儿童带来了极大的便利,它一定程度上弥补了听障儿童传统沟通和交往方式(口语、手语、笔谈)的不足,方便了听障儿童与他人(聋人、健听人)的交往⑦。

2. 网络交往对象复杂

尽管网络给听障儿童的沟通与交往带来了许多便利,但是听障儿童在虚拟社会中的交往仍需要注意引导。江小英对中学听障生网络交往的情况进行了调查与分析,研究发现中学听障生普遍喜欢网络交往,高中听障生网络交往的频率显著高于初中听障生;在网络中,中学听障生与健听人网络交往的意愿很高,但现实中仍以听障人为主;中

① 赵锡安.听力障碍学生教育教学研究[M].北京:华夏出版社.2006:22—24.
② 杨运强.梦想的陨落:特殊学校聋生教育需求研究[D].上海:华东师范大学,2013:109.
③ 周惠颖,陈琳.应用促进公平:特殊教育中的信息技术研究进展[J].中国电化教育,2009(4):13.
④ 辛妙菲,陈俊.大学生网络交往动机的差异研究[J].中国健康心理学杂志,2008(9):975—977.
⑤ 李小元.网络交往对大学生社会化的影响及其对策[J].教育探索,2009(3):103—105.
⑥ 刘全礼.特殊儿童的家庭教育[M].天津:天津教育出版社,2007:203—204.
⑦ 江小英,周静.中学聋生网络交往情况的调查与分析[J].中国特殊教育,2010(9):63—67.

学听障生网络交往的内容主要集中在娱乐游戏、情感交往、学习生活三方面[①]。但也有研究者发现听障儿童在运用信息技术进行沟通与交往的对象选择上没有差异，即不存在沟通与交往对象（是否特殊）的选择偏向[②]。网络交往以其虚拟性和隐蔽性的特点，使听障儿童可以在抛开现实人际交往中的种种顾虑和阴影的情况下，轻松而自信地与网友进行平等的交往，如下面的案例就是一位听障人通过网络交往获得了自信。网上交往的成功体验和不断积累的交往经验，也使他们能够更加自信地投入到正常的人际交往中去[③]。但也有研究者发现，一些听障儿童在利用网络交往的同时出现了网络依赖，对人际关系产生了不良影响，导致人际关系敏感、焦虑、敌对、偏执等[④]。

笔下开出成功的花儿[⑤]

　　都说实现梦想是要吃苦的，我不怕，但成年后，因为沟通不便带来的失意，曾让我不再做梦……直到有了网络，我才发现，世界因网络变得如此大，网络成为听障人沟通世界的路径，我干枯已久的梦想如沐春雨，开始发芽了。我开始在网上做一个文学梦，天天与文字为伴，书写着生活和情感。因为美丽的文字，我结识了很多志趣投合的文友老师，是他们对我的引导，让我在写作路上一路进步。那一篇篇我与孤灯为伴"熬"出的作品通过网络，慢慢地出现在厂报、市报，再到发表于外省报刊上，我重新找到了寄托。每天，心中便有了一轮太阳在我手下敲动的键盘中升起，在我投稿失败的空当儿落下。然而，又会继续在我新敲打出的文字中升起……年少时的梦想早已一个个破灭，但我却欣喜地发现，在那一个个追梦失败的过程中，我已懂得，我的缺陷恰恰是我前进的动力，因为，我一直都用努力去弥补它。梦想让我学会了坚强和勇敢，让我有了不比健全人差的文化，让我有了作品见报带来的自信和快乐……如今，我的梦想就是用我从失败中磨炼出的坚强和勇敢、乐观和自信，用我笨拙却执着的笔辛勤地耕耘，期待着笔下早日开出成功的花儿来！

第四节　听觉障碍儿童沟通与交往的辅助技术

　　不同身心障碍者因为自身的特点不同，对辅助技术有不同的需求。听障儿童的主要困难在于听力受损，听不到或者听不清周围的声音，难以通过听觉信道获取外界信息。因此为他们提供的辅助技术一方面可以弥补他们听觉能力的不足，帮助他们获取听觉信息。另一方面可以用其他感觉通道替代听觉通道，使他们通过视觉或者触觉获得外界信息。

① 江小英,周静.中学聋生网络交往情况的调查与分析[J].中国特殊教育,2010(9)：63—67.
② 田林,雷江华,宫慧娜.信息化背景下听障学生沟通与交往的现状及对策研究[J].现代特殊教育,2015(5)：18—23.
③ 刘全礼.特殊儿童的家庭教育[M].天津：天津教育出版社,2007：203—204.
④ 刘在花.聋人大学生网络成瘾的现状和其心理健康的关系[J].中国特殊教育,2008(1)：37—42.
⑤ 李红都.笔下开出成功的花儿[J].中国残疾人,2014(4)：63.

一、硬件系统

（一）助听器

助听器是一种扩音装置，它能使声音更响亮。现代助听器可以分频段调整，因此可根据儿童个体的听力损失程度来定制。助听器有多种多样，他们可以戴在耳朵里、耳后或戴在身上，甚至可以镶在眼镜架上。听障儿童既可以单耳佩戴，也可以双耳佩戴。无论形状、功率和大小如何，助听器都是通过将外界的声音放大然后传送到听障儿童的中耳中，但助听器放大的声音并不清晰，听到的是失真的声音。按照助听传导的方式，助听设备可以分为气导助听器、骨导助听器和触觉助听器；按照助听器的使用方式，助听器可分为佩戴式和非佩戴式，或者说集体助听器、台式助听器和个体助听器。佩戴式助听器是最常见的，主要包括：盒式助听器（如图 2-1）、眼镜式助听器（如图 2-2）、耳背式助听器（如图 2-3）、耳内式助听器（如图 2-4）。

图 2-1

盒式助听器

图 2-2

眼镜式助听器

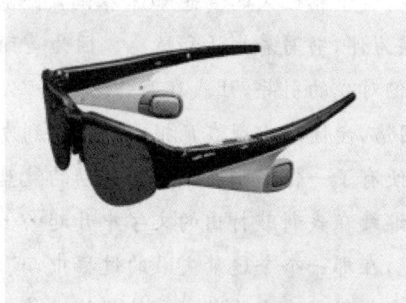

图 2-3

耳背式助听器

图 2-4

耳内式助听器

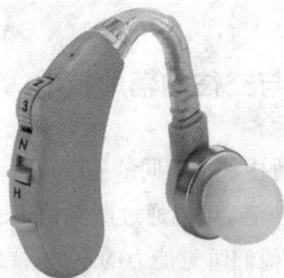

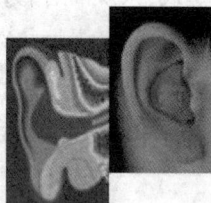

（二）人工耳蜗

与助听器不同，人工耳蜗（如图 2-5）不是将声音扩大后传入耳朵，而是通过直接刺激听神经来使听障儿童感知声音。人工耳蜗有四个基本组成部分：外置麦克风，用来获取周围环境的声音；外置言语处理器，用来处理麦克风接收的声音；发射器；接收器（刺激器），接收言语处理器传来的信号并把它们转化为电脉冲。电极收集从刺激器传来的电脉冲，经过听神经把它们直接传送到大脑听觉中枢。

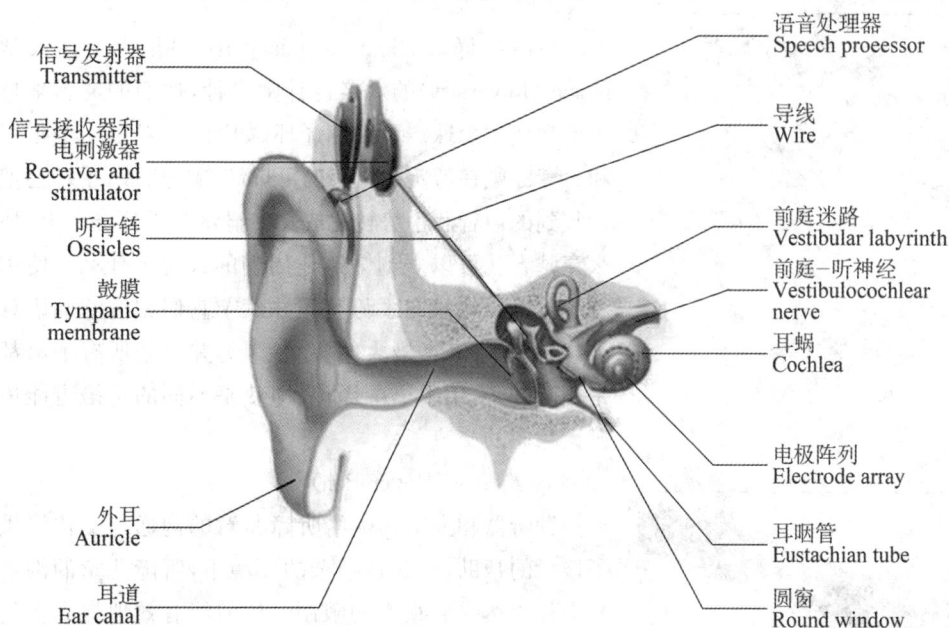

信号发射器
Transmitter

信号接收器和
电刺激器
Receiver and
stimulator

听骨链
Ossicles

鼓膜
Tympanic
membrane

外耳
Auricle

耳道
Ear canal

语音处理器
Speech proeessor

导线
Wire

前庭迷路
Vestibular labyrinth

前庭-听神经
Vestibulocochlear
nerve

耳蜗
Cochlea

电极阵列
Electrode array

耳咽管
Eustachian tube

圆窗
Round window

图 2-5

人工耳蜗原理图

人工耳蜗植入是一项新技术,并非适合所有的人群。主要适合对象为:儿童双耳重度或极重度感音性听觉障碍,纯音听力测验的平均听觉障碍大于 80 dB;年龄在 18 个月到 9 岁;佩戴 3—6 个月合适的助听器并进行听力康复训练后,听力改善基本无效或微效;无手术禁忌证,如急慢性中耳炎发作期和其他不适合手术的全身器官疾病;家人对其听力改善有强烈愿望;良好的家庭支持和家庭聆听环境;对人工耳蜗有正确的认识和适当的期望值;有一套针对听障儿童完整的听力语言康复教育计划等[1]。

(三) 电子产品

1. 听障儿童沟通电子手套

与普通儿童进行无障碍的语言沟通是许多听障儿童一直以来的诉求。2012 年微软创新杯,乌克兰队通过发明一种智能手套来帮助听障儿童使用语言交往。这种高科技电子手套不仅能识别手势语言,还能通过智能手机发音,让听障儿童和普通儿童利用语言进行无障碍交往。这款手套可以实现聋哑人和不懂手语的人之间的交流。将电子手套和一台智能手机连接,它可以识别听障儿童的手语,并将它转换成语音让普通人识别,另一方面也可以将普通人的语音转换成文字让听障儿童阅读。这款智能手套(如图 2-6)通过 15 个柔韧的感应器检测手指动作。另外,手套上还有罗盘、重力感应器和陀螺仪,用来探测手指在空间的移动。运动产生的数据由微型控制器来处理后,支持蓝牙传输,手套还可以插到 PC(个人计算机)上同步数据和充电。

图 2-6

电子手套

---

[1] 刘春玲,江琴娣.特殊教育概论[M].上海:华东师范大学出版社,2008:122.

图 2 - 7

手语翻译环

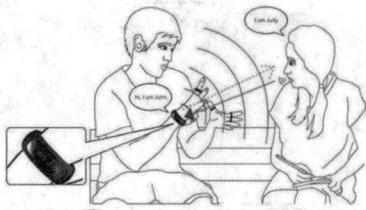

2. 手语翻译环

手语翻译环（Sign Language Ring）是由亚洲大学（Asia University）的六名设计师设计，他们的灵感来自于佛教徒的念珠。手语翻译环（如图 2 - 7）由一个手镯和一套穿戴在特定手指上的可拆卸指环组成，手环会把接收到的声音和手势转化成文字显示在手环屏幕上，那么穿戴者就可以立刻知道他周围的人说了什么。使用者还可以预先录制手势动作并赋予它们相应的词语意义，该功能带来了极大的便利，因为并不是所有手语都是相同的，使用手语翻译环，即使是不同的手语也能进行无障碍的交流了。

图 2 - 8

络学笔

3. 络学笔（Roger Pen）

助听器和人工耳蜗给听障儿童的沟通与交往提供了极大的帮助，但是在嘈杂的环境下，听障儿童的沟通与交往仍然受到很大的限制。如何能有效地提高在复杂环境下的言语清晰度来帮助听障儿童进行沟通，成了一个巨大的难题。Roger 络$^+$拥有最先进的数字无线技术，Roger 络$^+$技术能帮助助听器和人工耳蜗用户在嘈杂的环境和远距离的情况下，言语理解度比普通人高出 62%，它是全自动化设置，帮助一对一或者一对多对话交流，它还能和手机、电视、多媒体设备进行蓝牙匹配。络学笔（如图 2 - 8 所示）易于操作和使用，它能自动分析周围的噪音水平，探测物理位置。在使用者按下按钮前，所分析的数据便自动录入程序，提供最佳的言语清晰度。络学笔通过发射机拾取说话人的语音，经无线传输至连接在助听器或人工耳蜗的接收机上，使信号不受噪声和距离的影响。无论听障儿童佩戴何种品牌型号的助听器或人工耳蜗，络学笔都能完美兼容，络学笔对促进听障儿童复杂情境中的沟通与交往水平有着非常重要的作用。

二、软件系统

（一）辅助技术

随着信息化时代的到来，科技的进步，越来越多的辅助技术被用于帮助听障儿童的沟通与交往，如虚拟现实技术、语音识别技术、手语识别和翻译软件等。

虚拟现实技术是指利用计算机模拟产生一个三度空间的虚拟世界，提供给使用者关于视觉、听觉、触觉等感官的模拟，让使用者如同身临其境一般，可以及时、没有限制地观察三度空间内事情的一种技术。对于听障儿童，他们的视觉一般会得到加强，因此可以在虚拟现实系统中强化视觉方面的反馈，给予更多的视觉刺激。使用虚拟现实技术制作的虚拟人，通过模拟手语姿势，可以实现从语音或者文字到手语之间的相互转换，方便普通儿童与听障儿童的交往。

　　语音识别技术是利用计算机将语音实时转换为相应文本的技术。它以语音为研究对象，是语音信号处理的重要研究分支，其目的是让机器具有人的听觉功能，在人机语音通讯的过程中可以"听"懂人类口述的语言，并以文本信号把它"听"懂的语言表示出来①。利用语音识别系统能分辨听障儿童的语言，对他们的发音方式进行判断和回馈，从而帮助他们掌握正确的发音方式，以便更好地与他人进行沟通与交往。各类语音识别技术的原理大致相同，如图 2-9 所示：

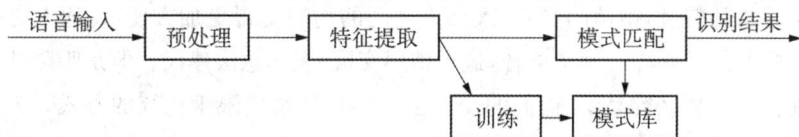

图 2-9

语音识别技术
原理作用图

　　手语识别和翻译的软件系统主要是由高文等人利用多模式接口技术处理异种语言模式交往，将手语识别、手语合成、唇读、人脸特征检测以及特定人面部动画相结合，构成了手语转换和口语交往的代理，为听障儿童和听力正常人的交往提供技术支持②，这个交往模型主要由两个转换代理构成，如图 2-10 所示。

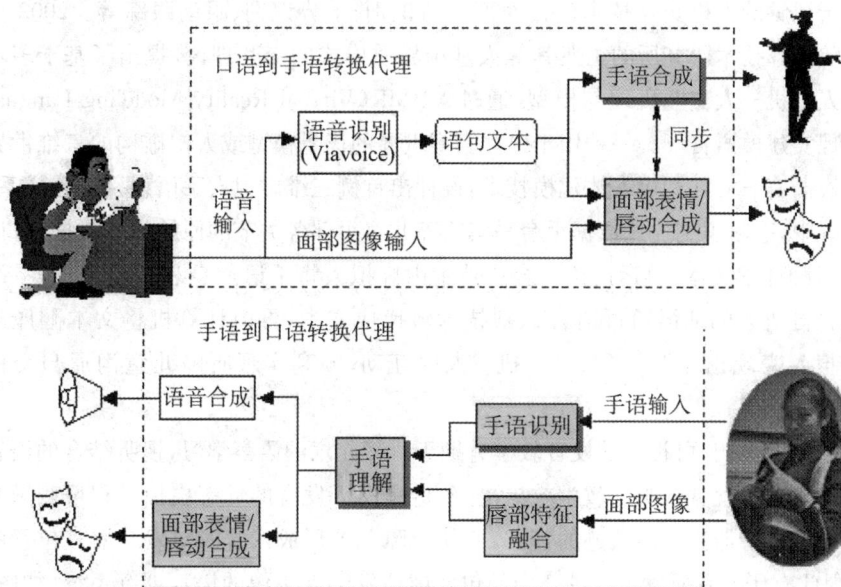

图 2-10

多模式接口技术
处理异种语言
模式交往

（二）网络平台

　　随着计算机技术的迅速发展和社交工具的迅速普及，很多听障儿童也开始利用网络社交工具进行沟通与交往。为了更好地促进听障儿童与普通人之间的交往，人们不

---

① 陈宏刚,熊明华.软件开发过程与案例[M].北京:清华大学出版社,2003:14—23.
② 高文,陈熙霖,马继勇,等.基于多模式接口技术的聋人与正常人交往系统[J].计算机学报,2000(12):1253—1260.

断创造和发明出新的网络平台,为听障儿童与他人的沟通交往带来了巨大的帮助。

1. 苏州聋人智慧云服务平台

苏州的聋人智慧云服务平台具有多个模块功能,为听障人提供法律维权、康复、就业、生活情感等方面的在线服务,为他们融入社会创造条件。平台研发负责人说:"手机的 APP 还为听障人提供了视频沟通。听障儿童可以很便捷地通过手机与对方进行手语的沟通;通过这样一个平台,加上'智慧'能让听障儿童和普通儿童一样地生活。"

2. 心声 APP

随着手机的普及,微信的到来,人与人之间的沟通变得更加方便,普通人之间可以根据自己的交往需要随时发送语音,进行情感交流,表达想法建议。但是听障儿童的沟通与交往却没有那么容易了,他们的交往工具往往还是局限于传统的方式。为了让听障儿童能够更好地融入社会生活,与人进行交往,Thoughtworks 公司的几个员工为听障儿童开发了一款简单的 App——"心声",针对听障儿童听不到、说不出这两个难点,轻易实现文字和语音之间的转化,促进听障儿童的沟通与交往。"心声"有四个沟通与交往的模式可以让听障儿童根据需要进行选择,分别是面对面小聊、长时间对话、实时字幕和画画板。

(三) 系统服务

基于视觉的人机交互技术包括面部表情识别、手势识别、眼动跟踪等。2002 年中国科学院计算技术研究所的王兆其等人基于异质模式的交互理论,提出了基于多功能感知的人—机—人交互机理与模型,通过 VRML(Virtual Reality Modeling Language)即虚拟现实建模语言——一种用于建立真实世界的场景模型或人们虚构的三维世界的场景建模语言——并利用人体建模技术,设计出首例三维虚拟人手语识别和合成系统。在该系统中,手语识别通过数据手套采集听障儿童手部各关节的原始传感数据,由计算机识别后翻译成文本,再运用语音合成技术由虚拟人将手语信息表达出来;而手语合成则是将健听人的话语通过语音识别技术转换成文本,再由计算机将文本翻译为手语由虚拟人表现出来[①]。通过人—机—人的互动,顺利实现听障儿童沟通与交往的需求。

最新研究表明,可视化的发音教学有助于听障儿童的语言学习,视听结合的语音教学方式比单独的视觉或听觉教学效果更好,这是由于发音的动态模拟过程可刺激听障儿童对内部发音器官运动轨迹的理解,并使听障儿童形成发音时对发音器官位置的控制[②]。因此有研究者研发了一种新型的包含虚拟发音人头像的语言训练系统(如图 2-11 所示),并对该系统在听障儿童语言康复训练中的实用性进行了研究。该系统以虚拟三维发音人头像的形式再现了汉语中常见的 20 个单音节字的发音动作,并将之用于语言康复训练。三维发音模拟头像可以使受训儿童自由观察下巴、舌头、嘴唇等发音器官的运动。通过使用系统进行训练,聋儿能够模仿并掌握三维发音人头像所模拟的正

① 王兆其,高文.基于虚拟人合成技术的中国手语合成方法[J].软件学报,2002(10):2051—2056.

② Badin, P., Youssef, A. B., Bailly, G., et al. Visual articulatory feedback for phonetic correction in second language learning [J]. *Actes de SLATE*, 2010(4):1-10.

确发音动作。系统同时还应该包含针对汉语中常用字和易混淆字的听力和朗读训练，用来辅助发音动作训练，提高儿童的语言运用能力①。

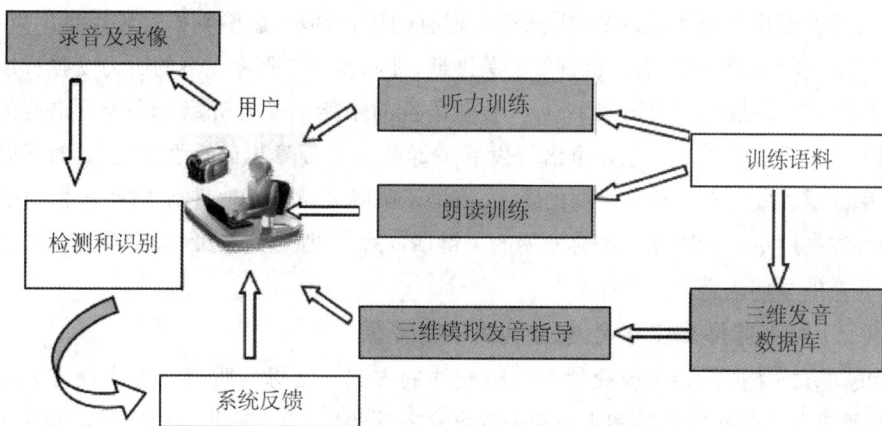

听障儿童语言
康复训练

第五节　听觉障碍儿童沟通与交往的策略

由于听力的障碍，听障儿童与普通儿童有着不同的生理和心理基础，因此形成了独有的思维、语言和行为习惯，在与外界的交往中也表现出不同的方式与特点，其中不乏一些需要矫正的偏颇认识与不良行为，例如对外界环境认识片面、社会活动范围狭小、沟通方式缺乏、沟通技巧生疏等特点。下面主要从家庭、学校、社会三方面来介绍如何帮助听障儿童实现沟通与交往。

一、家庭背景为依托，寻找有效的沟通方式

家庭教育属个人成长的微观系统，是大教育的组成部分之一，是人生整个教育的起点，也是学校教育与社会教育的基础。家庭教育的重要性、独特性和优势是不言而喻的。

（一）正视听障儿童的缺陷，平等对待听障儿童

一般来说，家长如果发现自己的孩子成了听障儿童，都会承受着巨大的心理压力。家长会经历一系列的心理变化，但最终家长的情绪、态度，对听障儿童的接纳程度会直接影响听障儿童的成长与发展。选择积极接纳听障儿童的家长，往往也会用阳光的心态来开始听障儿童的语言康复。此外，在正视缺陷的基础上，平等地对待听障儿童。有些家长因为听障儿童的缺陷，而产生愧疚的心理，对听障儿童的任何要求一味地满足，这样的偏爱和宽容极容易导致听障儿童形成"以自我为中心"的自私心理，在交往中只考虑自己，不考虑别人，只会索取，不肯贡献，这些都给听障儿童今后的交往造成了障碍。

---

① 刘晓千，燕楠，王岚. 一种应用虚拟发音头像的普通话聋儿言语康复系统[J]. 集成技术，2013(4)：68—73.

（二）抓住语言发展关键期，积极开展康复治疗

心理学家认为，1—5岁是儿童语言发展的关键期。健听儿童从呱呱坠地开始，就进入了一个现成的语言环境，通过模仿，就能学会说话，思维也随之得到快速发展，而学语前听障儿童由于听力的缺失，无法进入现有的语言环境，影响其语言和思维的发展。但他们和健听儿童一样，语言也有发展关键期。因此，不论听障儿童的听力受损程度如何，都应尽早接触语言（口语或手语）。接触语言的年龄早晚对听障儿童今后语言的发展有着至关重要的影响。在儿童语言发展关键期发展听障儿童的语言能力，对听障儿童今后的语言发展有着至关重要的意义，有助于听障儿童更好地进行人际交往。因此，我们必须高度重视听障儿童语言发展的关键期，珍惜并抓住这个最佳教育期，认真做好听障儿童的早期语言康复工作。

（三）合理选择交往方式，充分利用家庭资源

交往方式主要是指听说交往和综合交往的方式。父母与听障儿童交往方式的选择，与听障儿童的年龄阶段和听力损失程度有关，同时还与听障儿童的学习类型和记忆类型有关。对于残余听力较好、语言记忆较好、听觉型的听障儿童，建议采用听说交往；对于全聋，甚至有智力问题的听障儿童，则可以采用以表情手势为主的综合交往方式，这种方式也叫全面交往。采取综合交往方式产生的结果可能是听障儿童进入聋校，交聋人朋友，主要是在聋人圈子中开展社交活动；采用听说交往的方式可能产生的结果是听障儿童进入普通学校随班就读，有听障朋友，也有健听朋友，融入主流社会的可能性更大。无论父母选择哪种方式与听障儿童交往，都应该充分利用家庭的资源，锻炼听障儿童的语言思维能力，为进一步的人际交往打好基础。

二、学校教育为中心，锻炼巧妙的沟通技能

学校教育是听障儿童沟通与交往、学习知识、掌握技能、塑造品格的重要场所。随着时代的发展，要创新教学理念和教学方法，推广融合教育与特校教育并行模式。按照因材施教、学以致用的原则，让听障儿童能根据自己特点，选择合适的沟通与交往方式，流畅、无障碍地与他人进行沟通，从而获得实用的沟通技能。

（一）特殊学校教育

1. 规范师生手语交往，注重提高书面语能力

手语是听障儿童交际的工具，对于听障儿童而言，手语的作用是有声语言无法替代的。作为听障儿童社会交际的工具和聋校教育教学的重要辅助手段，手语的作用是非常明显的。教师的手语水平直接影响教学质量以及与学生敞开心扉的深层次互动，影响着听障儿童手语能力和理解能力的提高。要对从事聋教育的健听人老师、学科专业老师开展岗前手语培训及能力考核，促进学习手语的积极性。重视聋人老师在低年级听障儿童中的引导作用，聋人老师可以因势利导使用自然手语对低年级聋童进行汉语字词句解释的入门学习。同时，手语动作的顺序与书面语的语法顺序不相符合，多有省略、颠倒之处，要注重避免手语对听障儿童书面语的影响。重视聋校书面语和阅读教学，提升听障儿童写作水平，对于听障儿童进入主流社会，适应主流文化有重要作用。

因此,聋校必须重视聋生的书面语写作和阅读兴趣的培养,增加书面语教学的课程分量和时长,丰富写作练习的内容和选题。增加课堂互动机会,锻炼听障儿童的交往能力。

2. 创设口语环境,重视唇读的训练

唇读训练有利于提高听障儿童的语言能力,听障儿童通过唇读训练学会利用声音的视觉信息来理解语言,并学会与人交往,不但可以提高听障儿童的口头语言表达能力,促进听障儿童与健听人交往,而且有利于提高听障儿童的书面表达能力。研究表明:"口头言语好的聋学生,往往看话也好;看话好的聋学生,往往口头言语也较好。"[①]即使是佩戴了助听器(或植入人工耳蜗)的听障儿童同样需要通过唇读来辅助听觉以准确地获取言语信息。可见,唇读能力的高低直接影响到听障儿童的口语发展。良好的语言环境是激发听障儿童学习语言灵感和热情的重要条件。教师要努力创设良好的学习环境,使听障儿童感到处处有语言可学,有感要发,有话要说。在日常生活中教师要注意创造各种学习口语、运用口语的条件和氛围,进行有声语言的强化训练,促使他们形成学习口语、运用口语的心理定势[②]。

3. 切实利用《沟通与交往》课程,发展听障儿童沟通技巧

我国教育部 2007 年颁布的《聋校义务教育课程设置实验方案(试行)》指出:课程设置要按照聋生身心发展规律,积极开发潜能,补偿缺陷,增设具有聋教育特点的课程,注重发展聋生的语言和交往能力。在此原则指导下增设了《沟通与交往》课程,它是聋校新课程改革的一大亮点,旨在培养聋生通过多元途径与人沟通和交往的技能与方法,促进聋生语言和交往能力的发展,培养和造就符合时代要求、具有良好沟通交往能力的现代公民[③]。谈秀菁、陈蓓琴在对招收聋学生的 50 所特殊教育学校进行《沟通与交往》课程实施情况的调查中发现:58.3%的特殊学校还未开设该课程;已经开设了《沟通与交往》课程的特殊学校里,存在着课程开设的盲目性和随意性、教师缺乏专业培训等方面的问题[④]。这一结果表明:该课程迫切需要教育管理部门尽快出台课程指导文件,规范课程内容和实施方式;特殊教育学校也需要认真执行课程计划,完善课程管理制度,加强教师培训,提高课程实施的有效性。通过创设不同的交往情景,如角色扮演、生活情景等来培养听障儿童的沟通与交往技能,提高聋生的会话水平。

(二)普通学校教育

听障儿童在普通学校中对沟通有特殊的需求。由于普通学校的老师和学生使用的沟通工具是口语和书面语,听障儿童需要花费大量的时间和精力去适应这个环境,也就是在适应环境的过程中,听障儿童的沟通能力、沟通技巧有了提高。

1. 树立积极的交往心态,消除自卑多疑心理

听障儿童最大的心理问题是自卑,他们自尊水平较低,认为自己比健听人差,因而不敢交往,产生畏难情绪。双语双文化的教育理念认为听障儿童是整个人类的一部分,听障儿童与普通儿童一样,都具有沟通与交往的需要,听障儿童的与众不同仅仅在于他

① 叶立言.聋校语言教学[M].北京:光明日报出版社,1990:131.

② 杨慧丽.强化听力语言教育,促进聋生言语交际能力发展[J].中国特殊教育,2004(11):32—36.

③ 教育部.聋校义务教育课程设置实验方案[J].现代特殊教育,2007(3):8.

④ 谈秀菁,陈蓓琴.聋校沟通与交往课程实施现状的调查研究[J].中国特殊教育,2010(7):30.

们在听力上与普通人存在着一些差异而已。因此,在日常教学中,教师要通过言语鼓励、榜样示范、亲身体验帮助听障儿童建立交往的平等感,培养学生自强不息的精神品质,鼓励他们相信自己:健听人能做到的,我们也能做到。另外,要帮助听障儿童建立交往的信任感。由于存在认知发展的局限,听障儿童在交往过程中往往会产生偏见、猜疑和误解,缺乏交往的信任感。老师应该举办残健互助活动,鼓励普通儿童和特殊儿童彼此之间在学习、生活的各个方面相互关心、相互帮助、共同发展与进步。

2. 培养言语沟通的欲望,自主发展人际交往

一些听障儿童由于不太适应普通学校的环境,与普通儿童交往存在困难,无法融入学校生活,容易产生孤独感,有些听障儿童甚至会因此回流到特殊教育学校。为此,教师应该鼓励听觉障碍儿童积极参与和同学、老师以及家长的沟通。在刚开始的阶段,只要听障儿童开口说话就应该鼓励和表扬,不要过多去纠正其语言表达中的错误。老师要提供多种让听障儿童表达的机会,如课上老师留心观察听障儿童的表现,并尽量站在离听障儿童比较近的位置说话,以保证听障儿童能够及时听到老师的声音或看到老师的唇形,对于听障儿童课上的沟通表现要及时给予肯定。此外,教师还可以充分利用资源教室,进行补救训练和手语交往来刺激听障儿童的沟通欲望。

3. 多种方式支持交往,促进沟通无障碍

听障儿童在普通学校需要多方面的支持来促进其交往无障碍。首先,在班级的座位安排上,老师应该尽量将听障儿童安排在前面;在上课时,可以放慢语速,放大声音,以便听障儿童能更清楚地听到老师的声音,看到老师的唇形,帮助听障儿童及时获得信息。在课堂上,尽量多使用板书或者多媒体教学,让听障儿童能利用自己的视觉优势,参与课堂互动。其次,老师可以多采用情景教学,如到菜场买菜、到医院看病、问路等,有计划地利用语文课进行口语对话或笔谈训练。这类训练展现了实际生活中人际交往的语言情境,有利于听障儿童提高口语表达能力和笔谈能力,帮助他们有效地融入主流社会。最后,帮助听障儿童掌握一些沟通技巧,如在和他人沟通时,应根据自己的情况告诉对方:"我是听障儿童,请你跟我交往时说话慢一点,声音大一些,谢谢。"让对方选择合适的交往方式与自己交往。听障儿童还可以随身携带纸笔,在交往遇到障碍时,用笔谈的方式及时解决困境。

三、社会环境为舞台,建立稳定的沟通网络

社会交往是听障儿童社会化最有效的途径,只有在真实的社会中,听障儿童才能获得社会规范、价值观念和知识技能,从而成为合格的社会成员。

(一)扩大实际交往范围,加强日常生活沟通

要提高听障儿童的交往能力,必须让他们多交往,在实践中不断提高交往水平。但是听障儿童听力受损产生的交往困难,家庭、学校有意无意的封闭式管理,使得听障儿童交往的圈子更加狭小,产生自我封闭的意识,而这些恰恰影响了听障儿童交往能力的培养。要扩大听障儿童的交往范围,特殊教育学校可以和普通学校开展"手拉手"活动,让听障儿童和健听儿童开展结对通信交往活动;还可以组织听障儿童参观校外教育基

地,参加公益服务劳动等。通过这些活动,让听障儿童广泛地和社会各界交朋友,扩大他们的交往范围。家长应该充分利用节假日带听障儿童外出游览,既可以开拓听障儿童的眼界,也有利于听障儿童适应日常社会生活的交往。

(二)充分利用信息技术,增加聋健交往机会

现代信息技术的发展,给听障儿童人际交往能力的发展带来了福音。现代信息技术的高度发展,给听障儿童提供了更大的交往空间。通过网络,听障儿童可以与健听人在知识、情感等各个方面进行交往。QQ、网络留言板、电子邮件等工具为听障儿童开辟了一个新的交往空间,增强了听障儿童对交往的信心,增加了聋健交往的机会。同时,通过网络能让听障儿童接触更加丰富的社会生活,让听障儿童有足够的语言活动和经验积累,使其在与他人交谈时有话可说。但是,也要注意培养听障儿童分辨网络信息真假的能力,提高听障儿童的判断能力,以免被网络信息所骗或者沉迷于网络。

(三)建立社区交往服务站,形成稳定交往圈

社区是听障儿童参与社会生活的场地。社区应该配备专职(懂手语及沟通技巧)工作人员,制定专门的工作职责,强化与听障儿童的联系沟通渠道,设置听障儿童活动场所,丰富听障儿童的生活。做好社区服务,有利于社会人士了解听障儿童,消除普通儿童与听障儿童之间的误解,有利于听障儿童走进社会,融入主流社会。通过社区活动,让社会公众对听障儿童有近距离的接触,重新认识听障儿童,使他们愿意和听障儿童交往;通过社区活动,听障儿童逐渐克服交往恐惧,在活动中与健听人交往合作,发展自身的交往能力。

第六节　案例分析[①]

前面五节已经详细介绍了听障儿童沟通与交往的方式、途径、辅助技术和策略,为了能够更加真实地了解听障儿童的沟通与交往,本节以现实生活中的一名听障儿童为例,从个案的基本情况、沟通与交往的实际情况、总结分析三个方面来详细介绍听障儿童的沟通与交往。

一、基本情况

周婷婷,女,1980 年 6 月 29 日出生,一岁半时因为药物导致双耳失聪。三岁半时在亲人教育下,开口说话并学习认字。六岁时认识了两千多个汉字,进入普通小学读书,就读普通小学后连跳两级。八岁时背出圆周率小数点后一千位数字,打破当时世界吉尼斯记录。十岁和父亲合写了一本书——《从哑女到神童》。十一岁升入中学(江苏省南京市第二十七中学),同年被评为"全国十佳少先队员"。十六岁被保送入辽宁师范大学,周婷婷成为中国第一个"聋人少年大学生"。十八岁以主演的身份参与了电影《不能没有你》的拍摄,次年全国播放。二十一岁赴美留学。

---

① 参见周婷婷.墙角的小婷婷[M].海口:南海出版公司,2006.

二、过程分析

（一）家庭沟通与交往的困境与顺境

1. 沟通受阻，需求不满

婷婷双耳失聪以后，随着年龄的增长，所要表达的需求越来越多，婷婷的脾气变得越来越暴躁。家人都不明白、不理解婷婷想要吃什么、喝什么、玩什么，沟通之路因为听力损伤被堵住了。婷婷常常觉得心里憋闷难受。她用各种方式来与家人表达自己内心的痛苦，发泄内心的不满。很多次婷婷在妈妈的怀中突然看到了什么，眼睛一亮，手伸向一个东西。婷婷爸爸不明白婷婷需要什么，只能跑到婷婷所指的方向翻箱倒柜，寻找婷婷需要的东西，可是，结果是一次又一次的失望，婷婷也因此情绪波动很大。比如有一次，婷婷爸爸带婷婷去公园玩，婷婷看到很多漂亮的花，内心非常开心。她当时非常想表达自己的想法，诉说内心的情感。可是她却不知道用何种交往方式来表达内心的喜悦，最后却忍不住伤心地哭起来了。家人都不明白婷婷好好的，为什么突然会哭起来。

2. 手势交往，满足需求

婷婷稍微长大一些了，会自己创造一些手势来表达自己的需要了。如婷婷会用双手的拇指和食指合成一个圆圈，早上做这个手势是表达要吃豆沙包，中午就是吃饼干，晚上就是吃汤圆。婷婷发现手势的使用能让大人明白自己的需求，理解自己表达的意思。于是，婷婷开始使用越来越多的手势与家人交往，让家人能够满足自己的需求。

3. 口语沟通，初现希望

当婷婷越来越多地使用手语交往时，婷婷的父母开始担忧婷婷将来融入社会的需求，也明白要真正地融入主流社会，开口讲话是非常重要的。于是婷婷父母开始培养婷婷用口语进行交往的意识。父母每天坚持面对面地教婷婷，一次又一次地模仿"ɑ"的口型，在无数次的模仿之后，婷婷喊出了"ɑ"，第一次听到婷婷的声音，父母觉得有了希望。

4. 克服重重困难，坚持口语交往

虽然婷婷会发音，但是到了三岁半，婷婷仍然什么都不会说，连爸爸妈妈也不会喊。家人为了让婷婷能坚持用口语交往，利用日常生活中的机会，采用不同的方法让她学说话。比如，一天中午，婷婷要吃饼干，婷婷一如既往地跟奶奶打手势，奶奶自然也明白婷婷表达的意思。可是，奶奶并没有把饼干给婷婷，而是利用这个机会，教婷婷说"饼干"。奶奶用手指着饼干，教婷婷"饼干"。婷婷并不明白奶奶嘴巴的开合到底是什么意思，只是一味伸手去要饼干。可是奶奶并没有满足婷婷，婷婷也开始哭闹起来，奶奶依然坚持教婷婷做口型。婷婷只能模仿奶奶动动嘴巴，而奶奶还是没有把饼干给婷婷。婷婷不明白为什么，那时的婷婷不知道动动嘴巴和发出声音是两码事。就这样婷婷一直哭闹，奶奶一直坚持。最终婷婷流着眼泪，嘴里喊出了极其含糊不清的声音"布达"。家人的喜悦之情可想而知，也是在这时婷婷才真正明白"说话"这两个字的含义，才知道了口语交往的意义，才知道在自己从未感知的语言世界里，每一个事物都有属于它的名称。

5. 家人积极支持，营造语言环境

在体验到会说话的奇妙之后，婷婷开始学习用语言来表达。可是婷婷的学习速度

并不理想,三岁半到四岁左右,婷婷只学会了几十个单词,而同龄的小朋友早已经能说会道了,差距之大,可想而知。婷婷爸爸发觉了一个一直被忽略的事实——婷婷的耳朵虽然不好,可是视力是好的。于是,婷婷爸爸决定利用视觉优势来补偿听觉劣势。婷婷爸爸决定打破框框,让婷婷一边学识字一边说话。在全家人的支持下,只要婷婷能看得见的地方、够得着的所有物体上,都贴上了识字卡片,卡片上都标出了这个物体的名字,比如"床"、"沙发"、"橱柜"、"椅子"等。就是这样,婷婷每天都被汉字包围,在日常生活中,婷婷认识了很多字,这为以后的无障碍沟通打下坚实的基础。

6. 同伴语言游戏,树立沟通信心

在家人的帮助下,婷婷认识了很多字,但是婷婷的发音还是很不清晰,说的话只有家里人才能听懂,这给婷婷的日常交往带来了不少障碍。尽管婷婷说话不清楚,记忆不牢靠,但是家人不会因此而批评她,打击她说话的兴趣,而是依然很有耐心地培养婷婷说话的习惯。婷婷爸爸为了帮助婷婷树立与人交往的信心,将家里同龄的表哥表妹全部请到家中做客,并以游戏的形式引导大家跟婷婷交往。如在饭后,一起进行说话识字比赛。根据比赛规则,每个人都要读出卡片上的字,谁读得最好,谁就是冠军。每次婷婷读完,同伴都会为婷婷欢呼鼓舞,就是这样,婷婷每次都拿"冠军"。在同伴的帮助和鼓励下,婷婷与人交往的自信心就在心里生根发芽了。

7. 学习交往礼仪,掌握沟通技巧

为了"治好"婷婷的耳朵,婷婷的家人从来没有放弃任何的可能。家人曾带婷婷去咸阳进行针灸治疗,在治疗期间,她特别期待与当地的小朋友进行交往。每当有小朋友来找她时,她都非常开心,为了表达内心的喜悦,她会使劲拍他们的肩膀,还对他们又推又晃的,动作没有轻重,她并没有意识到这种方式给小朋友带来了不适。婷婷爸爸看到了这样的场景,巧妙地通过讲故事的方式来教育婷婷,与人交往时动作要温和,不能随便地对别人又推又拉,沟通要掌握一些小技巧。

(二)幼儿园里的孤单与无奈

1. 缺乏同伴交往

三岁时,大部分普通儿童已经会说话,甚至讲故事了,而婷婷在幼儿园里,因为不会讲话,不能跟老师和小朋友交往,在玩游戏的过程中,不清楚游戏规则,常常出错,所以小朋友都不喜欢跟婷婷玩。婷婷只能自己一个人孤零零地蹲在墙角,羡慕别的小朋友都有同伴可以交往。此外,因为生理缺陷,小朋友对待婷婷的态度也不友善,这给婷婷的心理带来了伤害。

2. 缺乏老师关爱

因为没有小朋友交往、游戏,婷婷感觉到很孤单,加之对爸爸妈妈的想念。婷婷会通过情绪变化来表达自己的交往需求。有时会不停地哭闹,希望能有小朋友跟自己交往。可是,事与愿违,老师不能及时察觉婷婷的需求,没有通过与婷婷交往谈心来了解婷婷哭闹的原因,也没有通过教育其他小朋友来改变婷婷被孤立的状态,而是采取极端的措施来解决问题,最后也因此带来不良的影响。

3. 心理自卑自闭

每次,婷婷的爸爸去幼儿园接婷婷,小朋友都会齐刷刷地看着他们并喊着:"小哑巴的爸爸来了。"幼儿园的经历，让婷婷变得自卑自闭，不敢与人交往。当家里来客人时，婷婷会钻到桌子底下，悄悄地看着大人之间的谈话，直到客人走了才敢爬出来。

（三）小学随班就读的艰难与成功

1. 报名被拒，艰难入学

1986年，婷婷6岁了，婷婷爸爸决定让婷婷去普通小学随班就读，然而事情并没有想象得那么顺利。开学第一天，在奶奶的带领下，婷婷在招生报名表上写下了自己的名字。而招生老师却提出了质疑："让听障儿童读正常小学，是怎么想的?"果然，不久之后，学校公布新生名单，婷婷被拒绝了。于是，婷婷家人带着婷婷来到学校，与校长再三沟通，最终校长同意让婷婷试读学前班。

2. 模拟真实课堂，体验聋健沟通

婷婷家人为了让婷婷能够顺利地融入普通学校的生活，与人正常地交往，在家中进行了模拟课堂。爸爸当老师，妈妈、奶奶、爷爷当婷婷的同学，教婷婷什么是班级、同学、老师、作业等，并教婷婷基本的交往礼仪，如见到老师要有礼貌，要说"老师好"。经过反复的模拟训练，确保婷婷知道基本的沟通规范。

3. 跳级入读，受到挫败

婷婷在南京入读不到一年，就辗转到北京进行耳朵针灸治疗，在北京治疗期间，通过家教，婷婷将二年级的知识全部学会了，并将圆周率背到了小数点后的一千位。带着成功的喜悦，再次回到南京读书时，婷婷爸爸决定让婷婷直接读三年级。但是这却引起了老师的担忧："正常儿童跳级已经是很难的事情了，更何况是一个听障儿童，耳聋会不会给她的课堂学习带来困难呢? 她跳级到三年级是否跟得上班级的学习进度呢?"在与老师多番沟通交往下，最终婷婷成功地跳级到三年级。但是，在入学考试中，婷婷却受到了挫败，语文数学两门成绩都只有60多分。婷婷的信心也受到了极大的打击，开始怀疑自己是不是真的适合在普通学校读书。

4. 重拾信心，结交好友

在婷婷爸爸的帮助和鼓励下，婷婷终于在学习上迎头赶上，重拾了信心，性格也变得开朗。在普通小学的学习终于走上了正轨，婷婷也开始结交朋友，用口语和健听儿交往。婷婷的第一个朋友叫做"鱼儿"。婷婷很大方地进行了自我介绍："我叫周婷婷，你叫什么名字?"尽管对方说了名字，但是婷婷没有听明白，鱼儿就利用书面语跟婷婷进行了自我介绍。就这样，婷婷开始了真正与普通小朋友交往的旅途，这也为婷婷之后更好地融入主流社会提供了信心。

（四）中学荣誉加身的负担与转变

1. "十佳"荣誉，阻碍交往

凭借着优异的成绩，婷婷顺利地考取了南京的某初中学校，她的自豪感油然而生。在初一开学不久，她就被评为"全国十佳少先队员"。这是对多年来的辛苦付出的肯定与认可，家人感到无比地欣慰。但是，荣誉背后婷婷感受到了无法承受的压力。同学们不再像以前一样跟婷婷交往了，都是敬而远之，老师也把婷婷当作榜样来激励全班同学，婷婷每天都感受到："你是十佳少年，是青少年的榜样，当然要十全十美!"在光环的笼罩下，婷婷失去了很多同伴，慢慢被孤立了，没有一个知心朋友，内心承受了巨大的压

力。婷婷脾气也变得暴躁了,在与同学交往时,出现各种行为问题,沟通矛盾频频升级。

2. 转变教育方向,情商重于智商

婷婷的爸爸也因为婷婷荣誉加身而变得交际繁忙,减少了与婷婷交往的机会,忽视了婷婷因为荣誉带来的心理压力和沟通障碍。在出现各种沟通问题之后,老师将婷婷在学校的行为举止告诉了婷婷的爸爸。婷婷的爸爸意识到了问题的严重性,于是开始思考教育的方向是不是错了。以前,婷婷的爸爸注重智商,现在要转变教育方向,注重情商了。婷婷爸爸跟婷婷进行了语重心长的沟通:"婷婷,我们必须放下'十佳'的包袱。你做一个普普通通的听障儿童,不能要求自己十全十美,'十佳'又怎么样呢?人无完人。所以不管老师、同学、家人说什么,你走好自己的路就好了,过得自然、开心就行了!"经过一番交心的沟通之后,婷婷才放下了"十佳"的包袱,继续正常的日常生活交往。

(五) 大学交往的充实与精彩

1. 交往环境和谐,顺利融入主流

婷婷以试读生的身份进入了辽宁师范大学,一开始她还是很紧张的,因为要面对许多新同学,要学会独立生活,适应新的环境和人际关系。但是同学们的热情和老师的关怀,让婷婷很快就融入了大学生活。远在异乡的妈妈也给婷婷寄去书信,通过笔谈来和婷婷保持交往。在生活上婷婷也愿意与他人分享,性格乐观开朗的婷婷很快就和同学们打成一片。

2. 结交特殊朋友,沟通没有界限

婷婷在大学结交了一个特殊朋友,一位盲人——筝。筝和婷婷成了好友,两人将彼此的组合称为"海伦·凯勒号联合舰队"。婷婷和筝一见如故,彼此惺惺相惜。一般人认为的盲与聋无法交往的情况,在她们身上根本不存在。婷婷观察对方的唇读,知道筝在说什么,而婷婷的口语筝也能听懂。婷婷和筝彼此约定:以后只要班上有任何事情,筝听到了,就会立刻告诉婷婷;而婷婷也会把看到的都说给筝听。大家都觉得她们两个是最难交往的,没想到却成了最佳的搭档。

(六) 社会沟通与交往的艰难

1. 电影的虚幻,现实的残酷

尽管婷婷还没有毕业,但是因为她和筝的故事广为传播,一个电影拍摄班准备把"海伦·凯勒号联合舰队"的故事搬上银幕,因此婷婷提前成了社会人,进入了社会生活。导演给演员们说戏时,语速很快,导致婷婷没有办法看清楚导演的嘴形,在沟通上处处碰壁。婷婷也曾试图请求一些帮助,可是迫于拍戏的紧张和忙碌,大家都无暇顾及婷婷的交往需求。为此,婷婷的情绪跌到谷底,无法进入角色,没有演好戏。这也引起了其他工作人员的质疑。面对现实的交往障碍,婷婷一直不得解脱,心中十分苦闷。而婷婷的爸爸通过书信鼓励婷婷:"这个世界上什么事情都可能发生,但是也都会过去。生命是由痛苦和幸福交织而成的,痛苦是生命中不可缺少的一部分……"婷婷开始明白既然是痛苦,又无法避免,为何不去接纳呢?

2. 真正的沟通,聋健的鸿沟

在电影公映之前,婷婷去观看了剪辑的样片,这一刻,婷婷真正体会到了聋健沟通的鸿沟。人们对于听障人士的了解还远远不够。当初婷婷热切地希望通过电影向世人传递的是尊重和理解残疾人，而不是同情和怜悯。婷婷更希望能反映这样一个主题：即使一个听障儿童有一定的生理障碍，只要在良好的教育环境下健康成长，也可以成为一个内心充满欢乐并勇于面对挫折的青年，能在多变的社会环境中，继续保持良好的品行，在漫长的人生路上，勇敢地前进。但是，真正的沟通并没有通过电影实现，聋健的鸿沟依然存在于彼此之间。

三、总结与反思

（一）家庭父母正面引导

婷婷的父母在婷婷与人沟通与交往的过程中起到了至关重要的作用。一方面，父母积极帮她面对障碍，利用语言关键期进行口语康复的学习。婷婷从小在家庭中接受家人辅导的语言康复训练，从发音、认字、说话，婷婷的父母在家庭中积极寻找适合婷婷语言训练的康复方法来提高她的语言沟通能力。为了纠正发音，让婷婷能用流利的普通话交往，婷婷的爸爸自制了一套具有 1 400 多个词汇的"卡片式正音词典"，并充分利用视觉接受语言的优势来培养语言交往能力，为帮助婷婷进入普通学校奠下了一个稳定的基础。婷婷在家里的交往方式都是以适合婷婷未来的生活而存在的。

另一方面是和谐的家庭环境。家庭成员良好、和睦的关系是婷婷与人沟通与交往的基础。据有关学者调查显示，家庭亲密度高、情感表达好的听障儿童在同伴交往中的互动性强且同伴接纳度普遍较高，会表现出更多的亲社会行为。相反，家庭环境压抑、矛盾性强的听障儿童在同伴交往中则表现出较多的抑制行为，在与同伴交往中缺乏主动性，他们成为被忽视的对象，表现得很孤独[①]。婷婷的家人一直保持鼓励和欣赏的态度来教育婷婷，婷婷在与人沟通与交往的过程中碰到了无数的困难与挫折，但是她的父母没有打击她的自信，而是发现她的优点，并以此作为启发她与人交往的契机，并且重视心灵的交往和情商的培养，教会她一些沟通与交往的礼仪规范。

（二）学校教育积极支持

听障儿童进入普通学校就读，这就需要学校教育给予极大的支持。首先，教师要充分了解听障儿童的语言能力、智力水平、社会适应能力和学习能力等特点，在教学和管理上做适当的调整，以便满足听障儿童的需要；其次，班级的座位安排上要将听障儿童安置在教室座位的前方，以便听障儿童能够清楚看到老师的口形及黑板上的板书等；再次，在教学上可以提前告知听障儿童学习内容，请家长帮助听障儿童进行预习，多鼓励儿童参加各项班级活动及课外活动，让听障儿童多与普通儿童和老师交往与沟通，学习人际交往技能，提高学习的兴趣和动机[②]。再次，教师要将听障儿童看作普通的社会人，鼓励听障儿童参加各种社会活动或社会服务，以活动为载体，尽可能多地给听障儿童提供一些真实的生活体验，让听障儿童在社会中学会沟通与交往。

婷婷从小学到大学，一直都在普通学校随班就读。在普通学校中，婷婷的爸爸会在

---

① 高慧.听障儿童同伴交往的家庭影响因素及干预策略[J].前沿.2014(10)：146—148.
② 彭芳.聋儿随班就读的衔接问题与指导策略[J].现代特殊教育，2010(7)：35—37.

婷婷入学时提前告知班主任及校领导婷婷的特殊情况,班主任及科任教师在班级教学中,往往将婷婷安排在教室的前排,并请其他同学帮助和关心婷婷。同时,老师也会积极地向婷婷的爸爸反馈婷婷在学校的表现。从最开始的报名被拒绝到后来结交了很多的朋友,婷婷在学校的沟通与交往能力得到了很好的发展,这些都离不开学校教育的支持。

(三)社会环境有待改善

婷婷因为自己的努力和奋斗,成了一个名人,这也让婷婷提前进入了社会生活。社会生活是复杂多样的,信息传递如此迅速,婷婷与普通人的沟通与交往遇到了很多困难。人们对于聋人的不了解、偏见,对聋人文化的不认可,让聋健沟通难以进行。社会要为听障儿童的成长创建一个有利的大环境,通过广播、杂志、电视、网络等大众媒体,多多宣扬优秀的听障儿童及听障文化,让更多的人了解听障儿童的交往习惯和特点,让社会大众对听障者多一些了解和关怀,在交往时多些耐心,最终改变大多数人对听障人群歧视的态度和不公平的看法,从心里接纳他们,认同他们[1]。同时,社会要积极搭建聋健信息交往无障碍的平台,促进聋健沟通的融合社会。

主要参考文献

1. 陈宏刚,熊明华. 软件开发过程与案例[M]. 北京:清华大学出版社,2003.
2. 方俊明,雷江华. 特殊儿童心理学[M]. 2版. 北京:北京大学出版社,2015.
3. 李慧龄. 听障儿童随班就读工作手册[M]. 北京:华夏出版社,1993.
4. 刘全礼. 特殊儿童的家庭教育[M]. 天津:天津教育出版社,2007.
5. 刘春玲,江琴娣. 特殊教育概论[M]. 上海:华东师范大学出版社,2008.
6. 孟繁玲. 聋人与社会[M]. 郑州:郑州大学出版社,2010.
7. 朴永馨. 特殊教育辞典[Z]. 北京:华夏出版社,1996.
8. 叶立言. 聋校语言教学[M]. 北京:光明日报出版社,1990.
9. 赵锡安. 听力障碍学生教育教学研究[M]. 北京:华夏出版社,2006.
10. 张宁生. 手语翻译概论[M]. 郑州:郑州大学出版社,2009.
11. 张宁生. 听障儿童的心理与教育[M]. 大连:辽宁师范大学出版社,2002.
12. 周婷婷. 墙角的小婷婷[M]. 海口:南海出版公司,2006.
13. [苏]A·P·鲁利亚. 神经心理学[M]. 汪青,等,译. 北京:科学出版社,1983.
14. 陈雪英. 聋高中生人际交往障碍及辅导策略[J]. 现代特殊教育,2000(3).
15. 陈莹. 影响聋儿看话的因素及应注意的问题[J]. 现代特殊教育,2000(5).
16. 国华. 用手表达的语言——从语言学角度认识手语[J]. 中国特殊教育,2005(9).
17. 高慧. 听障儿童同伴交往的家庭影响因素及干预策略[J]. 前沿,2014(10).
18. 高慧. 呼和浩特市听障儿童家庭亲子沟通现状的调查研究[J]. 内蒙古师范大学学报(教育科学版),2014(12).
19. 高文,陈熙霖,马继勇,等. 基于多模式接口技术的聋人与正常人交往系统[J]. 计算机学报,2000(12).
20. 贺荟中,贺利中. 4—6岁听障与健听儿童语用交流行为之比较[J]. 华东师范大学学报(教育科学版),2009(1).
21. 贺荟中,林海英. 聋校低年级学生班级友伴网络建构追踪研究[J]. 心理科学,2013(5).

---

[1] 卢月娥. 听觉障碍中学生社会适应发展特点的研究[D]. 沈阳:辽宁师范大学,2008:4—10.

22. 黄红燕.关于聋生书面语技能的培养及训练[J].中国特殊教育,2004(4).

23. 江小英,周静.中学聋生网络交往情况的调查与分析[J].中国特殊教育,2010(9).

24. 教育部.聋校义务教育课程设置实验方案[J].现代特殊教育,2007(3).

25. 雷江华,张凤琴,方俊明.字词条件下聋生唇读汉字语音识别的研究[J].中国特殊教育,2004(11).

26. 雷江华,等.听障学生唇读语音识别视听通道效应的实验研究[J].心理科学,2008,(2).

27. 雷雳,王争艳,李宏利.亲子关系与亲子沟通[J].教育研究,2001(6).

28. 李红都.笔下开出成功的花儿[J].中国残疾人,2014(4).

29. 李小元.网络交往对大学生社会化的影响及其对策[J].教育探索,2009(3).

30. 刘胜林.听障儿童的家庭应对和以家庭为中心的早期干预[J].中国特殊教育,2010(1).

31. 刘德华.聋生书面语中动词及相关成分的异常运用[J].中国特殊教育,2002(2).

32. 刘春生.试论聋生社会交往障碍的成因及对策[J].教苑杂坛,2011(11).

33. 刘永萍.听障儿童语言沟通方式的调查与分析——江西的案例[J].江西教育科研,2007(10).

34. 刘扬.1—6年级聋生与普通学生学校社会行为的比较研究[J].中国特殊教育,2004(11).

35. 刘在花.聋人大学生网络成瘾的现状和其心理健康的关系[J].中国特殊教育,2008(1).

36. 刘在花,许家成,吴铃.聋人大学生心理健康状况研究[J].中国特殊教育,2006(8).

37. 刘晓千,燕楠,王岚.一种应用虚拟发音头像的普通话聋儿言语康复系统[J].集成技术,2013(4).

38. 林水英.浅论手语对聋生学习汉语的影响[J].现代特殊教育,2007(1).

36. 吕雪晶,王爱英.聋生自然手语的研究与思考[J].中国特殊教育.2007(6).

39. 马乃伟.国内唇读研究对听障儿童言语康复的启示[J].现代特殊教育,2015(6).

40. 梅次开.谈聋校口语教学与双语教学问题[J].中国特殊教育,2004(1).

41. [美]彼得·布劳.不平等与异质性[M].王春光,谢圣赞,译.北京:中国社会科学出版社,1991:394—395.

42. 彭芳.聋儿随班就读的衔接问题与指导策略[J].现代特殊教育,2010(7).

43. 邱淑女,许保生,廖晓丽.以就业为导向的聋生人际交往调研与辅导策略[J].南京特教学院学报,2013(3).

44. 庆祖杰,朱珊珊.普通高校健听大学生对听障大学生接纳态度的个案研究[J].中国特殊教育,2009(10).

45. 荣卉.影响聋童亲子关系和同伴关系的因素[J].心理学动态,1996(3).

46. 沈秀荣.听障学生通用手语使用特征的调查与分析[J].南京特教学院学报.2014(2).

47. 汤凌燕,马红英.聋生使用笔谈的调查研究[J].中国特殊教育.2004(9).

48. 汤凌燕.听障儿童在交际中语码选择和转换的个案研究[J].中国特殊教育.2006(7).

49. 田林,雷江华,宫慧娜.信息化背景下听障学生沟通与交往的现状及对策研究[J].现代特殊教育,2015(5).

50. 谈秀菁,陈蓓琴.聋校沟通与交往课程实施现状的调查研究[J].中国特殊教育,2010(7).

51. 王兆其,高文.基于虚拟人合成技术的中国手语合成方法[J].软件学报,2002(10).

52. 王强虹.聋生看话能力的调查[J].中国特殊教育,1997(2).

53. 王姣艳.从聋校学生的书面语谈其语言能力与教育对策[J].中国特殊教育.2004(7).

54. 吴铃.聋人书面语学习困难的研究[J].中国特殊教育,2007(5).

55. 吴铃.手语语法和汉语语法的比较研究[J].中国特殊教育,2006(8).

56. 辛妙菲,陈俊.大学生网络交往动机的差异研究[J].中国健康心理学杂志,2008(9).

57. 徐美贞,杨希洁.资源教室在随班就读中的作用[J].中国特殊教育,2003(4).

58. 许巧仙,王毅杰.从社会交往看聋人大学生的社会融合——基于某学院的实证研究[J].中国特殊教育,2011(10).

59. 夏滢,周兢.融合环境下听力损伤幼儿同伴交往特点研究[J].学前教育研究,2008(3).

60. 肖阳梅.听障大学生学习和交往归因的调查研究[J].中国特殊教育,2005(11).

61. 余晓婷,贺荟中.国内手语研究综述[J].中国特殊教育,2009(4).

62. 杨慧丽.强化听力语言教育,促进聋生言语交际能力发展[J].中国特殊教育,2004(11).

63. 袁茵.听觉障碍儿童沟通方法评介[J].中国特殊教育,2002(1).

64. 张宁生.听障者语言沟通法历史演变[J].中国听力语言康复科学杂志,2004(2).

65. 张又宝,高宇翔.聋校师生手语使用现状调查——以乌鲁木齐市为例[J].绥化学院学报,2013(1).

66. 张萌.资源教室对听障学生进行语言训练的实践[J].中国特殊教育,2005(2).

67. 郑璇.浅论手语对聋儿主流语言学习的影响[J].中国听力语言康复科学杂志,2004(1).

68. 赵庆春.农村新入学聋儿家庭交往的调查研究[J].现代特殊教育,2006(6).

69. 周惠颖,陈琳.应用促进公平:特殊教育中的信息技术研究进展[J].中国电化教育,2009(4).

70. 张丁,黄益名.聋生的社会交往障碍和构筑聋生适应社会交往的良好心理基础[C]//中国心理卫生协会残疾人心理卫生分会第四届学术交流会论文集.中国心理卫生协会残疾人心理分会,2002.

71. 陈静.听障学生人际交往能力培养研究[D].苏州:苏州大学,2007.

72. 卢月娥.听觉障碍中学生社会适应发展特点的研究[D].沈阳:辽宁师范大学,2008.

73. 杨运春.梦想的陨落:特殊学校聋生教育需求研究[D].上海:华东师范大学,2013.

74. 赵英男.手语中面部表情信息理解的研究与实现[D].大连:大连海事大学,2012.

75. 王明丽.聋生语言沟通障碍成因分析及对策[N].毕节日报,2011-3-14(7).

76. 张宁生.对聋哑儿童进行口语训练的心理学意义[C]//国家教育委员会初等教育司.特殊教育文件、经验选编.北京:人民教育出版社,1989.

77. 林勉君.聋人世界——聋人成长实录[EB/OL]. http://www.ailongshouyu.com/deaf_world/109.html

78. 龚群虎.中国手语语法问题浅谈[Z].北京:第47届国际聋人节暨聋人教育研讨会发言稿.2004:9.

79. Austin, J. L. How to do things with words [M]. New York: Oxford University Press, 1962.

80. Nelson, K., Loncke, F., Camarata, S. Implications of research on deaf and hearing childrens' language learning [M]. //Mars C. M., Clark M. D. (Eds.). *Psychological Perspectives on Deafness*. Hillsdale, New Jersey: Lawrence Erlbaum Associates Publishers, 1993.

81. Astington, J. W. Promises: Words or deeds? [J]. *First Language*, 1988,24(8).

82. Badin, P., Youssef, A. B., Bailly, G., et al. Visual articulatory feedback for phonetic correction in second language learning [J]. *Actes de SLATE*, 2010(4).

83. Deluzio, J., Girolametto, L. Peer interactions of preschool children with and without hearing loss [J]. *Journal of Speech, Language, and Hearing Research*, 2011,54(4).

84. Eleweke, C. J., Michael, R. Factors contributing to parents' selection of a communication mode to use with their deaf children [J]. *American Annals of the Deaf*, 2000,145(4).

85. Lederberg, A. R., Ryan, H. B., Robbins, B. L. Peer interaction in young deaf children: The effect of partner hearing status and familiarity [J]. *Developmental Psychology*, 1986,22(5).

86. Luckner, J. L., Velaski, A. Healthy families of children who are deaf [J]. *American Annals of the Deaf*, 2004,149(4).

87. Musselman, C., Mootilal, A., Mackay, S. The social adjustment of deaf adolescents in segregated, partially integrated and mainstreamed settings [J]. *Journal of Deaf Studies and Deaf Education*, 1996,1(1).

88. Nunes，T.，Pretzlik，U.，Olsson，J. Deaf children's social relationships in mainstream schools [J]. *Deafness & Education International*，2001,3(3).

89. Preisler，G.，Anna-Lena，T.，Ahlstrom，M. Interviews with deaf children about their experiences using cochlear implants [J]. *American Annals of the Deaf*，2005,150(3).

90. Snow，C. E.，Pan，B. A.，Alison，I. B. Learning how to say what one means：A longitudinal study of children's speech act use [J]. *Social Development*，1996(1).

91. Weisel，A.，Most，T.，Efron，C. Initiations of social interactions by young hearing impaired preschoolers [J]. *Journal of Deaf Studies and Deaf Education*，2005,10(3).

92. Wilkinson，J.，Marthinussen，B. American Sign Language & Deaf Culture in America [EB/OL]. http：// library. think quest. org.

93. Mehrabian，A. Communication without words [J]. *Psychology Today*，1968,2(4)：53 - 56.

94. Ong，S. C. W.，Ranganath，S. Automatic sign language analysis：A survery and the future beyond lexical meaning. IEEE TPAMI，2005,27(6)：873 - 891.

第三章　视觉障碍儿童的沟通与交往

在人类所有感觉中,视觉具有感知范围大、距离远、感觉速度快、转移灵便等特点,对个体的认知发展过程以及学习、生活有着重要作用。当个体的视觉器官受到损伤,易形成视觉障碍,导致视觉障碍儿童(以下简称"视障儿童")的感知觉、注意、语言等方面的发展在整体上落后于普通儿童,不仅存在一定的学习困难和生活不便,人际交往也受到影响。在充分了解视障儿童的沟通与交往情况的基础上,从观念和技术上贯彻无障碍理念,并提供策略指导,以提升视障儿童的沟通与交往能力,促进社会融合。

第一节　视觉障碍儿童沟通与交往的概述

视障儿童首先是儿童,因而遵循普通儿童的身心发展规律,但是由于视障儿童感知外界信息的途径和手段不同,存在一定特殊性,这种特殊性也体现在视障儿童的沟通与交往方面。

一、概念界定

视觉障碍(以下简称视障)是指由于各种原因导致双眼不同程度的视力损失或视野缩小,难以从事正常人所能从事的工作、学习或其他活动,包括盲和低视力两类四级(详见表3-1)[1]。视觉障碍是就双眼而言,若双眼视力不同,则以视力较好的一眼为准,且测试视力值的时候,是以最佳矫正视力为依据。

类别	级别	最佳矫正视力
盲	一级	无光感—<0.02;或视野半径<5度
	二级	≥0.02—<0.05;或视野半径<10度
低视力	三级	≥0.05—<0.1
	四级	≥0.1—<0.3

表 3 - 1

中国视力
残疾标准

马克思的人性观认为:"人有两种属性,一是人的自然属性,二是人的社会属性。人之所以为人,关键不在人的自然性,而在人的社会性。人的本质是一切社会关系的总和。"人的社会属性是人与周围的事物发生关系时,表现出来的独有的特性。我们在与

---

① 朴永馨.特殊教育辞典[Z].3版.北京:华夏出版社,2014:155.

其他人(或物)发生关系时,必然离不开沟通与交往。

视障儿童多数时间生活在学校与家庭中,很少独自外出与人交往。家庭的教养方式对视障儿童的个性心理和能力有很大影响,不少视障儿童形成了依赖心理。活动范围的局限、社会接纳程度不高,致使视障儿童在社会交往中有着渴望但自卑、退缩的矛盾心理。不了解情况的人多认为视障儿童能够说话,所以当面交流是没问题的,但或许存在交往意愿的问题。例如,有人认为视障儿童看不到,很多事情不能自理,双方一起活动时会多有不便,从而不愿与之沟通与交往。事实上,很多视障儿童虽然具有口语能力,但是言语表达能力不强、交谈技巧缺乏,与普通人沟通与交往的机会较少,能力较差。此外,大多数人不了解视障儿童使用手机、电脑上网的能力,会对他们通过现代通讯手段进行交流的现状表示惊讶。事实上,现代辅助技术帮助视障儿童更加方便、通畅地获取信息、进行交流,信息无障碍的理念得到了大力提倡和普及。

二、基本特点

沟通与交往在一定意义上,可以说是一种能力,一门艺术。视障儿童由于生理、心理发展的特殊性,其沟通与交往能力的获得及发展等也具有特殊性。

(一) 媒介特点

1. 传统媒介依然广受欢迎

李东晓于 2014 年对我国视障者的媒介使用及大众媒介的无障碍供给的研究发现,视障者经常使用的媒体排序中,电视以 86.6％ 的比例位居第一,紧随其后的是广播媒体,约占 76％[①]。广播是视障者的老朋友,他们可以从中获取新闻资讯,收听情感节目等,看电视也以新闻节目为主。电视和广播是视障者获取信息的媒介,是交谈话题的重要来源。

另外,视障者很享受和家人一起看电视的过程,一家人在一起,聊聊看的节目,延伸到其他话题,增进感情。对于很多视障儿童而言,相比收音机上的节目,电视节目对他们更有吸引力,是长时间待在家里时的好伙伴。而且,父母平时在外工作,一起看电视成为亲子沟通的重要方式。

2. 互联网使用逐渐升温

在现代数字信息化社会,视障儿童借助辅助技术,在信息获取方面更加方便快捷,促进了沟通与交往。借助于一些软件(例如文字转换系统等)和硬件(例如盲文点显器等),视障儿童能"摸到"更多盲文,"听到"更多看不见的文字,给普通人发送不能用笔书写的明眼文。

与外界交流时,视障儿童倾向于使用电话、聊天软件等,因为他们多在寄宿制的盲校就读,与外界接触的机会很少,无法经常性地面对面沟通,所以通过使用各种通信设备来实现与外界的交流。而且,使用聊天软件打字,以书面语的形式和普通人沟通,避免了普通人看不懂盲文造成的交流障碍。

---

① 李东晓.我国视障者的媒介使用及大众媒介的无障碍供给研究——基于对浙江省视障者的调查[J].浙江传媒学院学报,2014(4):31.

（二）方式特点

1. 盲文交流限制多

视障儿童使用媒介进行沟通与交往时会有异于普通儿童的表现。最主要的差异在于使用的书面语不是普通人使用的明眼文而是盲文。一是书面语的不同阻碍了视障儿童与普通人之间的文字交流，例如，父母由于看不懂盲文，无法有效沟通，不能对孩子的作业进行指导；二是盲文出版物严重缺乏、时效性滞后，极大地影响了视障儿童从书本中获取知识与信息，间接限制了与他人的沟通与交往。

2. 包含语音信息的方式居多

由于看不到或看不清，视障儿童对信息的获取更多地依赖于听觉，所以在沟通与交往中，他们会更多地采用包含语音信息的方式。例如在 QQ 聊天时，虽然也能通过读屏软件打字，发送文字信息，但是相比之下，他们更喜欢发语音消息。学习中，一些练习题、作业，他们也会倾向于采用口头作答的形式。

（三）心理特点

视障儿童在人格发展进程上与普通儿童并无明显区别，但是由于生理缺陷，相对而言更容易出现某些特点。而这些心理特点多对视障儿童的沟通与交往造成消极影响。

1. 自我中心

如果视障儿童的家人心疼孩子失明了，在生活中各个方面顺从儿童的意愿，并且事事替代孩子做好，就很容易使儿童养成自我中心的心理，理所当然地认为自己有视觉障碍，就应该受到特别优待。这种心理形成习惯后，在学校与同学相处、在社会上与他人交往时，就会只考虑自己，不懂得分享，认为其他人都应该照顾自己，当事与愿违的时候，就会愤愤不平。这样不但不会为他们赢得他人的尊重，还容易招致排斥。

2. 多疑与轻信

由于视觉障碍，视障儿童无法获得全面的信息，平时活动量较少，思考的时候较多，故在判断人、事时，免不了心存猜疑。因为他们特别在意别人对自己的态度等，所以对别人的猜忌更多的是担心自己受到伤害。一些过于自我中心的视障儿童在遇到一点点不顺心时，甚至会猜疑自己的亲人，认为他们对自己的关心、爱护是装出来的等。

但是，视障儿童一旦信任某个人，就会十分听信此人的话。这种信任很大程度上是出于依赖性，因为他们在很多时候不能独立认识事物或处理事情，只能听信所信任的人。如果视障儿童觉得这个人在某件事上欺骗了他，就容易从此对此人极度不信任。

3. 情绪不稳定

视障儿童由于视觉缺陷，在学习和生活中，可能会因为无法及时全面了解信息而烦躁、冲动，家庭的溺爱、过度保护也让他们在遇到不顺心的事情时有挫败感等。所以，视障儿童在沟通与交往中可能给人以情绪不稳定，捉摸不定的印象。

（四）能力特点

1. 交谈内容贫乏

普通人可以通过阅读书籍来丰富知识，增长见识，但是对看不到或看不清任何字的视障儿童来说,就只能摸读盲文书。然而盲文书制作困难、成本高,故出版物匮乏,加之阅读盲文书比较困难,一些儿童不爱摸读,进而导致他们通过摸读盲文书获得的知识和信息比较少。另外,网络信息无障碍的开发还很不完善,也限制了视障儿童获取的信息量。信息储备的不足导致视障儿童在沟通与交往中处于劣势,对别人谈论的内容一无所知,无法发表自己的看法。

2. 交往技巧缺乏

普通儿童社会化过程中会逐渐学会运用言语和非言语来进行沟通和交往,而视障儿童交往的手段主要是语言,他们在沟通与交往中很难察觉他人透露的非言语信息并及时做出合适的调整;另外,视障儿童在使用语言进行交流时,表达能力和交谈的艺术性较差。因为对事物的认识不够全面、深刻,所以有时无法完整、恰当地描述某种事物或表达某种情感,无法使用某些抽象词语增强语言的效果。例如,在形容某个坏人做了非法的勾当,表达愤懑时,我们可以说"龌龊的行为",而视障儿童就很难理解和使用"龌龊"这个词语。

3. 关系稳定性差

视障儿童与他人建立的联系或友谊不稳定,维持时间较短。这与他们易猜疑、敌对或孤僻的心理是分不开的。有研究表明,盲人说谎话和说真话时,面部表情极其相似,普通人对此的辨别准确率较低[①]。这可能是为什么有的普通人会觉得看不透视障者的真实想法。双方难以建立信任,加之视障儿童交谈内容贫乏,缺乏交往技巧,自然就难以建立稳固的友谊。

此外,经常有公益组织会组织活动,让一些志愿者与视障儿童一起活动。视障儿童平时与社会上的普通人接触不多,交往对象狭窄,有这样一个机会,易对这些志愿者产生依赖。但是很多志愿者并不是长期从事志愿活动,所以他们之间建立的关系大多也是不稳定的。

有一个志愿者参加了关爱视障儿童的活动,与一位初三的视障儿童慢慢熟悉。有一次,志愿者问这个视障儿童:"读完初三,是要继续读高中吗?"视障儿童回答说:"是的,不过是职业高中,要学习按摩。"并且他说现在已经开始跟高年级的学生学习了。这位志愿者知道盲人按摩很厉害,听他这么一说,就很感兴趣,于是就说:"那挺不错哦,到时给我按摩试试。"这位视障儿童也很痛快地答应了,可是立马又问道:"等我毕业还要好久,到那时你还在吗?"从他的话里,我们可以体会到,其实视障儿童也渴望稳定、深厚的感情,却因种种原因,对此有担忧。

三、影响因素

沟通与交往能力的发展会显现一定的群体差异和个体差异,其影响因素是多方面的,最主要的有遗传素质、环境、教育以及人的主观能动性。这些因素也可以分为两大类:主观因素和客观因素。

---

① 孙丽丽. 盲人说谎行为发展研究[D]. 金华:浙江师范大学,2007: 2.

（一）主观因素

1. 性格特点

视障儿童气质倾向以粘液质和抑郁质类型居多,而多血质和胆汁质类型的人数较少[①]。这与大多数研究中发现的视障儿童情感和行为动作进行得迟缓、缺乏灵活性;敏感性高,多愁善感;注意稳定性好;情绪和行为表现出内倾性;较为孤僻等相符。气质虽然是由遗传和生理决定的心理和行为特征,但是,视障儿童的这种气质特征和其他因素共同作用后,使他们后天的性格更易有如下特点:对待他人、集体、社会的态度上,表现出自私、漠不关心、缺乏同情心、不善交往等;对待自己的态度方面,表现出异常的自尊、自负或自卑,缺乏自我判断力;在情绪特征方面表现为情绪困扰、不稳定等。

2. 主观能动性

视障儿童比较孤僻,加之容易因为自己的视力缺陷而自卑,所以一些视障儿童除了同其他视障儿童、家长及老师交往之外,不愿同其他人交往。而且,一些家长的溺爱会养成视障儿童的惰性,让他们没有与人交往的意愿从而影响沟通与交往的主观能动性。

（二）客观因素

1. 病理学因素

人的发展总是以正常生理组织和一定的生命力为前提的,这些生物学素质在某个方面的缺陷会限制个体身心的正常发展,包括沟通与交往能力的发展。由于缺乏视觉表象,感知笼统片面,视障儿童对事物较难形成完整的概念,容易形成语言障碍,且很难注意到交往时的物理环境、对象的肢体语言,所以,在沟通与交往中容易处于劣势。正因为如此,先天性比后天性视障儿童、全盲比低视力儿童受到的不利影响更大。

"盲人问道于牛"的故事[②]

一位老师带着一群视障学生行走在田间路上,天快黑了,迷失了方向。有学生听到路边草丛中有声响和喘息声,便大声问道,对方没有应答,再问还是无应答,这个学生很是生气。而实际上那声音的来源是一头正在吃草的牛。

这个故事中,视障儿童由于缺乏视觉表象,在用自己过去的经验进行推理时就容易出现错误,结果连沟通的对象都没有找对。

2. 环境因素

环境是指围绕在个体周围并对个体发展自发地产生影响的外部世界。从个体活动范围可以将环境分为家庭环境、社区环境和社会环境。

家庭环境是人出生后就接触的环境,既是人生的第一所学校,也是永久的学校。家庭是幼儿主要的活动场所和生活环境,对视障儿童来说尤其如此。幼儿阶段是语言发展的重要时期,家庭环境的影响不容忽视,父母对此要有足够的重视。视障儿童学说话时,由于视觉缺陷,主要靠听觉模仿发音,家人能否有足够的耐心给予指导和纠正很关

---

① 钱志亮.盲童的人格特点及其教育对策[J].心理发展与教育,1998(2):56—58.

② 钱志亮.视力残疾儿童心理与教育[M].大连:辽宁师范大学出版社,2002:42.

键。其次，如果因为视觉障碍，就对孩子过于溺爱，孩子不用开口只用手一指就立即给予满足，什么事情都替孩子代劳了，孩子根本不必有任何表示，不需要使用语言，就已有人为他准备好了一切，在这种情况下，语言发育自然会延迟[①]。此外，家庭如果能营造民主的氛围，经常陪伴儿童，也就创设了一个与儿童积极应答的环境，加强了儿童的沟通与交往。当然，家人的认知态度还直接影响到视障儿童能否在更大范围的环境中获得沟通与交往的机会。

社区作为一个小社会，是幼儿最主要的活动场所，也是幼儿认识社会的桥梁与窗口。幼儿认识社会，获得关于社会的最初的经验，大都是通过社区进行的[②]。社区的花园和健身、娱乐设施等物理环境为儿童提供了社会性自由交往的机会，而社区居民的整体文化层次和社区的文化娱乐活动体现了社区的人际环境。当社区无障碍设施较为健全，居民态度友好，集体活动接纳度良好时，家长才放心视障幼儿走出家门，在这片小天地里自由活动，较早地与周围的人，特别是同龄人，进行积极、良好的沟通与交往。

社会环境里，到处是鲜活的生活、工作情景，充满着各类人际互动，只要身处其中，就必然要与其他人接触交往，从一定意义上说，社会环境就是一个沟通与交往的环境。荀子曰："人之生也，不能无群。"视障儿童要建立和谐的人际交往关系，才能融入社会生活。然而，视障儿童要进入社会环境存在许多困难。城市盲道、建筑物无障碍通道的建设，公交、地铁等交通工具的站台播报系统，图书馆、公园、超市等公共场所对导盲犬的规定，无不限制着视障儿童的活动范围。而一些人对视障儿童的不良态度，更是无数条拉在他们与视障儿童之间的红色警戒线。

3. 教育因素

教育作为一种有目的、有计划的影响人的活动，对视障儿童沟通与交往的能力有着极大的影响。首先是言语、文字的学习。早期教育能够很好地教视障儿童如何正确发音，纠正错误发音，使他们系统地掌握字、词、句，这些学习是视障儿童与人进行沟通与交往的基础。其次，德育融合在各科各类教学活动中，也体现在学校的各项规章制度中，视障儿童因此能够了解和掌握沟通与交往中应遵循基本的道德准则和交际礼仪。再次，教育更加注重对视障儿童进行心理教育，通过科学知识、名人事迹和榜样作用等使视障儿童正视自己的缺陷，培养自信，并能进行正确的自我定位。这些都能使视障儿童在沟通与交往中应对各种各样的交往对象和交往情境，并更加积极主动。

第二节　视觉障碍儿童沟通与交往的方式

沟通与交往的方式很多，根据沟通所使用的媒介的不同，可划分为言语沟通和非言语沟通。视障儿童与普通儿童运用的沟通与交往的方式基本一致，只不过在每种方式上会表现出其限制性或独特性。

---

① 孙钠.家庭环境对幼儿语言发展影响的探究[J].新课程学习,2014(9)：171.
② 段慧兰.社区：幼儿重要的教育环境[J].湘潭师范学院学报(社会科学版),2003(4)：120.

一、言语沟通

（一）口语

视障儿童由于视觉上的缺陷，说话时会遇到很多困难和障碍：模仿发音时仅凭听觉和触觉，看不到口形，因而发音不准或有颤音、盲态明显，使用口语交流时，不能理解对方使用含糊的非特指性的短语如"这里"、"那里"、"它"等①。美国作家惠特曼说过："我敢说我看到的较好的东西比说出来的最好的东西还要好，那就是最好的东西永非言词所能述说。"普通人都觉得无法用言语将所看到的事物准确地表达出来，更何况是看不到或看不清的视障儿童，他们理解语言困难，存在着对使用的词汇缺少感情基础、词与形象相互脱节、单靠听觉获得的词汇往往是较为空洞的、不甚了解其内涵的弱点。例如：色彩方面的词汇，视障儿童根本不知什么为红、黄、青、绿等。这就造成视障儿童在日常生活、学习中出现用词不当、用词单调和表达能力不强等问题，不利于语言交往②。

由于视觉缺陷，视觉表象对视障儿童注意的吸引力相对减弱，在口语交流过程中，视障儿童要想获得对方传递的信息，就要充分利用听觉，因此他们会表现出更为耐心地倾听。卡耐基说过："很少有人能经得起别人专心致志的听讲所给予的暗示性赞美。"倾听作为与人沟通最基本的技巧，体现出了对别人的尊重，给予对方被关注的满足感，激发对方的表达欲望，利于有效的沟通与交往。然而，视障儿童的想象常常带有个人主观的情感色彩，有时甚至是歪曲的想象。例如，听到亲切温和的声音，再加上受到宽松的对待，他们会将对方想象得很美丽、善良；相反，听到严厉的声音，受到严格的对待，则会将那个人想象得很丑陋或邪恶。视障儿童很容易根据语音、语调来判断对方的情感和态度，因而有时容易上当受骗③。

我从小学就很喜欢唱歌。可是呢，班上人都说我唱歌非常难听。有一天，我们学校安排大学生志愿者过来。一个女大学生说自己很喜欢唱歌，我就唱歌给她听，然后问她："我唱歌是不是很难听？"她说唱得很好听，还说要每个星期过来让我唱歌给她听，而且要听欢乐的歌曲。我每个星期就会背了歌词唱给她听，我们之间还留了号码。过了三个星期，她就没有来了。我就打电话问她："你怎么不来？我还要唱歌给你听呢。"第一次和第二次，她都说，下个星期来。第三次打电话过去，我还是说同样的话，可她就不是说同样的话了。她说："你不要再跟我打电话了。再加上，我说你唱歌很好听其实是骗你的，其实你唱歌非常难听。"那时我很受打击，几天都没有唱歌。后来我决定还是要唱歌，但是绝不再唱欢乐的歌曲了。直到初中以后，我才慢慢地听一些欢乐的歌曲，或者唱一些欢乐的歌曲④。

这是一个视障儿童的自述。他喜欢唱歌，却被同学们耻笑说难听。当有一天，突然

① 邓猛.视觉障碍儿童的发展与教育[M].北京：北京大学出版社,2011：141—142.
② 布文锋.论盲生社会交往障碍及其解决对策[J].中国特殊教育,2001(1)：43—44.
③ 钱志亮.视力残疾儿童心理与教育[M].大连：辽宁师范大学出版社,2002：40.
④ 资料来源于编者教学实践中学生的作文.

有人夸他唱歌好听,还想经常听他唱歌,他就会很激动。殊不知,对方只是为了完成自己的志愿活动,说了一些违心话。或许听歌时,这位女大学生已经皱眉了,或许在称赞视障儿童时,她脸上没有一丝真诚的笑容。但是这个视障儿童因为察觉不到,就信以为真了,而视障儿童在得知自己被欺骗后,受到的打击更加严重,甚至影响此后的沟通与交往。

（二）书面语

口语和书面语是相互依存、相互影响、相互转化、共同发展的。口语是活的语言,是人们面对面、通过电话、视频等交流的工具,也是书面语的源泉。书面语是口语的加工提炼形式,选词用句规范,是口语的规范化发展。通过书面语,我们能更加清晰、系统地表达自己,也能通过阅读来了解他人的想法、思想等。书面沟通常见的形式包括书信、字条等,此外,人际交往中常常需要制定协议,"口说无凭,立字为证","白纸黑字,无法抵赖",所以合同、重大决定等往往采用书面形式记录下来。在现代信息化社会,人们交流沟通的方式日益多样化:手机短信、电子邮件、各种聊天软件、论坛等,也都利用到了书面语。

1. 明眼文

运用读屏软件等辅助技术,视障儿童也能通过手机屏幕、电脑键盘的点击,写出我们普通人使用的文字,即明眼文,当然也能通过读屏软件的转换听到普通人或同伴书写的文字。所以,视障儿童能用手机或电脑,通过短信、电子邮件、聊天软件、论坛等,和其他视障儿童、家人、老师及其他普通人使用明眼文交流。然而,视障儿童虽然能比较流利地书写电子版的书面语,却容易出现错别字、标点符号运用不当等问题。例如,有一次和盲校的一位全盲生通过聊天软件 QQ 聊天,谈起公众对盲人的看法,他打出这些话:"很多人会说忙人很会说啊","忙人很自私啊","忙人心思很深啊","因为件事比较少吧我猜"。"忙人"与"盲人"谐音,"件事"与"见识"谐音,但是通过读屏软件,他只能听到自己打出的字的读音,却无法判断字是否正确。如果与视障同伴沟通,双方都只是"听"对方打出来的字,只要读音正确,影响不是很大;如果是与普通人沟通,就会增加普通人理解的难度。

2. 盲文

盲文也称为点字或凸字,是专为视障人士设计、靠触觉感知的文字,由纸张上不同组合的凸点组成。虽然视障儿童也能借助辅助技术使用明眼文与人进行沟通与交往,但是盲文这一视障人士专用的书面语,仍然在他们的沟通与交往中有着不可取代的作用。首先,阅读是理解书面语言最重要的形式,视障儿童在反复摸读中,才能加强记忆、加深理解,特别是文学、艺术作品,只有在摸读中,才能与作者沟通,产生思想上的共鸣。其次,在课堂上,视障儿童通过摸读教材,实现师生、生生之间的交流,是目前较为合理、现实的形式。再次,对一些没有条件使用手机、电脑或能力有限的视障儿童,盲文仍然是获取信息、进行沟通的主要形式。

书面语采用固定化文字完成,一般很难补充和修订,因而书面语不仅要求语言严谨,而且须尽量减少失误,盲文更是如此。所以视障儿童需要打下牢固的盲文书写、摸读基础。

二、非言语沟通

美国著名的身体语言专家帕蒂·伍德指出：一个人要向外界传达完整的信息,单纯的语言只占7%,剩下的93%分别由声调的38%和肢体的55%等信息来表达。由此可见非言语沟通的重要性。口头语言、文字语言是来自大脑的语言,是意识加工过的语言,而表情、动作是身体传递出来的语言。身体语言绝大部分处于理智的控制之外,因而更为真实地反映出内心的状态[1]。人的交流85%以上都是以非言语形式进行的,非言语呈现出一个更为真实、更为丰富的世界。

(一) 面部表情

面部表情是指通过眼部肌肉、颜面肌肉和口部肌肉的变化来表现各种情绪状态,是一种十分重要的非言语交往手段。人的面部有43块肌肉,大约能协同组合出一万种表情。

眼睛是心灵的窗户,爱默生说过："人的眼睛和舌头说的话一样多,不用字典却能从眼睛的语言中了解一切。"从一个人的眼神中可以看出他内心的疑问、好恶及态度的赞成与否,眼睛不但可以传递情感还可以交流思想。由于视觉缺陷,视障儿童的目光较为空洞呆滞,无法用真挚的眼神来表达自己的真诚,无法用柔和的目光来传递自己的友好。另外,视障儿童不仅看不到他人的面部表情,无法识别其情绪,而且不能模仿学习这些面部表情(特别是先天失明者),所以,多不能利用面部表情来表达内心的喜怒哀乐。但是,德国科学家艾贝尔·艾伯费尔德发现,那些天生失聪和失明的孩子生来就会微笑,完全无需经过后天的学习和模仿,即微笑是一种本能[2]。

(二) 肢体动作

和面部表情一样,由于视觉缺陷,视障儿童无法通过后天的可视性学习方法来掌握肢体动作。文献早已证实,缺乏有效的沟通技能和怪异行为有关：一个人没办法充分表达需要时,往往会以肢体展示愤怒和挫败感。他也许会爆发出咬、踢、叫、打、破坏和自伤的行为[3]。一些在封闭环境中生活的视障儿童就会存在攻击性行为和自伤行为,例如,有的父母出于保护或自卑心理,很少带视障儿童出家门,儿童见到陌生人就会有咬、踢等攻击行为。

另外,在同伴群体内,大家相互看不到对方,视障儿童就会存在这样的心理：反正大家都看不到我,那我做一些小动作他们也不知道。于是会做出一些不得体的行为,如果习惯了,很有可能不经意地表现在其他场合。例如,有一次在学校食堂吃饭,一个低年级儿童一只手用勺子吃饭,另外一只手竟然伸到裤子里挠。这样类似的行为让明眼人看到,必然会留下不讲究卫生的印象,使人不愿与之交往。

普通儿童在做一件事时,从别人的非言语信息中,如脸部表情、动作暗示等,就会知道自己怎样做是对的,可以得到鼓励；怎样做是错的,只能得到指责,从而调节自己的行

① 郝琦,麦清.肢体语言的阅读[J].天津市教科院学报,2010(5)：44—45.
② [美]亚伦·皮斯,芭芭拉·皮斯.身体语言密码[M].王甜甜,黄佼,译.北京：北京城市出版社,2008：10.
③ 转引自 Downing, J.E.等.教导重度障碍学生沟通技能：融合教育实务[M].曾进兴,译.台北：心理出版社,2002：25.

为。而视障儿童对于这些无声的暗示却浑然无知,他们既无法借助表情、手势来表达内心的感受,又无法全面理解别人的意思,从而影响了他们的社会交往①。例如,他们看不到对方已经表现出欲言又止或者不耐烦的表情,会自己一直说下去,不给对方发言的机会。

第三节　视觉障碍儿童沟通与交往的途径

视障儿童的活动场所主要是家庭和学校,且特殊学校多为封闭式管理,因此视障儿童与社会接触的机会相对较少。所以虽然视障儿童活动的场所和普通儿童并无差异,但是却因家庭因素、教育安置等因素的影响,使其沟通与交往表现出特殊性。

一、学校中的沟通与交往

(一) 特殊教育学校中的沟通与交往

1. 综合性特殊教育学校中的沟通与交往

综合性特殊学校中,有智障、听障、视障、自闭症等各种类型的特殊儿童。所以,各类型的特殊儿童相互往来的机会较多。学校会组织各种活动,例如文艺汇演、秋游、运动会等,不同类型的特殊儿童会共同参与。在这个交往过程中,他们会相互磨合,相互包容与妥协,沟通较为顺畅。不过,这需要老师的引导。有一次文艺表演,一个刚来视障部不久的实习生看到,老师领着视障儿童上下台时,中途有个儿童落下队伍了,旁边就有听障儿童,可是没有一个帮忙的。事后实习生询问此事,听障儿童回答说,老师会管的。尽管综合性特殊教育学校的特殊儿童类型较多,视障儿童仍主要在自己群体内活动。一方面是因为有的学校为了方便管理,不同类型的儿童活动时间安排不一样;另一方面,大家倾向于同类群体内的活动。一般情况下,在路上见了面,智障学生会更为主动地去和其他类型的学生打招呼,然后一起玩耍。视障儿童与听障儿童由于一个看不到对方打手语,一个听不到对方讲话,所以当面沟通少,但是偶尔会在网上聊天,比如使用微信。在微信里,听障儿童把手指放在视障儿童发的语音消息上,按住不动,然后就会弹出一个列表,选择"转化成文字",就可以看到消息内容;听障儿童发的文字消息,视障儿童可以通过手机里安装的读屏软件将其转化成语音从而听到消息的内容。不过这种方法的弊端是:只支持普通话语音转成文字,如果视障儿童说的普通话不标准,转化的文字就会出错;听障儿童语言顺序比较颠倒,转化成的语音听起来比较难理解。因此,他们交流起来还是比较困难。

2. 专门性特殊教育学校中的沟通与交往

1986 年的《中华人民共和国义务教育法》第九条第二款规定:"地方各级人民政府为盲、聋哑和弱智的儿童、少年举办特殊学校(班)。"所以,我国专门类别的特殊教育学校有三大类:盲校、聋校、培智学校。但是特殊儿童的类型远不止这三种,有部分其他类型的儿童也就读在这三种特殊学校。但整体而言,盲校的学生大部分是视障儿童,或

---

① 布文锋.论盲生社会交往障碍及其解决对策[J].中国特殊教育,2001(1):43—44.

伴随有其他障碍的视障儿童。所以,在盲校中,视障儿童沟通与交往的对象主要为老师和同样有视觉障碍的同学。

　　盲校的教师都具有特殊教育教学经验,其中不乏特殊教育专业出身的教师。这些教师对视障儿童有正确的认知和较高的接纳度,教师发自内心的接纳和对学生能力的肯定,视障儿童是能感受到的,这就有利于良好的师生沟通与交往。如果教师掌握一定的沟通策略和辅助技术,就能恰当运用它们,进一步促进师生间的沟通,以及学生的参与、互动与合作。因为视觉障碍导致的理解能力较差,视障儿童需要多提问,才能理解一件事,所以师生间的沟通会更加频繁,关系也进一步密切。

　　一位视障儿童的作文节选①:

　　教师是人类的工程师,他培养了一个又一个的传奇的人物。所以人们说教师是一个伟大职业。做一名特教的教师那更是一个伟大而神圣的职业。做一名特教的教师是非常辛苦的,他比普通的教师要累得多,而且他们还非常负责,这就是我们的老师。我记得在某个学期有一个新来的老师,他十分负责。有一次他发现我们班分化较大,他十分担心我们的成绩,于是他就对我们分级讲课,还用他的午休来给我们补课,有时候我们一道题要讲几次,而他却一点都不嫌我们麻烦,很有耐心。我记得有一次我看到他的书上每一个标题、图形、习题和重点的地方都写着与我们盲文书相对的页数,难怪他每次都能准确、快速地告诉我们盲文书是哪一页,帮助我们快速找到。这就是我们伟大而负责的老师,这就是我们美丽而善良的老师。

　　在盲校里,虽然视障儿童之间的障碍程度不一,但他们之间的差距相较于和普通儿童之间的差距就不那么明显了。所以,一般来说,在盲校里,视障儿童有较多的归属感,同伴关系的建立较为容易。他们每天相处的时间长,接触的人和事接近,所以有共同的话题。

　　但是大多数的班级中,既有全盲生又有低视生,他们在学习方法、书写形式、理解和接受知识的能力等方面各有不同。如果处理不好这种差异,也不利于视障儿童的沟通与交往。

　　课堂上,低视生可能会不耐烦全盲生摸读速度慢,或老师对盲生细致地描述图形等。例如盲文数学课本,图形和文字是分开的,统一放在课本的最后,全盲生就需要在摸读文字的同时,翻到其他页去找对应的图形。总体而言,低视生的理解能力和接受知识的能力要高于全盲生,所以有时候就会出现这种场景:老师还在给全盲生反复讲一个问题,已经掌握的低视生就会感觉无所事事,更有甚者,表现出不耐烦或不屑。

　　课堂外,全盲生参与不了低视生的一些活动。例如,有一次自由活动,几个低视生凑在一起,玩一款叫做"别踩白块儿"的手机游戏,该游戏需要玩家点触从手机屏幕上方不断出现的黑色方块儿,每次点击都能使音乐旋律延续播放出来,如果触碰到周围的白块儿,音乐停止,游戏结束。低视生眼睛紧贴手机切磋得正酣,不断发出欢声笑语,全盲

---

① 资料来源于编者教学实践中学生的作文.

生却只能在外围听着音乐声。当然,低视生和全盲生也一起活动,他们会双手搭肩、前后上下楼梯,在操场上手拉手奔跑。

另外,他们也和普通学校的学生一样,会有争执和矛盾,影响同学间的沟通与交往。这就需要老师引导来处理这些冲突。有研究表明,欺负行为在盲校学生交往中具有一定普遍性。视障儿童之间的欺负行为对行为双方,特别是受欺负者的社会适应和心理健康有着多方面的消极影响和危害。经常欺负他人的视障儿童会招致群体的排斥,造成社交困难;经常受欺负的视障儿童会行为孤立、退缩,具有破坏性或攻击性。孤僻、成绩较差、智力有缺陷、上课小动作较多、爱打小报告的儿童容易受到欺负①。

盲校经常有插班的新生,他们一般是从普通学校转来的低视生或后天失明的学生。他们初来乍到,往往不合群,落落寡欢,很少与其他学生有沟通与交往。一方面是因为普通学校和盲校的学习、生活方式不同,学生的思维、观念等也有差异,不太适应。另一方面是因为插班生还未在心理上接受自己失明的现实,比较消极悲观,或是觉得自己的成绩、能力以及见识优于盲校的学生而有点孤傲和瞧不起他们。而老生们也不排除有排斥外来者的心理。双方互不接纳的心理就会造成这种局面。不过,在老师的引导下,或长时间的相处后,大部分插班生能融入集体。

一年级的小学生,总会遇到个别孩子很难融入新集体,并难以交朋友。我所教的几个班也不例外,有一个全盲生,下课后,总是独自一人,很不开心地坐在座位上,就算拉着他玩,他也只是站在一旁,只听着其他同学玩,慢慢地大家也就不再喊他了,也不喜欢和他玩了。还有一个低视生很特别,开学不久,他就和班上的孩子有说有笑,老师感觉到他是一个大方的孩子。可是没过多久,他来告诉老师,小朋友不喜欢他,不和他玩,老师觉得很奇怪,安慰了他,就开始留意这个孩子。发现他总不让人,大家围着一起玩,他走过去,就把别人挤开,其他盲童不乐意了,说他,他就和别人吵,甚至动起手来,打了全盲生。一来二去,盲孩子们当然就不喜欢他了。后来我们发现像这个低视生一样的孩子还不少呢。这些孩子有的不懂谦让,有的争强好胜,有的是气量小,不够宽容,容易生气等,所以盲童就不太愿意和他们在一起②。

故事中,视障儿童在融入新的班集体时,遇到了挫折。他们有的是由于心理上的各种原因而未能积极主动地去和其他学生进行沟通与交往,有的则是沟通与交往中态度和行为不当,例如在全盲生面前的优越感,不良行为习惯等,致使在人际交往中受挫。

(二) 普通学校中的沟通与交往

1. 普通班级中的沟通与交往

让特殊儿童重新回归主流教育是大势所趋,且越来越多的盲校出现生源不足的尴

---

① 余俐.浅谈盲校学生同伴交往中的常见问题及分析——盲生之间欺负行为,不可忽视的校园暴力[J].现代教育教学探索,2009(4):69—70.

② 高文军.盲校小学生同伴交友的研究初探[EB/OL].(2013-12-23).http://mrxx.bjedu.gov.cn/new/sjlw/-74520278.htm.

尬现象。我国随班就读工作是于 1987 年从视障儿童随班就读开始的,时间上比较早,而且盲校教师对待随班就读的态度较聋校、培智学校更为积极乐观①。但是我国,特别是西部地区,特教师资匮乏,还无法普遍地在普通学校建立配备特教师资的资源教室,或安排专职教师到各个普校对视障学生进行巡回指导,承担主要教学责任②。

在所有特殊儿童类型对比中,普通学校的老师对视障儿童的接纳度并不高③④。这主要是因为普通学校的教师对特殊儿童的认知存在一定的偏差,缺乏特殊教育专业知识和技能,感觉教学压力大。教师对学生不仅可以起到榜样作用,还会有上行下效的负面影响。教师的消极态度很有可能致使班级中普通学生排斥视障学生。如果没有从内心接纳视障学生,那么无论是师生之间还是普通儿童与视障儿童之间,必然不会有良好的学习和生活上的沟通与交往。此外,在同伴中具有较高地位的学龄儿童具有一些共同的特征,其个人归因通常建立在力量、动作协调、身体尺寸以及运动熟练性为基础的运动技巧上。对于那些 5—6 岁的儿童来说,那些具有最高运动技巧的儿童与那些运动技巧评价最低的儿童相比更容易受到同伴的欢迎,而且运动能力与同伴的接受性及权威性成正向关。可见动作技巧的获得和发展,与其社会化过程是一致的。针对视觉残疾儿童进行的研究发现,他们由于动作能力的局限性而经常被排斥在社会性游戏行为之外,他们的朋友很少,同伴间的交往也较少⑤。

如果老师对视障儿童的随班就读持积极的态度,通过各种措施来促进普通儿童与视障儿童的融合,就是另外一番景象了。老师会引导普通儿童正确认识视障儿童,营造尊重视障儿童的氛围,创造互帮互助的条件,从心理发展、教学各方面促进视障儿童的沟通与交往能力的发展。

五年级 2 班来了一位特殊的新生小贝,她患有先天性失明。班主任李老师为了帮助她熟悉校园环境,也为了让班上的同学接纳这位新同学,举办了一次特别的活动。班会课上,李老师神神秘秘地问同学们:"大家想不想玩一个游戏?"同学们听到了都很感兴趣,兴奋地问什么游戏。李老师变魔术似的从衣服里掏出一张卷着的纸来,缓缓展开,同学们惊讶地发现李老师把学校的各个建筑,道路用漫画的方式完整地呈现了出来了,画得十分生动。李老师见大家兴致很高,随即在黑板上写下四个大字"校园寻宝",然后讲解游戏规则:地图上有四条不同的路线,全班分为四个小队,依次带领小贝按照指定路线,去标有宝藏的地点处将宝藏寻出,并且一路上要对小贝描述周围环境,用时最短,且讲解得到小贝认可者获胜。李老师将宝藏藏在了同学们在校内经常活动的地点,例如,女生厕所的厕纸盒内、田径场的跑道上、校门卫室、校医务室、主要弯道处等。通过这次活动,小贝就对校园环境有了基本的了解,同学们也知道在和她一起行走时需要注意哪些问题了,而且此次活动之后,双方都更加主动地交流、往来了。

① 彭霞光.特殊学校教师对随班就读的态度调查研究[J].中国特殊教育,2003(2):10—15.
② 徐白仑,纪玉琴.随班就读视障儿童的教师应专门培训[N].中国教育报,2010-3-20(3).
③ 于玉东,郑艳霞,王新.河北省残疾儿童随班就读的现状分析及对策[J].中国特殊教育,2008(1):13—17.
④ 姜雪.普通小学教师对特殊儿童接纳态度调查[J].齐齐哈尔高等师范专科学校学报,2014(3):36—38.
⑤ 钱志亮.视力残疾儿童心理与教育[M].大连:辽宁师范大学出版社,2002:28.

　　班主任李老师,可谓一举多得,不仅帮视障儿童小贝熟悉了校园环境,建立了对周围物质环境的信任,而且充分发挥了小伙伴的协助作用,有利于启发普通儿童学会关心他人,掌握与视障儿童沟通与交往时的注意事项。与此同时,让普通儿童与视障儿童相互有了初步的了解、建立了初步的信任,为以后深入的沟通与交往打下了基础。

　　2. 资源教室中的沟通与交往

　　很多人觉得视障儿童说话挺流畅的,甚至是能说会道。然而,林宝贵与张宏治(2011年)对视障儿童的语言障碍与构音能力的研究发现,视障儿童的语言障碍比我们想象得严重,沟通障碍率达 78.01%,其余依次为发音异常(17.01%)、多重障碍(14.66%)、语言理解能力差(12.02%)、耳语理解能力差(12.02%)等四项障碍①。这几种障碍其实是相互影响的,由于模仿发音时仅凭听觉和触觉,看不到口形,所以会发音异常;缺乏视觉经验、活动经验,所以语言理解能力差;这些障碍就给沟通造成了消极影响。所以,资源教室中,资源教师会对视障儿童进行语言训练,通过各种方式提高其语言发展水平。这个过程中,有老师与视障儿童自然发生的沟通与交往活动,也有老师专门设计的沟通与交往的技能训练。

二、家庭中的沟通与交往

(一) 不同物质环境下的沟通与交往

　　经济收入稳定、宽裕的家庭,能够给予视障儿童一个稳定、安全的家庭环境,儿童有更多机会与家人出去玩耍、活动,接触外面的世界,与更多的人交往。此外,这样的家庭还可以给视障儿童提供更好的出行辅具、更丰富的信息。相反,如果家庭条件不好,视障儿童很可能就局限在一个封闭的环境中,沟通与交往能力得不到良好的发展。

　　A是一个四岁的全盲女童,家住在城区,父母收入稳定宽裕。不仅三室一厅的房子十分宽敞,而且小区环境也比较清静,绿化面积较大,道路平坦宽敞,整体环境比较安全。平时除了奶奶在家带她玩各种玩具,带她在小区玩耍外,父母也经常带她外出活动。A不仅能靠触摸辨识和寻找物体,还能准确用语言描述,吃饭、穿衣等自理能力较好。而且她还是个活泼开朗的小姑娘,在学校会与老师主动说话,也会跟熟人打招呼,还可以用语言表达自己的需要、喜好或拒绝别人。

　　B是一个三岁半的全盲男童,家住在小镇边远农村,家里只有母亲和外婆。母亲在公司上班,外婆种菜卖菜,整天忙于生计,没有时间和精力来照顾他,于是经常把他关在家里。家中家具简单,衣物和杂物都很乱,他每天就待在屋里玩一个小凳子,很少去院子里,只有一台旧电视机能发出点声响陪伴他,所以整天也没有什么人和他说话,接受到的信息量很少。就这样,B只有听到亲切的声音才会主动要人来抱,而对于陌生人,不理不睬,也不让抱。有其他孩子靠近他时,他就会抓、咬对方。此外,只能发出一些无

---

① 转引自李泽慧.特殊儿童沟通与交往[M].南京:南京师范大学出版社,2015:54.

意义的音,要吃饭、抱抱,就用哭、拉手或衣服来表示①。

该案例中,两个视障儿童的家庭物质条件和生活环境不同,儿童物质生活环境也就不同,这不仅影响了儿童的活动范围、接触事物的复杂度,还影响了家人陪伴儿童的时间,这都会导致儿童在认知能力、生活能力以及沟通与交往能力等方面的差异。

(二)不同心理环境下的沟通与交往

1. 家庭成员的态度

家庭成员对待儿童视力缺陷的态度直接影响着视障儿童的自我认知。如果家庭成员接受儿童视力缺陷的事实,儿童也就能接纳自己。这样就为儿童营造一种和谐、安全的心理环境,有利于儿童沟通与交往活动的开展。如果家长因为儿童的视力缺陷而感到自卑,特别是当生活在亲戚、邻居等不接纳或鄙视的眼光中时,这种自卑感会加重,更不愿意带儿童出门,这样就容易导致儿童极度敏感、缺乏安全感,沟通与交往的能力发展受到限制。

2. 教养态度和方式

有的家庭因为孩子的视力缺陷,往往会出现自暴自弃,放任不管或过分宠溺,事事代劳的两种极端教育方式。有的家庭则比较民主,尊重孩子,注意对孩子的教育,培养孩子的认知能力、生活能力以及交往能力。

一天晚上我好饿,想要妈妈帮我煮点面。我说了几遍我妈妈就是不同意,还说:"晚饭时你不好好吃,这才过了多久你就饿了,有本事你就自己去做。"

当时我也不知道是怎么想的,就顶在那句"有本事你就自己做上"了。就气呼呼地自己去做了,乱七八糟地把水烧开了。我妈妈不放心,还是过来厨房了要帮我做。我生气地说:"我能做,我能做好,我不需要你……"反反复复,就说我不需要你。

这样,我妈妈就哭了,我也没有再执拗了。那天之后,我就当没发生这件事,我妈妈也没有说什么。

后来,我想还是因为我看不见,被惯坏了,就没有被拒绝过,还总是心眼小。平时觉得自己挺乐观的,对眼睛看不到这个事实很淡定,现在想想,其实还是很介意的,遇到事情都往不好的方面去想。觉得挺对不起妈妈的②。

从这位视障儿童的描述中可知,他从小在家长的百般呵护下成长,生活能力有限,而且有了一定的依赖心理,当需求得不到满足时情绪容易低落,对养育自己的父母都会出现抱怨心理。故事中,儿童和家长就产生了冲突。如果将这种心理延伸到与他人的交往中,对方很难做到像父母一样包容,就会更易产生矛盾,不利于建立稳定、良好的关系。

① 黄万玲.两个孩子的差异——浅析学前视障儿童家庭教育的重要性[J].中国残疾人,2006(10):44—45.
② 资料来源于编者教学实践中学生的作文.

三、社会中的沟通与交往

（一）现实社会中的沟通与交往

在现实社会中，视障儿童外出，一般都有着很明确的目的性，如购物、访友、游玩，这种情况下，他们沟通与交往的对象一般为服务行业的工作人员和熟人，除此之外很少主动与陌生人攀谈。

视障人士的特征比较明显，容易被人识别。例如佩戴墨镜，握有盲杖，有盲相等。比如，陈燕在自传中谈到，小时候，姥姥经常提醒她的怪异表象，有原地转圈，看着天，一只眼睛睁着，一只眼睛闭着等。在盲校，同学们因盲相各异，各有绰号，例如，有个同学一边摇头一边往前走，被同学起外号叫"琼瑶"，还有一个走路看天，外号叫"望天"[1]。普通人在公共场所见到他们，很多都持怀疑心理，担心是骗子；对他们的怪异行为感到不理解；或怕自己的行为伤害到他们的自尊心，因而多避免与之正面接触，一般不会主动发起沟通与交往行为。另外，地铁站附近、广场等人口密集的地方，经常有街头艺人，其中不乏视障者，有的拉二胡，有的吹笛子，有的唱歌，他们通过音乐与人交流，引人驻足。特别是面对视障儿童时，人们在同情之余，更通过掌声等方式表示赞美和佩服，这也是一种特别的沟通形式。

视障者从事的最热门的职业是按摩和调音师，很多视障儿童在学校学按摩或很早就辍学去按摩店当学徒。这样他的社交圈就会延伸到同事和顾客，由于视障人士在这两个行业里越来越被大众所信赖，顾客在接受服务的时候，会更加主动地去和他们进行沟通，有的因为长期的相处而成了朋友。此外，由于钢琴等乐器无法随身携带、不易搬运，所以调音师很多是上门服务的。如果不熟悉路，往返路途中会遇到各种各样的状况，迫使他们与他人进行沟通解决。

刚开始做按摩的时候，我完全不知道和客人说什么，从头到后只会闷闷地去做，有时候还因为不会说话反而得罪客人，不知道顺着客人说。有一次，我正在给一个客人按摩，有人突然狠狠地拍了我一下。我正投入地在做，不知道是什么回事。这时候，他说，哎呀终于找到你啦，上次做得不错哦，你记得我不……看上去很热情的样子。当时我好茫然，又看不到，我又不知道他是谁，最后导致那个人好失望，以后再也没有来找我了[2]。

这是一位重新回到学校系统学习按摩的视障儿童对自己之前做学徒时的回忆。一方面，工作之前，视障儿童与社会上人接触的少，很多视障儿童表示怕得罪人不敢多说话，可是实际上，有时候不说话也会让人觉得不舒服。因为，对方会认为你孤傲、不懂礼貌，故意不理会他人，传达的是一种不尊重、一种不欢迎的情绪。另一方面也可以看出，许多人也不懂如何与视障儿童交往。视障儿童因为看不到，如果有人突然走近，对他大声说话，会让他猝不及防，甚至被吓到。

---

① 陈燕.听见[M].北京：人民文学出版社，2015：5.
② 资料来源于编者教学实践中学生的作文.

（二）虚拟社会中的沟通与交往

视障人士能通过手机屏幕、电脑键盘的点击，写出我们普通人使用的文字，也可以利用语音软件等听到普通人或同伴书写的文字。在这方面，主要是年轻一代运用得较多，他们从小接触这些工具，学习能力也较强，而且速度不亚于普通人。因此，视障儿童上网虽然有一定的障碍，但是，并非完全不能进行网络社交。

一直以来，广播都是视障人群的好朋友，通过广播，他们可以掌握最新的新闻、天气情况、娱乐资讯，欣赏音乐、广播剧等。所以，收音机可以说是视障人群的宝贝。随着科技的发展，手机也能实现以上功能，而且功能更加丰富。大多盲校允许视障儿童携带手机，于是，视障儿童就可以通过手机上网，与人进行沟通与交往。例如，不少班级都建有自己的QQ群，老师会在里面发一些学校通知、班级活动安排、布置作业等，同学们也会在QQ群里就学习和生活、娱乐等话题进行群聊，而且由于现实社会中沟通与交往的对象和范围狭窄，视障儿童格外重视QQ群的作用，例如有些女生会建立"宫斗群"，每个人有不同的角色，在QQ里模拟角色，这也是一种有趣的沟通与交往方式。

第四节　视觉障碍儿童沟通与交往的辅助技术

视觉障碍给儿童生活带来诸多困扰，除了以设施无障碍的普及来减少不便之外，还要着力推进信息无障碍建设。现任中国残疾人联合会名誉主席，中国残疾人福利基金会会长邓朴方说过，信息时代、网络社会中，不具有信息文化和技术的残疾人将陷入困境。残疾人在新的社会形态中的生存和发展成为一个不可忽视的社会问题。因此，利用网络等高新技术来推进残障人士信息交流的无障碍，将会给广大残障人士带来历史性的改变。视觉是人类信息来源的主要渠道，据统计，人类生活中大约85％以上的信息是通过视觉获得的。在这个信息大爆炸的时代，信息数字化、信息更新快，因此，视障人士要通过各种方法去获得信息，才能更好地沟通与交往。

一、硬件系统
（一）盲文打印机

盲文打印机书写盲文，上纸简便，书写速度明显快于盲字板和盲字笔。目前新型盲文打印机可具备多种功能：支持普通纸张的盲文输出；支持普通文字与盲文混排；可满足动态宣传材料的盲文打印服务，实现现场盲文打印的服务。因而这种盲文打印机不仅能使视障学生获得较为理想的书写工具，而且利于不懂盲文的视障学生和普通人阅读，从而在一定程度上解决了书面语不通造成的沟通不便。但是，目前盲文打印机的成本较高，普及率还不是很高。

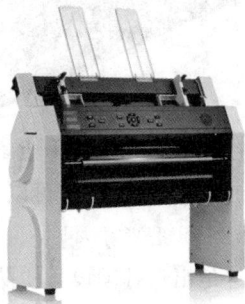

图 3 - 1

盲文打印机

（二）智能阅读设备

1. 视触觉转换阅读机

这是一种高级的袖珍式盲人阅读设备,它将印刷文字或其他符号通过电子扫描和微电脑处理,在触觉感知盘上转换成视障学生可以通过手指感觉出来的触觉信号——振动的针。由于视触觉转换阅读机不翻译普通文字,而是将普通文字精确地按照该文字原来的形状让视障学生通过手指以触觉的形式加以感知,因此,视障学生可以用它去直接阅读不同种类的文字、数字符号甚至图表,不存在语言文字不通的问题,可国际通用。这为视障学生阅读印刷体明眼文字书籍开辟了新的途径,大大拓展了他们接受信息的渠道,使他们可以获得更及时、更丰富的知识信息[1]。

图 3-2

Daisy阅读器

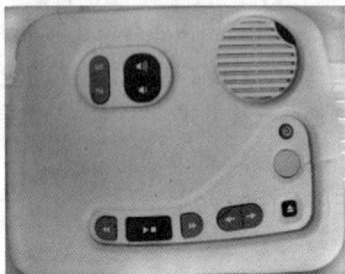

2. Daisy 阅读器

Daisy 阅读器的操作非常简单,打开"开启"按钮,听到书名后,按播放键,接着可以听到书的出版社、出版日期等基本信息和目录,再按播放键,就可以听到图书内容了。而且听书还可以随意翻页、做标签,这次听不完下次还可以接着听,而这是普通有声读物所不具备的,极大地满足了盲人个性化的阅读需求。

3. 立体凸出影像复印机

立体凸出影像复印机也称触觉图像生成器或触觉想象增强机(Tactile Image Enhancer),它是通过使用一种称为 Flexi-Paper 的专用塑纸,快捷地制作出素描、地图、图表、动植物图案等各种凸形的触觉图像。视障者通过这种凸起可触摸的图形,可以加深对内容的理解。有了它,视障人士需要的公园游览图、城市地图、公交路线图都可以很方便地做成触摸式的,使他们出行更方便,活动范围的扩大有利于促进其沟通与交往的发展。

图 3-3

清华V5型盲文点显器

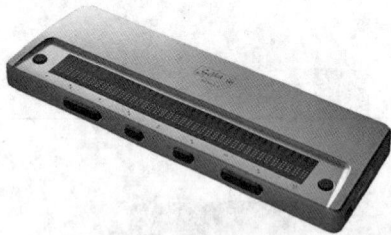

4. 盲文点字显示器

盲文点字显示器简称点显器,它能够将机器中的 ASCI 码以盲文点字的方式凸显在触摸屏幕上,是一种盲文显示的终端设备,满足了喜欢摸读点字的视障朋友的需要。因为视障者认为利用手指摸读点字,讯息能够迅速传递和刺激大脑的视觉区域,能够取得和留下较深刻的印象。这些点显器都能连接计算机或智能手机,先是读屏软件从屏幕上取得数据,然后借助点显器显示出来。通过它,视障朋友可以上网、阅读网页信息以及获取手机内容等。

5. Dot 智能手环

这是出自韩国设计团队的一款专为盲人开发的智能手环,内在融入了盲文阅读器。与普通手环相比,Dot 手环除了能够实现传送短信、设备提醒和读取位置方向等功能

---

① 黄建行,雷江华.信息技术在特殊教育中的应用[M].北京:北京大学出版社,2015:39—40.

外,特别之处在于它与盲人用户互动的方式。Dot"表盘"的表面上没有电子显示屏,而是 24 个凸出的点,分为 4 组,每组 6 个点,排列方式类似麻将中的"六饼"。当信息传来时,这些点会根据系统转化出的盲文形象而上下浮动,突出的点能共同构成一个个盲文文字,视障用户通过手指触摸就能阅读信息内容了。此前,当盲人用户利用 iOS 设备接收来自家人或朋友的信息时,可能会选择用 Siri 读出信息内容,但这样不仅机械化而且容易在公共场合造成尴尬。而 Dot 手环内置振动马达,当信息通过蓝牙从手机发送到手环时,振动马达可以提醒盲人用户,并且让用户用手"阅读"信息,有效保护了隐私①。这样的智能手环能帮助视障者及时获取信息,促进了与他人实时沟通。

图 3 - 4

Dot智能手环

二、软件系统

(一) 辅助技术

随着信息无障碍的倡导,越来越多的辅助技术得到开发以帮助视障儿童在沟通与交往中突破障碍,例如盲文转换系统、读屏软件、辅助软件等。

1. 汉字—盲文转换系统

在盲文应用的研究领域,偏重于以语音识别软件来取代盲文,也就是以语音取代文字②。汉字—盲文转换系统则根据盲文规则设计盲文点阵的计算机字形编码形式,建立起汉字汉语拼音库和汉语拼音盲文拼音库,实现汉字—盲文转换。汉字—盲文转换是盲文数字化的基础性工作,它将已有的汉字信息资源转化为盲文数字资源。汉字通过分词、拼音转换、盲文转换,最终生成盲文文档,可以供各种盲文应用系统使用③。

2. 盲文自动识别系统

盲文识别技术是把盲文翻译成汉字的手段。由于盲文翻译对于以字母为基础文字的国家研究人员来说是比较简单的问题,加之一些发达国家比较重视残疾人服务领域的研究开发,因此国外的盲人人机信息交互研究已经显露出由实验室转向商品化的明显迹象④⑤⑥。国内,清华大学智能技术与系统国家重点实验室已初步实现了盲文至汉字的转换和盲文识别理解,正在进行集语音识别、盲文码、扫描盲文等多媒体输入和语音合成、汉字或盲文输出等功能的盲人计算机信息交互系统的研制。由华建电子有限

---

① 凤凰咨询网.盲人专用:可以阅读盲文的智能手环[EB/OL].(2015 - 08 - 23).http://news.ifeng.com/a/20150823/44493446_0.shtml.

② 燕然.盲文化电子产品的研究设计与开发[EB/OL].(2010 - 04 - 14).http://blog.sina.com.cn/s/blog_4c6ee7230100hyty.html.

③ 杨潮,车磊.汉字—盲文转换系统的设计[J].北京印刷学院学报,2011(12):36—38.

④ Shahbazkia, H. R. et al. Automatic braille code translation system [J]. *Springer Berlin Heidelberg*, 2005 (3773):233 - 241.

⑤ Fahiem, M. A. A Deterministic turing machine for context sensitive translation of braille codes to urdu text [J]. *Lecture Notes in Computer Science*, 2008(4958):342—351.

⑥ Al-Saleh, A. et al. Dot detection of optical braille images for braille cells recognition [J]. *Lecture Notes in Computer Science*, 2008(5105):821—826.

责任公司、中国科学院计算机语言信息工程研究中心、中国盲文出版社共同研制开发的"中国盲文计算机系统"，紧紧围绕语音输出、语音识别、键盘操作和盲文输出等方面进行研究，为盲人提供与计算机进行无障碍信息交流的通道。目前，盲文图像信息提取已纳入研究者的视野，是盲文翻译的一个发展方向和趋势，已有研究者开始尝试基于图像处理的盲文自动识别系统，把盲文信息扫描为图像，借助图像处理技术及机器翻译手段，把盲文翻译成汉字[①]。

3. 读屏软件

10 年前，视障者只能用手机打电话，曾有一位视障者这么说过："听到周围的朋友能够发短信，我特别嫉妒，毫不夸张地说，我一生最大的梦想就是能自己发出一条短信。"如今，走进视障者的生活，你会惊讶于他们使用智能手机的情景：音频飞快地在耳边穿梭，我们听不清任何信息，而他们却在一条条语音提示下熟练地操作着手中的手机，发短信只是最基本的操作。不少手机应用软件的开发平台都提供了某些无障碍的标准和接口，为读屏软件能够获取软件工作的信息提供了必要条件。

读屏功能可以把屏幕上所有的文字转化成语音读出来，视障者通过耳朵听，代替我们用眼睛去看屏幕，通过电脑键盘的上下左右键，去控制屏幕上的光标，光标落在哪个文字上，这个文字的语音就被读出来。不仅是电脑，智能手机也是如此，文字语音会随着手的指点把屏幕上的文字读出来。安卓手机和电脑的读屏功能需要单独下载读屏软件，而苹果手机自带这一功能。

4. 辅助软件

对于某些没有进行信息无障碍优化的产品，读屏软件没有办法去读，这时候视障者就会借助 PC 秘书软件这一信息整合平台，将这个产品上面所有的内容链接过来，由于PC 秘书自身已经进行了信息无障碍优化，可以被读屏软件读取，因此视障者就可以使用这些产品了。这种软件称之为辅助软件，它可以同时集成几十款软件，使用便捷。视障群体，特别是新互联网用户，就不必花费大量时间和精力去学习、记忆每一款软件的操作方法了。

梁振宇讲过这样一次亲身经历：一天下班在公司门口，碰到一位视障朋友，就问他去哪里，这位视障朋友回答说去 KTV 唱歌，还说自己已经在网上团购订了包间，约的朋友是在一个深圳吃喝玩乐的 QQ 群里认识的，还谢绝了梁振宇打算伸手帮他拦出租车的好意，自己掏出手机打开打车软件叫了一辆出租车，坐上去走了。从这个故事中，我们可以发现，互联网给视障群体的生活带来了巨大的变化，不仅需要别人提供的帮助少了，出行方便了，而且与人的交往更加密切，娱乐活动更加丰富了[②]。

(二) 网络平台

1. 音频分享网站

声波 FM，是一加一(北京)残障人文化中心为视障群体量身定制的音频分享网站

① 李念峰，董迎红，肖志国.基于图像处理的盲文自动识别系统研究[J].制造业自动化，2012(2)：63—67.
② 网易公开课.梁振宇：未来闭着眼睛上网[EB/OL].(2014－07－05).http://v.163.com/movie/2014/7/L/5/MA0TUFICV_MAEBDGKL5.html.

平台。目前这里聚集了中国最优秀的视障播客,超过 2 000 位视障者以及多个视障广播小组通过声波 FM 展示自己的原创音频。它还有自己的官方 YY,支持视障者网上收听节目。网站栏目板块包括声波课堂、个人电台、视觉讲述、多才多艺、校园广播、活动录音等。声波课堂为大家讲授一些电脑网络、手机、医疗健康等知识;个人电台根据广播节目的话题分为综合台、音乐台、文学台和曲艺台;视觉讲述包括口述影响、赛事讲解、耳朵阅读、耳朵旅行;多才多艺是视障者上传自己的作品,如歌曲、乐器弹奏、朗诵、戏曲、相声等;活动录音有内容征集等。如此丰富的内容,使视障者不仅能学到所需的知识,而且能够获取当下最新的资讯,享受和普通人一样的娱乐,更重要的是提供了一个展示自己、相互交流的平台。

2. 网络广播

在声波 FM 上,很受视障者喜欢的个人电台是视障热线。它是 2010 年盲人节当天上线的第一档针对视障人士的网络广播节目,且由视障者自己开办、自己主持。这档节目每周一期,每期设有不同的话题,主旨是提供视障听众最急需的、最实际的经验和咨询。节目还用热线的方式接受听众咨询,回答听众的问题,例如辅具在哪里买,怎么做饭等。制作人兼主持人杨青风说,大家在这里不只是分享生活的经验,还分享生活的阅历,这对大家来说也是一种交流。节目推出后,受到了全国视障听众的欢迎,到目前已经制作了 150 多期,已经进入了中央人民广播电台中国之声栏目,是众多主流媒体的常规节目源之一。此外,他们还制作了手机平台软件,使观众可以通过手机收听他们的节目。可以说,视障热线这个沟通平台,不仅是视障者内部的资讯传播、经验交流平台,还是一座架起普通人与视障人士相互了解,进而相互理解的桥梁。

3. 呼叫中心

随着计算机网络与通讯技术的飞速发展,呼叫中心这一产业也在不断发展壮大,延伸到各行各业。呼叫中心通过充分利用现代通信与计算机技术,自动地处理大量不同的电话呼入、呼出业务和服务。通过呼叫中心,视障者既可以在沟通与交往中获得服务,也可以为他人服务。

视障儿童通过中国盲人图书馆的视障者呼叫中心,与工作人员沟通,可以了解图书馆的活动安排、学习各类讲座内容和听取《盲人月刊》有声版内容。此外,该呼叫中心和多个大型电子商务平台洽谈,视障儿童可以通过呼叫中心,与工作人员沟通后,在指定网站下单,购买自己需要的产品,实现"通过电话就可以网购的"意愿[1]。

"365 关爱您呼叫中心"是视障者为老人的心理关怀和普遍的日常生活问题提供咨询和解答的呼叫中心,由中国红十字基金会光明天使基金成立。它为视障者提供就业渠道,开创视障者为老人提供服务的新模式。视障者在专业培训中了解老人需要的关怀和支持,学习电话应答服务技巧[2]。通过服务,视障者不仅可以学习沟通与交往的技巧,还获得了更多与人沟通的机会,并且在服务社会中,提升自我价值感。

① 中国残疾人网.4006107868,视障者呼叫中心等你来电![EB/OL].(2014 - 09 - 05).http://www.chinadp.net.cn/charactors/detail/? template=sample-13630.html.
② 中国青年网.红基会成立"365 关爱您呼叫中心"助盲人快乐就业[EB/OL].(2015 - 10 - 21).http://news.youth.cn/gn/201510/t20151021_7229900.htm.

(三) 系统服务

视障儿童的沟通与交往能力的提升需要系统化的服务。在这个有机的系统里，既有人的服务，又有物的服务。在人的服务方面，包括家长、特殊教育人员、同伴、政府及更为广泛的社会人士提供的法律和心理上的接纳与支持、专门的训练等。在物的服务方面，通过资金支持各种能够促进视障儿童沟通与交往能力发展的项目。下面就一些具体的系统化服务进行介绍。

1. 盲文图书馆服务

2010 年我国制定的《中国残疾人事业"十二五"发展纲要》中对残疾人文化事业建设提出了明确举措，其中包括"各级公共图书馆应设立盲人阅览室，配置盲文图书及有关辅助阅读设备，为盲人阅读提供服务工作"。2011 年我国建成中国盲文图书馆。中国盲文图书馆新馆内设文献典藏区、盲人阅览区、展览展示区、教育培训区、科技研发及文化研究区、全国盲人邮寄借阅服务区和办公区。本着边服务、边完善、尽早让视障人群受益的原则，已收集整理 5 万多册盲文书、大字本图书和有声读物供视障朋友借阅，为他们提供学校学习、课外学习和社会学习所需要的各种形式的信息资源，也提供了一个学习文化、掌握知识、交流信息的平台[①]。可以说，中国盲人图书馆已经超出了一般图书馆提供的服务范围，为视障人群提供了综合性服务，无论是从提供文献资源、信息咨询，还是从交流平台来说，都直接或间接地促进了视障人群的沟通与交往能力的发展。这之后，一些省级公共图书馆也相继建立了盲文阅览室，盲人阅读服务取得可喜发展。

2. 公益项目

关爱视障儿童的公益项目有很多，其中不乏促进其沟通与交往能力的。如今较为流行的是"成为声音的捐赠者"公益项目，志愿为视障儿童录制有声读物。2014 年的"全国助残日"，微信平台上发起了一个公益活动：为盲胞读书，每人一分钟，让盲胞有书可"读"。设有"名人领读"、"愿望书单"、"众人合读"、"感恩反馈"、"邀请朋友参与"等功能，并配有详细的图文教程，以指导用户使用。视障儿童可以通过"愿望书单"，说出自己想"阅读"的书，使献声者能够根据需求读书；"名人领读"模块中，已有杨锦麟、杨澜等知名人士献声领读《小王子》《再别康桥》等名作名篇；此外，还有不少热心网友和团体以班级、企业等形式参与进来。中国每天新上架的书能多达几百本，但对上千万视障者来说，这个数字几乎没有意义，因为其中有声读物的数量基本为 0。视障儿童希望阅读经典，也期盼能够和普通儿童一样及时接触到当下的畅销书，合众人之力，录制有声读物，就能在一定程度上弥补盲文读物发行量少、更新慢的不足了。这样一个活动，本身就是一个普通人与视障儿童沟通与交往的过程，视障儿童也能够从阅读中汲取知识，间接地提升沟通与交往的能力，也促进了社会大众对视障群体的关注。

3. 电子商务平台

现今越来越多的人选择在网上进行购物，网上购物的优点很多，对出行不便的视障者而言，足不出户就能购物有着很大的便捷性，成长在这样背景下的视障儿童对网购更是表现出青睐。在国内，以淘宝网为代表的网购系统也表现了对于视障人群的重视，运

---

① 禹玲玲. 打造人道主义教育与对外文化交流的首善之窗[J]. 中国残疾人，2011(7)：10.

用国际信息无障碍规范作为指导在一定程度上进行了网页的改善和再设计。但是,在整个的购物环节中,仍然存在很多问题需要去完善,在这个过程中,视障者有的成了买家,还有的成了卖家。2015年10月,台湾首个视障者团体经营的电子商务平台"幸福的微光"开始运营。该网站的前台由视力正常的工程师与美工完成,后台由视障电脑工程师使用语音软件NVDA或是触摸点字器完成,操作的界面和撰写程式系统都是由视障者全程参与讨论和不断测试修改而成的[①]。因此,这一电子商务平台是从视障者的角度所写的无障碍网页,视障者在该平台购物时,能够方便地浏览网页,查看商品信息,与店家进行沟通,在众多商品中筛选出自己所需所爱的,购物更加有保障了。

第五节　视觉障碍儿童沟通与交往的策略

视障儿童在沟通与交往中面临着种种困难,要改善这种状况,不仅视障儿童需要在家长和教师的引导及训练下掌握一些必要的交往策略,视障儿童的交往对象也应该学习相关策略,并积极为视障儿童的沟通与交往提供便利。

一、提升自我认知

与视障儿童接触较多的教育工作者不难发现,乐观向上的视障儿童无论是在师生之间,还是在同伴群体内,都更受欢迎,而且更积极参与社会实践,与更多的人交往。所以,视障儿童应该提升自我认知,形成积极交往的心态。

首先是家长和老师要对儿童的视力缺陷有客观的认识,帮助视障儿童消除自卑、悲观情绪,让视障儿童在同伴交往中形成正确的自我评价正视自己的缺陷,了解自己的优缺点。其次,从早期就多提供给孩子与普通儿童接触的机会,在同伴关系内形成和评价自我概念。再次,对已经形成消极心理的视障儿童进行心理健康辅导,帮助他们进行心理调适,使他们能够重新悦纳自己。最后,通过组织多种活动使视障儿童进行社会实践,在行动中形成积极交往的心态。

二、训练面部表情

许多研究都证明了面部表情的先天生成性。婴儿生来就具有表情,这些表情是随婴儿生理成熟而逐渐显现的。先天盲婴儿在发生早期显露与普通婴儿同样的面部表情,只是由于盲婴得不到来自成人面部表情的视觉强化,他们的表情在以后逐渐变得淡薄[②]。例如,很多时候,人们会说这孩子随爸或随妈,姿势动作像一个模子刻出来的,这很大一部分原因是孩子小时候模仿力很强,模仿父母而学来的。所以父母要从早期就训练视障儿童的面部表情,首先,当婴儿开始出现面部表情时,及时给予积极反馈,运用

① 中国批发网.台湾首个视障者团队运营的电子商务平台起头运营[EB/OL].(2015 - 10 - 23).http: //www. pifawww.com/news/show-139499.html.
② 语文新课程资源网.二十一世纪中小学素质教育文库(情绪与情感篇)[EB/OL].(2015 - 12 - 02).http: // gz.eywedu.com/21cnjy/TS013071/default.htm.

各种方式的鼓励使婴儿的面部表情得到强化,让他们有意识地、更频繁地通过面部表情表达自己的情绪。其次,父母和教师要训练视障儿童正确展示不同情绪的面部表情。再次,通过社会化活动讲解一些情绪表达规则,帮助他们在沟通与交往中更好地控制自己的面部表情。视障儿童容易形成盲态,对此,更要注意从小就训练面部表情等以避免这种情况出现,而对于已经出现盲态的视障儿童,要采取纠正措施。

　　姥姥总是说:我要跟别人一样地生活,所以不能让人看着我像怪物,或者成为别人取笑的对象。她教我用耳朵代替眼睛,但眼睛一定要跟着手走,比如我要在桌子上拿杯子,先想好杯子在哪里,当然杯子必须是我自己放在桌子上的,然后用手去拿,眼睛必须跟着手走,这样虽然我是靠感觉拿杯子,但让别人看起来,我是看着拿的。还有姥姥教我跟别人说话或者听别人说话的时候,必须眼睛看着别人,虽然我看不见人家的表情,但姥姥说:看着人家,是对人家的尊重。当时我可不认为姥姥是为我好,我认为姥姥总爱跟我过不去。我说:姥姥这样不累吗?她总说:小时候累点,长大了受益很多呢。当时三岁半的我理解不了姥姥的用心,但当我长大了才体会到姥姥的苦心。当我听别人说:我看你怎么不像盲人呀,那时候我心里很开心①。

　　陈燕的姥姥不仅纠正了陈燕一只眼睛睁着,一只眼睛闭着等怪异的表情,还通过严格训练,使她从外表上看起来与常人无异,从促进人际交往出发,练习"目光接触"。正因为如此,在从事钢琴调律之初,数次因自己的视觉障碍遭拒之后,她才能成功隐瞒自己的盲人身份,在完成工作后才告知客户真相,赢得其信任。

三、学习交往策略

(一) 巧用首因效应

首因效应是社会心理学中有关人际知觉的经典内容。社会心理学家通过很多实验证明:人际交往中,对某人的最初印象在很长一段时间内影响着对该人以后一系列心理及行为特征的解释。良好的首因效应会为进一步的沟通带来事半功倍的效果②。仪表、言谈及态度是首因效应中很重要的因素。所以,在首次接触中要尽量展现自己的优势与闪光点,努力给对方留下良好的第一印象,为以后的沟通打好基础。

1. 仪表

亚里士多德曾说过:"外表包括人的外貌、身高、风度等,这些因素影响人与人之间的关系。美丽比一封介绍信更具有推荐力。"虽然大多数人偏向与外貌较好的人打交道,但是,一般只需要仪表整洁得体即可。因此视障儿童应该注意个人卫生,出门前自己检查或者询问他人自己的仪表。

2. 态度

心理学家亚伯拉罕·马斯洛指出:"当人际关系缺乏真诚的时候,就无可避免地会

---

① 陈燕. 听见[M]. 北京: 人民文学出版社,2015: 5.
② 张红艳. 成人教学沟通艺术初探[J]. 继续教育研究,2005(6): 66—69.

储备、丰富阅历,与人畅谈;二能使视障儿童与他人沟通的渠道更畅通。

1. 传统盲文出版物

我国盲文出版物严重缺乏。目前最常见的盲文印刷方法是通过丝网印刷,获得点字符号隆起的盲文,也称隆起印刷方法;另一主流加工方法为压凸印刷,这种方法的制版和印刷比较容易,且点字符号适宜触摸。此外,还有定模印刷、热塑成型及立体仿制等方法,但这些方法形成的盲文印刷读物经多次触摸后,点字符号易磨损[①]。总而言之,这些传统的印刷技术有多种弊端。应该大力开发数字式印刷,提高其产量和质量。

2. 现代化数字信息

视障儿童能够通过手机、电脑使用互联网,这几乎打破了他们在数字化时代存在的信息获取屏障。但是网络服务的不规范会再次对他们形成信息屏障。因为,目前很多互联网公司还未将视障人群纳入自己的用户范畴,这就导致了绝大多数的互联网产品在开发时没有考虑视障者,没有进行信息无障碍优化。例如,许多网站在注册、登录或网购付款时都需要输入验证码,这是视障者无法完成的;再比如发送按钮仅仅是一个"〔←〕"图案的按钮,上面无任何文字,读屏软件的语音提示就是"按钮",视障用户不知道是"发送"按钮。

网络服务者应该遵守出台的网络无障碍的相关标准,推动互联网信息无障碍优化,例如,更多地为运行于客户端的软件提供某些无障碍的接口;尽量避免用纯粹图形化、动画以及视频的表述方式,而是配以文字描述;在软件的代码层面加一个标签,如在按钮上注明发送消息标签;验证码输入框旁加"如看图不方便可在上方点击语音听取验证码"按钮。

除此之外,要由懂 IT 知识的视障者组成的工程师团队做互联网产品的信息无障碍测试。因为视障者使用电脑、手机的习惯和明眼人不同。这些视障者用读屏功能把新研发的互联网产品的所有功能、操作、用户情境体验一遍,可以对产品提出优化建议。

第六节　案例分析[②]

一、基本情况

戴维·布伦克特(David Blunkett),于 1947 年出生于南约克郡的谢菲尔德市。父母的遗传性配伍禁忌导致他的视神经无法正常发育,所以先天失明。他从小生活在一个贫困的家庭中,父亲在他十二岁时就去世了。他先后在盲校接受了早期教育及高等教育,后在普通大学学习。他做过职员与打字员工作,后参政,曾是英国的教育及就业大臣,后一跃成为权力更大的内政大臣,是有史以来职位最高的视障者。

二、过程分析

(一)盲校经历萌发的愿望

四岁时,布伦克特开始上专门为视障儿童设立的寄宿制学校,这也是他当时唯一的

① 徐鲁宁,郭少朋,韩立.新型盲文印刷系统[J].印刷技术,2007(7):50—51.
② 根据戴维·布伦克特相关的报道及网页资料整理而成.

选择。他先后在谢菲尔德盲校和什鲁斯伯里盲校学习,这里的老师告诉小布伦克特,他将来所能从事的最好的工作就是钢琴调律师。

布伦克特认为这是一段很糟糕的经历,因为自己被剥夺了隐私,失去了家庭的温暖和与朋友们特别是女孩子一起玩耍的乐趣。这让布伦克特产生了接受主流教育、过普通人生活的愿望。

(二) 提高学习能力,积极参与社会活动

布伦克特像普通男孩子一样去学爬树、骑车和滑雪,尽管会摔很多次、会跌得身上青一块紫一块。他还忍受着许多人的白眼,加入青年俱乐部,锻炼自己的社交能力,鼓足勇气去邀请女孩子跳舞、看电影。16 岁时,他加入了工党,并成为卫理公会的传教士,倡导让特殊儿童融入社会大家庭,这段经历也给他提供了与更多的人沟通与交往的机会。

(三) 争取普通教育机会,提高自身素养

布伦克特故意不通过伍斯特盲校(现伍斯特学院)的入学测试,选择了进入位于赫里福德的皇家国立盲人学院,因为他认为这里比封闭的伍斯特盲校有更大的自由和发展的空间。然而,尽管皇家国立盲人学院认为教育能够使视障儿童独立地生活,但他们将来可从事的工作很少,只能是钢琴调律师、速记打字员和车工等。尽管布伦克特很乐意学习盲文、打字等,但是他仍然不满足于这有限的选择,他通过努力获得了在什鲁斯伯里技术学院上夜校的机会,并获得了普通教育证书,通过脱产学习和夜校学习获得了谢菲尔德里士满大学继续教育的经济学、经济史和政治学的高级教育证书。他凭此又进入了谢菲尔德大学学习,取得了政治理论与制度荣誉学士学位。

(四) 步入政途,为大众谋取权益

布伦克特做过打字员的工作,但是他之所以努力接受更多的教育,不仅是为了能够融入社会,更是为了步入政途,为更多像他这样的人谋取权益。

22 岁时,布伦克特已经是谢菲尔德市的议员了。他工作脚踏实地,会提出自己的想法,且在向民众宣传自己的思想时十分真诚,在为竞选地方议员拉票时,他在导盲犬的帮助下走过当地的每一条街,走进每一户人家宣传自己的思想,因此获得了选民的广泛认可。布伦克特还有一个绝招,在英国新闻协会总部演讲时,不但能够一个不漏地叫出主要与会者的名字,而且说出每个名字时,还能用"目光"扫视那个人,让这些人倍感尊重。这是因为他努力通过声音来辨别主人,记住发过言的人的位置。

从当初获得选民的广泛认可到后来一步步走向教育及就业大臣,再一跃成为内政大臣,可以看到布伦克特通过自己的努力与民众等进行有效的沟通与交往,使得自己的政治生涯更为顺利。

布伦克特这样描述自己曾经度过的艰苦时光:"我一直奋斗,有时候对自己近乎苛刻。我这样做的目的,只是想表明,正常人能够做到的事情,我也可以做到。"

(五) 风趣幽默,为个人魅力增分

布伦克特在公众面前一直保持着很严肃的形象,但实际上他是一位很爱笑、很有情趣的人,并且会以幽默、风趣的方式将这种情绪传染给周围的人。有一次,布伦克特去

拜访位于西约克郡的英国新闻协会的总部,在演讲完后与与会者合影留念,他的导盲犬露西一直在他的身边,而且将自己的屁股对准了摄影记者们的镜头。有一位记者说:"布伦克特先生,能不能让您的狗转转身子?"而布伦克特则风趣地回答:"也许它有话要对你讲呢?"现场哄堂大笑。

三、总结反思

布伦克特对视觉障碍有着正确的认识,有着积极的自我认知,相信即使有视觉障碍,自己也能过普通人的生活,融入社会,这是他学习各种本领的基本动力。同时,他深知要达到这个目标,需要比常人更加刻苦地训练。他做了视障者看似做不到的事,以此展现自己的能力,拉近与人的交往距离,并且通过各种途径,提升自己的社交技能,达到了与他人良好的沟通与交往。从他的经历中,可以看到他在沟通与交往上具有这些特点:身体力行地用行动来表明自己真诚的态度,以获得他人的信任和最初的好感;表达自己独立的思想,让他人相信他的能力;善于运用技巧,以弥补自己在交往中的不足(记住听众名字,训练自己的面部表情等);随机应变能力强,善于用幽默制造融洽的氛围。

主要参考文献

1. 陈燕.听见[M].北京:人民文学出版社,2015.
2. 邓猛.视觉障碍儿童的发展与教育[M].北京:北京大学出版社,2011.
3. 黄建行,雷江华.信息技术在特殊教育中的应用[M].北京:北京大学出版社,2015.
4. 李泽慧.特殊儿童沟通与交往[M].南京:南京师范大学出版社,2015.
5. 朴永馨.特殊教育辞典[Z].3版.北京:华夏出版社,2014.
6. 钱志亮.盲校课程与教学[M].北京:北京师范大学出版社,2013.
7. 钱志亮.视力残疾儿童心理与教育[M].大连:辽宁师范大学出版社.2002.
8. [英]亚伦·皮斯,芭芭拉·皮斯.身体语言密码[M].王甜甜,黄佼,译.北京:北京城市出版社,2008.
9. Downing, J. E.等.教导重度障碍学生沟通技能:融合教育实务[M].曾进兴,译.台北:心理出版社,2002.
10. 布文锋.论盲生社会交往障碍及其解决对策[J].中国特殊教育,2001(1).
11. 段慧兰.社区:幼儿重要的教育环境[J].湘潭师范学院学报(社会科学版),2003(4).
12. 郝琦,麦清.肢体语言的阅读[J].天津市教科院学报,2010(5).
13. 黄万玲.两个孩子的差异——浅析学前视障儿童家庭教育的重要性[J].中国残疾人,2006(10).
14. 姜雪.普通小学教师对特殊儿童接纳态度调查[J].齐齐哈尔高等师范专科学校学报,2014(3).
15. 李东晓.我国视障者的媒介使用及大众媒介的无障碍供给研究——基于对浙江省视障者的调查[J].浙江传媒学院学报,2014(4).
16. 李念峰,董迎红,肖志国.基于图像处理的盲文自动识别系统研究[J].制造业自动化,2012(2).
17. 彭霞光.特殊学校教师对随班就读的态度调查研究[J].中国特殊教育,2003(2).
18. 钱志亮.盲童的人格特点及其教育对策[J].心理发展与教育,1998(2).
19. 孙钠.家庭环境对幼儿语言发展影响的探究[J].新课程学习,2014(9).
20. 徐鲁宁,郭少朋,韩立.新型盲文印刷系统[J].印刷技术,2007(7).

21. 杨潮,车磊. 汉字—盲文转换系统的设计[J]. 北京印刷学院学报,2011(12).

22. 余俐. 浅谈盲校学生同伴交往中的常见问题及分析——盲生之间欺负行为,不可忽视的校园暴力[J],现代教育教学探索,2009(4).

23. 禹玲玲. 打造人道主义教育与对外文化交流的首善之窗[J]. 中国残疾人,2011(7).

24. 于玉东,郑艳霞,王新. 河北省残疾儿童随班就读的现状分析及对策[J]. 中国特殊教育,2008(1).

25. 张红艳. 成人教学沟通艺术初探[J]. 继续教育研究,2005(6).

26. 孙丽丽. 盲人说谎行为发展研究[D]. 金华:浙江师范大学,2007.

27. 徐白仑,纪玉琴. 随班就读视障儿童的教师应专门培训[N]. 中国教育报,2010 - 3 - 20(3).

28. 凤凰咨询网. 盲人专用:可以阅读盲文的智能手环[EB/OL]. (2015 - 08 - 23). http://news.ifeng. com/a/20150823/44493446_0. shtml.

29. 高文军. 盲校小学生同伴交往的研究初探[EB/OL]. (2013 - 12 - 23). http://mrxx. bjedu. gov. cn/new/sjlw/-74520278. htm.

30. 网易公开课. 梁振宇:未来闭着眼睛上网[EB/OL]. (2014 - 07 - 05). http://v. 163. com/movie/2014/7/L/5/MA0TUFICV_MAEBDGKL5. html.

31. 燕然. 盲文化电子产品的研究设计与开发[EB/OL]. (2010 - 04 - 14). http://blog. sina. com. cn/s/blog_4c6ee7230100hyty. html.

32. 语文新课程资源网. 二十一世纪中小学素质教育文库(情绪与情感篇)[EB/OL]. (2013 - 12 - 02). http://gz. eywedu. com/21cnjy/TS013071/default. htm.

33. 中国残疾人网. 4006107868,视障者呼叫中心等你来电![EB/OL]. (2014 - 09 - 05). http://www. chinadp. net. cn/charactors/detail/? template = sample-13630. html.

34. 中国批发网. 台湾首个视障者团队运营的电子商务平台起头运营[EB/OL]. (2015 - 10 - 23). http://www. pifawww. com/news/show-139499. html.

35. 中国青年网. 红基会成立"365 关爱您呼叫中心"助盲人快乐就业[EB/OL]. (2015 - 10 - 21). http://news. youth. cn/gn/201510/t20151021_7229900. htm.

36. Al-Saleh, A. et al. Dot Detection of Optical Braille Images for Braille Cells Recognition [J]. *Lecture Notes in Computer Science*, 2008(5105).

37. Shahbazkia, H. R. et al. Automatic braille code translation system [J]. *Springer Berlin Heidelberg*, 2005(3773).

38. Fahiem, M. A. A Deterministic Turing Machine for Context Sensitive Translation of Braille Codes to Urdu Text [J]. *Lecture Notes in Computer Science*, 2008(4958).

第四章 智力障碍儿童的沟通与交往

智力障碍儿童(简称智障儿童)存在智力缺陷,还伴随一定的适应行为障碍,这使得他们的身心发展与普通儿童存在很大的差异,从而影响其沟通与交往能力方面的发展。教师了解智障儿童沟通与交往方面的特点、影响因素与辅助工具,理解他们沟通与交往的方式、途径,掌握与他们沟通与交往的策略,并根据他们的特殊需要和能力水平适宜地调整教学活动,有助于帮助他们克服困难和障碍,也有助于他们沟通与交往能力的发展,使他们将来能够更好地适应社会生活。

第一节 智力障碍儿童沟通与交往的概述

智障儿童是指智力明显低于一般水平,并伴随适应行为障碍的儿童。他们在语言发展、沟通能力和社会交往等方面都存在转为明显的障碍,相比于普通儿童,智障儿童的沟通与交往能力表现出不同的特点。已有研究表明,个性倾向、主观能动性以及遗传、环境和教育等因素在一定程度上对智障儿童的沟通与交往能力产生影响。

一、概念界定

2006 年第二次全国残疾人抽样调查把智力障碍定义为:智力明显低于一般水平,并伴随适应行为的障碍。此类障碍是由于精神系统结构、功能障碍使得个体活动受到限制,需要为他们提供全面、广泛、有限和间歇的支持。同时,该定义还明确指出了智力障碍包括以下两个年龄阶段:在智力发育期间(18 岁之前),由于各种有害因素导致的精神发育不全或智力迟滞;或者智力发育成熟以后,由于各种有害因素导致的智力损害或智力明显衰退。界定一个儿童为智障儿童要具备三个条件:①智力发育低于同龄儿童的一般水平,②处在生长发育时期(18 岁以前),③伴有明显的社会生活适应能力障碍①。中国学者肖非、王雁按照智商分数和社会适应行为把智障分为轻度智障、中度智障、重度智障和极重度智障四个等级②。而第二次全国残疾人抽样调查使用的智障儿童分类标准如下表所示③:

---

① 刘春玲,江琴娣.特殊教育概论[M].上海:华东师范大学出版社,2008:81.
② 肖非,王雁.智力落后教育通论[M].北京:华夏出版社,2000:17—18.
③ 中国残疾人联合会.2006 年第二次全国残疾人抽样调查:全国残疾人分残疾类别和残疾等级的年龄构成[EB/OL].(2009 - 04 - 07).http://www.cdpf.org.cn/sjcx/content_83889.htm.

级别	分级标准		
	发展商(DQ)0—6岁	智商(IQ)7岁以上	适应行为(AB)
一级	≤25	<20	极重度
二级	26—39	20—34	重度
三级	40—54	35—49	中度
四级	55—75	50—69	轻度

表 4 - 1

智障儿童的分级标准表

沟通与交往能力是一种综合能力,与儿童身心发展的成熟度密切相关。智障儿童由于智力上的障碍,整体发展落后于普通儿童,沟通与交往能力方面表现为:发展速度缓慢,发展水平偏低且存在较大的个体差异。不同障碍程度的智障儿童存在程度各异的沟通与交往障碍,例如轻度智障儿童能实现基本的口语和书面语沟通,但与同龄人相比还是存在很多不足,发展其沟通与交往能力除了要加强实践锻炼,还要与认知的发展联系起来;极重度的智障儿童甚至不能实现完整的对话,发展其沟通与交往能力要着重训练日常生活中常用的沟通与交往内容,并有意识地运用沟通辅助技术提供支持。

二、基本特点

智障儿童自身发展的缺陷,导致他们沟通与交往能力也存在明显的缺陷。相比于普通儿童,智障儿童沟通与交往的媒介、方式、心理和能力表现出不同的特点。教师只有了解智障儿童的特点才能根据他们的实际情况实施教育计划,才会取得更好的教学效果。

(一) 媒介特点

智障儿童在文字书写方面存在很大的困难,有些智障儿童表现出发音不清楚、口语表达不流畅的情况,有些智障儿童还会出现行为问题,从而导致他们在沟通与交往的过程中遇到很多问题。而辅助技术和辅助设备可以帮助他们减少沟通与交往过程中的很多障碍,但辅助技术和辅助设备必须符合他们自身发展的特点才能发挥其应有的作用。

1. 辅助技术特点

智障儿童的辅助技术具有以下几个特点:①辅助技术多以符号的形式呈现。智障儿童的辅助技术多以文字和图片符号的形式呈现,设计者把符号贮存到系统中,智障儿童只要根据自己的具体情况进行选择即可。这种方式可以减少他们文字书写的负担,在一定程度上还可以减少他们的记忆负担。图片的形式比较直观,贴近实际生活,可以增加沟通与交往的趣味性。②辅助技术辅助或替代发音。很多智障儿童语言表达存在困难,辅助技术将儿童要传递的信息通过语音转换技术转变为语音形式,这种方式可以代替儿童的口语表达。③辅助技术能直接选取。有些智障儿童精细动作存在一定的缺陷,辅助技术能帮助他们进行选取,如智障儿童可以通过特殊按钮选取沟通辅具上的信息。智障儿童选择要表达的信息,通过点击就可以进行表达,方便快捷。

2. 辅助设备特点

智障儿童的辅助设备具有以下几个特点:①辅助硬件设备轻巧。辅助硬件设备,例如笔记本电脑、平板电脑等,都比较方便携带。②辅助软件系统简单、有趣。智障儿童学习能力比较差,尤其是他们的语言学习能力,系统操作简单化能够在一定程度上减少他们的学习负担;另外,智障儿童比较缺乏自主学习的能力,容易对学习失去兴趣,而软件系统学习方式既新颖又充满趣味。③系统服务人性化。在使用辅助技术、辅助设备进行沟通与交往的过程中,很多智障儿童还需要一定的协助,而完善的系统服务给他们提供了很大的帮助。

(二) 方式特点

从智障儿童的发展过程来看,他们沟通与交往能力的发展过程和规律与普通儿童相似,但由于智障儿童身心发展存在一定的缺陷,他们言语沟通和非言语沟通两种沟通方式又呈现出不同的特点。

1. 口语能力发展水平较低

相比于同龄普通儿童,智障儿童口语能力发展比较缓慢,这使他们在沟通与交往过程中存在很多困难,从而阻碍其个体的发展。例如,智障儿童在沟通与交往过程中由于口水过多、唇齿不协调、吐字不清等问题导致沟通与交往的对象无法准确掌握他们要表达的信息,而且还有可能引起所沟通与交往对象的厌恶。另外,智障儿童口语发展障碍还可能会导致很多社会交往方面的行为问题。

2. 书面语能力发展品质较差

很多智障儿童都有一定的口语能力,但大部分智障儿童书面语能力比较差,有些智障儿童可能还不具备书面语的读写能力,其具体表现为不识字、不会书写。例如,有些智障儿童很难理解并掌握生字,仿写生字也写得歪歪扭扭。

3. 非言语沟通起辅助作用

在沟通与交往的过程中,智障儿童很少使用书面语,口语的使用率相对较高。由于智障儿童口语表达的缺陷,非言语沟通就起到一定的辅助作用。在口语表达的过程中,智障儿童还可以通过面部表情的变化和肢体动作的运用补充说明他们要表达的信息。例如,一个智障儿童由于吐字不清,别人很难理解他要表达的意思,就可以通过肢体动作来表达。

(三) 心理特点

相比于其他儿童,智障儿童在沟通与交往的过程中呈现出其特有的心理特点,尤其是其情绪、情感和行为方面的问题,再加上其语言发展的障碍,他们在学习语言和进行沟通与交往时困难重重。

1. 情绪、情感特点

情绪与情感在一定程度上会影响智障儿童的语言表达和行为表现,从而影响其与人进行沟通和交往,如智障儿童情感表达不符合情景时会让他人觉得奇怪,这也可能对智障儿童的沟通和交往产生消极的影响。智障儿童情绪、情感特点具体表现为:①情感不稳定,体验不深刻。他们的情感易变化和冲动,易受外界情境的支配,如忽而"破涕为笑"或"转怒为喜"。他们的情感常通过外部表情等方式进行表达,内心的体验不深刻,比较单调和极端,一般只有高兴和伤心或满意和不满意等几种情感。②情感反应和引起情感的外部作用不相符合。如老师讲课不好笑的内容会引起他们哄堂大笑,而真正引人发笑的内容,他们却不发笑。③控制和调节情感的能力差。他们很难以社会所要求的道德行为标准来调节和控制自己的情感,当他们的需要未能满足时,就会不分场合地大吵大闹。④有病态性的情感。例如,细小的刺激引起兴奋爆发式时反应或失去了儿童应有的兴趣爱好,感情淡漠,对生活、对他人漠不关心。

2. 行为问题

行为问题也会影响智障儿童的沟通与交往,如智障儿童的攻击性行为可能会伤害到其他儿童,普通儿童家长就会禁止他们的孩子与智障儿童进行沟通与交往,这对智障儿童自身的发展极其不利。智障儿童行为特点具体表现为:①行为较为冲动。智障儿童由于自我控制能力差,对外部的刺激常不能很好地辨认理解,以至对外界的刺激会做出原始的反应。这种原始的反应受激情冲动的支配,不经过是非判断和思考就直接转化为行动,也不考虑所产生的后果。有些智障儿童存在攻击性行为,这会导致他们的人际交往关系紧张。②易受暗示和脾气固执。一方面,智障儿童是非观念薄弱,不能正确判断信息的是非。在沟通与交往的过程中,有些智障儿童经不起诱惑,很多不法分子就是利用了这一点进行非法活动。另一方面,有些智障儿童对别人的合理建议却不能接受,显得很固执,如一个智障儿童喜欢音乐课,不喜欢美术课,在美术课上,会强烈要求音乐老师来上课。

(四) 能力特点

智障儿童的语言理解、语言表达和非言语交往方面的障碍,致使他们在语言发展、沟通能力和社会交往中存在着明显的困难。

1. 语言理解特点

智障儿童语义理解受到自身认知障碍的影响,比普通儿童的语义理解能力发展缓慢,主要表现在语义获得和语义加工两个方面。在语义获得方面,智障儿童较容易获得日常生活中常接触的词汇,较不容易获得抽象陌生的词汇。首先,掌握日常生活中常接触的名词、动词和形容词等词汇;其次,掌握日常生活中比较抽象的名词、动词和形容词等词汇;最后,才掌握抽象的名词、动词和形容词等词汇[①]。总体而言,智障儿童语义的获得是一个由具体到抽象,由简单到复杂的过程,而且语义获得的速度比普通儿童慢。在语义加工方面,由于词的语义加工涉及语义的储存、语义的提取和语义线索的使用三个方面,这些都与儿童的认知能力发展呈正相关。智障儿童在词的语义加工方面受到自身认知障碍的影响较大,其语义加工存在着语义储存量小、语义提取的速度较慢、无法有效使用语义线索等问题[②]。

智障儿童语法理解也有与普通儿童不一样的特点,例如智障儿童很难掌握有关时态关系的句子。刘晓明和张明发现智障儿童对单句的理解还处于词序和事物的具体特征水平,很难对事物的本质属性和特征进行概括,很难全面、深入地理解单句[③]。与普通儿童相比,智障儿童不善于对记忆系统中词与句之间的关系进行理解,难以准确、迅速地理解较长且含有信息量较多的句子,对句子的理解发展非常缓慢[④]。

---

① 李晓庆.智障儿童沟通与交往的研究现状[J].南京特教学院学报,2014(2):32—37.
② 同上.
③ 刘晓明,张明.弱智儿童单句理解过程的实验研究[J].心理科学,1995(2):315—316.
④ 李晓庆.智障儿童沟通与交往的研究现状[J].南京特教学院学报,2014(2):32—37.

2. 语言表达特点

不同的原因导致智障儿童在语言表达方面存在差异,不同智力障碍程度的智障儿童在语言表达方面也存在差异[①]。智障儿童语言表达主要包括语音表达、词语表达和句子表达几个方面。

在语音表达方面,智障儿童语音获得顺序与普通儿童相同,先掌握元音、半元音、鼻音和塞音,后掌握擦音、塞擦音和边音[②]。智障儿童的语音发展与其智力发展水平有很重要的关系,研究发现智障儿童都存在不同程度的语音障碍[③]。智障儿童的语音障碍以构音障碍和声音障碍两种类型为主,构音障碍是智障儿童普遍存在的问题,具体表现为替代音、省略音、扭曲音;声音障碍属于一部分智障儿童存在的问题,具体表现为嗓音沙哑、发音异常、口齿不清、声调平淡缺乏变化等。智障儿童的声调普遍不准确,存在明显的错误[④]。

在词语表达方面,智障儿童表现为词汇量少[⑤]。智障儿童的抽象思维能力发展迟滞,他们在语言表达过程中较多使用表达具体事物的名词、表达具体动作的动词或表达事物具体特征的形容词,而很少使用抽象词汇、感受性词汇或者连接词[⑥]。

在句子表达方面,与普通儿童相比,智障儿童在句子长度上有很大的差异。随着年龄的增长,轻度智障儿童掌握长句子的能力逐渐接近普通儿童[⑦],而中重度智障儿童的能力发展非常缓慢[⑧]。智障儿童句法获得的顺序是:简单单句——复杂单句——复句。智障儿童在使用句法的过程中会出现明显的错误:第一,句子结构简单,中重度智障儿童常以词代句,说不出完整的句子;第二,句子成分残缺,智障儿童喜欢省略,最常省略的是句子的谓语部分,容易造成交际上的歧义;第三,随意添加句子成分;第四,疑问句运用能力差,智障儿童掌握最好的是陈述句,而最差的是选择疑问句和反问句;第五,少用关联词;第六,逻辑关系混乱;第七,语序混乱,智障儿童对一般的语序可以把握,对比较复杂的句型或语序把握有困难;第八,无法表达,当智障儿童面对不熟悉的事物、场景或情感时,他们便无法用言语表达其即时的感受[⑨]。

3. 非言语交往特点

在非言语交往方面,智障儿童不善于观察、不善于思考和不善于理解等特点导致他们非言语交际手段的障碍[⑩]。高品质的非言语交往具备双向性、即时性、多变性和连续性等四个特征,而智障儿童的非言语交往在这四个方面却表现不足[⑪]。非言语交往是通过非言语手段相互沟通思想感情的活动,非言语手段包括表情、动作、界域、服饰、副

① 李晓庆.智障儿童沟通与交往的研究现状[J].南京特教学院学报,2014(2):32—37.
② 昝飞,刘春玲.弱智儿童语音发展的比较研究[J].心理科学,2002(2):224—225.
③ 张福娟.弱智学校低年级学生语言能力研究[J].心理发展与教育,1994(3):60—63.
④ 李晓庆.智障儿童沟通与交往的研究现状[J].南京特教学院学报,2014(2):32—37.
⑤ 同上.
⑥ 佟子芬.智力落后学生掌握量词特点的调查[J].中国特殊教育,1998(2):3—8.
⑦ 刘春玲,马红英,潘春红.以句长衡量弱智儿童语言发展水平的可行性分析[J].现代康复,2001(15):4.
⑧ 马红英,刘春玲,顾琳玲.中度弱智儿童句法结构状况初步考察[J].中国特殊教育,2001(2):35—39.
⑨ 李晓庆.智障儿童沟通与交往的研究现状[J].南京特教学院学报,2014(2):32—37.
⑩ 同上.
⑪ 同上.

语言、时间、场景等。而智障儿童在沟通与交往中运用的非言语交往手段主要有表情和动作两个方面,障碍严重的智障儿童甚至不能运用非言语交往手段①。智障儿童在沟通与交往中表情单一,缺少变化;动作重复,缺乏沟通与交往功能;会表现出较多的不适当行为②。另外,非言语交往能力的发展是语言交往发展的基础。

三、影响因素

智障儿童的发展过程在一定程度上落后于普通儿童,因而沟通与交往能力的发展与普通儿童存在很大的差距。不可否认,智力上的障碍是影响儿童沟通与交往能力的关键因素,除此之外,遗传、环境、教育等也都是不可忽视的影响因素。

(一) 主观因素

1. 个性倾向

智障儿童个性倾向的发展总的来说都比较薄弱,对周围有意义的事物欠缺兴趣,行为活动普遍欠缺活力和积极性,失败的体验、缺乏自信心、动机不足和情绪等都可能影响智障儿童沟通与交往能力的发展③。他们普遍缺乏自信,很难结识新的朋友并融入社会;智障儿童情感的调节能力差,情绪不稳定,例如一些智障儿童忽而情绪高涨而狂喊乱叫,忽而情感淡漠而沉默不语;他们可能还比较固执,例如一旦想要什么或做什么就必须要得到或做到,要不然就会大吵大闹等。因此,智障儿童的个性特征在很大程度上影响其沟通与交往的效果。

2. 主观能动性

智障儿童主观能动性有着显著的个体差异,有的智障儿童积极主动,见到老师、同学或志愿者都热情地打招呼;而有的智障儿童很少主动参与一些活动,也很少主动与人说话。这种主观能动性的差异在一定程度上影响了儿童沟通与交往能力的发展,教师要重视儿童主动意识的培养。如在老师的鼓励下,一个智力障碍儿童不仅每天坚持写日记,还担任班长一职协助老师管理班级事务。

(二) 客观因素

1. 遗传

遗传是智障儿童进行沟通与交往的生物前提。2001 年,加曼的一项研究发现,听力受损、发音器官障碍(嘴小、舌头大、高拱腭)和神经系统障碍这三个因素可能影响唐氏综合征儿童的语音发展,有些唐氏综合征儿童语言发展严重落后,语音发音困难。2000 年,巴克利的一项研究发现唐氏综合征儿童在 24 个月时平均表达词汇为 28 个,而普通儿童却可以达 250 个,这说明唐氏综合征这种具有遗传性质的智力障碍会影响儿童沟通与交往能力的发展。

2. 环境

家庭环境对智障儿童言语发展起着重要的作用,尤其是在儿童发育的早期阶段,良

---

① 李晓庆.智障儿童沟通与交往的研究现状[J].南京特教学院学报,2014(2):32—37.

② 同上.

③ 银春铭.弱智儿童的心理与教育[M].北京:华夏出版社,1993:77—81.

好的家庭环境能促进儿童言语发展,使他们的言语缺陷得到部分补偿;而不良的家庭语言环境会妨碍儿童的言语活动,使智障儿童的言语缺陷更加严重。例如,虽然智障儿童存在沟通与交往障碍,但家长耐心地鼓励他们和别人进行沟通与交往,儿童就可以在和睦的家庭环境中进行交流并感受到家庭的温暖;而有的家长不懂得与智障儿童积极沟通与交往的意义和重要性,平时极少与儿童沟通与交往,没有耐心回答他们的问题,也不给他们讲故事,智障儿童逐渐失去了许多听和说锻炼的机会,沟通与交往的能力也没有得到应有的发展。

在丰富多彩的社会生活中,智障儿童只有积极地与周围的人接触并和他们沟通与交往,才能将许多的经验、想法、情感和愿望表达出来,也才能激发出积极发展语言的欲望和行为。如果父母不愿带他们正常地参与日常生活,左邻右舍的朋友也不愿和他们一起玩等,他们的生活圈子会越来越狭小,生活内容更加单调,从而丧失了很多提高沟通与交往能力的机会。

3. 教育

遗传是智障儿童沟通与交往能力发展的自然前提,教育则为发展智障儿童沟通与交往能力提供了更多的可能。通过早期教育干预,虽然绝大部分有脑损伤或有功能障碍的儿童很难完全恢复正常,但相较于原来的水平,他们的能力都有所提高,沟通与交往能力也获得发展。例如,有的智障儿童已经三四岁了,但从来没有用口、唇、齿发过音,这是很不正常的。这时候父母要对他们进行口形模仿练习发音,鼓励他们和别人说话并进行沟通与交流。

第二节　智力障碍儿童沟通与交往的方式

从儿童沟通与交往的发展过程和规律来看,智障儿童与普通儿童相似,但是其发展的速度比较缓慢,其发展的品质也比较低。智障儿童沟通与交往的方式主要包括言语沟通和非言语沟通两种。智障儿童言语沟通主要以口语为主,书面语能力比较差。在沟通与交往过程中,非言语沟通起到辅助的作用,主要以面部表情和肢体动作为主。但相较于普通儿童,智障儿童言语沟通和非言语沟通的能力都比较弱。

一、言语沟通

言语是运用语言进行交流或者思考的心理活动过程,除口语这种最主要的形式外,言语还包括书写等形式[1]。而大部分智障儿童言语发展都存在障碍,这使他们在言语沟通与交往过程中出现很多问题。

（一）口语

一般情况下,普通儿童约 8 个月时就能够理解某些语音,并有意识地发出一些语音;1 岁左右开始学习说词和简单的句子;6 岁左右,口头语言表达能力基本完成,能够

---

[1] 汤盛钦.特殊教育概论——普通班级中有特殊教育需要的学生[M].上海:上海教育出版社,1998:218.

使用各种类型的句子，能够恰当地表达自己的想法以及叙述故事。但智障儿童的言语或者说话异于普通儿童，造成交流的不畅，阻碍其个体的发展。由于智障儿童发音器官功能能存在舌功能障碍、口水过多、口腔共鸣不正确、唇齿不协调和气流方向不正确等问题，所以他们言语表达容易出现障碍，主要包括构音、发声和语流方面的障碍。

智障儿童由于认知能力发展缓慢，导致语言理解和语言表达能力发展不足，因而智障儿童语言交往能力表现出发展水平较低和出现不适当的语言交往行为等问题。第一，忽略交际对象的身份。智障儿童由于智力发育障碍、社会接触有限、语言环境单一、言语发生晚和交往机会少等因素，他们不会依据交往对象选择交往策略。第二，违反交际语境。智障儿童社会认知能力缺乏，不了解所谓的人文环境、社会契约和文化传统，说话时常常忽略现场语境，给人不合时宜的感觉。第三，不顾及交际对象的感受。智障儿童在交际中会表现出傲慢、不谦虚、喜欢说自己好、夸奖自己、不厌其烦说自己的优点和喜欢讲自己知道的事情等，从不顾及交际对象的感受和兴趣，有时会引起交际对象的不满，导致交际失败。第四，缺乏语言交往技巧。智障儿童不懂得一来一往地交流，不知道轮换，只是一味地讲或者一直听，没有提问，在语言交往中会中断话题，延续话题的能力很差，导致交际不能进行。第五，语言交往出现不适当的行为。智障儿童由于自我控制能力不足，也会出现不适当的行为，包括模仿言语、自言自语、混淆代词、异常音调或韵律、口头语言过多，甚至说脏话等[①]。

（二）书面语

书面沟通包括书信和字条等。在现代社会中，通过信息化手段进行沟通与交往也需要书写，如聊天软件的交流也涉及文字的书写。因此，书写能力也会影响智障儿童的沟通与交往能力。由于智障儿童空间知觉能力、手眼协调能力差，知觉范围狭窄，写字能力普遍较低，部分儿童书写汉字字体歪歪斜斜，结构不匀，笔画松散，根本无章法可循，还有一部分儿童根本就不会写字。但是，相较于其他能力，有些智障儿童的书面语能力却比较强。例如，一个培智九年级的轻度智障儿童平时非常喜欢读书，每天坚持写日记，老师与家长也坚持给予她指导，她在市里的作文比赛中还获得了奖项。

图 4-1
智力障碍儿童作业

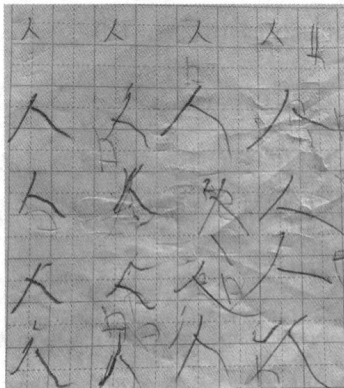

图 4-2
智力障碍儿童日记

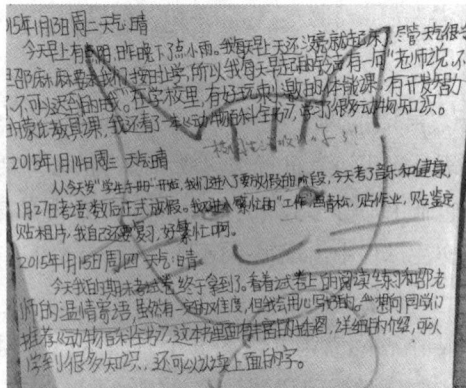

---

① 李晓庆.智障儿童沟通与交往的研究现状[J].南京特教学院学报,2014(2)：32—37.

智障女作家——李灿[①]

智障女作家李灿的母亲李白莉说自己怀孕仅6个月就生下了小灿,她两岁时才会说话,三岁才会走路,幼儿园老师教跳舞,只有她连手脚都不会动。经过鉴定,小灿有二级智力障碍。在小学和初中阶段,小灿的学习成绩大多一塌糊涂,"基本上都是零分",唯独作文在班上的成绩非常优秀,老师还经常拿着小灿的作文念给同学们听。初中辍学后,小灿就一直"宅"在家里写作,刚开始写诗歌、散文,后来慢慢地改写小小说。2012年,小灿完成了近40万字的长篇小说《玫瑰怨》,这部小说模仿了曹禺名篇《雷雨》的情节模式,主要讲述一个煤老板家族两代人的恩怨情仇。李灿被中国作协会员郭进栓誉为文坛的舟舟,其作品《玫瑰怨》堪称现代版的《雷雨》,她的事迹经过《益阳日报》报道后,在社会上引起了巨大反响。

二、非言语沟通

非言语沟通是指采用除言语外的符号所进行的沟通,这样的符号包括面部表情、眼神、手势、身体姿势、语调、时空的运用以及气味等[②]。智障儿童在沟通与交往中,运用的非言语交往手段主要有面部表情和肢体动作两个方面,但有些重度智障儿童甚至不能运用非言语沟通手段。非言语沟通手段的运用主要有以下几种内容:望着他人的脸,目光接触,手势动作模仿,面部表情模仿,拥抱或接吻,递交物件给他人,模仿交际礼仪[③]。智障儿童的智力缺陷,也影响他们在非语言的沟通与交往方面的表现。

(一)面部表情

表情主要是面部表情,反映沟通者内在的心理变化。智障儿童在面容上有明显的特点,即表情单一,缺少变化。例如,唐氏综合征儿童眼距宽、双眼斜吊、鼻梁塌、舌头常拖在外面、头颅成方形、额高。受这些限制,智障儿童的面部表情比较单一。

智障儿童存在表情识别困难,尤其是在知觉生气、惊奇、害怕以及中性面部表情上存在缺陷[④]。例如,Lambert用简笔画研究了智障儿童的面部表情识别,发现他们在识别生气和伤心的表情上与普通儿童存在明显的差异,这或许是和儿童对面部表情的解码能力有关[⑤]。智障儿童在复杂面部表情的表达上也存在困难,表现较多的是高兴、生气等基本表情,但却很难对自身的表情进行管理。

(二)肢体动作

非言语沟通中的肢体动作主要包括手势和肢体动作,在沟通与交往过程中,智障儿童动作重复,缺乏沟通与交往功能[⑥]。在某一情景中,智障儿童可以通过身体的姿势、动作表达情感、传递信息。但智障儿童的早期行为特征之一是运动发展迟缓。例如,智

---

① 益阳新闻网.智障女孩李灿写就精彩人生[EB/OL].(2012-10-29).http://www.yyrb.cn/xwzx/shehui/201210/49254.html.

② 陈墨,韦小满.自闭症儿童非言语沟通能力研究述评[J].中国特殊教育,2013(12):36—42.

③ 陈云英.智力落后心理、教育、康复[M].北京:高等教育出版社,2007:346.

④ 李群.智障儿童心理理论与面部表情加工的关系研究[D].西安:陕西师范大学,2012.

⑤ Alcaraz, C.F., Extremera, M.R., Andres, E.G., Molina, F.C. Emotion recognition in Down's syndrome adults: Neuropsychology approach [J]. *Social and Behavioral Sciences*, 2010(5):2072-2076.

⑥ 李晓庆.智障儿童沟通与交往的研究现状[J].南京特教学院学报,2014(2)32—37.

障儿童学会俯卧抬头、坐、站、走、取物等的年龄都晚于绝大多数同龄普通儿童,三四岁或四五岁才会走路,走路还会出现步履不稳的现象,有些重度智障儿童伴随一定的肢体残疾。这些都可能影响智障儿童肢体语言的运用,从而影响他们的沟通与交往能力。

智障儿童动作重复,缺乏沟通与交往的技能。他们在沟通与交往的过程中,会重复一个动作。例如,一个智障儿童看到一个熟人并和他招手打招呼,但过了一段时间他又跑到那个人面前和他招手打招呼,连续几次。在这种情况下,这个招手打招呼就不具备沟通与交往的意义了。除此之外,智障儿童在非言语交往中会表现出较多的不适当行为。例如,智障儿童在和别人交往的过程中喜欢要求别人做指定动作,例如游戏中要求交往对象重复单一的扔球动作。如果对方不了解这个智障儿童的情况,就可能会对他的行为产生反感,从而影响他们之间的沟通与交往。

培养智障儿童正确运用肢体语言①

智障儿童刚入学,还不能很好地适应集体生活,他们学习的主题是借助肢体语言表达自己的情绪、想法,学习一些积极的肢体语言,了解一些同伴间相处的规则。智障儿童作为一个独立的个体,也应该学会感激、学会报答、学会关心、学会爱,而这一点正是很多智障儿童所欠缺的。着眼于智障儿童爱的教育设计教学活动,在活动中引导智障儿童学习、运用积极的肢体语言,如使用亲亲、抱抱、抚摸等积极的肢体动作来体验和感受家人之间的亲情,表达对家人的爱,让每一个智障儿童从小成为和谐家庭中的一员。

第三节　智力障碍儿童沟通与交往的途径

在学校中,智障儿童不仅要和其他同伴,包括智障儿童、其他特殊儿童以及普通儿童同伴进行沟通与交往,还要和教师进行沟通与交往;在家庭中,智障儿童不仅要和自己的家庭成员进行沟通与交往,还要和其他亲朋好友进行沟通与交往;在社会中,智障儿童不仅要和社会中形形色色的人进行沟通与交往,还要学会在网络虚拟世界中进行沟通与交往。为了将来更好地适应社会生活,智障儿童应该提高在不同途径中的沟通与交往能力。

一、学校中的沟通与交往

在心理学范畴内,同伴指的是处于相同年龄层次或心理发展处于相当水平的个体②。智障儿童学校中的沟通与交往包括同伴间和师生间的沟通与交往,是相互之间运用语言符号和非语言符号交换意见、传达思想、表达情感和需要的交流过程③。

（一）特殊教育学校中的沟通与交往

特殊教育学校中的儿童都存在一定的身心缺陷,再加上智障儿童本身智力发展比

---

① 方雅红.培养智障儿童正确运用肢体语言[J].现代特殊教育,2010(Z1):84—85.
② 申继亮.当代儿童青少年心理学进展[M].杭州:浙江教育出版社,1998:286.
③ 朱智贤.心理学大辞典[Z].北京:北京师范大学出版社,1989:316.

较落后,还常常伴有不同程度的行为障碍,因此同伴间的沟通与交往存在很大的困难,而教师与智障儿童间的沟通与交往也存在不同程度的障碍。

1. 综合性特殊教育学校中的沟通与交往

除了智障儿童,综合性特殊教育学校中可能还有听障儿童、视障儿童、自闭症儿童等。在综合性特殊教育学校中学习,智障儿童免不了和其他特殊儿童进行沟通与交往。然而,即使在智障儿童群体间,不同障碍程度的智障儿童间的沟通与交往也不一样。轻度智障儿童的沟通与交往能力发展比较好,而中重度智障儿童的沟通与交往能力就存在明显的障碍。一般情况下,智障儿童很难再掌握另外一种沟通与交往的方式。因此,在与其他特殊儿童间的沟通与交往就会存在很大困难。例如,智障儿童没有掌握手语,但听力障碍儿童听力又存在障碍,他们之间就很难进行沟通与交往,再加上智障儿童可能还会出现行为障碍,还可能会导致两者间的冲突。

在与智障儿童的沟通与交往的过程中,教师要根据不同儿童的特点选择适合他们沟通与交往的方式,才有利于理解儿童真实的想法。根据智障儿童的特点,教师的语言表达应该尽可能地简单明了,避免使用复杂句,还可以在适当的时候使用非语言方式来表达。例如,教师在与重度智障儿童的沟通与交往中,如果儿童不能理解简单句子的表达,教师可以通过肢体语言或者是图画的形式呈现。此外,在综合性特殊教育学校中还有一些听力障碍和视力障碍的教师,智障儿童与他们进行沟通与交往也会存在很大的困难。

2. 专门性特殊教育学校中的沟通与交往

专门的培智学校学生以智障儿童为主,同伴间的沟通与交往也主要是智障儿童间的沟通与交往。在沟通与交往过程中,智障儿童间语言交流一般都选择比较简单的句子,也可能会出现明显的行为问题,非语言能力包括面部表情和肢体动作都比较单调或表现不正确。而专门性特殊教育学校中的培智教师一般比较了解智障儿童的特点,能够选择符合智障儿童特点的沟通与交往方式与他们进行交流。

(二)普通学校中的沟通与交往

现实社会中,一些智力障碍程度比较轻的智障儿童通常选择在普通学校的普通班级中进行随班就读。因此,他们时刻需要与普通儿童和学校教师进行沟通与交往。普通儿童和智障儿童在沟通与交往方面存在很大的差异,两者在日常的学习和生活中可能存在很多问题。而普通学校的教师比较缺乏特殊教育知识,两者之间的沟通与交往可能也会存在障碍。

1. 普通班级中的沟通与交往

在普通班级中,随班就读的特殊儿童数量只占少数,班级人数以普通儿童为主。随着社会的发展,越来越多的人对智障儿童有一定的了解。但目前阶段,经济落后地区对智障儿童还有很多偏见。因此,普通班级中智障儿童的沟通与交往可能会出现两种情况:①普通儿童接纳随班就读的智障儿童,接受他们语言表达方面的障碍,也能理解他们在非言语表达过程中可能会出现的一些行为问题。②普通儿童不接纳随班就读的智障儿童。智障儿童一般存在明显的外部特征,再加上可能出现的行为问题,学习成绩落后,在生活中受普通儿童排挤、欺负,处于一种孤立的环境中。根据智障儿童本身的发展特点,他们与外界接触的范围比较狭窄,机会也比较少,班级间的交流很少。在学校活动或班级间活动中,很多智障儿童才有机会与别的班级同学进行沟通与交往。

一般情况下,普通班级学生人数比较多,教师很难顾及随班就读智障儿童特殊的发展需求也很难有足够的时间和精力根据智障儿童的特点与他们进行沟通与交往。再加上普通学校比较注重学习成绩,但智障儿童学习成绩较为落后,就有可能被教师忽视或冷落。

2. 资源教室中的沟通与交往

资源教室可视为普通教育与特殊教育之间的桥梁,是资源教师利用资源教室的设备与校内外一切可利用的资源为特殊学生和普通班教师提供的服务与协助,它能使随班就读学生在普通教育中享受到特殊教育的专业服务和支持。在美国等发达国家,普通学校中一般都设置资源教室。资源教室教师根据智障儿童具体的特点,采用符合他们发展特点的沟通与交往方式指导他们学习。资源教师使智障儿童的潜能得到发挥,缺陷得到补偿,社会适应能力得到发展,使他们得以在普通班级顺利地进行随班就读。但是,国内普通学校的资源教室利用率不高,功能定位不清晰,有些地方的资源教室形同虚设。

二、家庭中的沟通与交往

家庭环境是儿童重要的成长环境,对智障儿童的身心发展来说尤其重要。家庭氛围,以及家庭成员对智障儿童的沟通与交往能力的发展都有一定的影响。此外,不同家庭间的活动,对提高智障儿童沟通与交往能力也有很大的帮助。

(一)家庭内的沟通与交往

不同的家庭氛围和家庭成员对智障儿童的态度都可能会产生不同的沟通与交往效果。有的家庭气氛和睦,父母对智障儿童的教养方式积极,能抓住儿童的成长关键期对儿童进行早期干预,为儿童的沟通与交往提供了良好的前提条件。为了发展智障儿童语言表达能力,父母不仅要教他们说话,还要鼓励他们与别人进行沟通与交往,并耐心地和他们说话。父母鼓励智障儿童使用非言语的方式辅助沟通与交往,并在沟通与交往的过程中纠正他们不恰当的行为问题。但自卑型父母本身怕丢脸,把智障儿童丢在家中,采取封闭教育,智障儿童缺乏与除家人之外的人进行沟通与交往的机会。溺爱型父母对智障儿童极其疼爱,不管有什么要求都尽量满足,这有可能导致智障儿童更加不懂与人沟通与交往的正确方法及社交礼仪,不合群,不懂得合作和分享,对新的事物、环境和人物较难适应。放任型父母认为儿童有残疾,丧失了信心,毫不关心,只养不教,导致他们缺乏应有的关爱,这有可能加剧了他们很多不恰当的沟通与交往行为。积怨型父母在工作、生活中稍有不顺心的事情就迁怒于智障儿童,智障儿童充满恐惧,学会说谎,变得怯懦、胆小,形成极不正常的心理状态,在与人沟通与交往上也会出现很多问题。

(二)家庭间的沟通与交往

相较于普通儿童,智障儿童与外界的接触比较少,而家庭间的互动可以增加他们与外界接触的机会。智障儿童家庭之间或智障儿童家庭与其他类型障碍儿童家庭之间交流互动,使儿童之间有了相互沟通与交往的机会,促进儿童间的交流,增进友谊,有时还能起到榜样的作用。智障儿童家庭还可以与普通儿童家庭交流互动,智障儿童在此过程中可以学会怎样和普通儿童进行沟通与交往,进而在更广范围内与更多的人开展沟通与交往。

三、社会中的沟通与交往

智障儿童学习的最终目标是将来能更好地适应社会生活。因此,智障儿童从小起就应该多接触社会,掌握社会生活中必要的基本沟通与交往技能。在信息化时代下,智障儿童除了学习在现实社会中的沟通与交往技能,还要学习在虚拟网络世界中如何与别人进行沟通与交往。

(一)现实社会中的沟通与交往

在现实社会中,还有很多人对智障儿童存在偏见。例如,有些餐厅老板不愿意接受智障儿童进去就餐,使他们的心理受到了伤害。社会的不接受使得智障儿童选择封闭自己,更加不愿意和别人进行沟通与交往,尤其是与陌生人间的沟通与交往。这不仅不利于提高智障儿童的沟通与交往能力,还有可能导致他们更严重的不良心理或问题行为。

随着社会的发展及公益活动的开展,越来越多的人对智障儿童有了更加深入的了解,在行动上积极帮助智障儿童。智障儿童也逐渐融入社会的大家庭中,如节假日中父母带智障儿童出去旅游等,增加了与普通人沟通与交往的机会。但是,智障儿童独立沟通与交往的能力较差,例如他们能在父母、老师或同学的陪伴下与交往对象开展基本对话,独自一人时就可能畏手畏脚。而且智障儿童对于社会情境也有一定的要求,在熟悉的交往情境中能开展基本交往,在陌生情境中可能不知所措。

(二)虚拟社会中的沟通与交往

虚拟社会,尤其是网络的虚拟社会,具有时空的无形化、主体对象的多元化和身份的隐蔽性等特点。因此,智障儿童不受地域、时间的限制,在任何时间、任何地点都可以通过网络与他人进行沟通与交往;通过网络与不同的人进行交流,从而扩大了他们沟通与交往的对象范围;现实社会中的偏见容易让他们产生自卑退缩的心理,而网络的隐蔽性可以提高他们沟通与交往的自信心。但是,智障儿童在虚拟社会中的沟通与交往一般还要依靠一定的辅助工具和辅助技术,智障儿童要掌握利用这些信息技术进行沟通与交往的技能是一个巨大的挑战。例如,聊天工具文字的输入要求他们掌握一定的书写技能,即使是语音聊天,他们也需要学习如何使用语音功能,这对他们来说都具有一定的难度。对于一些智障儿童来说,使用这些信息技术进行沟通与交往还需要在他人的协助下才可能完成。另外,智障儿童智力发展比较落后,缺乏辨别真伪是非的能力。网络世界是一个虚拟的世界,智障儿童在使用网络与别人进行沟通与交往时,一般很难辨别网络世界中的真实与虚假,容易上当受骗。

第四节　智力障碍儿童沟通与交往的辅助技术 *

美国辅助技术信息数据库设有 20 个大类,其中就包括沟通辅助技术、计算机、控制辅助技术等,我国国家标准《残疾人辅助器具——分类和术语》将残疾人辅助器具分为 11 个主类,其中一类就是通信、信息和讯号辅助器具[①]。残疾人辅助技术是指用那些能够增强、维持和改善残疾人功能水平,甚至补偿和替代身体某一部分受损功能的用具或设备,并帮助残疾人在生活中达到最大限度功能独立的手段[②]。智障儿童的辅助技术是指智障儿童借助辅助用具或设备使他们在生活中达到最大限度功能独立的手段。大多数智障儿童都伴有语言发展迟缓的现象,轻度智障儿童能够和普通人沟通,可以通过口语、手势语及身体动作表达自己的要求和想法,但有时沟通的方式与环境格格不入,而且经常会表现出不能和交往对象进行轮流谈话的现象;中度智障儿童的沟通与语言障碍表现得更为明显,经常会发一些错误音或替代音而不被别人理解;极重度的智障儿童基本上无法通过口语或非口语表达自己的要求,经常因为沟通障碍引发各种问题行为。沟通辅助技术对纠正智障儿童发音,帮助其准确表达、替代表达等起到了重要的作用[③]。辅助技术分为硬件系统和软件系统两类,虽然目前针对提高智障儿童沟通与交往能力而开发的辅助技术装置比较少,但已有的很多辅助技术也有利于提高他们的沟通与交往能力。

一、硬件系统

第一章提到扩大及替代沟通辅助系统对于多类有沟通障碍的儿童具有极大的支持作用,在此系统指导下开发的诸多产品对于智障儿童的适用性极强。扩大及替代沟通辅具分为低科技沟通辅具和高科技沟通辅具,其使用方法和效果各不相同[④]。辅助技术可以帮助智障儿童与他人进行沟通与交往,从而减少他们在沟通与交往过程中遇到的问题。

(一)低科技沟通辅具

智障儿童可以使用沟通板、列字表或列字册、目光对话框和简易沟通器等与人进行沟通与交往[⑤]。考虑到智障儿童口语、文字表达方面的缺陷,沟通板将文字、线条画、照片或图片等符号放在一个板子上,儿童可以根据不同的沟通环境来选择沟通符号;列字表或列字册将有关的字母、文字或注音符号放在一张表上或放入协助沟通的本子内装订成册,儿童只要指出相应的文字或字母即可;考虑到智障儿童面部表情比较单一,目光对话框用粘贴、印刷等方式将沟通需要用到的图片或文字粘贴在框架的四个角落上,儿童将视线停留在框架上某个角落的图片(或文字);考虑到智障儿童在沟通与交往过

＊ 该部分图片大多来自 http://www. unlimiter. com. tw/home. html.

① 郑俭,钟经华.特殊儿童辅助技术[M].南京:南京师范大学出版社,2015:6—7.

② 恽晓平.辅助技术在肢体残疾康复中的应用[J].引进国外医药技术与设备,1999(1):24—27.

③ 郑俭,钟经华.特殊儿童辅助技术[M].南京:南京师范大学出版社,2015:128.

④ 同上,133—137.

⑤ 同上,133—134.

程中语言或动作表达反应比较滞后，简易沟通器可以将儿童所要表达的语句，事先录制存储，沟通时播放录音。

（二）高科技沟通辅具

1. 微电脑沟通板

微电脑沟通板分为计算机语音合成器和单键多层次沟通器两类[①]。在计算机语音合成器的运用方面，智障儿童只需将单词、词组或句子输入沟通器，语音合成器就会将文字转换成语言输出；在单键多层次沟通器方面，其基本功能和简易沟通器一致，但内容更加完善，它可以帮助智障儿童进行有效沟通与交往，还可以作为沟通与交往训练和学习的辅具。

AAC 语音沟通板

智障儿童常常在沟通与交流方面存在显著的口语交流能力缺陷，但这方面的能力可通过扩大及替代性沟通[②]辅助系统来培养。教育者根据智障儿童的能力、家长和教师所拥有的知识和所能获得的资源为智障儿童确定一个适当的 AAC 设备，以此来帮助智障儿童提高口语等方面的交流能力。例如，掌上型语音沟通板——红雀就是一个常见的 AAC 语音沟通板。

掌上型语音沟通板——红雀[③]结合语音技术与微

图 4 - 5

掌上型语音沟通板——红雀

① 郑俭,钟经华.特殊儿童辅助技术[M].南京:南京师范大学出版社,2015:134.
② [美]哈米尔,埃弗林顿.中重度障碍学生的教学[M].昝飞,译.上海:华东师范大学出版社,2005:82—93.
③ 掌上型语音沟通板——红雀[EB/OL].http://unlimiter.com.tw/item-board001.html.2016-5-31.

电脑控制功能,针对使用者所需要的语音讯息即录即放。它分为三页,各页可录信息数为8格,共24段,可录时间总长度为8分钟,且所录的声音信息不会随着电池的耗费而受到影响。音量可进行调整,可进行紧急呼叫。另外,它还配有特殊开关,以便肢体动作能力较差者使用。由于体积较小、重量较轻和方便携带等特点,掌上型语音沟通板——红雀在沟通与交往障碍儿童的日常沟通与交往及干预训练中得到广泛的运用。

2. 计算机或其他资料输入系统

智障儿童运用书面语进行沟通与交往的成功程度依赖于他们的认知水平,很多智障儿童利用书面语进行沟通与交往时存在很多困难。另外,智障儿童精细动作运用能力比较差,在利用现代信息技术进行沟通与交往时也存在很多困难,例如很多智障儿童很难利用计算机进行文字的输入,但计算机或其他资料输入系统可在一定程度上减少这些障碍。基于此,智障儿童的计算机键盘可进行多种形式的改良,如通过 Windows 系统的控制板调整键盘和鼠标的反应速度以适应智障儿童,使用专门的微型电脑键盘和鼠标或语音输入系统减少智障儿童手肌运动不便带来的负担[①]。

图 4-6

魔杖键盘

图 4-7

语音输入系统

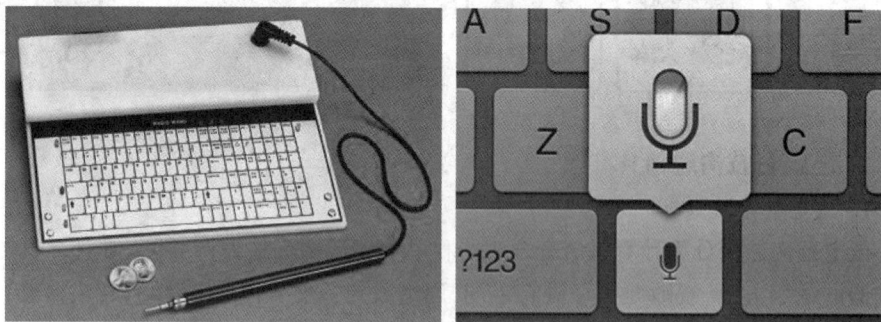

二、软件系统

智障儿童可以通过符号、语音转换、直接选取等技术,充分利用网络平台和系统服务来进行沟通与交往。如今,信息化技术在一定程度上可以补偿智障儿童在沟通与交往过程中的缺陷,帮助他们进行更好地沟通与交往。

(一) 辅助技术

扩大及替代性沟通辅助系统的运用是通过相关的辅助技术才得以实现的。沟通与交往辅助技术具体包括符号、语音转换、直接选取和扫描四项技术[②]。根据智障儿童沟通与交往特点,其辅助技术具体表现为:①符号技术。书写语言符号技术,在沟通辅助系统设计中根据智障儿童的需要,将书写语言输入并编制进系统内,用于代替他们传递沟通的信息。图片符号技术,当智障儿童不能用言语进行表达时,通过图片展示,让人领会他们要表达的信息。智障儿童的面部表情比较单一,面部表情符号技术帮助他

① [美]哈米尔,埃弗林顿. 中重度障碍学生的教学[M]. 昝飞,译. 上海:华东师范大学出版社,2005:82—93.
② 郑俭,钟经华. 特殊儿童辅助技术[M]. 南京:南京师范大学出版社,2015:129—133.

们通过一些表情传递自己的情绪和情感状态。②语音转换技术。很多智障儿童口语表达能力发展比较滞后，口语表达比较简单，表达不流畅，发音不清晰，他们在口语表达上存在很大的缺陷。智障儿童将要表示词汇的图片呈现出来，语音转换技术将图片转换为语音，这种方式可以代替儿童通过口语的方式表达出来。③直接选取技术。智障儿童可以直接用手或脚来操纵键盘或鼠标，指出所需要的图片和字，利用操作系统所提供的协助工具调整键击或鼠标输入的速度，有些智障儿童还可以使用替代性键盘输入想要表达的信息。直接选取技术可以帮助智障儿童通过按压或选择目标就可以完成直接输入的过程，减少他们在信息沟通与交往过程中的障碍。④扫描技术。智障儿童精细动作能力较差，但可以通过特殊的开关进行抽换扫描，选取合适的沟通与交往内容。

根据以上技术原理开发一系列软件系统，主要有图文写作系统、图文动画语音系统、无障碍沟通系统 U‑COM、特殊开关教学游戏系统 U‑AGG、沟通版面设计画家系统、绘画者系统和好沟通系统等软件[1]。智障儿童不仅可以选择这些软件进行沟通与交往，还可以利用这些软件进行沟通与交往能力的训练。智障儿童选择系统中的文字、图画、动画和语音等信息，或者利用这些信息表达简单的意思，在一定程度上减少了他们使用语言或非语言进行表达时出现的障碍，同时也充满趣味性，有利于吸引智障儿童利用这些软件进行沟通与交往能力的学习。

图文动画语音系统软件简介

Unlimiter 图文大师动画语音系统软件[2]包括黑白和彩色线条图、黑白和彩色写实图、照片、动画、情境图等万张沟通图形，还可以进行多种语音的选择。该程序可先在电脑上进行编辑，再在电脑上直接执行，或连接微电脑语音沟通板使用。使用者可以直接使用沟通笔点读版面或滑动鼠标进行控制，肢体动作不佳者还可以设定成扫描模式，配合核心语录成长沟通系统(注音符号)进行选择使用。

图 4‑8

Unlimiter 图文
大师动画语音
系统软件

---

① 郑俭,钟经华.特殊儿童辅助技术[M].南京:南京师范大学出版社,2015:136—137.
② 图文大师动画语音版(专业版)[EB/OL].http://unlimiter.com.tw/item-soft001.html.2016‑5‑31.

（二）网络平台

美国关于智力障碍的网络资源比较丰富，例如：美国智力与发展性障碍协会网站，该网站主要包括出版物、政策、会议、资源以及专题活动等几个部分，其网址为：http：//www. aaidd. org；美国智力落后公民协会网站，该网站主要有基本介绍、在线社区、智力障碍者生存状况报告和资源等，其网址为 http：//www. thearc. org；美国唐氏综合征协会网站，该网站信息主要包括研究、信息与资源、维权以及唐氏综合征社区等栏目，并提供专业信息方面的搜索查询，其网址为 http：//www. ndss. org[①]。残疾人辅助技术信息资源网，它提供了 34 000 多种辅助技术产品的性能、价格、生产或销售公司等方面的信息，还提供了许多与辅助技术相关的网络和文献资源[②]。

国内也有专门为残疾人开设的网站，例如：中国残疾人联合会网站，主要有康复、教育、就业、政策法规和维权等栏目，还提供了全国各地方残联网站、中国残联直属单位最新信息及专题报道，给智力障碍人士提供信息服务，其网址为 http：//www. cdpf. org. cn；中国特殊教育网，主要有智障频道、论坛、读书等栏目，其网址为 http：//www. spe-edu. net；中国残疾人辅助器具网站，主要有辅助资讯、服务机构、论坛等栏目，其网址为 http：//www. cjfj. org[③]。

通过网络平台，智障儿童不仅可以浏览信息，还可以和别人进行沟通与交往；教师可以从网络平台上了解关于智障儿童教育的最新信息，也可以和其他教师或儿童、家长进行交流互动；家长之间可以在网络平台上交流心路历程，也可以与教师或其他儿童进行互动。当今社会，信息技术逐渐普及，越来越多的智障儿童也利用信息技术进行沟通与交往，尤其是电话、手机，以及沟通与交往软件，例如 QQ、微信、邮箱等软件。信息技术不仅可以使智障儿童进行远距离的沟通与交往，而且也可以在一定程度上弥补他们在实际生活中进行沟通与交往的缺陷。由于智障儿童身心缺陷，他们在现实生活中进行沟通与交往存在明显的缺陷，语言发展缓慢，非语言表现也常常不合时宜，再加上社会人士对智障儿童缺乏认识，导致他们在实际生活中的沟通与交往遇到很多阻碍。但如果智障儿童具备一定的信息技术知识，利用信息技术工具软件和别人进行沟通与交往，就可以在很大程度上避免这个问题。

第五节　智力障碍儿童沟通与交往的策略

智障儿童由于智力发展落后，还伴随一些社会行为问题，在与人沟通与交往的过程中存在一定的障碍。因此，智障儿童沟通与交往的策略必须符合他们沟通与交往的能力特点。在提高智障儿童沟通与交往能力的过程中，家长与教师只有根据他们的发展特点进行教育才能取得更好的效果。

---

① 郑俭. 特殊教育研究网络资源整合与解析[M]. 北京：高等教育出版社，2008：51—63.

② 同上，185.

③ 同上，213—217.

一、培养智障儿童主动沟通的意愿

从智障儿童自身角度分析,由于自身的障碍,他们的语言表达和沟通与交往方面存在很多困难;再加上他们一般都具有明显的外貌特征,在现实社会中受到很多不公平的待遇,从而使他们产生自卑的心理;有的儿童因此逐渐减少与他人的沟通与交往。社会各界、家长和教师都应该为智障儿童营造轻松和谐的交往氛围,在轻松和谐的氛围中培养智障儿童主动沟通的意愿。而自然情境教学法和艺术熏陶都可以为智障儿童提供有利的沟通与交往环境,从而促进他们沟通与交往能力的提高。

1993 年,Kaiser 将自然情境教学定义为:在日常生活及社会沟通互动的情境中,运用制约教学策略的一种自然语言介入方法,强调在自然的教学环境下进行教学的过程,并以功能性的内容为教学的重点,促进学习者产生自发性的沟通行为。在教学过程中,教师有目的地引入或创设具有一定情绪色彩的、生动具体的场景,以引起教育对象一定的态度体验,从而帮助他们理解教材,并使他们的心理机能得到发展。根据智障儿童的智力和行为特点,他们教育的最终目的是为了将来能够适应社会生活。课堂教学模拟日常生活及社会沟通互动的情境,让智障儿童在自然的情境中培养与他人进行沟通与交往的能力,这有利于他们将来能够更好地适应社会生活。相对于传统的较为严肃的教学方法,自然情境能给智障儿童提供更多沟通与交往的机会。此外,在自然情境中,智障儿童的身心状态比较放松,有更多的沟通与交往的意愿。

在自然情境中建立提示系统,增进中重度智障儿童主动沟通行为[①]

（一）示范

示范是提示系统中最简单的策略,也是其他策略的基础。教学的步骤如下:观察智障儿童的兴趣所在;建立教学者与智障儿童共同的注意;在智障儿童感兴趣的事物上,教学者提供口语的示范;如果智障儿童模仿正确,则立即给予赞美及他们喜爱的东西;如果智障儿童模仿错误或者没有回应,教学者再次示范后,请他们再模仿一次;如果智障儿童第二次模仿正确,则立即给予赞美及智障儿童喜爱的东西;若智障儿童第二次模仿仍然错误或者没有回应,则再矫正反馈后再给予他/她赞美或喜爱的东西。

（二）提示——示范

当智障儿童对某一事物感兴趣时,教师利用口语或动作等提示、示范,引导儿童反应。如果智障儿童反应适当,则立即称赞口语扩充,并给予他们喜爱的东西;如果反应不适当则根据智障儿童的表现再给予提示或改用示范策略。教学的步骤如下:观察智障儿童感兴趣的事物;建立教学者与智障儿童共同的注意;教学者对智障儿童感兴趣的事物给予口语的提示;当智障儿童反应正确则立即给予赞美、口语扩充及个案喜爱的东西;如果智障儿童反应错误或没有回应,教学者要观察儿童的动机,动机高时则给予另一个提示;如果智障儿童动机低落,教学者则退回到示范步骤;在第二次提示后,儿童反应正确,则立即给予赞美、口语扩充及儿童喜爱的东西;如果儿童第二次反应仍然错误

① 邓宝莲.在自然情境中建立提示系统对增进中重度智障儿童主动沟通行为的成效研究[D].重庆:重庆师范大学,2013.

或没有回应，则矫正反馈后再给予儿童喜爱的东西。

（三）时间延宕

时间延宕是指智障儿童对某项事物产生注意，或者教学者给予他们学习上的刺激后，延缓给予提示的时间，借着等待与时间延宕来鼓励智障儿童产生自发性的互动行为。教学的步骤如下：观察儿童感兴趣的事物或者需要帮助的时候；建立教学者与智障儿童共同的注意；进入延宕等待阶段，教学者运用期待或疑问的表情作为视觉提示线索；当儿童反应正确则立即给予赞美、口语扩充及儿童喜爱的东西；如果儿童反应错误或没有回应，教学者观察他们的动机，动机高时则进行提示——示范策略；如果智障儿童动机低落，教学者则退回到示范策略。

（四）随机教学

教学者利用日常生活中的各种情况与机会，或安排环境创造教学机会，以增加智障儿童互动行为的表现。通过环境的安排或在自然环境中，教学者根据智障儿童反应的适当性进行教学。教学的步骤如下：确认智障儿童感兴趣的事物或者需要帮助的时候；建立教学者与智障儿童共同的注意；视情况而定，运用示范、提示——示范、延宕策略等教导复杂或者更进一步的语言或沟通技巧；注意把握策略运用的时机：如果是训练新的、较难的句型或者结构以提升智障儿童的理解力，可以运用示范的教学步骤；如果是训练较复杂的语言和会话技巧的话，可运用提示——示范的教学步骤；如果要训练儿童主动沟通，可运用时间延宕的教学步骤。

美国国家创造性艺术治疗联合会将艺术治疗定义为：在治疗、康复、社区或教育情境中，有目的、有计划地运用艺术形式对创作过程进行干预，以促进健康的交流和表达，这种方式可以改善人的身体、情绪、认知和社会功能，提高自我觉察能力，促进人格转变[1]。由于自身发展的缺陷，智障儿童在成长的过程中参加人际交往的机会比较少。艺术教育的非言语沟通的特征，用儿童乐于接受的艺术活动的方式直达智障儿童内心，显示出了独特的优势。另外，艺术活动可以直接作用于人的情绪，这对提高智障儿童的人际情绪控制能力尤为有利。对智障儿童来说，艺术教育具有以下特点和优势：①艺术教育的非言语沟通的特征易于被智障儿童接受。智障儿童因为自身生理、心理因素的限制大多存在语言障碍，这也是阻碍他们正常人际交往的一个重要因素，而艺术教育的方式恰恰绕开语言表达这一形式，用儿童易于、乐于接受的艺术活动直达智障儿童内心。②团体艺术教育的形式能促进智障儿童之间的交流、沟通，从而提升他们的人际交往能力。大多数智障儿童的生活环境相对比较封闭，交往范围比较狭窄。而在艺术教育中通过音乐、绘画等多种相互合作的形式，可以增进成员之间的交流、配合，扩大他们的交往范围，丰富他们的交往手段、交往技巧，从而提升他们的人际交往能力[2]。从二十世纪四十年代起，艺术教育包括绘画治疗、音乐治疗、舞蹈治疗、心理剧治疗和箱庭疗法（又称沙盘游戏疗法）等治疗方法逐渐被运用于对智障儿童的干预中。

---

① 刘淑霞.艺术治疗对提升智障儿童交往能力的研究[D].济南：山东艺术学院，2011.
② 同上.

舞蹈治疗对于智障儿童交往能力的干预[①]

小旭,女,5岁时患上脑膜炎,落下了终生的智力障碍。小旭的脾气暴躁,情绪经常不稳定,一般情况下表现为以下几个方面:一,小旭具有一定的攻击性。小旭在学校中,经常与同伴发生争执,经常攻击老师和同学。二,有时候不服从安排。例如在学校中老师让她做什么事,她经常拒绝老师的要求。对于妈妈的话,更是从来都不听。三,小旭在要求没有得到满足时,经常哭闹。虽然有时候哭可以作为一种宣泄情绪的方式,但是小旭哭闹的次数过于频繁,而且并不是在受到委屈的时候才哭闹,而是没有征兆的,心情不好时就会哭闹,这种不良情绪随时都会发生。后来,家长把她送到了北京某特殊教育培训学校,学校根据她对拍子比较敏感的特点,采取了舞蹈治疗的模式对她进行训练。通过长时间的努力,小旭的沟通与交往等能力都得到了明显的提高。

舞蹈治疗既可以锻炼智障儿童的听觉、视觉,也可以锻炼他们的身体协调能力、学习能力和认知能力,还可以锻炼他们的人际交往能力,这主要因为舞蹈治疗中需要智障儿童之间相互协作。智障儿童的舞蹈治疗一般都采用集体舞的形式,在歌曲的伴奏下反复练习使其掌握舞蹈动作。处于某一种环境中,智障儿童能体会到周边的氛围,体会集体情绪,在大的集体中共同完成一项活动。这能让智障儿童产生一种潜意识:他们是一个团体,在集体中学会如何与他人进行沟通与交往。除此之外,舞蹈治疗还可以使智障儿童学会通过自己的表情和动作表达自己,并通过表情和动作和其他的儿童交流等。

二、增加智障儿童日常用语的词汇量

智障儿童的语言发展滞后,日常用语一般都比较简单,他们无法理解比较复杂的句子,日常生活中的沟通与交往多使用简单句。究其原因,最主要的因素是智障儿童能够掌握的词汇量比较少。为了将来能够更好地适应社会生活,智障儿童应该掌握足够的日常用语词汇量,以便更好地与人进行沟通与交往。儿童绘本既有图画,还有简单的文字,图文结合生动形象,这都比较符合智障儿童学习的特点。家长和教师可以通过儿童绘本的阅读增加智障儿童日常用语的词汇量。另外,绘本中要读的绝不仅仅是文字,而是要从图画中读出故事,进而欣赏绘画,这对培养孩子的认知能力、观察能力、沟通能力、想象力、创造力和情感发育等都有着难以估量的影响,还可以让他们从绘本中学习简单的生活常识等。

儿童绘本是以彩色图片为主的故事书,简单易懂。而色彩鲜明的绘本能够较好地吸引智障儿童的视觉注意,激发他们阅读的兴趣。智障儿童通过阅读儿童绘本中的故事,感知常用的名词,包括常见物品的名称、人物的称呼等;感知形容词,包括颜色、大小、粗细、胖瘦、形态等;感知动词,包括卡通人物或故事中人物的活动。智障儿童从绘本中可以初步理解其中的简单句子[②]。例如,一个中度智障儿童在家长的指导下阅读

① 任晨静.舞蹈治疗对于智障儿童交往能力的干预研究[D].西安:陕西师范大学,2014.
② 李晓庆.智障学生沟通能力发展中的问题与对策[J].现代特殊教育(高教版),2014(01):28—31.

绘本，从绘本中认识一些常用的动物和蔬菜等名词，这为他提供了实际沟通与交往的词汇；同时图画情景又比较简单易懂，这对他词汇的恰当应用也产生了潜移默化的影响。

阅读绘本《熊叔叔的生日派对》[①]

阅读绘本《熊叔叔的生日派对》时，教师可以与儿童分别扮演兔子、小狗、长颈鹿与熊叔叔对话，要求和小动物说一句有礼貌的、祝熊叔叔生日快乐的话。故事表演让智障儿童学说了熊叔叔和动物间的对话，懂得要说有礼貌的话，这大大调动了智障儿童的兴趣，学习气氛变得很活跃，更给了智障儿童直观的感受，同时再现了绘本故事中的内容，激发了他们的学习积极性。

图 4-9

儿童绘本《熊叔叔的生日派对》(片段)

三、提高智障儿童日常生活中的社交能力

很多智障儿童存在语言的障碍，尤其是口语表达方面存在很多问题，从而影响了他们在日常生活中的社会交往能力。除了智障儿童自身存在的语言障碍，现实社会中还存在很多对他们不公平的现象，他们缺乏良好的沟通与交往环境，缺少足够的与人进行沟通与交往的机会。智障儿童教育的最终目的是使他们将来能够适应社会生活，因此，对智障儿童进行生活化教育尤其重要，家长和教师应该注重提高智障儿童在日常生活中的社交能力。

教育家陶行知先生指出，生活即教育，主张教育同实际生活相联系，反对死读书，注重培养儿童的创造性和独立工作能力，强调在生活中学习，在学习中生活。这既体现在活动内容的选择上，也体现在课程的组织上。课程内容要来自于儿童的生活，贴近儿童的生活经验和生活实际，加强教育与生活的联系，使儿童教育生活化；课程的组织上则更多是寓教育于一日生活之中，使儿童的教育生活化。对于智障儿童来说，生活化教育是根据智障儿童的身心特点，将教学活动置于现实的生活背景之中，从而激发他们以生活主体参与活动的强烈愿望，让他们在生活中学习，在学习中生活。家长与教师可以选择智障儿童比较感兴趣的问题和比较熟悉的事物作为活动内容，从而使生活走进课堂，从课堂走进生活。对于智障儿童来说，生活化的教育内容可以在现实生活中找到原型，

① 董洪柳.绘本阅读在智障学生口语交际中的操作策略[J].小学教学研究,2013(29)：42—43.

从而有助于他们进行理解和掌握,同时也给他们提供了更多的沟通与交往的机会,使智障儿童"有话可说"。在课堂中进行生活化教育也有助于他们更好地融入社会生活,例如智障儿童在课堂所创设的生活情境中学习与人进行沟通与交往的技能,并运用到现实生活中。

生活化教育:提高智障儿童沟通与交往能力的必要途径①

(一)捕捉生活,探寻智障儿童交往的情感需求

在宽松的交流环境中,智障儿童与交流对象进行沟通与交流,容易释放最本真的情感,展示自身的个性,从而提高他们的沟通与交往能力。

1. 营造轻松和谐的交往氛围

朋友、家人和老师等在智障儿童心目中最重要的人对他们的肯定,能给他们带来亲切的感觉,这对他们沟通与交往能力的培养与发展起到了积极的作用。因此,在日常生活中,朋友、家人和老师等周围的人应该多了解智力障碍学生心理上的需求,多给他们鼓励,营造一种利于沟通与交往和谐的氛围。

2. 构建亲密友好的同伴关系

同伴关系是人际交往的重要途径。亲密友好的同伴会让智力障碍学生更轻松地找到沟通与交流的对象,家长和老师应该鼓励他们多结交朋友,让他们说出自己的想法,从而体验到沟通与交往的乐趣。

(二)联系生活,训练智障儿童交往的基本技能

训练智障儿童沟通与交往的技能,最终使他们能参与社会活动。

1. "角色游戏"——培养交往个体的角色语言

"角色游戏"是一种让学生充当生活中的不同角色进行人际交往的训练模式。在游戏中,智障儿童以愉快的心情体验着现实生活,很容易接受老师的启发、诱导。游戏带来的愉快情绪,不仅可以增加智障儿童沟通与交往的兴趣,而且能使他们逐步认识角色的义务、职责,不断学习沟通与交往的技能。

2. 模拟情景——激发儿童交往动机

创设情境,儿童在轻松、愉快的活动中进行观察、体验,学习新的内容,激发沟通与交往动机,培养沟通与交往能力。

(三)融入生活,实现智障儿童交往的生命价值

对智障儿童沟通与交往生活化训练的最终目的是让他们生存于社会、适应社会并参与社会生活。教师、家长把智障儿童带到具体的生活情境中,例如让儿童购物和问路等,使他们融入生活,学习具体生活中的沟通与交往技能。

1. 在购物过程中理解交往与生存的关系

智障儿童由于先天性的大脑发育迟缓,语言表达能力不足,导致他们在购物过程中经常处于劣势。智障儿童学习购物的过程是锻炼其沟通与交往能力的过程,同时也是他们学习参与生活的过程,最终目的是能独立生存于社会。

---

① 刘丹丹.生活化教育:提高智障儿童沟通与交往能力的必要途径[J].现代特殊教育,2008(4):24—26.

2. 在问路过程中体验交往带来的便捷

问路的过程也是"沟通与交往"的过程。家长和老师等智障儿童周围的人应该鼓励他们勇敢地向陌生人问路，让他们体验到沟通与交往带来的便利，逐渐克服内心深处的恐惧与自卑，同时也提高他们沟通与交往的能力。

给智障儿童创造正常的生活环境，从小培养他们与人沟通与交往的能力，为他们今后能更好地适应社会奠定良好的基础。

四、辅助智障儿童利用信息技术进行沟通

随着信息技术的日益发展，人类社会的信息化程度越来越高，包括智障人士在内的残障人士和普通人之间的信息鸿沟也不断扩大。如何通过残疾人信息无障碍技术，为智障人士打开通往信息世界的大门，已成为各国科研机构和企业研发的主要命题之一。例如，残疾人辅具研发中心为无法进行语言沟通的智障儿童选择恰当的沟通与交往辅具，包括扩大和替代沟通与交往辅具，比如沟通板、电脑沟通辅具、含语音转换功能软件的手机等。当智障儿童表达自己的需求时，他们可以按压沟通辅具平面上的按键（图片或文字），沟通辅具会自动转化为语音，从而扩大或替代智障儿童的语言与沟通[①]。因此，各机构和企业应该加快智障儿童沟通与交往辅具的开发和完善，在日常生活中，家长和教师还应该辅助智障儿童利用信息技术进行沟通与交往，从而提高他们沟通与交往的能力。

沟通辅具对无语言智障儿童沟通训练[②]

涓涓是一个行为多动、精细动作较差、没有语言能力、识字量相当少的智力障碍女孩。但她却有着强烈的说话、表达自己、与人沟通与交往的欲望。"咿咿呀呀"、"啊啊"、"妈妈妈妈"、"二"是她发音说话的所有词汇。她曾尝试学习手语，但是随着手语动作的复杂化，对她的理解力和手指动作都提出了更高要求。一个星期也学不会一个"手语"，使她变得不耐烦而急躁，失去了学习兴趣。而沟通辅具并不像手语那样需要精确熟练的手部动作，只需要理解文字或者图形的意义即可，所以掌上型沟通辅具为涓涓搭建了一个与人沟通与交往的平台。具体的训练如下：

（1）表达需求——上厕所、洗手、拿勺子、吃午饭。

在四格的录制空间，依次录制"我要上厕所"、"我要洗手"、"我要拿勺子"、"我要吃午饭"。午饭前，先把辅具呈现在她的面前，如果她按"上厕所"的图片就不允许她拿洗手液去洗

图 4－10

表达需求的版面设计

---

① 李晓庆. 智障学生沟通能力发展中的问题与对策[J].现代特殊教育(高教版),2014(01)：28—31.
② 沟通辅具对无语言智障儿童沟通训练的案例分析[EB/OL]. (2015－10－18). http：//www. mredu.org/show. aspx？cid＝28＆id＝1390.

手;如果按"洗手"的图片就可以和其他同学一样,去洗手;如果按"勺子"的图片就代表她要拿勺子;按"午饭"的图片,就代表她要吃饭了。通过沟通辅具,她学会使用图片向老师报告自己的需求,并应用到了午饭前的活动中。

（2）求助——请帮我拧开瓶盖

依次录制"请帮我拧开,好吗?"、"请帮我系上鞋带,好吗?"、"谢谢你"。当她按"矿泉水瓶"的图片时,就会发出"请帮我拧开,好吗?"的语音,当得到帮助后,就要按表示"谢谢"的图片。通过沟通辅具,同学和老师很容易了解到她的需求。

图 4 - 11

求助的版面设计

第六节 案例分析[①]

由于智力发展缺陷和社会适应能力存在明显的问题,很多智障儿童存在沟通与交往方面的障碍。但一些智障儿童早期能够接受合适的教育干预,他们的各项能力,尤其是语言能力和沟通与交往能力都能有所发展,从而能够更好地融入社会生活。中国著名智障乐团指挥家舟舟就是这样一个例子,舟舟的父母并没有因为他存在智力缺陷而放弃他,而是鼓励他融入各种集体,学会与人进行沟通与交往。再加上社会人士对他的关爱和他自身的努力,舟舟在生活中拥有很多好朋友。

一、基本情况

中国著名智障乐团指挥家舟舟,原名胡一舟,出生 1 个月后,被诊断为医学上认为不可逆转的先天愚型患者,也被称为 21 - 三体综合征,这种疾病在我国的发生概率为500 万分之一。舟舟的智力只相当于几岁小孩子的智力,逻辑思维能力很差,但形象思维能力却很强,经常做手势,偏爱指挥,喜欢沉浸在自己的世界中,性情温和。在亲人和社会的关爱中,舟舟从生活不能自理到可以与人基本正常交流,从智障儿童变成一个有名气的乐团指挥家。

二、过程分析

纪录片《舟舟的世界》中,舟舟的语言和社会交往能力存在一些缺陷,在沟通与交往过程中也存在一些困难,其语言能力(如口语、书面语)和非语言能力(面部表情和肢体动作)等都表现出明显的障碍特征。

---

① 本案例根据纪录片《舟舟的世界》整理改编.

（一）口语表达能力比较好

舟舟发音清晰，日常基本的口语交流基本上没有问题，有时还可以进行"即兴演说"，但句子都比较简单。例如，在乐团排练场，他画了一幅画，别人问："你刚才画的是什么东西？"他回答："画那个小人。"再接着问他："小人是谁？"他却答："不知道。"问他："为什么今天画画而不去指挥了？"他也能回答："因为没有那个《卡门》曲。"

（二）文字表达能力比较缺乏

舟舟有一定的绘画技能，但不会书写文字，"大概是世界上唯一一个永远背着书包的文盲"，数学能力也不好，直到8岁才数到1、2、3、4、5……由于这些缺陷，舟舟与人进行沟通与交往大部分通过口语的方式来进行。

（三）语言交流内容比较简单

由于智力的缺陷，舟舟不能掌握很多生活中的基本常识，对事物的认识也只是停留在表面，不能理解事物的本质，在沟通与交往的过程中容易出现答非所问的情况。崔教授问他一些常识性的问题，一般情况下他都答"不知道"，或者答非所问，例如崔教授问他："钟表有什么用处呢？"他没有思考就先答："不知道。"在父亲和崔教授的鼓励下，他才想起说："钟，看钟。"再例如，崔教授问他："球是什么形状的？"他的回答是："球，足球。"再问他一遍，他又说："篮球。我不知道，我说不准。"

（四）面部表情、肢体动作比较单一

舟舟的面部表情有智障儿童普遍有的特征，即面部表情比较单一，但是他善于模仿，表现能力也比较好，经常做手势，好像生活中也不能缺少了他的指挥。尤其在《卡门》的指挥表演中，他的动作惟妙惟肖。但在沟通与交往的过程中，舟舟面部表情表现形式不能像普通人那么丰富，肢体动作也会让对他不了解的人产生一些误解。例如，当他打开箱子的时候，他的手腕先向上轻盈地一抬，然后就突然指向旁边的一样东西，这个动作让人本能地躲开。

（五）语言记忆能力差

舟舟语言记忆能力比较差，相近词语会混用，也很难记住比较复杂的句子。例如，在教他识别京剧脸谱后很快他就忘了，还会把脸谱对应的人物指认错误，把"包公"说成"外公"，把"马五"说成"马眼"；在教他朗诵诗歌时，比较长的句子他就跟不上，更不能记忆了。在与舟舟的沟通与交往过程中，有时候语言需要多次重复，他才可能理解和运用。

（六）社会交往能力好

舟舟性情比较温和，社会交往能力也比较好。因为他善良，没有破坏性，"所有的剧团他常来常往"，周围熟悉他的人都很喜欢他，大家都对他好，"人缘不错"。例如，有时候在路上遇到熟人，他跑过去把人抱住，通过身体交流传递他问候的情感。

三、总结反思

当今社会，一些人对智障儿童还存在很多偏见，很多智障儿童还没有得到社会认可，他们一般都待在固定的生活范围内，交际范围非常窄小，沟通与交往能力本来就存

在缺陷,却没有足够的实践提高机会。相对于其他智障儿童,舟舟的沟通与交往能力发展比较好,其最主要的表现是他能够与他人比较顺畅地沟通与交往,他的成功因素主要包括以下几点。

(一) 各界对智障儿童的关爱

一方面,家人的关爱。舟舟的家人没有因为他是智障儿童而抛弃他,对他的关心无微不至。但舟舟的家人也没有过分地溺爱他,为了他以后能独立地适应社会生活,父母从小就培养他做一些力所能及的家务,有意识地培养他以后谋生的技能,还鼓励他去乐团和商场中玩耍,并教会他在此过程中学会与他人进行沟通与交往。另一方面,社会人士的关爱。在舟舟生活的社会环境中,周围的人都关爱他。很多人愿意和他一起玩,一起说话,满足他的兴趣。虽然在沟通与交往过程中,舟舟会出现很多语言障碍,也有一些行为问题,但大家都对他比较熟悉,能理解他,耐心地和他进行沟通与交流。

(二) 智障儿童积极融入团体、社会

1. 融入团体

由于父亲是交响乐团低音提琴手,舟舟从两三岁起就随父亲泡在排练厅里,长期泡在乐队使他对乐队指挥家观察得相当细微,大约 6 岁的时候,舟舟惟妙惟肖地把乐队指挥家的动作都表现了出来,甚至用左手推眼镜架看谱的动作都很像。本来智障儿童的模仿能力就比较强,通过这些锻炼,舟舟的肢体动作越来越灵活,也越来越丰富。

舟舟自己本身对音乐比较感兴趣,在乐团里也不觉得枯燥乏味,还可以和乐团里的人进行沟通与交流。由于舟舟性情温和,心地善良,乐团里的人也愿意和他一起玩。通过这种方式,舟舟的交际范围除了自家的家庭成员,还有乐团的很多好朋友。虽然舟舟在沟通与交往的过程中存在很多问题,但大家都理解他,并耐心地和他进行交流。

2. 融入社会

童年,舟舟渴望能和同龄朋友一起玩,但是事实上没有多少人愿意跟他玩,他的玩具还常常被其他小朋友抢去,甚至还遭到嘲笑和殴打。有一次,舟舟被几个大孩子扒光了所有的衣服和裤子并被扔在旷野的废弃水箱旁。有个别家长甚至不允许自己的孩子跟舟舟玩。

为了提高舟舟适应社会的能力,从小父母就尝试让他融入社会。每天妈妈都要把舟舟穿戴得整整齐齐。周末或节假日,他会独自乘很远的车去一个大商场玩,售票员和营业员都很喜欢他,他有时还会给别人来一段即兴的表演。父亲看到有一个残疾人给自行车打气挣钱得到启发,也让舟舟给自行车打气挣钱,只是舟舟不会控制气的量,把人家的车胎打爆还要赔钱。舟舟虽然智力发展有障碍,但父母一直教导他要遵守社会秩序。

(三) 智障儿童自身的努力

首先,舟舟本身就对音乐充满热爱,以这个为线索,他可以认识很多和他有共同爱好的人,大家一起交流音乐也有共同的语言。其次,舟舟性情比较温和,心地善良,没有攻击性行为,周围的人都喜欢他,愿意和他进行沟通与交往。再次,舟舟也是一个"乐天

派",容易沉迷于自己的世界中。作为一个智障儿童,可能在平时生活中会受到别人的嘲笑,但他不把这些事情放在心上,心态比较好。最后,舟舟也是一个比较自信的人。他敢于独自一个人逛商场,并和别人进行沟通与交往。

主要参考文献

1. 刘春玲,江琴娣.特殊教育概述[M].上海:华东师范大学出版社,2008.
2. 朱智贤.心理学大辞典[Z].北京:北京师范大学出版社,1989.
3. 郑俭,钟经华.特殊儿童辅助技术[M].南京:南京师范大学出版社,2015.
4. 郑俭.特殊教育研究网络资源整合与解析[M].北京:高等教育出版社,2008.
5. 陈云英.智力落后心理、教育、康复[M].北京:高等教育出版社,2007.
6. 肖非,王雁.智力落后教育通论[M].北京:华夏出版社,2000.
7. 银春铭.弱智儿童的心理与教育[M].北京:华夏出版社,1993.
8. 汤盛钦.特殊教育概论——普通班级中有特殊教育需要的学生[M].上海:上海教育出版社,1998.
9. 申继亮.当代儿童青少年心理学进展[M].杭州:浙江教育出版社,1998.
10. 黄希庭.简明心理学辞典[Z].合肥:安徽人民出版社,1995.
11. [美]哈米尔,埃弗林顿.中重度障碍学生的教学[M].昝飞,译.上海:华东师范大学出版社,2005.
12. 张淑华.人际沟通能力研究进展[J].心理科学,2002(4).
13. 陈墨,韦小满.自闭症儿童非言语沟通能力研究述评[J].中国特殊教育,2013(12).
14. 方雅红.培养智障儿童正确运用肢体语言[J].现代特殊教育,2010(Z1).
15. 刘丹丹.生活化教育:提高智障儿童沟通与交往能力的必要途径[J].现代特殊教育,2008(4).
16. 董洪柳.绘本阅读在智障学生口语交际中的操作策略[J].小学教学研究,2013(29).
17. 李晓庆.智障儿童沟通与交往的研究现状[J].南京特教学院学报,2014(2).
18. 李晓庆.智障学生沟通能力发展中的问题与对策[J].现代特殊教育(高教版),2014(01).
19. 刘晓明,张明.弱智儿童单句理解过程的实验研究[J].心理科学,1995(5).
20. 昝飞,刘春玲.弱智儿童语音发展的比较研究[J].心理科学,2002(2).
21. 张福娟.弱智学校低年级学生语言能力研究[J].心理发展与教育,1994(3).
22. 恽晓平.辅助技术在肢体残疾康复中的应用[J].引进国外医药技术与设备,1999(1).
23. 佟子芬.智力落后学生掌握量词特点的调查[J].中国特殊教育,1998(2).
24. 马红英,刘春玲,顾琳玲.中度弱智儿童句法结构状况初步考察[J].中国特殊教育,2001(2).
25. 刘春玲,马红英,潘春红.以句长衡量弱智儿童语言发展水平的可行性分析[J].现代康复,2001(15).
26. 邓宝莲.在自然情境中建立提示系统对增进中重度智障儿童主动沟通行为的成效研究[D].重庆:重庆师范大学,2013.
27. 李群.智障儿童心理理论与面部表情加工的关系研究[D].西安:陕西师范大学,2012.
28. 刘淑霞.艺术治疗对提升智障儿童交往能力的研究[D].济南:山东艺术学院,2011.
29. 任晨静.舞蹈治疗对于智障儿童交往能力的干预研究[D].西安:陕西师范大学,2014.
30. 沟通辅具对无语言智障儿童沟通训练的案例分析[EB/OL].(2015 - 10 - 18).http://www.mredu.org/show.aspx? cid=28&id=1390.
31. 中国残疾人联合会.2006 年第二次全国残疾人抽样调查:全国残疾人分残疾类别和残疾等级的年龄构成[EB/OL].(2009 - 04 - 07).http://www.cdpf.org.cn/sjcx/content-83889.htm.

32. 益阳新闻网. 智障女孩李灿写就精彩人生［EB/OL］. (2012 - 10 - 29). http：//www. yyrb. cn/xwzx/shehui/201210/49254. html.

33. Alcaraz，C. F. ，Extremera，M. R. ，Andres，E. G. ，Molina，F. C. Emotion recognition in Down's syndrome adults：Neuropsychology-approach［J］. *Social and Behavioral Sciences*，2010(5).

第五章　自闭症儿童的沟通与交往

　　自闭症儿童被称作是"来自星星的孩子"，他们总是沉浸在自己的世界里，很少主动与人交流，这对他们融入社会造成了很大的障碍。了解影响自闭症儿童沟通与交往的因素，掌握有利于他们沟通与交往的策略和技巧，不仅可以很好地帮助自闭症儿童改善沟通与交往的现状，也有利于他们进一步融入社会。

第一节　自闭症儿童沟通与交往的概述

　　沟通与交往包括与他人交流及相处的过程，自闭症儿童作为一个特殊的群体，诸多因素影响了其语言及社会交往能力的发展。自闭症儿童能在多大程度上与人建立沟通与交往的关系决定了他们社会交往能力的强弱，对他们是否能融入社会也影响深远。

一、概念界定

　　自闭症，又称"孤独症"，是自闭症谱系障碍中的一种，以语言发展障碍、社会交往困难和重复刻板行为为主要特征，主要发现于婴幼儿早期。这些特点使得自闭症儿童不能正常与人沟通，限制了他们社会交往活动的范围和质量。美国精神学会最新出版的《精神疾病诊断统计手册》中提到自闭症的诊断标准之一即存在社会沟通及社会互动上的缺陷[①]，这种缺陷体现在他们无法用有效的方式在社会中进行沟通与交往。

　　沟通是一种与他人交换信息以达到某种目的的社会性行为。沟通具有两大功能，一是表达信息，如表达基本需求、回应他人信息、表达想法、传达讯息等。二是传递情绪，如表达情感、利社会行为（安慰、分享、帮助）等。沟通还需要一定的会话技能，对于有些没有口语能力的自闭症儿童来说，沟通存在很大的困难。交往是在沟通的基础上与他人建立社会关系的行为。自闭症儿童语言等能力的发展受限，因此在沟通与交往行为上表现出障碍。根据《精神疾病统计手册》显示，自闭症谱系障碍在社会沟通与交往行为严重度可划分为以下几种（如表 5-1 所示）。

表 5-1	自闭症谱系障碍严重程度*	社会沟通与交往行为
自闭症谱系障碍在社会沟通与交往行为上严重程度的划分	程度三	语言及非语言能力的社会沟通技巧严重缺损，严重影响社交互动；在起始社交互动方面有困难，对于他人起始的社交互动较少有回应。

[①] American Psychiatric Association [EB/OL]. (2015-10-20). http://www.dsm5.org/Pages/Default.aspx.

续表

自闭症谱系障碍严重程度	社会沟通与交往行为
程度二	语言及非语言能力的社交沟通技巧明显缺损,即使在支持的环境下也会出现社交互动的缺损;在起始社交互动方面有困难,对于他人起始的社交互动回应较少,或可能出现异常的互动反应。
程度一	在没有他人协助的情形下,在社交互动上出现显而易见的缺损;在起始社交互动方面有困难,回应他人起始的社交互动时,会出现异常的情形;可能会出现对于社交活动不感兴趣的情形。

* 程度一至三障碍严重程度依次增加。

二、基本特点

(一)媒介特点

有些自闭症儿童虽没有发展出良好的语言表达能力,但是他们有良好的视觉认知能力,因此可以用图片来进行交流,即通过图片表达自己的想法、需求等以此达到与人沟通与交往的目的。如图 5-1 所示是教导自闭症儿童如何用表情图片表达自己的情绪,图 5-2 则是通过图片的选择来表达自己的需求或表达自己不舒适的想法。在自闭症儿童用图片进行沟通与交往的过程中,建立内容与意思之间的连接是其中重要的一环。图片交换沟通系统就是在此基础上发展出来的策略,在本章第五节会有详细介绍。

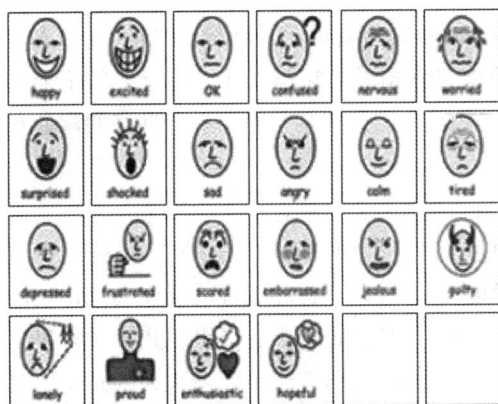

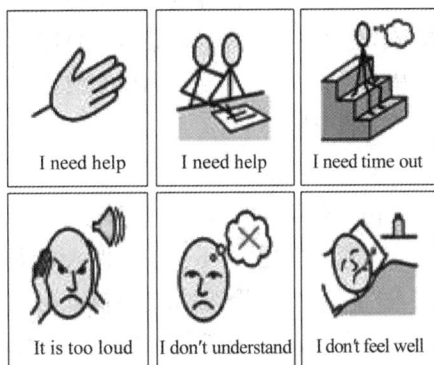

图 5-1

情绪图片

图 5-2

句型图片

(二)方式特点

沟通与交往最直接有效的方法是靠语言,但多数自闭症儿童语言发展缓慢,一是理解他人语言困难,二是无法正确地用语言表达自己的想法,即表达性语言和接受性语言同时存在问题。另外,有 25% 至 50% 的自闭症儿童没有口语能力。自闭症儿童沟通与交往的方式特点具体表现为:

1. 语言沟通

自闭症儿童言语能力发展受到限制,不能清楚地说出自己的想法。看到自己想要的东西或有其他需求时,只会用"啊啊"、"呜呜"等单音节词来表达意图。有时自闭症儿童在独处的时候也会发出这种声音,这常常是出于非互动性目的的自我刺激。

自闭症儿童在与人交流时,有时虽然不能完整地说出一个句子,但能用多音节的词语表达意思。例如,某自闭症儿童下课后跑到老师的办公室,拉着老师的手不停地说"音乐"、"音乐",老师马上明白了他是想去音乐教室玩。虽然这个自闭症儿童没有完整地说出自己的想法,但是也能使用单字句和多字句表达需求。

2. 动作沟通

动作沟通指用手部动作或肢体动作的变化来表示沟通与交流的意图。手语要求精细的手部动作变化和大量手势与沟通意义的指代,是听障儿童常用的沟通方式。由于自闭症儿童认知能力有限以及手部精细动作发展的限制,不能很好地掌握手语沟通系统,但是自闭症儿童能使用简单的手部动作和肢体动作来表达自身的意图,如拍手表示兴奋和高兴,摇头则表示不同意等。

(三)心理特点

1. 难以建立依恋关系

自闭症儿童与父母间的亲子互动比较少,难以与父母建立依恋关系。一般婴儿在出生后都通过抓、微笑、哭、盯着大人的眼睛等方式与人进行交流,来表达自己饿了、困了、不舒服的生理状态或是高兴、惊喜的情感需求。在被抚养的过程中婴儿会形成对父母的依恋,他们遇见不熟悉的人会有害怕、哭喊等行为,这种依恋关系是亲子关系建立的基石。但是自闭症儿童很少形成依恋,他们对于亲人拥抱、爱抚等动作的反应很微弱,对于父母的宠爱在情感上也是无动于衷。

2. 难以建立同伴关系

在幼儿园中,同伴的存在对自闭症儿童来说也是可有可无,他们经常自己一个人活动,不太愿意与同伴一起游戏。自闭症儿童有时候虽然是想与同伴一起玩耍却不知道正确的表达方式,不知道如何开启或维持一段对话,因此很难与同伴进行良好的沟通和交往,难以建立同伴关系。

3. 缺乏同理思考

由于自闭症儿童心智发育不全,他们往往以自我为中心,缺乏同理心,不能站在他人角度思考问题,也不会察觉他人情绪情感的变化,在别人伤心难过时反而会觉得很高兴,这都不利于自闭症儿童与他人建立亲密关系。例如某高功能自闭症儿童懂得很多自然界常识,每次回答别人问题时都会不着边际乱说一通,全然不顾身边人的感受。又如老师按照平分的原则在班上给儿童分蛋糕的时候,某自闭症儿童坚持自己要吃最大的一块蛋糕,并为此吵闹。

(四)能力特点

1. 语言沟通能力弱

自闭症儿童语言沟通能力比较弱,有口语能力的自闭症儿童,大多数只是将口语做工具性的沟通用途,如要求某样东西(我要喝水)、抗拒或拒绝(我不要)之类的表达;对于询问、交换信息、情感表达等其他功能较少执行。没有口语表达能力的自闭症儿童会用行为语言与人沟通,但行为语言的功能大多是以抗议、发脾气或逃避为主。此外,他们不会用肢体语言、面部表情等来协助沟通,如不会用手指引某物引起他人注意,不会与他人分享经验[①]。

2. 社会性趋向能力弱

社会性趋向能力是指注意和处理脸部信息以进行社会互动调节的能力,它包含四种行为:①社会参照:持续注意他人脸部;②共享式注意:和他人共同注意的行为;③叫名趋向:听到自己的名字时会注意;④社会性微笑:回应他人的笑容以分享喜悦[②]。自闭症儿童这四个方面的能力都比较弱,首先他们会回避与别人的视线接触;当别人用手指向某个东西时,他们的视线不会有追随,也很少用自己的行为主动引起别人注意;当别人叫到自己名字时,不会有所反应;自己不会正确表达情绪,也不懂得理解他人情绪。

3. 缺乏社会互动技巧

社会互动技巧包括口语的沟通技巧和动作的交往技巧等。自闭症儿童因语言发展困难,在口语表达方面存在障碍,他们无法体会到他人说话的语气,更不知道怎样回应他人,话题轮回量次少,无法维持有效的沟通;在受到其他小伙伴邀请的时候会熟视无睹,这种拒人于千里之外的态度会让彼此间慢慢疏远;不能正确表达自己的需求,他们用大喊大叫表示兴奋,用破坏行动表示拒绝等,而不是正确说出"我不要"、"我不想"等话语,因此自闭症儿童难以与人互动或建立良好的人际关系。

三、影响因素

(一) 主观因素

自闭症儿童缺少主动沟通的意愿,且会因为不理解社会规则、坚持固执行为不会变通等产生许多问题行为,造成比较紧张的人际关系,如他们会因为寻找感觉刺激进行自伤或是攻击他人,或者他们认为正常的打招呼方式在同伴看来却是一种伤害。当自闭症儿童刚进入一个新集体时,这些问题逐渐暴露,同伴对他的态度会由友好接纳变为排斥,特别是随着一般儿童玩伴关系的建立,自闭症儿童会因为异质性而遭到排斥。同时,自闭症儿童也会因不适当行为经常被老师批评而遭到同伴的孤立,这些都会阻碍其正常人际关系的建立,从而影响自闭症儿童与他人的沟通与交往。

(二) 客观因素

1. 遗传

首先,遗传因素及其带来的生理表现是影响自闭症儿童沟通与交往状况的首要因素。自闭症儿童存在感觉统合系统失调的问题,即视觉、听觉、触觉、平衡觉等感官不能正常运作,或某种感觉阈值异常。有的自闭症儿童触觉阈值高,对外界的刺激如家人的爱抚等反应度过低,对他人的打招呼等行为无法做出及时回应,更无法与人建立亲密关

---

① 黄金源.自闭症儿童的治疗与教育[M].台北:心理出版社,2008:126.

② Mosconi, W. M., Reznick, S. J., Mesibov, G., & Piven, J. The social orienting continuum and response scale (SOC-RS): A dimensional measure for preschool-aged children [J]. Journal of Autism and Developmental Disorders. 2009,39(2):242-250.

系。又如某些自闭症儿童听觉阈值很低,不能接受嘈杂的声音,人多的环境便像炸弹爆炸一样令他们觉得紧张和恐怖,于是用大声叫的方式表达自己的不舒适状态。

其次,自闭症儿童大脑执行功能受损。执行功能通常指个体暂时解除受制于当前环境,维持合适解决问题的心理状态以达成目标的能力。这种能力包括推理、顺序、计划、做决定、组织、应对、弹性、问题解决和抽象思考等。自闭症儿童前额叶发展受损,信息无法正确传到大脑的皮质区域或受到中断,因此不能做出正确的反应。他们无法根据环境的改变采取适当的措施,坚持一贯的做法;对于程序多的任务也无法完成,缺乏抽象思考的能力。

2. 环境

沟通与交往是个双向的过程,不仅与交流者本身的沟通意图、技巧、行为有关,交流者之外的环境因素对交流过程也有质的影响。影响自闭症儿童沟通与交往的环境因素主要表现在两方面:一是主流社会对自闭症儿童的接纳程度,如果整个社会的舆论导向把自闭症儿童看成是不可接触的怪异群体,无法正面对待,那么就失去了沟通与交往的根本基础。心理上的排斥与隔阂是最大障碍,反之,一个社会对自闭儿童采取接纳友好的态度,情况会大为改观。二是物质环境的支持程度,现代社会的交流不仅仅限于语言或是行为间的面对面交流,各种科学技术的发展为原本有障碍的交流过程提供了诸多便利,也让自闭症儿童可以在虚拟的环境中体会与人交流的过程。

3. 教育

影响自闭症儿童沟通与交往的教育因素主要是语言学习方式和学习经历的问题。语言归根到底是一套符号系统,每个词语都有特定的符号表示特定的意义。对于自闭症儿童来说,简单具体的词语是容易理解的,抽象的词语是难以学会的,语言教育方法会影响自闭症儿童语言的学习状况,应多给予他们学习语言的机会。例如父母常因为自闭症儿童语言少,习惯性地去猜测他们的需求,如"铅笔,对不对","是不是要剪刀"等。在这样的情形下,儿童只要回答"对"、"不对"、"是"、"不是"就可以达到沟通的目的,并获得想要的物品,这不利于自闭症儿童学习更复杂的语言。良好的提问技巧能提高自闭症儿童回答问题的能力,因此,教师与家长要创造让儿童表达需求的机会[1]。

第二节 自闭症儿童沟通与交往的方式

沟通与交往是人与人之间、人与群体之间思想感情的传递和反馈的过程,以求达到思想的一致和感情的通畅,主要包括信息传递和情感交流两个部分。就沟通的影响力来说,沟通技巧和方法影响力最大,其次是动作,语言本身影响力最小。自闭症儿童沟通与交往的方式包括言语沟通和非言语沟通,其中言语沟通包括口语沟通和书面语沟通,非言语沟通包括面部表情沟通和肢体动作沟通。

① 黄俊伟,罗芈苓.自闭症教学技巧[M].台北:群英出版社,2004:55.

一、言语沟通

语言是沟通最直接的方法,掌握一门语言就要学会发音、文法,体会不同情境下的语义和功能。语言功能的发展缺陷是自闭症儿童难以改善的症状,过半数的自闭症儿童始终没有发展出功能性的语言,他们的主要问题在于无法很好地运用语言并将其作为社会沟通的工具[①]。但这并不表示自闭症儿童完全没有言语能力,自闭症儿童言语沟通包括口语和书面语。主要特点如下:

(一) 口语

1. 不能准确理解句子的全部意义

自闭症儿童只是听懂句子的字面含义,不能准确理解句子的抽象含义;对说话者的语音语调、说话快慢、面部表情或肢体动作也很难领会。例如,老师对调皮捣蛋的儿童说"你再不听话老师就不给你奖励了",自闭症儿童以为老师真的不给他奖励,而没有意识到这是老师的一种言语刺激,真实意愿是希望大家能好好表现。又如,老师下达指令"要先完成任务才能吃东西",这时自闭症儿童会一直吵着要吃东西而不去完成任务,这并不是因为他懒而是因为他根本没有接收到老师传达任务的这个信息。

2. 鹦鹉式仿说行为

自闭症儿童经常出现自言自语的行为或说一些无意义的音节或语句,这有时是单纯的自我刺激行为,有时出于与人互动的需求。例如某自闭症儿童总是重复一连串数字,而这串数字本身并没有意义。鹦鹉式仿说分为立即仿说和延迟仿说,立即仿说表现为立即重复他人的话语,如老师在课堂上说"请安静",他也会跟着说"请安静";延迟仿说是无目的地重复之前学过的话,如某自闭儿童经常说"欢迎光临",这很可能是该儿童与家长去餐厅时学了服务生的话。

3. 表达过程不准确

自闭症儿童在说话时不会用代名词或是会出现代名词混淆的现象,他们会用名字取代"你"、"我"、"他"。例如,某自闭儿童想要某样东西时,他会直接大声说"要",而不是表达出"我想要"的完整句子。此外,在谈话的过程中,某些自闭症儿童还坚持讲自己感兴趣的话题而不顾及别人的感受。

(二) 书面语

有些自闭症儿童虽然口语表达存在障碍,但日常生活中的简单交流,他们可以借助卡片来实施。教师与家长可以把日常生活中常用到的语句或实物印在卡片上,教会自闭症儿童在适当的时候展示出来,以此作为一种替代性的沟通方式。例如让某自闭症儿童去超市买东西,可以事先准备好要购买东西的图片,如果该儿童没有找到某样东西,则可以出示图片给售货员,让其帮助他寻找。此外,自闭症儿童还可以用绘本辅助其与他人沟通交往。

自闭症儿童被称为"来自星星的孩子",他们经常沉浸在自己的世界里无法与他人沟通交流,外界的人也很难走入他们的内心。但是有些自闭症儿童却能用丰富的图形、

[①] 黄伟伟. 自闭症儿童的非言语沟通能力缺陷[J]. 中国特殊教育,2007(1):55.

艳丽的色彩来绘画出自己的世界。通过绘画,具有非言语沟通能力的自闭症儿童可以得到放松并将潜意识的想法表达出来。绘画治疗也作为艺术治疗的一种方法帮助自闭症儿童表达内心世界。Kornreich 和 Schimmel 在 1991 年的研究中发现连续两年的绘画治疗帮助一个 11 岁的自闭症儿童平稳了情绪,减少拍手和自言自语行为的频率,增加了眼神互动交流并提高了社会意识①。

英国 5 岁自闭症女孩绘出惊人画作②

据每日电讯报道,近日,一位 5 位小画有作的画因色彩绚丽、情感丰富引起了不少人的关注。这位来自英国莱斯特郡的自闭症小女孩艾瑞斯·格蕾斯·哈姆肖的画曾售出 1 500 英镑(约合 14 600 元人民币)的高价。与很多艺术大师一样,哈姆肖很少与外界交流,在两岁时就被诊断出患有自闭症。然而,这种沉默的状况却因为萌猫图勒的出现被打破了。

当哈姆肖被诊断出患有自闭症时,她的父母决定采用"绘画治疗法"对她进行治疗。哈姆肖很快就学会了画画的各种技巧,并开始将大量时间花在绘画上。

图 5 - 3

正在绘画中的哈姆肖

哈姆肖的妈妈阿贝拉·卡特约翰逊这样评价自己孩子的画:"从创作第一幅开始,她(哈姆肖)就给画纸添满各种色彩。但这并不是随意的涂抹,而是精心的设计。"为了能给图勒指示,哈姆肖开始主动与外界交流,与这只萌猫对话。图勒陪伴哈姆肖度过了许多欢乐的时光,也让这个自闭症女孩的世界明亮起来。

二、非言语沟通

有文献表明,25%—50%左右的自闭症儿童终生没有功能性口语且缺乏足够的书写技能来满足其日常沟通需要③。非言语沟通主要通过面部表情和肢体动作进行。自闭症儿童在非言语沟通行为的理解方面,主要的障碍在于陈述性指示的理解,对于祈使性指示(响应他人要求)的理解相对较好④。

(一)面部表情

面部表情(包括眼神)能表达出个人的精神状态和情绪,如目光炯炯表示有精气神,眼神空洞表示没精神,愁容满面显示较悲伤,趾高气昂显示很骄傲。研究表明,自闭症儿童在应答性共同注意行为和自发性共同注意行为上,表现为有追视和注视行为,但持续时间很短;手指行为最易唤起自闭症儿童的追视行为;手指加语言最易保持自闭症儿

① Simpson, R. L. Autism Spectrum Disorders [M]. CA: Corwin Press, 2004:208.

② 刘颖颖.英国 5 岁自闭症女孩绘出惊人画作。[EB/OL]. http://v.china.com.cn/news/2014 - 10/17/content_33789797.htm.

③ 袁静.自闭症儿童非言语沟通能力的缺陷及其培养[J].教育实践研究,2011(15):319.

④ 黄伟伟.自闭症儿童的非言语沟通能力缺陷[J].中国特殊教育,2007(11):55.

童的注视行为;应答性视线接触与儿童情绪有关联;后者表现为视物多于视人;注视同伴多于注视成人;自发性手指行为的发生率几乎为零[1]。

（二）肢体动作

肢体动作能很好地反映出一个人的精神状态,如手舞足蹈表示兴奋,捶胸顿足表示焦虑,坐立不安表示紧张等。自闭症儿童可以用肢体语言表达出功能性动作,但由于手部精细动作发展较慢,他们并不会像听障儿童那样很流利地使用手语来进行交流。但是在日常生活中,他们可以用简单的手势语或其他肢体语言来表达特定含义,如用手碰头表示帽子,全身蜷缩则表示寒冷等。尤其是对于无语言能力的自闭症患儿,专门训练其通过一定的肢体动作来表达自己或者与他人沟通交往是十分必要的。例如,自闭症儿童在吃饱后不知道如何表达,就发生大哭大闹或撕咬父母的行为。在这种情况下,父母就可以教他拍拍自己的肚子以表示"我吃饱了"。通过反复训练,自闭症儿童学会用这种肢体沟通方式恰当地表达自己的意思后,就可能不会再出现让大人困惑的情绪反应了。

第三节　自闭症儿童沟通与交往的途径

自闭症儿童的沟通与交往主要有学校、家庭和社会三个途径。在学校中,同伴和老师扩大了自闭症儿童的交往对象范围,也使他们获得了一定的社交经验。自闭症儿童的养育离不开家庭,主要照顾者对儿童的影响是非常深远的,良好亲子关系的建立是与他人建立关系的基础。社会作为自闭症儿童成长的大环境,各种丰富的情景为他们提供了多样化的沟通与交往的机会。

一、学校中的沟通与交往

学校是连接家庭和社会的纽带,儿童在家庭受的教育会影响他们在学校的表现,在学校受的教育也会影响社会行为。自闭症儿童在学校中要遵循老师的要求,学会与他人合作及团体一致行动。

台湾师范大学吴武典教授修正雷诺的阶梯式服务模式,提出了特殊儿童接受教育最适当的安置模式,如图5-4所示按照特殊儿童障碍的严重程度和进步情形从上向下依次划分为医院、教养机构、特殊学校、特殊班、资源教室、巡回辅导、普通班。障碍程度越重的儿童接受的特殊教育和治疗更专业,但封闭的程度也比较大,接触的资源类型也比较少。自闭症儿童在普通班接触普通同伴的时间比较多,受各种刺激和影响更明显,也有更多与他人沟通和交往的机会。当然,特殊儿童具体被安置在哪种类型的教育资源里也要根据儿童的年龄和家长意愿综合考虑。

---

[1] 黄伟伟.自闭症儿童的非言语沟通能力缺陷[J].中国特殊教育,2007(11):55.

图 5-4

最适当的安
置模式①

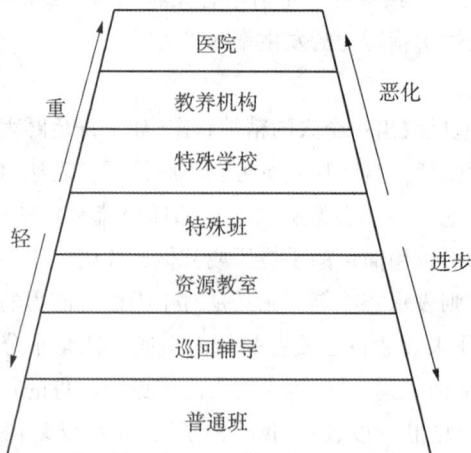

```
                    医院
          重              恶化
                  教养机构

                  特殊学校

                  特殊班
          轻              进步
                  资源教室

                  巡回辅导

                  普通班
```

（一）特殊教育学校中的沟通与交往

1. 综合性特殊教育学校中的沟通与交往

在综合性特殊学校中有多种障碍类型的儿童，可能会出现小集体的组织，即障碍类型相同或相似的儿童经常在一起活动，从而使得集体沟通变得困难。如听障儿童能彼此用手语进行沟通，但是自闭症儿童因为不会手语而导致与听障儿童的沟通受到阻碍。不同障碍类型的儿童在一起交流的机会较少，这样会造成自闭症儿童在特殊学校中接受的刺激不足，不利于进一步的沟通与交往。

2. 专门性特殊教育学校中的沟通与交往

专门性特殊学校中，教师会针对同类的儿童采取相适应的教学方法，教育上也会更有针对性。虽然同是自闭症，但障碍程度不同也会让这个群体有层次的分别。程度轻的自闭症儿童可以帮助程度重的儿童，教师可以恰到好处地运用这些特点使班级形成良好的互帮互助氛围。

例如，语音语调的变化可以传递很多信息，是语言沟通中重要的一点。过重的语调表示强调或是一个人生气的情绪，轻言细语则是表示温柔的态度或是外界安静环境所要求。然而自闭症儿童对语言内容本身之外的信息掌握比较困难，无法理解音调高低、面部表情、说话快慢的变化，他们自己说话时也是面部表情单一，目光无神，或是语调单一，发出电报式的声音。这在与人沟通的过程中会使对方很快失去兴趣。教师可以根据这样的特点在班级内设计教学活动来专门训练自闭症儿童的说话能力，让他们学会如何用正确的语音语调、如何用正确的方式说话，帮助他们与他人顺利沟通。

（二）普通学校中的沟通与交往

1. 普通班级中的沟通与交往

自闭症儿童在普通班级的环境中有更多可以学习和模仿的对象，同伴给予的刺激能在一定程度上激发其潜能。其次，班级其他同学对自闭症儿童的态度也十分重要。

---

① 吴武典.特殊教育的理念与做法[M].台北：心理出版社,1990：191.

一个热心、互帮互助的集体会使自闭症儿童很快融入学校生活。同时自闭症儿童缺乏社会互动的技巧，没有主动与人交流的意愿，又经常出现许多问题行为，这些都会给自闭症儿童与普通儿童之间的沟通与交往造成阻碍。在普通学校中，班级间不免存在竞争现象，这种竞争会体现在成绩或是班级评优上，但多数自闭症儿童智力存在缺陷，学业成绩不理想，因此他们可能会拉低班级平均成绩。所以在班级评量方式上学校还需要针对各班做出调节。

2. 资源教室中的沟通与交往

对于资源教室，国内外学者看法有所不同，我国台湾地区学者林素珍综合众多观点提出了以下看法：资源教室是为提供部分时间制的支持性特殊教育服务而设立的；资源教室的服务对象为安置在普通班的特殊学生及其普通班教师；资源教室需提供相关学习和教育资源，以帮助特殊学生适应普通教育为目标；资源教育以协助特殊学生普通教育基本学科课程的学习、建立学生基本的学习技巧和增进社会技巧为主要内容[①]。资源班的课程并不是补救教学，而是根据特殊学生的需要去帮助他们更好地学习及融入周围环境。自闭症儿童在学校可能存在的问题是社交技巧欠缺，人际关系能力差。因此在资源教室中，教师会根据自闭症儿童的自身特点来设置相关课程，如语言和社交方面的课程，来帮助自闭症儿童适应学校生活。

某实验小学的生命教育课程[②]

社会技巧是影响特殊需求儿童在融合情景中发展人际互动，增进调试能力的重要知能。我国台湾地区某实验小学以资源班教师为团队，开发了"情谊取向生命教育"的社会技巧训练课程。课程发展以绘本故事讨论与延伸活动作为活动主体，教师从强调情意知能引发"情生意动"的观点，转变为生命教育，培养学生和而不同的生命智慧。在这个实验小学，有55％的学生被鉴定为自闭症或情绪障碍，且该数据有逐年升高的趋势。在情意课程中，参与对象包括了特殊学生和普通学生；活动情景则有资源班、普通班、校园，甚至社会场所；活动内容包括资源班特殊需求课程，普通班推广的入班宣导以及学校、社会的大型活动。通过这样的方式将资源开放给不同需求层次的学生、老师、家长，创造一个整合型的支援系统。

情意课程强调在社会技巧训练的特教课程中，学生将所学在统整型的生活情境里落实。教师通过绘本这个媒体素材，引导学生建立正向情意知能，包括处理人与自我、人与他人、人与环境的关系。绘本是课程架构的重心，在听故事的过程中，老师除了将学生带入社会技巧的训练活动之外，也期望学生会对故事中的主角产生认同，自在地将所学得的技巧或经验运用出来，进而培养他们适宜的态度、健全的心理、适当的情绪控制。

以绘本"大象艾玛"为主题，课程分为两个阶段。阶段一是讨论主角（大象艾玛）在团体中对自我与众不同的察觉、改变、悦纳，体会生命多样之美，进一步延伸悦纳自我的

① 林素贞.资源教室方案与经营[M].台北:五南图书出版股份有限公司,2009:42.
② 陈伟仁,杨慧玲,陈炯亮,等.从"情生意动"到"和而不同":融入社会技巧训练的生命教育课程[J].特殊教育季刊,2015(134):9—15.

与众不同,引导学生思考自我的独特性,并将独特性表现在面具的设计、彩绘与装饰上。同时在户外体验活动中,引导学生学习调和自我独特性和群体互动感。阶段二是引导个体满怀感谢,营造良性互动。通过影片观看、艺术作品赏析、游戏表现,引导学生发现生活中要感谢的对象与事件。邀请原班好朋友制作饼干,并在晨会中将饼干赠给全校师长,表达对他们的深深谢意。最后以心情卡、海报制作结束课程,引导学生回顾学习历程。这些活动的目的在于建立学生与同伴的友善关系,并创造接纳自我的环境。

二、家庭中的沟通与交往

自闭症儿童大部分时间是在家庭中度过的,家庭在儿童成长中有着至关重要的作用。家庭是儿童迈向学校和社会的出发点,也承担着社会功能延续的作用。努力营造和维持一个健全的家庭环境则会增进家人间的沟通、理解和支持。

(一)家庭内的沟通与交往

1. 协助孩子学习表达需求和欲求

准备一些图卡,上面画着日常生活的需要品。家长要尝试教儿童把图卡与实物相匹配。当儿童有需求并且无法用语言表达出时,就可以先拿出相应的卡片来帮助获取自己想要的东西。如儿童想要吃糖果,可以先找出画有糖果的图片再去父母那里换取。

2. 提升孩子对其他照顾者的接纳程度

虽然自闭症儿童很依赖父母,但现实情况是家长不可能把所有时间都花在陪孩子这件事情上面。如果离开了父母,他们可能会产生焦虑甚至反抗现象。逐渐培养自闭症儿童对父母以外照顾者的接纳度则可以有效缓解这种现象。这样不仅可以让家长腾出时间做自己的事,也可以扩大自闭症儿童的交往对象范围。如创造机会让儿童与该照顾者愉快地相处一段时间,当儿童对家长不在身旁没有表示不良情绪时,则可适当延长时间。

3. 家庭成员间情感和谐

家长知道自己的孩子患自闭症时,一开始心里是"否定"并且无法接受的。在日后家庭很可能因为家庭成员间彼此的责难而支离破碎,这从经济上和情感上对自闭症儿童都是最大的不公平。和谐的家庭需要成员彼此的合作,大家齐心合力一起面对困难,家庭成员间适当的沟通和交流是必需的。

4. 创造主动说话的机会

让自闭症儿童主动与人沟通交往的场景有很多,家长和教师都要创造让他们主动说话的机会。例如在家中父母可准备水果罐头,因为儿童一般较难开启水果罐头,会用肢体语言向父母求助。这时父母要耐心地要求儿童说出"帮我打开"的话语,并可教导儿童如何打开水果罐头。又如,父母在带儿童出门前先把要穿的鞋子藏起来,在把鞋穿好并准备出门时,自闭症儿童会发现鞋子不见了,父母不予以语言提示而是让自闭症儿童主动说出"鞋子"等话语。这样的活动可以延伸到很多日常情境中,如开门没有带钥匙、洗澡到一半时没有热水等。

(二)家庭间的沟通交往

个人的力量是弱小的,团队的力量是无限的。为了获得更多的帮助和资源,可以建立家庭与家庭间的支持系统,如各种家长团体。这种团体最初是为了获得情感上的支持,之后便可以整合各位家长不同的社会资源,提供多样的帮助。当家长团体逐渐壮大,会形成有规模、有组织的联合会或是机构,在社会上具有一定影响力。家长团体定期会组织家长会或是其他活动,让自闭症儿童家长在一起交流育儿经验、分享心得体会。有经验的家庭可以提供实践性的意见给经验不足的家庭,不同家庭之间也可以有信息的交流[①]。

三、社会中的沟通与交往

(一) 现实社会中的沟通与交往

社会交往是建立在一定行为规范上的,自闭症儿童在现实生活中与人进行互动就需要掌握一定的社会规则和礼仪。如购物付款的时候要排队,过马路要遵守交通规则,见到长辈和老师要问好等。实地演练是最好的方法,让自闭症儿童亲身体验社会生活,如搭乘公共交通工具、帮父母买东西等。有些行为规范可以通过社会故事法内化到儿童心中。

不同于学校或者训练机构里有限的空间,社区为自闭症儿童的发展提供了丰富的资源。家长可以充分利用各种社区资源,带自闭症儿童多参与社区或团体组织的活动,而不是觉得参加活动麻烦或是带自闭症孩子出去不好意思。丰富的地域活动可以为自闭症儿童提供各种锻炼的机会,在自然情境中学会与他人相处。例如,在 W 市的某社区中心内,社区工作人员通过任务分析法,将缴物业费用的过程分为五个步骤,分别是:①从保卫处取得缴费通知单;②从社区工作人员处取得相应费用单据;③到社区物业中心交通知单及相应费用;④签字;⑤拿好收据。从开始协助完成,到自闭症儿童独立完成,每做到一个步骤都会得到社区工作人员的鼓励与强化。在这个过程中,自闭症儿童不仅学会运用问好、道谢的技巧,也学会了社区生活能力[②]。

(二) 网络社会中的沟通与交往

现代科技的发展使沟通与交往的形式不局限于现实社会,人机沟通的互动模式也开始出现。网络上一些简单的小游戏,如模拟商店、团体足球等,不仅可以让自闭症儿童避开现实社会与人面对面交往的压力,又可以让他们体验社会经验。有些高功能自闭症儿童在生活中缺乏与人建立社会关系的技巧,但是可以在一些情景模拟的游戏中得到弥补和锻炼。同时,各种影音、视频等网络资源的丰富也为自闭症儿童提供了学习的机会。

天宝·格兰丁

天宝·格兰丁,美国著名的动物学家,现任教于科罗拉多州立大学,同时她也是位高功能的自闭症患者。她多次以自身的经历向公众讲述自闭症患者的心路历程,并出

---

① Shannon. Barriers to family-centered services for infants and toddlers with developmental delays [J]. Social Work, 2014(4):307.

② 郑晓安,等.大龄自闭症儿童社区沟通训练的研究——以 W 市美好家园为例[J].现代特殊教育,2015(7):54.

版了《我们为什么不说话》、《用图像思考》等多部著作,使公众关注并改变了对自闭症患者的看法。电影《自闭历程》就是以她的自传改编而成。

天宝在2岁的时候被诊断为自闭症,母亲尝试用多种方法,终于使她在4岁的时候开始讲话。为了接受教育,天宝进入学校学习。但是在学校里天宝不知道如何与人建立良好的关系,同时也有严重的行为问题,这一切使得她不能融入集体。直到遇见卡洛克博士,在他的帮助和支持下,天宝坚定了研究自然的兴趣并顺利考入大学。天宝·格兰丁发明了拥抱机,这能很好地给自闭症患者提供触觉刺激和安全感的刺激,平复紧张的情绪,她自己也是拥抱机的受益者。有鉴于她初次发明拥抱机的经验及基础,她设计弯曲且封闭的栅栏走道,让等待屠宰的牛只,能够减轻紧张压力,使前进队伍流动平顺,以达成人道目的,也进而降低了驱赶牛只的人力成本。美国和加拿大的牛只畜牧业设施与处理方式,有很多出于她的设计。

天宝是视觉思考者,在《用图像思考》中,她以独特的视角描述了自闭症人士如何理解和感受外部世界,既为身陷自闭症症状中的人指明融入社会和自我成长的方向,也为普通人,尤其是需要与自闭症儿童和成人共同生活的家属、专业人士更好地理解自闭症人士提供了建议。

第四节　自闭症儿童沟通与交往的辅助技术

自闭症儿童在与人沟通与交往的过程中会存在诸多问题,而辅助技术的发展则为解决这些问题提供了新思路。辅助技术是指用来帮助自闭症儿童接受和传达信息的工具或体系,目的在于使自闭症儿童更好地与人进行沟通与交往。自闭症儿童沟通与交往的辅助技术可以分为硬件系统和软件系统。

一、硬件系统

自闭症儿童在沟通与交往过程中往往需要一些辅具支持,一些产品的开发与应用对于提升自闭症儿童的沟通行为具有重要作用。扩大及替代性沟通辅具在自闭症儿童的沟通行为干预中有着广泛应用,产品的不断优化与新产品的开发使其在自闭症儿童的教育实践中持续发挥作用。另外,依托人工智能技术的社交型机器人也开始展现出其新颖独特的影响力,为提高自闭症儿童的沟通与交往能力提供了一个新途径。

(一)扩大及替代性沟通辅具

扩大及替代性沟通辅具能帮助有严重沟通障碍的个体发展接受性和表达性语言的能力,在自闭症儿童沟通行为干预领域应用广泛。有学者认为扩大性沟通策略能促进自闭症儿童接受性语言的发展,能增强自闭症儿童自我控制与自我选择能力;替代性沟通方面,沟通形式的多样化和替代不仅能促进自闭症儿童沟通动机的激发与主动沟通技能的发展,而且有利于自闭症儿童问题行为的减少和正向行为的出现[1]。目前,图片

---

① 魏寿洪. AAC在自闭症儿童沟通行为中的应用分析[J].中国特殊教育,2006(11):44—48.

沟通板、语音沟通板等都在自闭症儿童沟通与交往训练中应用较多,具体辅具的选择和干预内容的设计都要符合自闭症儿童的认知特点和发展需求,即要在对儿童的感知觉、语言发展、动作发展等作出系统评估的基础上选择适合的沟通辅具。

(二)社交型机器人

随着人工技能技术的发展,智能机器人开始在各行各业中得到应用和推广,特殊儿童沟通与交往也是智能机器人发挥作用的重要领域。Leka就是一款社交型机器人,而且已经应用到提升自闭症儿童沟通与交往能力的教育实践中,它通过蓝牙控制,一旦配对,用户可通过两个独立的模式控制Leka:手动控制Leka的运动和行为或访问自主应用程序。Leka配备有感应器可回应儿童的反应,比如当Leka受到虐待,就会变成红色表示悲伤。这种交互式回应的目的是帮助自闭症儿童更好地理解社会线索,并提高他们的社交技能。Leka不仅具有多种教育性功能,它还能控制游戏难度,确保儿童在每个游戏中得到训练,而且还可以将自闭症儿童与机器人之间的互动方式进行数据抓取并将数据信息保存下来,所有信息都可在监控平台的跟踪标签里的表格中显示出来。当然,Leka的各种功能还在不断完善当中,设计者力求能使其具备如下功能:①图片展示功能。Leka的屏幕将随机显示物体图象,并要求儿童将相应物体取过来。当儿童拿着显示物体返回时,Leka可感应到并作出积极回应,奖励儿童完成任务。②躲藏功能。把Leka藏起来,让儿童通过其发出的声音和振动自己找到机器人。如果儿童成功找到Leka,机器人就会发出笑声或振动,或改变表情。③远程控制功能。能够让父母、教师或其他人员控制Leka的特性功能(比如颜色、声音、运动、灯),这样能够对儿童的特定行为做出反馈,锻炼其动作协调能力①。

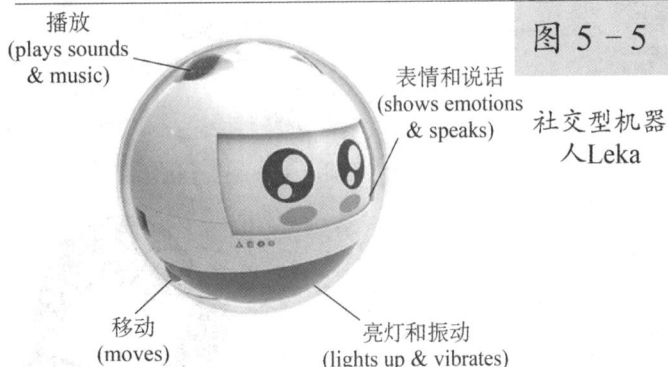

播放
(plays sounds & music)

表情和说话
(shows emotions & speaks)

移动
(moves)

亮灯和振动
(lights up & vibrates)

图 5-5

社交型机器人Leka

二、软件系统

(一)辅助技术

随着现代社会信息技术的发展,出现了许多和沟通板功能类似的应用程式,可以直接在手机和平板电脑上使用。

专栏 5-1

1. 语你同行

由香港协康会推出,帮助自闭症儿童表达需求的一款应用程式。内设有人物、动作、食物、玩具、身体、情绪感受、动植物、衣物、交通、活动、日常用品、家居物品、地方、文具、饮品、特征、社交用语等图片,可以组合发音,帮助自闭

---

① 社交型机器人Leka可帮助自闭症儿童[EB/OL].(2016-05-04).http://robot.ofweek.com/2016-05/ART-8321203-8140-29093210.html.

症儿童表达日常需求及发展语言。

2. AAC 好沟通

一款图文沟通编辑平台，内含 3 800 多张照片及语音资料，并可通过拍照、

有时候，人们会赞赏别人，可能因为他做得好，或者
做了聪明事，或者是其他原因。

别人赞赏我，我可以尝试说说一声：[谢谢!]

有时候，人们会说令人高兴的说话。

别人向我说了令我开心的说话，我可以尝试说一声：[谢谢!]

这样，别人会感到很舒服。

有时候，人们会送礼物给朋友，像玩具、食物等等。

我收到朋友的礼物，我也会尝试说一声：[谢谢!]

这样，(他们会觉得我有礼貌)。

图 5 - 6　社交故事一按通——什么时候说谢谢

摄影、连接音频及影片的方式达到沟通的效果,适用于自闭症、听觉障碍、脑瘫、语言发育迟缓等沟通障碍的人群。

3. 知情解意

协康会引进美国 SCERTS(Social Communication, Emotiona Regulation, Transactional Support)综合教育模式,并以此理念为基础开发的一款应用程式。旨在增强自闭症儿童主动沟通及参与活动的动机,以提升儿童处理情绪及面对困难的应变能力。包括可配视觉提示工具、情绪调节指南等,可与应用手册同时使用。

4. 小雨滴

一款帮助自闭症及其他有沟通障碍的儿童学习语言、沟通、社交、认知的辅助教学工具,包括认知、情感、社交故事等 400 多个素材,也可自定义新素材,从多方面来培养儿童的交流能力。注重语言行为最基本的需求,有一半的素材可用于"要求"的训练,从生理方面和食物的实际提示两方面构建动机,启发儿童主动交流。

5. 社区乐悠悠

模拟看牙医、看电影、逛游乐场、搭公车、外出就餐五类场景,含有社交故事、程序卡、图卡等资料。可新增图卡和变换图片顺序,由香港协康会教师设计,可以帮助自闭症儿童适应社区生活。

6. 社交故事一按通

收录了 100 个和儿童日常生活相关的社交故事,包括人际关系、学校、家庭、外出、照顾自己五个主题。社交故事围绕儿童的生活细节,特别是自闭症儿童日常生活常见的困难,如怎么打招呼、学会轮流玩电脑等,故事中有插图、旁白和文字描述。

(二) 网络平台

网络资料来源广泛,层次丰富,自闭症儿童家长可以通过网络平台了解自闭症相关知识,甚至通过网络获得实质性的帮助,有利于自闭症儿童康复和融入社会。

专栏 5-2

1. Autism Ontario

美国安大略省自闭症服务机构,是美国比较有影响力的一个关于自闭症的组织,旨在提升公众对自闭症患者及其日常生活的认知。它有自己的杂志和出版物,也有很多项目资讯。(http://www.autismontario.com/)

2. ARI(Autism Research Institute)

ARI 是个非营利性组织,发起并指导关于自闭症的研究以提升自闭症患者(包括儿童和成人)的生活质量,并为自闭症儿童的父母和专业人员提供免费的在线教育。关于自闭症的实验研究、教育计划、行为计划它都有所涉及,同时还提供最新的活动咨询。(http://www.autism.com/)

3. The Autism Project

自闭症项目是由家长、专业人员及社区服务人员组成的一个团体,为自闭症及其谱系障碍患者及家庭提供多样化的训练项目包括社交技巧项目等,也为自闭症儿童开办夏令营的活动。(http://www.theautismproject.org/)

4. Everyone Communicate

网站主要宣传扩大及替代性沟通的方式,帮助那些需要改善沟通现状的人们。包括手势语、辅助科技、视觉策略等,还有使用扩大及替代性沟通方式的个体故事。(http://www.everyonecommunicates.org)

(三)系统服务

1. 青葱计划

青葱计划是香港协康会下属的一个服务项目,旨在为特殊儿童及其家长提供志愿服务,并以其专业的评估、治疗和社区教育,提升特殊儿童的能力,帮助特殊儿童融入主流教育。青葱计划服务项目非常多元,包括自闭症儿童综合评估及咨询服务、人际关系发展介入法计划、地板时间——个别训练和亲子学习坊等。服务对象包括有特殊需求的人群以及需要专业支持的家长、教师等。这些服务可以改善自闭症儿童的情绪行为问题和社交状况,增进与父母和他人之间的情感。

2. 个别化教育计划

美国1975年颁布的《94—142公法》规定要为每位身心障碍儿童制定个别化教育计划。1997年颁布的《身心障碍者教育法》规定个别化教育计划包括目前的教育表现水平、可评量的年度目标、补助性设备及服务、年度的进步情形等[①]。为学生制定个别化教育计划是一个团队合作的过程,由不同的专业人员拟写,如儿科医生、语言治疗师、物理治疗师、职能治疗师、特教老师、普通老师等,个别化教育计划为特殊学生提供个别化、适切性的特殊教育服务。针对自闭症儿童,物理治疗师协助其进行粗大动作的训练,职能治疗师提供精细动作的训练,语言治疗师则负责训练自闭症儿童的口语和社交行为,特教老师或普通老师则指导自闭症儿童的学习。各项专业人员的分工可能会有重叠,但工作的侧重点有所不同。

第五节 自闭症儿童沟通与交往的策略

自闭症儿童沟通与交往的障碍主要表现为缺乏口语沟通能力及社会交往能力,无

---

① 曹纯琼,刘蔚萍.早期疗育[M].台北:华腾文化股份有限公司,2012:8—3.

法与同伴建立友谊、发展社会关系等。因此对自闭症儿童介入的重点就在于培养其语言发展和人际沟通的能力,本节将详细介绍游戏治疗法、图片交换沟通系统、社会故事法等策略。在培养自闭症儿童沟通与交往能力的过程中,需要注意以下原则:制定切实可行的长期和短期目标;实现从熟悉环境到不熟悉环境的过渡;反复练习某种技能;采取多样化的方式等。

一、游戏治疗法

游戏是儿童认识世界的途径之一,也是儿童成长过程中最愉悦的途径。在游戏中儿童的各项能力可以得到锻炼,如手指游戏可以促进精细动作的发展;体育游戏可以促进粗大动作及平衡感的发展;音乐游戏可以促进听觉和身体动作的发展;语言游戏有助于说话能力的提高等。在团队游戏中,参与者不仅可以获得更多与人沟通和交往的机会,还可以学会遵守规则,这对促进儿童社会化发展具有重要作用。游戏治疗法是心理治疗的一种,心因论盛行时对自闭症儿童所采用的心理治疗多为游戏治疗法。一般心理治疗过程是治疗者与来访者之间通过语言的媒介使来访者放松身心,症状问题有所改善甚至消失,并进而统整其人格以增进其社会适应力[①]。

(一)分类

按照游戏的对象可以分为与物互动游戏和与人互动游戏。自闭症儿童在与物互动的游戏中很可能只是单纯地抓握玩具,重复同一性的动作。同时,他们缺乏想象力,不会赋予物品以象征性的意义。在与人进行游戏时,他们会躲在角落里默默观察而不知道如何融入进去,或是不理解游戏规则有破坏游戏的行为从而遭到排斥。通过游戏训练,改善人际交往的不足,促进社会性互动,这对自闭症儿童是一种有效的方法。如体感游戏是一种依赖于体感技术,通过肢体动作来进行操作,具备立体显示和肢体感知的全身互动电子游戏,参与者在进行体感游戏的过程中无需鼠标、键盘即可直接控制游戏。Bartoli 等人的研究显示,通过游戏,被试的交往困难和焦虑减少。Hillie 的研究结果显示,进行游戏时同伴交往频率增加[②]。

按照游戏的关系可以分为团体游戏和亲子游戏。前者增进与同伴互动的机会,增进与他人互动的能力,如轮流、等待、分享等;后者增加自闭症儿童和家长互动的情形。游戏要选在适合的时间和场地,可以尽量贴近儿童实际生活的场景。如模拟购物的场景,可以让儿童学会如何询问价格、如何结账等生活技巧;模拟餐厅的游戏可以让儿童体会点菜、与服务生沟通的经验等。游戏的场地还可以搬到户外或者是儿童熟悉的场景,无拘无束的环境会让儿童觉得放松,有足够的场地可以发挥。

(二)原则

在进行游戏时,首先要考虑该游戏是否符合儿童的兴趣,也可以选择儿童喜欢的东西作为游戏的增强物。其次,教师或家长要作为引导者,把握游戏的动向,如建议其他小朋友向自闭症儿童发出邀请。第三,让自闭症儿童在游戏前明白游戏规则,避免游戏

---

① 曹纯琼.自闭症儿与教育治疗[M].台北:心理出版社,2002:94.
② 刘艳红,等.国外自闭症儿童体感游戏研究状况及启示[J].中国特殊教育,2015(5):51.

时因不当行为引起误会,在儿童违反游戏规则时要予以提示和纠正。

PIWI 亲子团体游戏[①]

PIWI 方案(Parents Interacting With Infants, 1955)是美国伊利诺伊大学香槟分校发展的亲子关系本位取向的团体游戏。有鉴于亲子互动是婴幼儿学习与发展的基础,PIWI 因此以亲子关系与婴幼儿发展之间互惠性的影响效果为目标,期待家长与儿童彼此皆能增强自己的能力、信心及双向的欢乐。为达成此效果,PIWI 主要是由至少 2 名不同专长领域的促进员组成团队设计 10—12 周的活动计划、准备材料、执行并评估整个活动过程;团队会在早疗机构及家庭访问时营造一个亲子游戏团队情境,促进员的角色功能是在一个半小时的活动中,提供有意义且愉悦的亲子游戏机会,支持与增强亲子关系。

PIWI 固定的活动流程如下:

1. 相见欢:成员抵达、非正式寒暄、放 Hello 歌,10 分钟在中央区。

2. 分享:观察、说有趣的故事、谈话,约 5 分钟在中央区。

3. 开放性谈话:每次有个儿童发展主题,家长就主题谈论前次团队活动中对儿童的观察与发现、当日活动与玩具、本身与儿童发展有关的事情,并预测儿童对当日游戏情境的可能反应。团体游戏情境是一种自然轻松的气氛,儿童可能加入团体或自己游玩,共计 35 分钟。

4. 点心时间:家长在非正式的谈话中,增进对彼此的关怀并分享可能的问题的解决方法,协助员适时承诺下回聚会提供相关资讯,约 10 分钟。

5. 转衔时段:亲子唱歌或游戏,约 10 分钟。

6. 座谈结束:儿童玩游戏的同时,家长与协助员分享彼此对儿童的观察、关注或建议,并检讨这些观察是否达到原先的期待,约 10 分钟在中央区。

二、图片交换沟通系统

图片交换沟通系统是一种帮助自闭症和交流障碍儿童与他人交流的方法,在美国德纳瓦州自闭症儿童学习计划中首次被提到。最初应用于自闭症和不能用口语进行社会沟通的学龄前儿童,通过图片的采集和应用帮助他们达到沟通的目的。图片交换沟通系统由可视性媒介(图片、文字、沟通板)、设置的情境、训练者和被训练者组成。在专门创设的情境中由训练者教儿童选取图卡来换取对应物、辨别图卡、完成句子排列、主动表达等活动。

在训练前,先要了解自闭症儿童喜爱的物品,并按喜欢程度依次排序,以此来作为活动的增强物,这个增强物可以是食物也可以是玩具。图片交换沟通系统包括六个训练阶段,前三个阶段是训练儿童用图片交换物品的行为,初期需要一个教学者和一个提示者,后期也可更换不同的教学者。后三个阶段是训练儿童句式以及口语表达的能力。此外,还需要沟通交流本,即印着物品的图片,这种图片可以从外界剪贴也可以自行打

---

① 曹纯琼,刘蔚萍.早期疗育[M].台北:华腾文化股份有限公司,2012:8—3.

印或是使用模板。训练具体过程如下：

（一）如何沟通

这一阶段的重点是让儿童在提示者的帮助下形成用图片换取增强物的行为。当刺激物出现在儿童面前，自闭症儿童迫切想要时，提示者可以用肢体动作协助儿童拿出桌上的图片交给教学者。当教学者拿到自闭症儿童递过来的图片时立即给予该名儿童强化物。提示者要慢慢撤消肢体上的帮助，直到儿童看见刺激物时能主动拿出沟通板上的图片交给教学者以换取物品。

（二）距离和维持

这个阶段重点在改变教学者和图片的位置，让儿童可以去寻找图片主动联系教学者，主要分成两点：一是改变教学者与儿童的位置，当儿童要伸手把图片交出去时，教学者逐次向后移动位置增加与儿童的距离，让儿童也能够挪动位置把图片亲自交到教学者手中。二是改变图片的位置，可以放在桌上或是房间的不同地方，让儿童自行去寻找，提示者可以在旁边做出一些语言提示或是动作帮助。

（三）分辨图片

这个阶段要适当增加图片数量，将与增强物相对应的图片和没有对应的图片放在一起。如果自闭症儿童拿起正确的图片予以口头表扬，换到物品就给予强化；如果拿起与刺激物不对应的图片也不要立即制止，而是当儿童把图片交给教学者时，给他图片上的物品而非儿童一直想要的刺激物。如果自闭症儿童出现负面情绪时，教学者则要把正确的图片展示给儿童看，并重复前面的步骤。这个阶段在沟通板上可以先用两张正确图片加上一张不对应图片，之后慢慢减少正确图片数量，增加错误图片数量，让儿童有更多的选择性。

（四）句型结构

这个阶段要对自闭症儿童使用沟通板进行句型结构的训练，首先满足儿童索要物品的愿望，并教会儿童用语言表达出想要某种物品的想法，即准备"我要……"的图片及若干实物图片。如果儿童一开始就把手伸向实物的图片，提示者则立马制止并协助儿童拿出"我要……"的图片加到句型条上。然后再去拿实物的图片并把它加在句型条后面。当句型条上形成一个完整的句子时，教学者要让儿童手指句子并按顺序读出来，之后予以刺激物。这样反复训练直到儿童每次能独立拿出"我要……"加物品的沟通板交给教学者。当儿童掌握这个过程后则可适当增加物品属性的图片，包括颜色、形状、数量、动作等，以发展复杂的练习。

（五）回答问题

这个阶段是让自闭症儿童主动发出要物品的请求。教学者首先向儿童提出"你要什么"的问题，如果学生没有反应，教学者则指出"我要……"的句型板作为提醒并再问一次，然后适当延长问题与提醒的时间间隔，直到自闭症儿童在提出问题后能主动拼出完整的句型。当然，儿童也不能过度依赖教学者的提问才做出选择。教学者要创造情境让儿童产生索要物品的自发性请求，用沟通板并主动念出。活动的沟通板可以如下图所示：

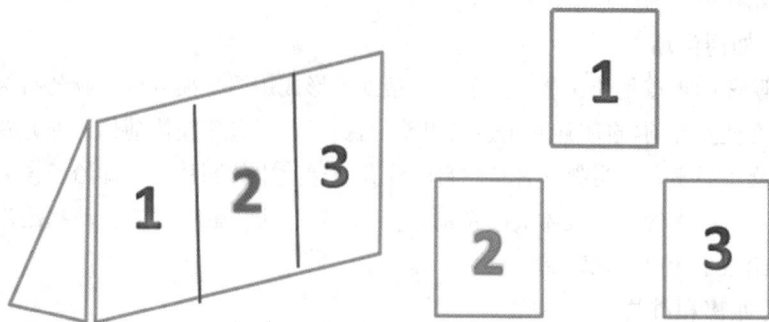

图 5-7

沟通训练板
示意图

（六）谈论

训练进行到这个步骤自闭症儿童已经有了主动沟通的能力，但是对于日常生活中的交流，这些句型还是远远不够的。因此，第六阶段的训练重点在于用多种方式提问儿童，让他们能主动回答并发表自己的观点。这些提问方式可以包括"你看见了什么"、"你喜欢什么"、"你有什么"等。儿童的回答中并不可能都是他喜欢的物品，所以教学者要随时注意调动儿童的积极性。

三、社会故事法

社会故事法是从认知的角度来改变自闭症儿童社会行为问题或塑造新行为的一种方法，最初由 Carol Gray 提出，是按照一定规则和线索拟写社会情境故事进而帮助自闭症儿童建立与此情境相适应的行为方式的一种方法[1]。

（一）功能

社会故事具有以下几点功能：提供客观及正确的社交资料（何事、何时、何地、为何、如何）；利用自闭症儿童较强的处理视觉讯息的能力，增强自闭症儿童的社理解能力，引导正确的社交行为和态度或一般人预期的恰当的社交表现；增强及扩展自闭症儿童与人交往的能力；解释大部分人应有的社交表现及其他人对正确社交行为的反应，令自闭症儿童直接"阅读"及明白社交要求；增强自闭症儿童"心智解读"的能力。

（二）句型

描写社会故事的时候，首先拟写主题，社会故事的内容可以是改变自闭症儿童不适当行为或是帮助自闭症儿童建立社交新行为，如排队、打招呼等。其次是社会线索的收集，如故事发生的时间、地点、人物等重要因素，从自闭症儿童的角度思考，符合其年龄特征和兴趣。再次是情境的设定，情境是使自闭症儿童感到困难的。最后在描写社会故事的过程中，需要用到以下几种句型：

---

① 雷江华.特殊儿童发展与学习[M].北京:高等教育出版社,2015:231.

句型	含义①	范例②
描述句	用于指出情境中最重要的因素,如发生了什么事、为什么会发生、有哪些人参与等。	下课后,我看到小娅和小微在说话。我上前拉小娅的头发,是希望我们能在一起玩。
观点句	也称透视句,用于描述在情境中当事人的情绪、想法、意见、动机或健康状况等,帮助自闭症儿童了解体会他人的想法。	可是我用这样的方法,小娅不和我玩,还大声喊"痛"并告诉老师。小娅不喜欢我拉她的头发,这样她会不舒服。
指示句	主要用来向自闭症儿童提供行为反应的建议或选择。	如果我想找小娅和小微玩,可以轻轻地走到她们身边,微笑地说:"嗨,你们好!"如果她们有回应,我就继续询问:"我们可以一起玩吗?"
肯定句	主要用来强调背景知识,如普遍的价值或规则,以使自闭症儿童了解社会对某行为的看法。	我不能随便拉小娅的头发。
控制句	从自闭症儿童的角度指出在特定情境中,可以用哪些方法帮助自己记得所要表现的行为。	当我想找小娅玩的时候,我应该礼貌地上前问好,这样她才愿意跟我说话。
合作句	情境中的其他人(包括老师、父母、同伴等)如何帮助自闭症儿童。	如果我用打招呼和询问的方式,小娅还是不理我,我可以寻求老师的帮助。

表 5-2

社会故事法的句型

描述句、观点句、肯定句与合作句统称为描述性句子,引导句、控制句、统称为指导性句子。以上这些句型在一篇社会故事中并不要求同时出现,但基本句型的使用有一定要求,要多用描述性句子,少用指导性句子,以免说教味道太浓,引起儿童的反感。社会故事有多种呈现形式,使用何种方式取决于儿童的能力和需要,可以使用录音带、录像带、电脑或是书的形式,也可以包含图片或照片③。

四、其他

除上述三种策略外,还有很多针对自闭症儿童社交沟通技巧和语言发展的训练,这些训练多从行为或认知角度出发以改变自闭症儿童的行为和表现。根据美国国家自闭症中心 2015 年 4 月发布的"国家标准项目"第二期对自闭症干预方法的调查显示,关键反应训练、自然情景教学法、同伴训练法、基于故事干预等属于已建立实证基础的方法④,对改善自闭症儿童沟通与交往的情况有所帮助,其余如动物辅助疗法等虽暂时没有建立起实证基础,但相信随着时间的推移,这些方法也会被逐步推广和应用。以下将

---

① 李晓.自闭症儿童干预中社会故事法的应用[J].现代特殊教育,2009(11):38—40.
② 钮文英.身心障碍者的正向行为支持[M].台北:心理出版社,2009:369.
③ 孙玉梅,邓猛.自闭症谱系障碍儿童社会故事干预有效性研究综述[J].中国特殊教育,2010(8):44.
④ National Standards Project, Phase 2. [EB/OL]. (2015 - 9 - 12). http://www. nationalautismcenter. org/national-standards-project/phase-2.

简要介绍几种方法：

（一）人际发展干预

人际发展干预（Relationship Development Intervention，RDI）是一种教自闭症儿童如何发展人际关系的干预策略体系。首先是教他们发展与父母的关系，其次是教他们发展与同伴的关系。RDI 主要是直接针对自闭症的核心问题——社会沟通的发展进行干预①。

（二）动物辅助疗法

图 5-8

自闭症儿童
的海豚治疗

动物辅助疗法是以动物为媒介，通过人与动物的接触，使病弱或残疾个体的身体状况和心理状态得到改善，或帮助个体加强与外部世界的互动，进而达到适应社会的目标。该方法在自闭症儿童的干预治疗中已经被采用，使用的动物有狗、猫、兔、马、海豚等②。

（三）关键反应训练

关键反应训练又称"核心反应训练"，是自闭症的一种干预方法。由美国加州大学凯格尔教授等人所创并发展而来，被美国国家孤独症中心确立为有效的循证实践之一。基于应用行为分析的基本理念，关键反应训练提倡采用情景化的教育系统，通过提高自闭症儿童的学习动机和反应来发展其他技能的关键性技能训练。该方法强调对家长进行培训，让家长参与到关键技能的训练中。关键反应训练最初应用于自闭症儿童言语能力的提升，现适用领域已经拓展到沟通、社交和行为兴趣等领域了③。

（四）地板时光

地板时光又称为"基于发展、个别差异和人际关系模式"，是自闭症的一种干预方法。由美国精神病学家斯坦利·格林斯潘和塞蕾娜·维尔德于二十世纪八十年代所创。地板时光主张在自然情境下与自闭症儿童进行大量密集的游戏与互动，以建立恰当和谐的关系，促进语言、情感、逻辑思维的交流与发展。主要用于发展自闭症儿童功能性社交能力④。

第六节 案例分析

一、基本情况

明石彻之是家里的长子，被家人寄予厚重的希望，可是随着年龄的增长，家人逐渐

---

① 朴永馨.特殊教育辞典[M].北京:华夏出版社,2014:384.
② 朴永馨.特殊教育辞典[Z].3 版.北京:华夏出版社,2014:385.
③ 同上,385—386.
④ 同上,386.

察觉出他的异常。他总是旁若无人地独自玩游戏，不会与家人亲近，一个人默不作声，无法与人进行情感交流，游戏的玩法也是越来越奇怪。后来，他被横滨发育诊所诊断为"典型自闭症"，判断自闭症的十二条标准全部对上[①]。孤独和绝望的感情充斥着作为母亲的明石洋子，她努力地回忆自己养育彻之的点点滴滴，并不相信自己是个失败的母亲。弟弟政嗣的出生让洋子体会到了做母亲的愉悦，也为彻之的生活带来了光彩。

在专家和政府的支持下，明石洋子坚持让彻之上普通的幼儿园、小学，并坚信在地域社会中生活下去，一定会找到幸福之路[②]。普通的儿童群体不断为彻之做出完美的示范，地域生活会及家长联合会举办的露营、游泳、溜冰等活动也丰富了彻之的童年生活。在家庭生活中，洋子努力地培养彻之的语言、如厕能力，纠正偏食，树立劳动和金钱观念，从而培养他的自立意识和自立能力。洋子利用彻之对水的痴迷，让他学习打扫卫生、洗衣做饭，培养基本自立能力。高中毕业的彻之参加公务员考试并一次性通过，正式成为川崎市公职人员，在清扫局和养老院工作至今。明石彻之开朗率真的性格以及认真工作的姿态令他很快得到了同事们的喜爱。

二、过程分析

彻之由原来的不愿与家人亲近，只爱自己一个人玩游戏，到后来成为同学中的明星和同事喜爱的对象，在他的成长过程中，经历了很多也改变了很多，才形成如今与他人顺利沟通交往的局面。虽然他的母亲在书中没有具体指明是采用了何种策略和方法，但总结其历程，我们可以发现，其所受的教育和训练主要和以下几种方法有关。

人际发展干预：人际发展干预模式强调父母的参与，在自闭症儿童原有的水平上，引发其参与社会互动的动机并迁移不同的社交场景，最终让其乐于分享和参加活动。与家人的亲密关系让彻之获得一种安全感与满足感。此外，彻之还经常参加社团或是夏令营等活动。

关键技能训练：为了锻炼彻之的社会适应能力，母亲会让彻之自由地探索社区的环境甚至是更远的地方，如搭公车或火车去临近的城市。在出门前，洋子会规划好路线、交通工具，并制作成图卡放在彻之的口袋中。没有了亲人的陪伴，彻之在这过程中的一切问题都要自己想办法解决。

游戏治疗法：彻之喜爱溜冰，他的兴趣得到了充分的发展，也成为他的一大特长。原因始于某次彻之在游乐场外大喊"冰"、"冰"，母亲以为他是想吃冰激凌，可是彻之对这并不感兴趣。母亲发现了远处的溜冰场，彻之看到心情大悦。溜冰场内有许多年龄比彻之大的哥哥姐姐们，他们也很乐意帮助彻之。在这样一个和谐的氛围中，彻之爱上了与大家一起游戏。

三、总结反思

明石彻之是一名重度自闭症患者，在其母亲明石洋子的悉心照料下，他突破了重重

---

① [日]明石洋子.与自闭症儿子同行——原汁原味的育儿[M].洪波,译.北京：华夏出版社,2012：11.
② 同上,30.

障碍,用自己的能力在社会上立足,成为日本川崎市的一名公职人员。总结他成功融入社会的原因,主要有以下几点:

家人的陪伴。家人作为自闭症儿童的主要照顾者,在其成长历程中扮演着重要的角色。母亲明石洋子为彻之的生活倾注了大量的心血,也在各种教育和活动上顺应了彻之的兴趣。还有爸爸和弟弟的参与,其乐融融的家庭氛围为彻之创造了良好的沟通氛围。

融合的环境。从幼儿园开始,母亲就坚持让彻之上普通的学校。在学校里,同学之间的交往给了彻之很多学习和互动的机会。同时,母亲也会让同学到家里来帮助彻之一起学习。彻之行为的独特之处,使他很快成了同伴中的名人,大家都很喜欢他。

社区的接纳。每次全家搬到一个新的住处时,彻之总是会以制造麻烦的方式"登门拜访",这给邻居们带来很大的困扰。但母亲总会耐心地给各家道歉,附上图册让大家更了解自闭症。很快,彻之也被社区的居民接受。每当彻之溜到外面闯祸时总是会被乖乖地送回来。在社区生活中,彻之得到了很好的锻炼机会。

陈毅雄的故事[①]

陈毅雄生于新加坡,曾是一个古怪的男孩,他不明白怎样待人处事,对人际关系一无所知。他被困在自我的世界里,没有与别人沟通的概念,只懂得重复他人的问题。在童年时代,他不断向母亲复述问题;对周围的一切事物不知所措,许许多多的困惑,包括对自己的情绪感受;不晓得假想游戏和友谊的概念。年纪稍大一些的时候,毅雄把大多数时间放在收集事实以解答周遭的疑惑上。

生存于常被欺负、被排斥的世界里,毅雄以自己能保持理性而感到自豪。毅雄于2001年被诊断为自闭症,他终于明白自己为什么会与他人不同。可是他仍会因为感到孤独、厌恶做人而每天痛苦地活在没有意义、没有欢乐的世界里。陈毅雄成功从主流教育制度中毕业并获得物流学文凭,随后他被征召进入新加坡军队。在那里他受到了启发,明白人类存在的更深层目的。通过探索自我以释放情感和宽容同事,毅雄重新与周围建立了联系,而且寻找到生命的意义。他敞开心扉并开始社交互动。

在他看来,自闭是一种孤立、伤痛和受苦的状态,然而也是一种恩赐,使自己仍能保持一直以来拥有创意和直线系统思维,这有助于他从事电脑程式、广告、策划、写作和发明等工作。为了与世人分享他的自闭症经验,毅雄拟写了著作《镜心》及《自闭症与自我改进》来揭开自闭症的神秘面纱。他的著作《镜心》(*Mirror Mind：Penetrating Autism's Enigma*)前半部描写自闭症经验的原创诗章和自闭症主人翁的短篇故事,后半部分则写了作者本人对自闭症理论的理解。《自我改善—破茧之旅》就学校生活、人际沟通、成长过程、跨越自闭界限等内容作出了分享。毅雄希望能够回馈社会,为了让更多人接触自闭症,他创建了网站 iautistic. com。他了解照顾自闭症儿童的困难,希望通过此网站能够减轻自闭症人士、其父母及其照顾者的痛苦。

---

① Iautistic. 成人自闭症作者介绍[EB/OL]. (2015 - 10 - 27). http://iautistic. com/chinese/autism-story. php.

　　我叫陈毅雄，二十四岁，一位被诊断为自闭症谱系的年轻人。我生于新加坡的一个贫困家庭，过着捉襟见肘的生活。我逐渐长大，母亲发觉有点不妥，她说话时我不会望向她，只会复述她所说的话，而且答非所问。我仿佛对她视若无睹，常独自在一旁看书。

　　家庭医生也没有察觉自闭症这回事，认为这些问题会在我长大后销声匿迹。母亲估计我可能沟通困难，但因家庭困难，没法让我接受言语治疗，又未能进入英语教育课程，给我接触专业辅导的机会。不过，她很爱我，把仅有的钱也花费给我购买有益的食物、儿歌录音带等，并请一位私人英语老师为我补习。

　　幼儿园的时候，当我哮喘病发作不能上学时，母亲便在家指导课业。上小学的时候，我遭受校内同学欺凌，她试图去阻止，又替我向一位老师澄清一些误会。在母亲帮助下，我终于在主流教育系统下毕业，获得物流学文凭。虽然母亲十分尽力协助我处理外在事情，她却未看到我内心的经历。她对自闭症没有认识，时常把我和非自闭症同辈一般相比。结果，我就是那般的——太缓慢、太拙手笨脚、太轻信别人，也太固执于自己的想法。

　　我经常摔破东西，我感受不到她的口头指示，往往要她重复多遍。我把不恰当的信息与人分享，不懂得交朋友或是与其他儿童玩耍。我不懂得告诉她发生了什么事，见医生的时候，总是她解释我的症状和医疗问题。

　　然而，我怎能解释一些本身不知不觉的事？对那些自己毫不知道如何控制的行为，我怎么可以改变它？我怎能做一些自己所不理解的事情？幸运的是，几年前我决意把自己的生命改变过来。我不再对情绪不理性置之不理。相反，我要尽情深入探讨这些经验。与其把人类视作异性生命，我选择接受自己的人性身份。当我探索自己内心世界的时候，才慢慢觉醒自己的本能原来一向受自闭症压制着。

　　我对世界的知觉，从本来的二维平面转变为三维的立体现实。我培养了本能感应到合宜或不合宜的说话和行动，引导我的群性互动；我的心灵明澈，不再受恐惧缠绕而能做出决定。我从十分抗拒身体接触，发展至期待紧密的接近可以增长我的社交经验。更重要的，我发现自己出现亲情和连系的感觉，我更多关心我的家人和朋友。目睹自己如何跨越自闭症的限制，我渴望把自己的经验及个人所体会自闭症人士意识的隐藏特性和大家分享。

——摘自《镜心》

主要参考文献

1. 曹纯琼，刘蔚萍. 早期疗育［M］. 台北：华腾文化股份有限公司，2012.
2. 曹纯琼. 自闭症儿与教育治疗［M］. 台北：心理出版社，2002.
3. 黄金源. 自闭症儿童的治疗与教育［M］. 台北：心理出版社，2009.
4. 黄俊伟，罗丰苓. 自闭症教学技巧［M］. 台北：群英出版社，2004.
5. 林素贞. 资源教室方案与经营［M］. 台北：五南图书出版股份有限公司，2009.
6. 雷江华. 特殊儿童发展与学习［M］. 北京：高等教育出版社，2015.
7. 钮文英. 身心障碍者的正向行为支持［M］. 台北：心理出版社，2009.
8. 朴永馨. 特殊教育辞典［Z］. 3 版. 北京：华夏出版社，2014.

9. 吴武典. 特殊教育的理念与做法[M]. 台北：心理出版社,1990.

10. [日]明石洋子. 与自闭症儿子同行——原汁原味的育儿[M]. 洪波,译. 北京：华夏出版社,2012.

11. 陈伟仁,杨慧玲,陈炯亮,等. 从"情生意动"到"和而不同"：融入社会技巧训练的生命教育课程[J]. 特殊教育季刊,2015(134).

12. 黄伟伟. 自闭症儿童的非言语沟通能力缺陷[J]. 中国特殊教育,2007(11).

13. 李晓. 自闭症儿童干预中社会故事法的应用[J]. 现代特殊教育,2009(11).

14. 刘艳红,等. 国外自闭症儿童体感游戏研究状况及启示[J]. 中国特殊教育,2015(5).

15. 孙玉梅,邓猛. 自闭症谱系障碍儿童社会故事干预有效性研究综述[J]. 中国特殊教育,2010(8).

16. 袁静. 自闭症儿童非言语沟通能力的缺陷及其培养[J]. 教育实践研究,2011(15).

17. 郑晓安,等. 大龄自闭症儿童社区沟通训练的研究——以 W 市美好家园为例[J]. 现代特殊教育,2015(7).

18. Iautistic. 成人自闭症作者介绍[EB/OL]. (2015 - 10 - 27). http：//iautistic. com/chinese/autism-story. php.

19. Simpson，R. L. *Autism Spectrum Disorders* [M]. CA：Corwin Press，2004：208.

20. Mosconi，W. M.，Reznick，S. J.，Mesibov，G.，Piven，J. The social orienting continuum and response scale（SOC-RS）：A dimensional measure for preschool-aged children [J]. *Journal of Autism and Developmental Disorders*. 2009：39(2).

21. Shannon. Barriers to family-centered services for infants and toddlers with developmental delays [J]. *Social Work*. 2004(4).

22. American Psychiatric Association [EB/OL]. (2015 - 10 - 20). http：//www. dsm5. org/Pages/Default. aspx.

23. National Standards Project，Phase 2 [EB/OL]. (2015 - 9 - 12). http：//www. nationalautismcenter. org/national-standards-project/phase-2.

第六章　超常儿童的沟通与交往

通常而言,人们在提到超常儿童时多是论及他们自身所具有的聪慧和超常能力,而对其沟通与交往方面的问题却较少涉及。超常儿童的沟通与交往有其自身特点并受多种因素所影响,其沟通与交往过程的实现需要通过多方式、多途径和辅助技术共同组成的立体性支持,并辅以多种策略的适当性指导。

第一节　超常儿童沟通与交往的概述

随着时代的发展,人们对超常儿童的定位不再局限于高智商群体,还包括在某一领域能力突出的儿童。因此超常儿童有多种不同的类型,而他们在沟通与交往过程中也展现出不同的特点,同时,其沟通与交往也受多方面因素的影响。因此有必要对超常儿童沟通与交往的基本内容、特点、影响因素等进行剖析。

一、概念界定

超常儿童(Talented Child),是指智慧和能力超过同龄儿童发展水平的儿童,中国学术界一般称其为"天才儿童"、"高天资儿童"。在过去,人们对于超常儿童的认识仅从智力水平这一角度来衡量,智力水平在130(韦氏量表)以上的儿童就是超常儿童,即高智商的儿童就是超常儿童。现今,人们对于超常儿童的定义和研究不仅重视其智力水平,同时也注重其创造力和其他非智力因素的发展程度,即超常儿童是优异的智力、新颖的创造力、良好的个性特征(如强烈的动机和责任心)相结合的统一体。对于超常儿童的分类,有不同的标准,一般分为智力超常儿童和特殊才能儿童两类,其中特殊才能儿童主要有以下几种类型:①学术型:在数学、物理、科学、写作和其他学科中成绩优异的超常儿童,亦称学科天才儿童。②创造型:常有独特新颖的思维和创造力,思维灵敏且活跃,如玩游戏时总能创造并敢于尝试新方法。③艺术型:在音乐、钢琴、戏剧、舞蹈、绘画等方面有很高的艺术天资和素养。④领导型:能妥善处理和协调人际关系,有较强的组织能力、决策能力、分析能力、号召能力,同时还有很好的演讲能力和自我控制能力。⑤运动型:动作协调能力强,反应灵活,有很强的运动记忆和运动转换能力。超常儿童与普通儿童是相对而言的,两者在一定条件下可以转化,并无不可逾越的鸿沟。超常儿童的智能是发展的,不是稳定不变的,可能随着年龄的增长而加速发展,也可能减退或停滞发展。很多学者对超常儿童的成因进行了大量的研究工作,相关资料显示,他们一般都有较好的遗传因素,但主要还是取决于后天的教育和环境的影响,尤其是良好的早期教育起到了关键性的作用①。

　　沟通与交往是一个人进行正常社会活动的重要形式。许国彬②认为人际交往是指个人与个人、个人与群体以及群体与群体之间,运用语言或非语言符号,交换意见,交流信息,传达思想,表达情感和需要,从而在心理上和行为上产生相互影响的动态过程;徐晖③认为人际沟通是指人与人之间通过语言或非语言媒介传递信息、交流思想感情,同时产生相应行为的社会活动。超常儿童的沟通与交往与普通人的沟通与交往相比具有一定的特殊性。目前,对超常儿童的沟通与交往尚无明确的定义,但通过对超常儿童及沟通与交往等语词的分析可知,超常儿童的沟通与交往是指超常儿童以言语或非言语作为媒介,与他人进行信息传递、情感交流,并产生心理及行为影响的动态过程。

二、基本特点

　　不同类型的超常儿童在沟通与交往中呈现出不同的特点,同一类型的超常儿童也有显著的个体差异。总体而言,超常儿童在沟通与交往过程中的基本特点主要体现在媒介、方式、心理、能力等方面。

(一)媒介特点

1. 人媒交互性强

　　在信息化迅猛发展的 21 世纪,以计算机为主的多媒体技术渗透到社会生活的方方面面,超常儿童的沟通与交往也受到多媒体技术的影响,如媒介在超常儿童沟通与交往过程中能促进儿童与家长、教师的互动。有研究表明,计算机辅助过程用人机互动手段让儿童主动积极地参与进来,利于亲子间关系的改善④,这样和谐互动的方式也可以运用于师生间、生生间交互性关系的培养。例如,当超常儿童有学习疑难问题时可以借助手机、QQ 等询问老师或同学,这样的方式不仅可以促进超常儿童与媒介的交互性,也可以促进其与他人沟通与交往的互动能力。超常儿童在与他人沟通与交往过程中所借助的媒介和普通人并无显著差异,如电脑、手机、电视等一些辅助设备,此外一些社交软件和社交媒体及网站等正发挥越来越重要的作用。

2. 注重媒介的广度与深度

　　超常儿童在运用媒介过程中不仅重视运用的广度,也重视其深度。现今,媒介形态越来越丰富多样化,超常儿童接触媒介的时间也逐渐增多,书包里除了书本、文具外,手机、游戏机、电子学习产品等已成为儿童生活的必需品,同时,超常儿童也会通过一些聊天软件与他人进行沟通与交往,这些体现了其在沟通与交往过程中注重媒介运用的广度。此外,超常儿童也会重视其运用的深度,如对所学知识能学以致用,甚至在此基础上能对其有创新性的使用。

① 朴永馨.特殊教育辞典[Z].3 版.北京:华夏出版社,2014:485—486.
② 许国彬.高校学生心理教育与咨询[M].北京:科学出版社,2012:102.
③ 徐晖.护理学导论[M].郑州:郑州大学出版社,2011:89.
④ 齐晓栋,张大均,邵景进.利用计算机辅助改善初中生亲子关系的实验研究[J].教育测量与评价(理论版),2014(03):46—50.

3. 媒介素养结构强

有人认为,我们可以把素养结构或知识结构看作是人们用于观察事物的"高塔",在媒介教育中,知识结构越完善,"高塔"就拥有更多的视角,从而扩大观察的视野,获得更多的信息①。和一般普通同龄儿童相比,超常儿童对辅助技术的操作能力和运用能力更强,在学习新东西时接受能力比普通同龄儿童要强,在学习运用新的技术设备时,也能较快地掌握和领会辅助设备的结构和运作理论,甚至还有可能在此基础上衍生出其他技术和理论。例如,人大附中校园"黑客"侯晓迪②全身心投入到网络俱乐部中,不仅理论知识扎实,而且能实际操作设计编程、解码等,这些都能体现出他超强的操作能力和运用能力,并且还体现出一定的创新能力。

(二) 方式特点

1. 方式丰富多样

由于超常儿童独特的身心特征,他们在与人沟通与交往时所选择的方式是丰富多样的。例如,除平时与他人面对面沟通与交往外,他们还自行选择网络平台与他人交流,以作为现实社会沟通与交往的补充。此外,超常儿童在沟通与交往过程中可以自由转换言语和非言语的方式,且语言表达较为流畅,也较能抓住交流的重点。超常儿童还可以通过参与各种竞赛活动认识更多"志同道合"之人,如参与校级、校际以及国内外的竞赛活动,在参与过程中也能较自如地运用丰富多样的方式进行沟通与交往。

2. 定位较准确

一般而言,超常儿童在沟通与交往过程中能较快地定位适合自己沟通与交往的方式,如什么时候适合用语言形式,什么时候适合用非言语的方式。例如,超常儿童在课堂讨论时,能较准确地定位适合的发言方式及内容,从而跟其他同学进行沟通并交流自己的思想;在虚拟社区进行交往活动时,也能较准确地定位在适合自己话题的社区与他人进行沟通与交往。总之,超常儿童能根据沟通与交往场合、内容的差异较准确地定位与他人沟通与交往的恰当方式。

(三) 心理特点

1. 过分追求完美

一般而言,超常儿童的心理特点主要有:感知觉灵敏,思维敏捷;想象力丰富,创造力强;注意力集中,记忆力强;积极进取,勤思好学;兴趣广泛,好奇心强;洞察力敏锐,有自信心③。超常儿童的这些心理特点决定了他们在沟通与交往方面有别于同龄普通儿童,如超常儿童对自己的要求和期望较高,在不尽如人意时,容易产生挫败感甚至导致内心冲突和不协调等。此外,他们对周围的人、环境和事物的期望过高,如一些超常儿童对同龄小伙伴的学习成绩或处事方式抱有较高的期望,使得他们在相处时容易产生不愉快;他们也会对日常生活的环境和现象不满意,如在学校体验到不满和不快等,这些都易导致他们缺少幸福感和快乐感。超常儿童"完美主义"的特点,致使他们在沟通

---

① 白传之,闫欢.媒介教育论:起源、理论、应用[M].北京:中国传媒大学出版社,2008:163.
② 王东.校园"黑客"侯晓迪[M].北京:高等教育出版社,2008:94.
③ 查子秀.超常儿童心理学[M].2 版.北京:人民教育出版社,2005:347—350.

与交往或学习上产生较强的自负心理,从而导致负面影响,甚至影响其沟通与交往的质量。

2. 自我意识过强

超常儿童在沟通与交往过程中可能会出现自我意识过强等现象,如有些超常儿童可能会过分在意外在的形象和评价,而且过度自信,常以自我为中心,总想给周围的人留下一个好印象。由于过分在意他人的评价,导致他们过分关注自己消极的一面,使得在与他人沟通与交往中对自己的举止行为不满意,为了避免偏差,会有意识地避免与他人沟通与交往,从而产生孤独感①。更有甚者,由于担心真实地展现自己的才华会招致同伴的排斥,进而选择伪装自己的真实水平,然而这样的假装会有损超常儿童的自尊②。此外,他们还存在自我评价不当的现象,如他们认为每个人都应该与他的想法一致,如果发现自己错了会感到不安③,甚至出现胆怯、焦虑、畏缩等社会适应性问题。

(四) 能力特点

1. 言语默会能力强

一般而言,超常儿童在与他人进行沟通与交往过程中,其言语表达能力比普通儿童要强,这一定程度上为他们顺利地进行沟通与交往奠定了良好的基础。有的超常儿童不仅能背诵大量的诗词古文,还能将其融会贯通,学以致用。波兰尼④指出,默会知识本质上是一种理解力,是一种领会、把握经验、重组经验、以期达到对它的理智的控制的能力,其凸显了人的主体性,心灵的默会能力在人类知识的各个层次上都起着主导性的、决定性的作用。简言之,默会能力即暗自领会的能力,超常儿童在与他人沟通与交往过程中较强的言语默会能力,为其良好的沟通与交往做了铺垫。如以下案例中的小女孩,可谓言语默会能力极强,其在与人沟通与交往过程中的能力惊人。

小才女李尚容⑤

李尚容,天津女孩,6岁。5岁就认识4 000多字,不仅会背《易经》《大学》《中庸》《论语》《孟子》《皇帝内经》《三字经》《弟子规》《笠翁对韵》等,更能学以致用,可谓博学多才、通晓古今。在参加《向幸福出发》节目时一上场她那出口成章、脱口成诗的气势,把两位主持人都震慑住了。现场考验她对古诗词的背诵与理解,简直是对答如流,完美无可挑剔。

2. 社交能力强

一般而言,超常儿童的社交能力较强,他们在与人沟通与交往过程中能很好地和他人互动,且不怯场,还有较强的组织能力和号召能力等,如领导型超常儿童。下面一则

---

① 何侃.特殊儿童心理健康教育[M].镇江:江苏大学出版社,2008:241—242.
② [美]维布纳.班有天才:普通班级中培养天才儿童的策略与技能[M].杨希洁,徐美贞,译.北京:中国轻工业出版社,2013:9.
③ [美]帕尔默.IQ测试与天赋教育[M].郭丹,译.西安:陕西师范大学出版社,2011:98—99.
④ 钟启泉,高文,赵中建.多维视角下的教育理论与思潮[M].北京:教育科学出版社,2004:319.
⑤ 视频资料为《向幸福出发　李尚容》[EB/OL].(2014 - 9 - 5).http://v.qq.com/boke/page/g/0/1/g0136e8px31.html.

案例中的超常儿童,在与记者对答时的表现较大方,不怯场,在平时的学习和生活中能与教师和同学进行良好的互动,这些都是其社交能力强的表现。

绘画才子王羽熙[①]

王羽熙出生时就是一个虎头虎脑的胖小孩,所以父母和亲人们都喜欢喊他的乳名"老虎"。他是一个学习成绩普普通通,但绘画才能突出的美术特长生,在20多年的生命旅程中,他以自身的才情和执着上演了一个又一个旁人眼中的"不可能"。王羽熙3岁开始写生,8岁举办个人画展,10岁在国家级刊物上发表作品,15岁创作出版漫画丛书《新游记》。

在王羽熙的身上,可以看到很多让人头疼的孩子的共同特征,比如聪明但并不好学,对游玩的兴趣远远高于对学习的兴趣,在提高学习成绩上举步维艰。他有梦想,有追求,但也呈现出青少年特有的偏执。18岁以其特有的才情从人大附中走进了国内最高的电影学府——北京电影学院,而他的高考数学成绩只有33分……

在家长为八岁孩子办画展的那天,学校特意联系了北京电视台的记者和编导,为王羽熙录制一期专题节目。第一次面对镜头接受采访,王羽熙一点也不怯场,他落落大方地向记者朋友讲述自己和画画的故事,当记者问到他如何看待画画在生活中的位置时,王羽熙的回答令人惊讶:"画画是我的爱好,但对我来说,画画不是一种消遣,而是一件很正式的事情。"除了不怯场外,王羽熙和各科老师进行着平等的沟通,良好的互动,这让他学习生活快乐而充实。

3. 融合性能力弱

一般而言,超常儿童很多方面的能力都较强,但他们某些方面的能力也较欠缺,如合作能力、听从指令能力、社会规则适应能力等融合性能力,而这些能力的掌握对超常儿童的成长与发展同样不可或缺。

超常儿童小晨[②]

小晨,女,8岁,韦氏智力测验分数为140,就读于上海市某重点小学二年级。该儿童具有过度热衷于阅读、情绪易激动、遇到困难会通过不当的行为逃避、自我评价能力和自我控制能力薄弱及社会规则意识欠缺等特质。而她对阅读的极度热爱导致她在课堂教学中经常沉迷于课外读物而不理睬教师的指令,引起教师不满。易激动的情绪和社会规则意识的欠缺导致其行为经常被同学们视为幼稚,从而难以与同伴建立良好的关系,出现学校适应困难。而学校则将小晨出现的种种问题行为归结为父母教育不当,致使小晨的父母承受了很大的压力,他们希望借助专门的干预来改善其不良行为,帮助她适应学校环境。

小晨在学校适应差,课堂学习过程注意力不集中,不听从老师的指令,不积极回答问题,不能主动及时交作业。课间休息时不遵守纪律,故意捉弄同学。同伴关系方面,男生朋友较多,不喜欢和女生玩,不知道如何与其他儿童互动交往,其行为在其他同学眼里显

① 方洁.绘画才子王羽熙[M].北京:高等教育出版社,2008:1—25.
② 邹佩.超常儿童结构式游戏治疗的个案研究[J].特立学刊,2013(2):27—31.

得很幼稚。情绪方面,情绪波动大,想做的事情不被允许时会大发脾气,在与他人玩游戏的过程中,难以安静等待他人玩游戏,好胜心强,若未能在游戏中取得胜利,便会发脾气。

从上述案例中的情况可以看出,超常儿童小晨融合性能力中的合作能力、社会规则适应能力、听从指令能力较为欠缺。合作能力是超常儿童社会化发展的基础。超常儿童在学习和生活过程中,由于自身的优势,再加上一些超常儿童孤僻、自傲的特点,导致其不愿意与他人合作完成学习活动。当然,这有可能是因为他们想要"保护"人们对超常儿童持有的"只许成功,不许失败"的世俗观念,但这种合作能力的欠缺对他们的负面影响也成为了不争的事实。此外,听从指令能力不仅指按家长和教师的要求完成任务,亦指超常儿童应该也要遵守一些社会规则,在某种意义上来讲,遵守社会规则不仅是适应能力的体现,也是其听从指令能力的表现。超常儿童一般不太听从教师和家长的指令,甚至对其指令持鄙视态度,且社会规则意识较欠缺。

(五) 对象特点

1. 交往对象易远离

超常儿童在智力与才能方面的独特性,易导致交往对象远离他们而不与他们进行深入交往。例如,智力超常的儿童,同龄的"智力伙伴"较少;同龄人会不理解他们的想法与行为,甚至误认为他们爱炫耀、蛮横。另外,同龄人或其他年长的儿童可能会因为他们的词汇量、能力或天赋而被"吓坏"。超常儿童感情强烈,反应和感情需求很强,会"吓跑"潜在的朋友[①]。此外,他们以自我为中心、我行我素等特点也容易造成交往对象的远离。

2. 同伴关系不良

同伴关系是指儿童在沟通与交往过程中建立和发展起来的一种儿童间特别是同龄人间的人际关系,同伴关系在儿童发展中起着成人无法取代的独特作用,它有利于儿童社会价值的获得、社会能力的培养以及认知和人格的健康发展,同伴关系不良会导致超常儿童后期社会适应困难,会导致他们形成孤僻、压抑、退缩、冷漠等心理障碍,被同伴所接纳有助于超常儿童体验到归属感[②]。据美国研究显示[③]:超常儿童性格内向者占60%,比普通人性格内向者(占30%)明显要高,内向者通常不擅沟通,不喜好交往,因此超常儿童同伴关系较差。

此外,超常儿童在沟通与交往中也会出现亲子关系或师生关系不良,他们可能会出现不赞同父母的建议或在课堂上不尊重老师等现象。

三、影响因素

(一) 主观因素

超常儿童与同龄普通儿童相比,除智力的差异性外,更多的是体现在其行为方式等

---

① [美]帕尔默.IQ 测试与天赋教育[M].郭丹,译.西安:陕西师范大学出版社,2011:98—99.

② 邹泓.儿童的孤独感与同伴关系[J].心理发展与教育,1993(02):12—18,24.

③ 李清亚,张琳,杨颖丽.学龄前儿童健康方案[M].石家庄:河北科学技术出版社,2005:31.

个性品质及其与众不同的自我效能感等方面。这些主观因素对超常儿童的沟通与交往起着重要的影响作用,对这些因素的正确认识,能够极大地促进超常儿童的沟通与交往。

1. 个性品质

与同龄普通儿童相比,超常儿童展现出很多优良的个性特征和品质,比如兴趣广泛、独立性强、有理想、主动性强、自信心强、心理健康且适应性好等,这些优良的个性品质为他们的沟通与交往提供了保障,但也正因为有这些良好的个性特征、品质,使得超常儿童常处于过分优越的地位而容易产生一些沟通与交往的问题:第一,由于超常儿童在学业成绩上较优异,他们常会跳级,所以平时生活和学习的同伴都比他们年长,致使他们可能在沟通与交往方面会存在一些困难或者造成人际关系不协调,如别人不能理解超常儿童的生活和思想,超常儿童也理解不了他人异样的眼光从而受到排斥、欺辱;第二,超常儿童由于好强、独立的性格使得他们常固执己见,不愿意循规蹈矩,不喜欢因循守旧,总是别出心裁,所以经常被人看作是孤傲怪僻,这也会让他们在同伴之间产生距离,严重的甚至会产生畏缩、逃避等社会适应问题,如总是笑话甚至讽刺同伴愚蠢,不懂创新等;第三,有的超常儿童更喜欢自己独自玩耍、独自玩游戏、独自看书,他们不愿意和他人沟通与交往,长期这样下去会与社会脱节,从而产生严重社交问题,如超常儿童和同伴、家长、老师之间没有过多的沟通与交往,导致他们也不知道超常儿童在想什么;第四,由于有的超常儿童在平时的学习和生活中常处于优越地位,他们常会表现出我行我素、没有礼貌,甚至说话带刺的行为,这无疑会使他们与他人的沟通与交往产生隔阂,如总觉得自己的就是对的,不太能接受别人不同的意见和否定。以上这些消极的个性品质无疑会影响超常儿童的沟通与交往,从而造成人际关系不协调。

2. 自我效能感

自我效能感最早由班杜拉提出,是指人们对自己是否能成功从事某一行为或完成某一任务的主观判断,是社会认知理论的核心概念之一①。班杜拉的社会认知理论认为,人类是可以自己控制自己的思想、感受和行为的,对自我能否顺利完成某件事可以做出主观判断和推测,这些主观判断和推测产生的情感决定了人的行为;此外,自我效能感不仅取决于自身的能力和实力,还取决于自身对能力和实力的判断产生的信念,自我效能感比自身所有的知识、能力、实力更能判断和预测自己的成功。个体的行为在很大程度上受其自我效能感的影响,自我效能感在超常儿童沟通与交往中起自我调节的作用,是影响其沟通与交往的重要因素,不同程度的自我效能感对超常儿童的沟通与交往会产生不同的影响。由于超常儿童自信心强,常处于生活、学校、家庭中的"特殊地位",有较高的自我判断力和预测成功的信念,使得其自我效能感相应地提高,自信心也随之增强,这会使得超常儿童在沟通与交往中更有自信,也更加自如。如果超常儿童自我效能感低,则会产生沟通与交往的焦虑、担忧、畏缩等消极情绪,甚至会出现自我否定、自我怀疑的严重心理问题。但过高的自我效能感也会适得其反,超常儿童可能会产生目中无人、舍我其谁的高傲心理。所以,不管是家长还是教师,都要引导超常儿童进

---

① 俞国良,辛自强.社会性发展心理学[M].合肥:安徽教育出版社,2004:238—239.

行积极的、正确的归因以提高其自我效能感，从而对其沟通与交往产生积极影响，同时也要引导超常儿童合理地运用自我强化以提高其沟通与交往的能力。

(二) 客观因素

影响超常儿童沟通与交往的客观因素主要有遗传、环境、教育三个方面。其中，环境对超常儿童沟通与交往的影响是多方面的，主要有社会环境、家庭环境、学校环境几方面。

1. 遗传因素

普罗明等采用分子遗传学的方法，对智商极高的超常儿童进行了比较研究，结果发现，在超常儿童的 DNA 样本中，第 6 条染色体长臂上出现 IGF2R 基因的频率显著高于普通儿童。这是第一个被确认与智力有直接关系的基因①。有研究显示超常儿童的父母大多数都是高学历且天资聪颖，但是，只能说高智商能影响或者高情商能促进超常儿童沟通与交往的能力，却不能说高智商决定了超常儿童沟通与交往的能力，换句话说，遗传为超常儿童沟通与交往能力提供了发展的可能性，但遗传决定不了发展的现实性，两者没有必然联系。

2. 环境因素

社会环境是影响超常儿童沟通与交往的关键因素，主要分为社会物质环境和社会精神环境。第一，社会物质环境主要是指经济对超常儿童沟通与交往的影响，经济基础决定上层建筑，教育离开了经济支持很难维持下去，没有经济支持，教育也很难为社会培养和创造高素质劳动力。如超常儿童实验班和少年班的开展，如果没有经济的支持就很难继续进行下去。第二，社会精神环境主要指文化传统和文化氛围对超常儿童沟通与交往的影响。良好的文化传统和文化氛围会影响超常儿童的沟通与交往，如果没有良好的文化传统和氛围，教育同样也很难促进文化的传承、发展和创新。例如，提供一个良好的交友环境和氛围有助于培养和提升超常儿童沟通与交往的能力。

家庭环境是影响超常儿童沟通与交往的主要因素，主要有家庭物质环境和家庭精神环境。第一，家庭物质环境是指衣、食、住、行对超常儿童沟通与交往的影响，较优越的物质条件能给儿童带来舒适的生活和学习环境，也能给超常儿童的发展和学习提供更好的条件，促进超常儿童的沟通与交往能力的发展，但过多或过少的物质条件可能会给超常儿童的沟通与交往带来消极影响，如造成超常儿童高傲自大或过分自卑。第二，家庭精神环境主要指家族的传统、家庭的风气、家庭结构和家庭人际关系等对超常儿童沟通与交往的影响。家庭精神环境是一个家庭的个性，是家庭精神面貌的集中反映和具体体现②。团结和睦的家庭关系、积极向上的家庭风气对超常儿童的沟通与交往产生积极的影响，这样的家庭不仅学习氛围浓，而且孩子得到尊重，其在人际交往过程中也会积极乐观而且懂得尊重他人，反之则会有其他消极现象产生。

学校环境是影响超常儿童沟通与交往的重要因素，主要包括学校物质环境和学校精神环境。第一，学校物质环境主要指学校的硬件设施和设备对超常儿童沟通与交往

---

① 施建龙，许凡.超常儿童发展心理学[M].合肥：安徽教育出版社，2004：126.
② 刘玉华，朱源.超常儿童心理发展与教育[M].合肥：安徽教育出版社，1994：201.

的影响。如果学校的物质条件好,超常儿童的学习和发展无疑也会得到相应的提高。比如,超常儿童有机会使用最新的信息化技术设备,也有更多机会参加丰富多彩的活动,从而扩大人际交往圈子等。反之,超常儿童将得不到其教育与发展所需要的物质环境。第二,学校精神环境主要指学校的校风、班风、学风等学校氛围对超常儿童沟通与交往的影响。良好的校风、团结和谐的班风、勤思好学的学风对超常儿童的沟通与交往起到积极促进作用,在沟通与交往方面也几乎不会出现焦虑和畏缩的消极现象,反之,则不利于超常儿童的沟通与交往。除此之外,优秀的教师以及和谐的师生关系也能促进超常儿童的沟通与交往,反之也会对超常儿童的沟通与交往产生消极影响。

3. 教育因素

教育是影响超常儿童沟通与交往的重要因素。不仅教师的教育教学能力会对其沟通与交往产生影响,教师的教学方式和教学风格也会对其产生影响,教师的个人魅力更是其中一个重要方面。通常而言,超常儿童更易将人格魅力强的教师作为榜样进行学习。此外,学校对超常儿童的教育重视程度也会影响超常儿童沟通与交往的圈子和能力,学校可以为超常儿童提供相应的个别化资源支持,或提供竞赛性活动机会,丰富超常儿童的沟通与交往的情境。教育层面中不容忽视的还有家庭教育的作用,纵观超常儿童的成功案例,家庭教育举足轻重,一定程度而言,父母对超常儿童的引导和教育方式,影响着超常儿童沟通与交往的能力,更决定了超常儿童的成败。

第二节　超常儿童沟通与交往的方式

人们每天都在进行着沟通与交往这一社会活动,并通过它来进行思想和情感的传递与交流,在沟通与交往的过程中,人们采用不同的方式来实现其既定需求和目标。一般而言,沟通与交往主要有言语沟通和非言语沟通两种基本方式,对超常儿童来说,他们实现沟通与交往的方式也主要是这两种。

一、言语沟通

言语沟通是指人们运用语言或文字符号与他人进行沟通与交往的过程,即运用语言或文字符号进行思想和情感交流的过程。言语沟通是沟通与交往中最常用的方式,言语沟通是一个动态的、系统的、互动的过程。其动态过程表现在人们可以无意识、无预见性地与他人进行沟通与交往,如说话和听话,可以随意开始和结束;系统过程表现在与他人进行沟通与交往时某个环节出现问题可能会影响沟通与交往的效果,但不一定是某一个因素导致的,需要全面系统地看问题才能找到本质原因;互动过程表现在沟通与交往过程中是一方发出信息,一方接收信息或进行信息反馈,从而进行互动性的沟通与交往的过程。言语沟通的类型主要有口语沟通和书面语沟通。其中口语沟通是沟通与交往中最直接的形式,较口语沟通,书面语沟通显得更正式、更权威。

(一) 口语

口语沟通是指人们在社会交往中凭借口头言语传递信息、交流思想和感情的过程,是通过说与听进行的过程,通过说话表达意图、传递信息,通过听话接受信息、理解含义[①]。口语沟通主要有直接、方便、灵活等特点,不会受太多环境的限制。超常儿童在与同伴进行沟通与交往过程中使用的口语沟通主要有独自言语沟通和对话言语沟通。

1. 独自言语沟通

独自言语沟通是指以一对一、一对多的形式向他人提供信息的沟通场景,如演讲、说课、做报告、自我沟通等。超常儿童在沟通与交往过程中出现的独自言语沟通主要有:①演讲。演讲主要有一对一、一对多等形式,是口语沟通的特殊类型,如班级演讲、公开竞赛演讲等。有的超常儿童言语能力较强,在公共场合都能有条不紊地演讲,部分超常儿童甚至成为超级演说家。②说课。在学校班级里,超常儿童对擅长学科的内容和学习方法进行介绍并给班里其他同学讲解,例如有的超常儿童将自己写的小说用说课形式进行介绍等。③竞赛报告。报告是对自己准备展现的东西做一个简明扼要的陈述的形式。如一些数学、科学天才儿童常会参加一些奥数或者小发明竞赛,然后对其成果进行报告。④自言自语。超常儿童会用口头语言进行自我沟通,自我进行思想和情感的交流等,如玩儿童智力游戏时常会自言自语、自问自答,可以对自己的思维或行为进行指导。

2. 对话言语沟通

对话言语沟通是指用语言或文字符号与他人进行对话和互动式的沟通与交往的场景,对象可以是一对一、一对多,如聊天、协商、讨论、倾听等。超常儿童在沟通与交往中常用的对话言语沟通主要有:①聊天。聊天是指一方或双方用对话的形式相互进行沟通与交往的过程,可以是随意的,也可以是有目的地进行对话。如偶然碰见一个同学,然后进行问候或为达成目的而进行聊天等。②协商。协商是双方或多方就某事进行协商谈判的过程,协商后要达成一致意见。如协商怎么样进行小发明或怎样完成任务等。③讨论。讨论是针对某一主题进行相互讨论的过程,讨论的结果可以是不相同的。如可以组织超常儿童就超常儿童是否该隐藏自己真实能力进行讨论。④倾听。倾听是指在双方在交流过程中一方接受另一方的信息并作出反应的过程,倾听是口语沟通中接受信息的主要方式[②]。如超常儿童倾听长辈和教师的教诲,听同伴的诉说等。

(二) 书面语

书面语沟通是指以书面文字作为媒介,在人们之间进行信息传递与思想交流的一种沟通方式,主要是文件、报刊、书面报告、书信、便条、邮件、网络留言论坛等形式[③]。与口语沟通相比,书面语沟通更正式、更有权威性、不易被篡改,而且可以经过仔细思考之后再发送信息,也适用于传达较为困难和复杂的信息,同时还利于长期保存、传播和复制信息,当然书面语沟通可能比较耗时耗力,而且在信息传达过程中容易造成误解。

一般来说,超常儿童在沟通与交往过程中使用较为广泛的书面语沟通主要有书信、便条、邮件、网络留言论坛等形式[④]:①书信。书信是比较传统的沟通方式,如超常儿童

---

① 覃虎云,张艳萍.人际沟通[M].北京:科学出版社,2003:16.
② 同上,22.
③ 裴云,崔建农.管理沟通:理念、技能与实践[M].北京:北京大学出版社,2013:164.
④ 晏红.幼儿教师与家长沟通之道[M].北京:中国轻工业出版社,2012:216—218.

在特别的日子给师长或同学写的感谢信、邀请信、祝贺信等。②便条。便条的内容相对较单一且篇幅小,如写请假条、留言等。③邮件。在信息化时代,超常儿童在沟通与交往过程中常会用电子邮件与他人进行思想交流。④网络留言论坛。网络留言论坛是信息化时代下新型而且特殊的沟通方式。超常儿童可以在自己感兴趣的相应论坛与他人进行沟通与交往,快速又便捷,还可以参考他人的有用信息。如下述案例中的聂鲁达在写诗方面非常有天赋,这在一定程度上体现出他超常的书面表达能力。

巴勃罗·聂鲁达——第二位获得诺贝尔文学奖的智利伟大诗人[①]

聂鲁达于1971年10月获得诺贝尔文学奖,成为第二位获得此项殊荣的智利文学家。他是智利伟大的民族诗人,著名国际和平活动家,拉美进步文学的杰出代表。他继承了西班牙诗歌的传统,又接受了法国现代诗人的影响,吸取了智利民间诗歌的特点,形成了自己独特的创作风格,其作品被译为多种文字,享誉国际文坛。他从小就表现出非凡的写诗天才,13岁起就开始在报刊上陆续发表诗歌和散文,还曾在特本科市诗会上获头等奖。他发表的诗集有《黎明》、《二十首情诗和一支绝望的歌》、《大地的居所》、《西班牙在我心中》、《葡萄和风》、《诗歌总集》、《马丘比丘之巅》、《伐木工醒来吧》、《船工号子》、《孤独的玫瑰》等,他的许多作品被译为中文,受到广大读者的喜爱。

在超常儿童沟通与交往的过程中,他们的特殊之处在于能将口语沟通与书面语沟通两者相结合,从而达到自己想表达的最佳效果。如超常儿童可以一边用书面形式呈现自己的信息,一边用口语来表达自己的想法,通过两者的灵活运用而最大程度地将自身想法表达出来。

二、非言语沟通

非言语沟通也叫身体语言沟通,是指人们在沟通与交往过程中用非言语的形式与他人进行思想和情感交流的过程。在日常生活中,非言语沟通比言语沟通运用得更广泛,其主要有广泛性、随意性、便捷性、简易性等特点:①广泛性。人们每天都在与他人进行非言语沟通,如经常运用目光、表情、姿势等与他人进行沟通与交往。②随意性。在沟通与交往过程中不因时间、地点等因素受约束,如在路途中偶然相遇可以用一个微笑与他人打招呼。③便捷性。不需要准备什么就可以与他人进行沟通与交往,还可以根据一个表情和行为就了解一个人的某些特点。④简易性。简单易懂是非言语沟通的特点,比如通过眼神、摇头、摆头我们就可以知道对方要表达的意思。超常儿童在沟通与交往过程中运用的非言语沟通主要有面部表情和肢体动作。

(一)面部表情

面部表情是指通过脸部肌肉变化和表情来表达内心的情感和态度,是一种完成精细沟通信息的身体语言形式。人们常说喜怒哀乐形于色,寓意在于可以通过面部表情

---

① 朱祥忠.世界最狭长的国家——智利[M].上海:上海锦绣文章出版社,2013:24—25.

了解人们的心情。超常儿童在沟通与交往过程中可以通过面部表情表达肯定或否定，强烈与轻微，悲伤与开心等情感。比如，一个微笑可以使人感到放松且能给人良好的感觉。

目光属于面部表情中的一个方面，它是用眼神进行思想和情感交流的过程，通过目光可以反映出一个人内心各种真实的情感，并作为一种信息传递出来。目光接触是较重要的身体语言沟通方式，其他身体语言沟通也与目光接触有关。眼睛是心灵的窗户，在沟通与交往中，从超常儿童的目光中能了解他们真实的想法和情感。当然，长时间凝视他人，会使人感到压力甚至不安。

（二）肢体动作

肢体动作是用非言语的身体符号进行沟通与交往的过程，主要包括身体姿势、副语言、空间距离、修饰等。人们可以通过肢体动作表达丰富多彩的内心世界，超常儿童在沟通与交往过程中也常运用肢体动作的沟通方式来表达丰富的内涵。

1. 身体姿势

身体姿势在沟通与交往中经常使用，比如用一些基本的手势来表达自己内心真实的态度和情感。超常儿童在沟通与交往中常用的一些身体姿势有：摇手，表示否认或者制止；搓手或拽衣领，表示紧张；耸肩，表示不以为然或无可奈何；拍肩，表示关切；点头，表示同意或默认；用双手扶撑着下巴，表示认真思考或疑惑；双手在腰部往右移动，表示欢迎等。

2. 其他

除上述的身体姿势属于肢体动作的范畴外，还有副言语沟通、空间距离、修饰等几方面亦属其中。副语言沟通是指在沟通与交往中通过非语词的声音来进行思想和情感交流的一种非言语沟通形式，是通过语音、语调、语气和音量来实现的[①]。心理学家称非语词的声音信号为副语言，最新的心理学研究成果显示，副语言在沟通与交往过程中起着非常重要的作用。一句话的含义常常不在于其字面意思，而在于其弦外之音，特别是语调不同其含义就不同，例如"你真好"，如果用平和的语调表示确实赞美对方，如果用高昂的语调，表达的含义可能就是讽刺或鄙视。

空间距离虽然没有像表情那样反映出人的喜怒哀乐，没有像身体姿势那样明显表现出倾向性，但它却真实地表达出人与人之间的关系的亲密程度[②]。如吃饭的时候坐座位，从空间位置决定其身份和地位；从空间距离还可以看出与他人的亲近程度，如离亲人距离近而与陌生人距离远。超常儿童在沟通与交往过程中，可能会因为空间距离而选择与自己性格和兴趣大概一致的同伴玩耍。

修饰是指人们在沟通与交往中会因对方的穿着打扮、环境的修饰而影响其思想和情感的交流，包括服饰、发型、化妆等。如果你的外表和着装显得呆板、沉闷，给人的印象不鲜明，别人就很容易忽略你。超常儿童在沟通与交往中难免也会受修饰的影响，如更愿意与外表和着装显得阳光的小伙伴玩耍。

---

① 金盛华.社会心理学[M].北京：高等教育出版社,2005：214.
② 刘晓新，毕爱萍.人际交往心理学[M].北京：首都师范大学出版社.2003：57.

第三节　超常儿童沟通与交往的途径

超常儿童尤其是擅长社交的超常儿童,除与学校和家庭紧密接触外,与社会亦有较多的接触,当然,超常儿童在不同场所内有不同的沟通与交往表现,通过对超常儿童沟通与交往途径的考查,可以帮助我们从多场域多情境把握超常儿童的沟通与交往状况。

一、学校中的沟通与交往

学校是超常儿童学习和生活的一个小社会,教师的引导和同伴间的相处都影响着超常儿童的沟通与交往效果。对超常儿童而言,其沟通与交往的途径主要在普通班和超常班中。

(一)普通班中的沟通与交往

在普通班级中,由于超常儿童自身的优势特点,相对于同班普通儿童,他们学习能力较强,接受新知识较容易,反应也较敏捷,这些优势特点可以帮助班里其他小伙伴,如辅导班里其他小伙伴完成作业或当小老师等,也便于其与班里其他同学的沟通与交往,增进他们的互动性。但是,由于近几十年来提倡教育平等、教育民主思想等,一些人认为超常儿童本身具有较高的智能且得天独厚,用不着对其进行特别的教育与训练,相对而言,应该更多关注和重视残疾儿童的教育需要。且相当一部分人包括有的教师反感超常儿童教育,认为他们总是表现出一些"清高"和"孤傲"的行为①,甚至不尊重老师及班里其他同学。这些观点显然没有考虑到超常儿童的教育需要,且会制约超常儿童的成长成才。如果他们的特殊才能未能得到恰当引导,对社会而言无疑是一种损失,超常儿童本身的社会性发展也会受到消极影响,更无法真正实现教育民主和教育平等。

在普通班里,除了教师平时的关注和引导外,超常儿童沟通与交往信息的获得与能力的提升还可以通过课堂教学的途径来实现,教师的课堂讲授可以让普通儿童与超常儿童学习更多有关沟通与交往的知识和技能。在课堂上,教师的良性引导不仅有助于普通儿童理解超常儿童的"独特"表现,也利于营造一个融洽的社交氛围,还利于超常儿童的社会化,进而促进他们与普通儿童的和谐相处。此外,学校可以开设专门的沟通与交往的课程来提高超常儿童沟通与交往的能力,可以在课堂上教授其他学科时穿插关于沟通与交往的内容和注意事项,还可以在班会课或集体活动课上讲解与他人沟通与交往的相关方式和途径,当然,也可以通过课堂讨论或课外活动等形式让超常儿童体验沟通与交往的乐趣。总之,在普通班级中的超常儿童需要教师有一定的鉴别和因材施教的能力,以便对其提供个别化教学,从而满足超常儿童的特殊需要。

(二)超常班中的沟通与交往

在我国,对超常儿童的教育安置除了一些天才儿童的实验班、中学少年预备班和大学少年班外②,还有暂时性超常班或单科超常班。超常班中的超常儿童天资各异,聚集

---

① 雷江华,邓猛.天才儿童教育[M].武汉:华中师范大学出版社,2011:69.
② 同上,27.

在一起可谓是精英的碰撞，可以说，若能充分发挥他们的潜能，他们必能造福于社会。除关注超常班儿童的优异才能外，还应该注意引导他们的社会性发展，即其与他人沟通与交往的能力。

在超常班里，教师可以通过课堂教学的途径，组织超常儿童进行沟通与交往相关主题的讨论，从而增强其沟通与交往的意识和能力，比如讨论有哪些方式能促进超常儿童沟通与交往的能力。此外，可以成立超常儿童兴趣小组，通过分组进行各自兴趣的探讨，从而提高其沟通与交往的互动能力。通过开展讨论，教师可以参加旁听，了解并适时指出超常儿童在讨论中暴露出的问题，便于教师在教学和管理中根据超常儿童的特点进行引导和管理。此外，可以通过课外活动的途径促进超常儿童与外界进行沟通与交往，当然，不管在普通班还是超常班级中，都可以通过参加课外活动的途径提高其沟通与交往的能力。对于超常儿童来说，课外活动主要包括以下几个方面：①学科竞赛。通过组织奥数、英语、科学竞赛等活动，不仅能激励超常儿童的学习，也能通过竞赛活动让他们认识更多的人，从而扩大人际交往圈。②体育活动。在学校里，可以充分利用课余时间组织体育运动会，组织体育爱好协会来促进超常儿童的沟通与交往，此外，通过体育竞赛活动，可以让超常儿童学会团结合作，同时也能勇敢面对失败。③公益活动。学校还可以通过组织超常儿童参加义务打扫卫生活动、校园公益签名活动、校园志愿者活动等实现超常儿童沟通与交往能力的提升。通过丰富多彩的课内外活动，超常儿童不仅能开拓视野，还能在实践中领略沟通与交往的真谛，同时也能提升他们沟通与交往的能力。

二、家庭中的沟通与交往

家庭是超常儿童的第一所学校，也是超常儿童进行正式或非正式沟通与交往的主要场所，家庭对超常儿童的沟通与交往具有十分重要的影响。家庭氛围、家庭生活方式、家庭物质条件、家庭文化素养等都对超常儿童的沟通与交往有着直接、深刻、持久的影响。在家庭层面，一般可以通过家庭内、家庭间的沟通与交往等途径来培养及提升超常儿童沟通与交往的能力。

（一）家庭内的沟通与交往

家庭是超常儿童生活成长最主要的场所，父母是他们人生中的第一位也是极其重要的老师，所以家庭中亲子间的沟通与交往必不可少，通过亲子间沟通交流，超常儿童不仅可以感受到爱与温暖，也能得到家人的引导和指点。

1. 面对面交流

亲子间的面对面交流是指亲子之间通过语言或文字符号面对面进行思想和情感交流的过程。通过面对面交流，父母可以充分了解超常儿童心理和教育的需要，超常儿童也可以了解或学习与人沟通与交往的方式及技巧，父母的言谈举止也能潜移默化地影响着超常儿童沟通与交往的特点及倾向。如通过亲子间交流，超常儿童可以了解更多的生活常识与生活习惯，在与他人进行沟通与交往中也会从父母的影响中受到启发。

2. 网络交流

在信息化迅猛发展的时代,亲子间的书信交流相对少见了,更多的是通过手机短信、聊天软件、邮件等形式进行交流。聊天软件和电子邮件是使用较广泛的网络通信工具,人们不管身处何方都可以用其与他人进行沟通与交往,可以不用双方同时在线,且能长时间保存,还可以快速获取信息,不至于浪费时间。此外,超常儿童不愿当面对父母表达的一些言语也可以通过其表达出来。

（二）家庭间的沟通与交往

家庭间的沟通与交往可通过家庭联谊活动形式进行,家庭联谊活动是指两个或两个以上家庭通过联谊,带着孩子们一起举办一些有意义、有价值的活动,从而培养孩子们沟通与交往的能力,同时,家庭联谊活动也是家长们进行交流和学习的好方式。家庭联谊活动可以在学校,可以在家里,也可以是户外活动,如参加学校亲子联谊活动,到小伙伴家做客、组织户外活动、组织家庭联谊讨论会等。

1. 家庭小主人

家庭小主人是家庭联谊活动中培养和提升超常儿童沟通与交往能力的常用途径,特别适用于性格较为内向和孤僻的超常儿童。通过家庭小主人这个角色活动,超常儿童可以学会如何接待和照顾客人,同时还知道去别人家里如何做客人,以及知道如何同其他小伙伴进行团队合作及协商。这样的家庭联谊活动还能让家长更加了解彼此的孩子,从而在今后的教育中有的放矢地进行教导。

2. 家庭联谊活动

家庭联谊一般由两个及以上家庭组成。户外活动是家庭联谊活动中颇受大家欢迎的方式,一般有烧烤、爬山、郊外旅游等形式。户外活动不仅能使父母和超常儿童的身体变得更健康,还能使大家的视野更开阔,心胸更宽广,长期有规律的户外活动与锻炼还能养成良好的生活习惯和健康的生活方式,同时也能提升超常儿童沟通与交往的能力。在户外活动中特别要注意安全问题,在进行户外活动之前,一定要做好充分的准备和预防工作。

三、社会中的沟通与交往

超常儿童沟通与交往的能力是其社会适应能力的综合体现,所以应该提供超常儿童进行实践锻炼和参与社会活动的机会,从而提升超常儿童沟通与交往的能力,这一目标的实现可通过现实社会中的沟通与交往和虚拟社会中的沟通与交往等途径来实现。

（一）现实社会中的沟通与交往

运用陶行知提倡的"生活即教育"的理念,可将超常儿童的学习活动、沟通与交往的活动融入现实生活背景中,给超常儿童营造一个在实践锻炼中培养和提升其沟通与交往能力的社会环境,这样有助于超常儿童将自己所学的理论同化到已有的知识体系中去,不至于面对社会交往实践时手足无措。超常儿童在现实社会沟通与交往中可能出现高傲、冷淡等态度,这需要社会给予引导、理解和帮助,以促进超常儿童在现实社会中的沟通与交往。此外,通过参与社会活动,超常儿童能切实体会人际交往的特点和注意事项。如组织超常儿童参加社区志愿者服务活动,能让超常儿童受到爱心和感恩的洗礼,同时在这个过程中也能促进其与他人的沟通与交往。

（二）虚拟社会中的沟通与交往

虚拟社会的沟通与交往即借助网络手段及形式进行的沟通与交往。网络交往是伴随互联网的诞生和迅速发展而产生的一种新型交往方式,是人的社会本性在计算机互联网时代的拓展和延伸,也是 21 世纪信息化时代使用最频繁的沟通与交往方式[①]。如今是科技迅速发展的时代,网络已影响到人们的学习、生活、社交等方方面面,有多种多媒体途径和方式可供超常儿童选择以进行沟通与交往,也有人说,网络世界是用来弥补现实生活中人际关系的匮乏的[②]。超常儿童可以通过网络与他人进行沟通与交往,以满足其了解信息的需求和沟通与交往的需要。但在现实生活中,不乏沉迷于网络社会而拒绝现实生活的例子,如有些超常儿童沉迷于虚拟社区,喜欢跟虚拟社区里的异性交往甚至愉快地生活,但回到现实生活中,常常处于被群体孤立的状态,没有能够亲密交流的朋友。

在虚拟社会中交往主要有以下几种形式:网络聊天、网络搜索、网络论坛。网络聊天是借助网络平台而进行的网络交流活动,是网络交往中最主要的形式,一般而言,网络聊天是通过聊天软件进行的,如 QQ、微信、微博等。通过网络聊天,超常儿童可以和一个或多个对象进行聊天,也可以根据自己的兴趣随时变换聊天对象,因此,其相应的聊天内容也会随时发生变化。此外,在虚拟社区中通过网络搜索可以快速有效地找到自己想要的信息,通过网络浏览可以了解到最新的时事新闻,网络搜索和浏览非常快捷、方便,且充分满足了人们沟通与交往的需求。超常儿童也可以根据自己的特长来搜索和浏览对自己有利的信息和新闻,或根据自己的兴趣和爱好与他人在网络论坛进行信息交流与分享,通过这样一个环境和平台人们可以跨越时间和空间的阻碍与他人进行思想和情感的交流。虽然信息技术给超常儿童的沟通与交往带来很多便利,但也应注意其对超常儿童的负面影响。

第四节　超常儿童沟通与交往的辅助技术

辅助技术是指可以提高、保持或改善残疾人功能的基本设备及其服务,辅助技术包括各种设备和各种服务。超常儿童虽是特殊群体,但他们与其他障碍类型的特殊儿童仍有本质性的不同,因而,超常儿童在沟通与交往中所需要的辅助技术更倾向于普通儿童所使用的设施设备,而不是其他障碍类型的特殊儿童所使用的设备。对超常儿童而言,他们需要的辅助技术主要集中在硬件系统与软件系统两大方面。

一、硬件系统

超常儿童沟通与交往的硬件支持系统主要是指在家庭、学校、社会中能改善或提高

---

① 刘明合.交往与人的发展:基于马克思主义的视角[M].北京:中央编译出版社,2008:122—123.
② [日]榎本博明.e 时代人际关系[M].高丕娟,译.北京:科学出版社,2004:10.

其沟通与交往能力的硬件设备,主要包括多媒体设施及电子仪器设备等。学校多媒体设施设备在一定程度上影响着超常儿童沟通与交往的质量,教师对多媒体的应用能力也直接影响着学生信息接收量的多寡和接收信息质量的程度。一般而言,学校常见的信息辅助设备有电脑、打印机、数码相机、数码摄影机、液晶投影机、视频演示仪、电视机、DVD、音响等。学校配备的硬件系统不仅可以提高超常儿童沟通与交往的能力,同时也改变其社会交往的方式。有人说,课堂教学就是一种社会交往活动[①],在信息化时代的今天,为了实现教育信息化进而促进教育现代化,也为了便于教育教学的管理,越来越多的硬件设备出现在教室,如交互式电子白板、视频展示台等[②]。

(一) 视频展示台

视频展示台(Visual Presenter),也叫做实物演示仪、实物投影机、实物投影仪等,在国外称为文本摄影机(Document Camera),它是通过投影机以光电转换技术为基础,将实物、文稿图片、事件过程等信息转换为图像信号输出在投影机、监视器等显示设备上并展示出来的一种演示设备[③]。视频展示台是多媒体教室不可缺少的设备,通过连接投影机、电视等输出设备,可将资料、讲义、实物、幻灯片等显示出来,使用极为方便,是普通教室电视机最好的搭档,还可以用于课本、笔记、电话会议、视频会议、图像编辑、产品展示等领域。其还有远距离摄影、现场书写等高级功能[④]。视频展示台主要有单灯式、双侧灯式(图6-1)、便携式(图6-2)三种。

图 6-1

双侧灯式[⑤]

图 6-2

便携式[⑥]

在教学实践中,合理运用视频展示台的交互功能,可以为超常儿童创设个性化的学习环境,为师生、生生互动提供一个便利的可操作平台,从而优化课堂教学,进而提高超常儿童沟通与交往的效果与质量。例如,在讨论课堂上可以利用视频展示台展示超常儿童分组讨论结果的汇报,这样每一个学生都能清晰地看到自己的成果,便于及时修正错误,还有利于组内、组间的沟通与交往。

① 马光仲,蔡旻君,王君.交互式电子白板在课堂教学应用的理论基础——教学交往、交互及互动概念辨析的视角[J].电化教育研究,2013(09):99—103、109.
② 黄建行,雷江华.信息技术在特殊教育中的应用[M].北京:北京大学出版社,2015:35.
③ 杜建荣.多媒体技术基础与应用[M].西安:西安电子科技大学出版社,2013:124—125.
④ 黄建行,雷江华.信息技术在特殊教育中的应用[M].北京:北京大学出版社,2015:35.
⑤ 视频展示台设备[EB/OL].(2015-10-28).http://www.xunwei.tm/showcase/zt600.html#6d.
⑥ 视频展示台设备[EB/OL].(2015-10-28).http://www.eloam.cn/chanpin/VH800A3AF.html.

（二）交互式电子白板

交互式电子白板是汇集了尖端电子技术、软件技术等多种高科技手段的高新技术产品，它通过应用电磁感应原理，结合计算机和投影机，可以实现无纸化办公教学，是目前使用最普遍的电子白板[①]。交互式电子白板可以实现师生、生生之间的有效互动；为资源型教学活动提供技术支撑，如可以直接在白板上搜寻网络资源；丰富的视觉效果有利于激发超常儿童的学习兴趣；有利于超常儿童建成互助学习小组。交互式电子白板可以让超常儿童获得更多参与实践的机会，充分调动其积极的交互参与性。

在超常儿童的生活中，信息化硬件设备数不胜数，如平板、智能手机、各种学习机、电子书等，可以使超常儿童眼界更开阔、视野更宽广，但这些现代化的辅助性器材对超常儿童的生活和学习也有消极的影响，教师和家长应正确引导以减少这些信息化设备带来的负面影响，充分发挥其积极作用。

（三）智能硬件社交

智能硬件社交在信息化时代迅猛发展的今天已经开始盛行，如智能手表手机（图6-3），Jawbone智能手环（图6-4）等，不管在普通儿童中还是超常儿童中都有应用，这些智能硬件为超常儿童的沟通与交往带来一定的便利。甚至有人提出物联网设想，在未来的某一天还可能实现个体的每个设备如电视、空调、微波炉等都共有一个QQ号，并且可以通过QQ跟你进行沟通与交往。

图6-3

智能手表手机

图6-4

Jawbone 智能手环

二、软件系统

软件主要包括各类与硬件匹配的软件以及弥补身体缺陷、帮助人们学习和工作的各种特殊软件[②]。我们正处于21世纪信息化风暴的时代，一些辅助技术、网络平台、系统服务的支持对超常儿童的沟通与交往起着重要作用。

（一）辅助技术

由于超常儿童运用社交软件与他人进行沟通与交往的方式与普通人并无大异，故介绍一种较新的互联网背后所需的技术来探讨其沟通与交往所需要的软件辅助技术，

---

① 黄建行,雷江华.信息技术在特殊教育中的应用[M].北京：北京大学出版社,2015：36—37.
② 郑俭.特殊教育研究网络资源整合与解析[M].北京：高等教育出版社,2008：186.

以 Web2.0 为例。Web2.0 是以人为中心的互联网,它使得人人都能忙起来共同编织和丰富这张大网,而网络则反过来也在改变着人们的工作和生活的方式。一般而言,Web2.0 使用了以下几种技术①。

1. Ajax 技术

Ajax 技术从原理上看可以通过调用 HttpRequest 实现与服务器的异步通信,并最终在网页中实现丰富友好的用户界面,且其通过在用户和服务器之间引入一个 Ajax 引擎,使得网页响应更灵敏,刷新更快。运用 Ajax 技术支持的网站大大缩短了用户填写和修改网页信息时需等候的时间,也便于网站与网站、网站与网民之间的互动,提升了用户体验。超常儿童在沟通与交往中运用的技术软件也有这些优势,能促进其沟通与交往的互动性。

2. RSS 技术

RSS 是一种网站与用户间以及网站与网站间的信息自动传播技术,因其为用户带来的巨大的便利性,已经在互联网上被广泛采用。美国 RSS 阅读器公司 Feedster 的 CEO Scott Rafter 预言:"对所有使用宽带的用户而言,在未来五年之内,不论你是否了解 RSS,你都将使用它。"显然,RSS 技术的出现将掀起一场改变大众阅读方式和获取信息方式的革命。毫无疑问,这些技术不仅为超常儿童的学习提供了便利,也为其沟通与交往提供了便利。

3. Tag 技术

Tag(标签)是 Web2.0 网站使用的另一种技术,简单说,Tag 是一种网民自主使用的"关键词",目的在于方便网民对网络内容(包括文字、图片、视频和音频等)进行协作管理或分类;网站则可以根据这些"关键词"被使用的频率,生成"标签云",并以标签的字体大小和颜色深浅展现出"关键词"的分布情况。以这样的方式进行分类最终实现对网络内容的有效检索和传播,这也为超常儿童的学习和社交打下了良好的基础。

(二) 网络平台

网络平台是指运用远程交流系统、以计算机为中介、以互联网为基础而进行网络交往的平台,超常儿童在沟通与交往过程中主要通过网络平台与他人进行沟通与交往。一般而言,超常儿童以网络平台为基础的沟通与交往主要有以下几种形式:网络聊天、网络搜索与浏览、网络论坛、电子邮件②,但随着教育信息化时代的到来,超常儿童在沟通与交往过程中还可以通过较先进的网络平台与他人进行沟通与交往,也可以通过这些平台学习知识、拓宽视野。

1. MOOC 平台

MOOC(Massive Open Online Course),在国内又称"慕课",指大规模在线开放课程,是近年来开放教育领域出现的一种新课程模式,其理念是通过信息技术和网络技术将优质教育送到世界各个角落③。大规模(Massive)、在线(Online)、开放(Open)、免费

---

① 邓建国.强大的弱连接——中国 Web2.0 网络使用行为与网民社会资本关系研究[M].上海:复旦大学出版社,2011:17—20.
② 刘明合.交往与人的发展:基于马克思主义的视角[M].北京:中央编译出版社,2008:125—131.
③ 赵呈领,杨琳,刘清堂.信息技术与课程整合[M].2 版.北京:北京大学出版社,2015:248—249.

(Free)是其基本特点。超常儿童可以通过选择自己感兴趣的课程内容进行学习，MOOC平台还有一个优势即是可以满足偏远地区的超常儿童学习知识的需要，超常儿童还可以和授课的教师及学生进行讨论，这样互动讨论答疑的方式不仅可以增加知识开拓视野，还能促进他们沟通与交往的能力。如有研究者引用"慕课"教学方式进行儿童卡通画教学，得出慕课有助于培养学生创作卡通画的创新能力和探索新知识的能力的研究结论①。这可以让更多的超常儿童在虚拟教室里自由学习和讨论，也是对传统教育方式的一种补充。

2. 云平台

国家云平台是学校和教师工作的平台，是家长和学生学习的平台，是可供多方互动交流的平台，通过搭建国家云平台，建立优质数字教育资源共建共享环境，促进教育信息技术与教育全面发展，促进教育教学和管理创新，促进教育公平，提高教育质量，实现教育信息化可持续发展②。云平台建设有成千上万个优质教育资源应用交流和教研社区，方便师生获取优质资源和服务，超常儿童可以借助云平台丰富的教育资源进行学习并向经验丰富的教师取经，还可以和同学一起交流学习。例如，教师可以利用云课堂进行云备课，形成智能PPT、云设备、云课件三位一体的体系，从而实现教育资源多点共享，超常儿童可以就相关共享资源进行自主学习并与老师及同学交流讨论。

3. 其他

在信息化时代的今天，有很多现代化的资源可供超常儿童选择和学习，如微视频、精品课程、优课等，当然，还可以在一些网站查询相关超常儿童的教育方法与注意事项，如中科院的超常儿童研究中心等。微视频是用丰富的、吸引人的文本、图片制作的短视频，大概十几分钟的内容介绍，这样便于超常儿童在有限时间内接收大量的信息，从而满足其学习欲望，同时还能跟其他的同学一起交流所学内容。而精品课程的视频比微视频的时间要长，其网站里包含大量的拓展材料可供超常儿童进行选择和学习，超常儿童可以在网上同他人进行讨论。此外，网络交流平台带给大家的便利数不胜数，如通过创建班级群、博客、微博、微信等形式来与大家互动，从中了解超常儿童的生活学习情况及心理状态。在超常儿童沟通与交往中，不仅要注重这些技术上的支持，同时还应该要注意网络不良信息对超常儿童的负面影响。

（三）系统服务

对超常儿童沟通与交往提供的系统服务主要可以从经费支持、心理支持、人员支持、资讯支持等几个方面来进行阐述。第一，经费支持主要体现在硬件设备的购买上，如学校如何配备多媒体设施，如何配置超常儿童所需的硬件软件等。第二，心理支持主要是针对超常儿童在学习或生活中遇到的一些心理问题而提供的心理咨询服务，其对超常儿童的成长和健全人格的培养有重要意义。第三，人员支持可以从家庭、学校、社会几个层面来说。对超常儿童学习和社交能力影响最大的是家庭教育，家庭应该理性冷静地对待超常儿童沟通与交往存在的问题，并及时跟教师沟通，共同培养健康快乐、

---

① 赵晶晶."慕课"模式在儿童卡通画教学中的应用[J].艺术教育,2015(9)：82.

② 黄孝章,张志林,陈功明.数字出版实用教程[M].北京：知识产权出版社,2013：164.

全面发展的超常儿童。此外,社会也应该用理性的眼光对待超常儿童的超常能力,不要用世俗的眼光看待超常儿童的能力问题。第四,资讯支持对超常儿童的发展也具有重要意义,它包括书、机构、杂志、新闻所提供的信息服务,超常儿童对新发生的事有较高的兴趣,通过资讯支持,他们可以了解更多的实时消息。

第五节 超常儿童沟通与交往的策略

策略是人们实现某种意愿,达到某种目标的方法。超常儿童在沟通与交往的过程中要遵循一定的策略,才能保障他们与他人沟通与交往的顺畅性。对超常儿童来说,他们在沟通与交往中的策略主要体现在建构合适的自我认同、重视健全人格培养、开展丰富的合作活动以及注重社会性发展等几个方面。

一、建构合适的自我认同

超常儿童在与他人沟通与交往的过程中可能出现不敢把自己真实的超常能力展示出来的现象,以免身边的人会因此而疏远自己。此外,超常儿童并不是"全才",他们只是在某方面比同龄儿童有更加突出的能力,需要培养他们树立恰当的观念,以免误入"完美主义"的困扰,从而导致沟通与交往出现困难。

(一) 接纳能力的差异

超常儿童虽然不是"全才",但他们跟同龄普通人相比较而言,在某一方面的突出能力确实高于普通水平,为了不被同伴疏远,他们可能选择伪装自己的超常能力,这不仅不利于超常儿童自身的成长,也不利于他们与他人接触和交往。不管是在家庭还是学校,家长和教师都应该教会超常儿童接纳人与人之间能力的差异,同时鼓励超常儿童真实地面对自己的能力,也要教会超常儿童如何让他人接纳自己超常的学习能力,帮助孩子建构正确的自我认同:"我就是这样一个人,我很好。"①此外,针对"完美主义"类型的超常儿童,更要帮助其接纳自己本身"超常能力"的差异,引导其形成健康的自我认同,不致于因害怕别人发现自己的短处和不足而伪装自己,导致交往退缩。

(二) 树立恰当的观念

超常儿童在和他人沟通与交往的过程中,不仅超常儿童自身应该树立恰当的观念,学校和家长也应该树立恰当的观念:超常儿童与他人是平等的,不存在高智商就是"全才"等观念。只有这样,超常儿童才能对自身的情况有更清楚的认知,以健康的心态和普通人的姿态同他人沟通与交往才能得到应有的尊重,才能与他人平等和谐地相处。此外,还应该让性格较孤傲的超常儿童树立人际交往的观念,多让他们融入集体活动,感受集体生活的多姿多彩;也应该注意教导性格过分孤傲的超常儿童谦虚礼让,在与他人沟通与交往中虚心接受别人的长处优势,对待同学、老师、家人要做到文明礼貌。

---

① [美]维布纳.班有天才:普通班级中培养天才儿童的策略与技能[M].杨希洁,徐美贞,译.北京:中国轻工业出版社,2013:331—332.

二、重视健全人格培养

家庭和学校重要且根本的任务,就是培养超常儿童积极乐观的生活态度、活泼开朗的性格和健全的人格,提高超常儿童社会适应和沟通与交往的能力。

(一) 注重心理健康教育

心理健康是人类个体对其生存的社会环境的一种高级适应状态,是超常儿童能否健康成长、成才的重要主体因素[①]。人们常说:一切智慧、财富、成就、幸福都源于健康的心理,超常儿童也不例外。德国著名精神病学专家兰格等人曾对世界历史上 35 名"一流优秀人物"做了调查研究并得出研究结论,他们当中除了 3 人近乎正常外,其余的在不同程度上都患有精神疾病,他们认为天才式的出众人才,多少都有些狂气,他们以此证明超常者多为心理不健康者[②]。此外,家长和教师不要"过度保护"超常儿童,因为对超常儿童过分的保护易导致其形成较强的依赖性或较差的抗挫能力,对超常儿童"过高期待"易导致其产生强烈的心理负担或形成焦虑,家庭和学校都应该给予他们恰当的关注并重视其心理健康教育。对超常儿童心理健康教育的重视有利于他们认识自我及周围环境,从而形成积极、健康、健全的人格。

(二) 注重品德教育

品德教育的内容主要有爱祖国、爱人民、讲文明、守纪律、懂礼貌、尊老爱幼等内容,学校可以通过历史、语文、思想政治课的途径实现,家庭可以从义务感、诚实守信、勤俭节约、良好习惯培养等途径进行教导。超常儿童毕竟是儿童,他们的思想品德教育不能自然形成,需要通过教育的培养和引导,从而形成积极、健康的人生观和世界观。家长和教师在平时的生活和学习中不要过分"重智轻德",只重视超常儿童的智育而不重视其德育,这难免会导致超常儿童形成不良的学习态度和消极思想,也容易导致超常儿童形成不懂礼貌等人际交往问题。学校教育和家庭教育应该认识到德育和智育的辩证关系,让超常儿童在学会做人的同时走超常之路。当然,国家相关部门也应该出台相应超常儿童德育评价标准以解决因体制导致的窘状。此外,还应当培养超常儿童的毅力、耐力、创新性等,使他们成为有理想、有抱负的人才。

三、开展丰富的合作活动

超常儿童能否积极地适应各种环境,能否协调好与他人、集体的关系,能否勇敢地承担起社会责任,能否乐观地对待人生等,受到他们受教育状况和生活经验的极大影响。

(一) 开展合作学习

合作学习被看成是满足不同学生学习需求的一种教学方法,积极开展丰富多彩的合作学习活动,有助于超常儿童建立良好的同伴关系,其合作学习主要有两种形式:超常儿童与超常儿童的合作学习、超常儿童与其他异质儿童的合作学习。不管哪种合作学习形式,其出发点是他们能从合作学习中获益,学到生活和学习中必备的沟通与交往的技能,加强教师与学生、学生与学生之间的互动关系。一般而言,可以通过竞赛活动、

---

① 查子秀.超常儿童心理学[M].2 版.北京:人民教育出版社,2006:525—526.
② 孙昌领.青年心理健康顾问[M].北京:中国青年出版社,1987:31—32.

小老师角色扮演等方式进行合作学习,还可以让超常儿童参加他感兴趣的体育活动、艺术活动以及其他夏令营活动,在这些活动中,超常儿童不但可以获得开拓视野的机会,还可以让超常儿童在这些丰富的活动中和其他小伙伴积极互动。此外,体育教学中也可以运用小组合作学习模式以提升他们团结与合作的能力,增强他们的团队精神、集体意识,提高其沟通与交往的能力。

(二) 营造互动氛围

为超常儿童营造一个相对和谐的沟通与交往氛围,以便其与他人和谐交友,进而保证其积极乐观地成长。这不仅有助于超常儿童沟通与交往能力的提升,还有助于超常儿童养成良好的沟通与交往的习惯。教师和家长还应观察在互动环境中他们需要哪些引导和帮助,以适时地提供指导。家长和学校都应该掌握相关措施或策略为超常儿童营造这样一个和谐互动的氛围。例如,学校可以专门开设相关沟通与交往的课程供家长和超常儿童学习,教师可以在课堂讲授学科知识的同时贯穿相关内容,这样一种轻松愉快的互动氛围有利于超常儿童自然地与人交往,进而在交往中逐步掌握沟通与交往的技能技巧。

四、注重社会性发展

(一) 培养良好的个性特征

超常儿童在和他人沟通与交往的过程中或多或少地有着不合群、自私、以自我为中心、轻视他人、自傲、责任心缺乏等不良表现。这些不良表现需要家长和教师付出更多的努力,来引导超常儿童学会尊重他人,成为一个高智商高情商的好孩子。针对以上一些不良特征和表现,家长和教师可以组织超常儿童参加社会实践活动,如通过植树、捡垃圾等活动培养他们的责任心和责任意识,还可以通过参加一些马拉松等运动项目培养他们自强、自信、吃苦耐劳的精神。注意培养超常儿童的个性特征,促进其人格的健康成长,间接地改善他们沟通与交往的能力。

(二) 注重社交能力的培养

社会性发展是超常儿童心理发展的重要方面,它对一个人的人格、心理健康、学习、智力发展等有着非常重要的影响。社会发展需要我们具有沟通与交往和进行社会活动的能力,然而一些超常儿童恰恰缺乏同人沟通与交往的能力,他们或多或少地有着孤僻、封闭等表现,而家庭和学校对超常儿童社会发展能力的教育比传播知识、训练技能更重要。超常儿童沟通与交往的能力是社会性发展的一个方面,其影响超常儿童对他人的态度以及人际关系。因此,在家庭教育和学校教育中教师应加强对超常儿童沟通与交往能力的培养,使超常儿童成为顺应时代发展的人。

第六节　案例分析[①]

一、基本情况

戴尔·卡耐基(Dale Carnegie,1888 年 11 月 24 日—1955 年 11 月 1 日),美国现代

---

① [美]卡耐基.卡耐基自传[M].王丹,编译.北京:中国书籍出版社,2007:1—150.

成人教育之父,美国著名的人际关系学大师,西方现代人际关系教育的奠基人,被誉为是20世纪最伟大的心灵导师和成功学大师,其在1936年出版的著作《人性的弱点》,80年来始终被西方世界视为社交技巧的圣经之一。就是像卡耐基这样一位超级成功人士,在他的童年生活中也有着许多苦难与挫折的经历。卡耐基从出生以来,身体就一直不好,除了眼睛、耳朵(绰号大耳)、脑袋特别大外,哪里都小,看上去就像根豆芽菜,所以他的绰号叫豆芽菜。因为招风耳与小个头,小时候被玩伴嘲笑,用他自己《长高的代价》这篇习作里的话来说:"从出生到三年级,谁都欺负过我,有的甚至戏弄我。"当他发现通过演讲可以获得大家的尊重与敬仰之后,他似乎找到了一条可以让自己走向成功的道路,他开始努力积累演讲的知识和技巧,虽然开始时遭到了众人的讥笑与嘲讽,但凭着自己的努力与卓越天资,终于获得了巨大成功,最终成为了世界上鼎鼎有名的人际交往学大家。

二、过程分析

(一)演讲的萌芽

孩提时期,父亲喝酒事件激发了卡耐基母亲的演讲与呼吁,她演讲的"罪恶,酒及灵魂的拯救"激发了卡耐基想受人关注、表达自身见解的欲望,从此演讲与口才这样的词,在他心中占据了神圣的位置。小时候的卡耐基缺乏自信,常被同伴嘲笑,每次受挫妈妈会安慰说:"你就是你,世界上永远只有一个卡耐基。儿子,你不要悲观,你一定会卓尔不群,你终将是个出色的人,你的理想会达成,每个人都有他的优势与劣势,如果能避开劣势,发挥优势,就是最佳的人生选择,妈妈相信你会成功的。"母亲每次的安慰和鼓励让卡耐基豁然开朗,很是欣慰。母亲的乐观和独立一直深深地刻在卡耐基的脑海里,特别是母亲在讲台上阳光与充满正能量的形象深深地感染着卡耐基,同时,这也为他之后的演讲之路奠定了坚实的基础。卡耐基的父亲虽然是农人,但却与一般的农人不同,他知道视野对孩子的重要性,就算家里没钱也会带着卡耐基去市里见识一番。父母的积极乐观与坚强不屈让卡耐基有勇气面对未来的生活,也铺就了卡耐基的演讲之路,同时,他们还传授了和他人沟通与交往的技巧。

(二)教育的积淀

高中时期,卡耐基上还因自己乡下的出身与单薄的身体、矮小的个头、不善言辞和沉默寡言而备受同学们的冷落。他因承担不起学费,不能住校,每天骑车往返,还要帮父亲打理农场,尽管他们举家搬迁转到了一个全新的环境,他也进入了一个宽敞的学堂,他却不能融入。他不知道怎样与同学们相处,怎样摆脱那孤立的境地。他想改变自己,让人喜欢,想展示自己,征服别人,让自己快乐,也让别人快乐,却不知道从何下手。虽然,他经历着挫折和磨难,但他一直没有放弃学习,他喜欢看书,乐于挑战自己,不管是家庭教育还是学校教育,对他的成功之路都产生了积极的影响。例如,父母亲对他学习和生活方面的教育,以及面对挫折和失败时的教育,再加上学校为学生提供的演讲机会等,无不为他的演讲之路奠定了基础。

(三)舞台的历练

大学期间,卡耐基开始为自己的演讲梦想拼搏,当他兴致勃勃报名参加学校小组比赛时,首轮就被淘汰了,原因在于他表情的拘谨与举止的不自然,虽然有优异的见解与思想,但在公共的场合就展示不出来。之后他一直尝试,连续12次他都从演讲台上惨败,落荒而逃,几乎所有的希望都被彻底击碎了,他感到筋疲力尽,意志消沉,甚至萌生了自杀的念头。在历经演讲失败后,卡耐基一直坚持练习,模仿林肯等伟人的演讲。而后又鼓起勇气报名参加了瓦伦斯堡师范学院的演讲大赛,一路过关斩将,终于杀入决赛,决赛上他演讲的题目是《童年的记忆》,这次的演讲完全吸引了听众,他用真诚而质朴的情怀,大地般厚实而诚恳的语言,将那些成功的大小果实丰盛地展现在人们面前,人们因为他的手势、姿态、语气而受到感染,那些细微的、触动人心的实践与之完美地结合在一起,呈现了极致淳朴的感动。这次演讲的成功,为卡耐基赢得了瓦伦斯堡师范学院"勒伯第青年演说家奖"。那个经历无数次失败的卡耐基,终于从失败的深渊爬上了领奖台的最高峰。这次成功让他确定了自己今后的人生路线。虽然在毕业后历经波折,从事过推销、演艺等行业,但终究他成功地登上了属于自己的舞台。

三、总结反思

戴尔·卡耐基从一个被人嘲笑的对象到成为受人尊敬的演讲、写作样样精通的人际关系学大师,自身的卓越天资只是其中的一个方面,更为重要的是其能将语言才能及天赋淋漓尽致地展现出来。总体而言,主要有以下三个方面。

(一)家庭教育的良好引导

家庭教育对孩子的成长至关重要,在家庭教育中除了要做到言传身教,还要懂得与孩子交心,并根据孩子的兴趣培养其能力。卡耐基的妈妈从小就相信卡耐基将来一定会与别人不一样,从小就欣赏他、鼓励他,在他对生活失望时鼓励他、引导他,让他对生活重新燃起热情。例如,卡耐基由于身体较瘦小,耳朵较大,别人对他进行讥讽时,妈妈安慰卡耐基说:"你就是你,世界上永远只有一个卡耐基。"当他受挫时,爸爸妈妈总是对其进行鼓励和开导,让卡耐基的心灵不因外界的烦恼而受影响。此外,母亲的言传身教也起了很大的作用,如母亲总是乐观、成熟稳重地处理各种家里繁琐事,特别是自然灾难来临时,妈妈的乐观和稳重更是深深地感染了卡耐基,甚至对其一生的发展都产生了深远的影响。家庭教育的良好引导有助于让孩子更好地融入社会这个大家庭,从而能更顺畅地同他人沟通与交往。

(二)学校需重视人才的培养

学校教育不仅要传授学生教科书知识,更为重要的是要提高人的生命质量,另外,学校还应该重视人才的培养,让学生有更多可以选择的舞台去历练自己,让学生在未来生活中更阳光、更幸福、更美满、更文明。卡耐基所在的瓦伦斯堡师范学院较注重学生们的演说与口才的能力,这也造就了卡耐基超强的演说能力,瓦伦斯堡师范学院有很多优秀的演说家,如果没有学校提供的各种教育及机会,他们的演说才能也不会被挖掘出来。同样,超常儿童无论安置在普通班还是超常班,学校和教师都应该对其进行恰当的引导,不要过分夸大超常儿童的"超常",但也不要对其超常"置之不理",不要想当然以为他们有能力处理一切。此外,学校还应该多提供各种课内外丰富的活动,如一些竞赛等,以培养和挖掘超常儿童的能力,从而扩大他们的交往圈以提升其沟通与交往的能力。

(三) 自我奋发图强

不论是普通儿童还是超常儿童,自我奋发向上是成功所须具备的良好品质。卡耐基的成就与其家庭、学校之间有密不可分的联系,但终究源于他自小有一颗奋发图强的决心,以及一直追寻初衷(像母亲一样站在讲台上大方自然地演讲)的热情。虽然,卡耐基经历了多次失败和挫折,但他一直坚持学习并反复挑战失败,且怀着一颗不畏困难的决心,这些良好的品质造就了一代人际交往学大家。其实,生活中很多儿童的身上都有一颗奋发图强的决心,这在他们平日的生活中有所体现,家长和学校应该给予恰当的引导,以挖掘他们更多的潜力。

主要参考文献

1. 白传之,闫欢. 媒介教育论:起源、理论、应用[M]. 北京:中国传媒大学出版社,2008.
2. 邓建国. 强大的弱连接——中国 Web2.0 网络使用行为与网民社会资本关系研究[M]. 上海:复旦大学出版社,2011.
3. 杜建荣. 多媒体技术基础与应用[M]. 西安:西安电子科技大学出版社,2013.
4. 方洁. 绘画才子王羽熙[M]. 北京:高等教育出版社,2008.
5. 黄建行,雷江华. 信息技术在特殊教育中的应用[M]. 北京:北京大学出版社,2015.
6. 何侃. 特殊儿童心理健康教育[M]. 镇江:江苏大学出版社,2008.
7. 黄孝章,张志林,陈功明. 数字出版实用教程[M]. 北京:知识产权出版社,2013.
8. 金盛华. 社会心理学[M]. 北京:高等教育出版社,2005.
9. 雷江华,邓猛. 天才儿童教育[M]. 武汉:华中师范大学出版社,2011.
10. 刘明合. 交往与人的发展:基于马克思主义的视角[M]. 北京:中央编译出版社,2008.
11. 李清亚,张琳,杨颖丽. 学龄前儿童健康方案[M]. 石家庄:河北科学技术出版社,2005.
12. 刘晓新,毕爱萍. 人际交往心理学[M]. 北京:首都师范大学出版社. 2003.
13. 刘玉华,朱源. 超常儿童心理发展与教育[M]. 合肥:安徽教育出版社,1994.
14. 裴云,崔建农. 管理沟通:理念、技能与实践[M]. 北京:北京大学出版社,2013.
15. 朴永馨. 特殊教育辞典[Z]. 3 版. 北京:华夏出版社,2014.
16. 覃虎云,张艳萍. 人际沟通[M]. 北京:科学出版社,2003.
17. 孙昌领. 青年心理健康顾问[M]. 北京:中国青年出版社,1987.
18. 施建龙,许凡. 超常儿童发展心理学[M]. 合肥:安徽教育出版社,2004.
19. 王东. 校园"黑客"侯晓迪[M]. 北京:高等教育出版社,2008:94.
20. 许国彬. 高校学生心理教育与咨询[M]. 北京:科学出版社,2012.
21. 徐晖. 护理学导论[M]. 郑州:郑州大学出版社,2011.
22. 俞国良,辛自强. 社会性发展心理学[M]. 合肥:安徽教育出版社,2004.
23. 晏红. 幼儿教师与家长沟通之道[M]. 北京:中国轻工业出版社,2012.
24. 赵呈领,杨琳,刘清堂. 信息技术与课程整合[M]. 2 版. 北京:北京大学出版社,2015.
25. 郑俭. 特殊教育研究网络资源整合与解析[M]. 北京:高等教育出版社,2008.
26. 钟启泉,高文,赵中建. 多维视角下的教育理论与思潮[M]. 北京:教育科学出版社,2004.
27. 朱祥忠. 世界最狭长的国家——智利[M]. 上海:上海锦绣文章出版社,2013.
28. 查子秀. 超常儿童心理学[M]. 2 版. 北京:人民教育出版社,2006.
29. [日]榎本博明. e 时代人际关系[M]. 高丕娟,译. 北京:科学出版社,2004.

30. [美]卡耐基.卡耐基自传[M].王丹,编译.北京：中国书籍出版社,2007.

31. [美]帕尔默.IQ测试与天赋教育[M].郭丹,译.西安：陕西师范大学出版社,2011.

32. [美]维布纳.班有天才：普通班级中培养天才儿童的策略与技能[M].杨希洁,徐美贞,译.北京：中国轻工业出版社,2013.

33. [美]Margaret C. Wang.特殊需要儿童教育[M].肖非,审译.重庆：西南师范大学出版社,2011.

34. 马光仲,蔡旻君,王君.交互式电子白板在课堂教学应用的理论基础——教学交往、交互及互动概念辨析的视角[J].电化教育研究,2013(09).

35. 齐晓栋,张大均,邵景进.利用计算机辅助改善初中生亲子关系的实验研究[J].教育测量与评价(理论版),2014(03).

36. 邹泓.儿童的孤独感与同伴关系[J].心理发展与教育,1993(02).

37. 赵晶晶."慕课"模式在儿童卡通画教学中的应用[J].艺术教育,2015(9).

38. 邹佩.超常儿童结构式游戏治疗的个案研究[J].特立学刊,2013(2).

第七章 脑瘫儿童的沟通与交往

脑瘫儿童的肢体障碍和姿势异常,以及可能伴随的其他症状,在一定程度上影响着他们的沟通与交往,随着障碍严重程度的不同,其言语与非言语的表达和理解、各种环境中的人际交流亦表现出不同的特点。在把握脑瘫儿童沟通与交往特点的基础上,除了利用现代化的科技辅助技术予以一系列系统服务等外在支持,还有必要提出针对性的提升与训练策略,以促进脑瘫儿童的沟通与交往,帮助他们建立良好的人际关系,体验社交乐趣,顺利融入社会。

第一节 脑瘫儿童沟通与交往的概述

脑瘫是一种永久性的疾病,即使各种功能障碍得到缓解,也无法被完全治愈,将伴随儿童一生,因此,脑瘫儿童在沟通与交往中所呈现的特点具有一定的稳定性。同时,脑瘫儿童的沟通与交往受到多方面因素的影响,包括遗传、环境、教育、个体主观能动性等。

一、概念界定

脑性瘫痪(Cerebral Palsy,CP,又称脑性麻痹,简称脑瘫),是指自受孕开始至婴儿期非进行性脑损伤和发育缺陷所导致的综合征,主要表现为运动障碍和姿势异常(2006年第九届全国小儿脑瘫康复学术会议)。出生前、出生时、出生后的多种因素均可能造成脑瘫,包括妊娠期感染、缺氧、早产、颅脑外伤等。根据病情严重程度,脑瘫可分为轻度、中度、重度,临床分型大致包括痉挛型、手足徐动型、强直型、共济失调型、弛缓型等。

脑瘫儿童通常在动作发展、感觉发展、知觉发展方面呈现发展迟缓现象而导致其行为、情绪、社会适应、就业适应、教育与沟通等方面的多重障碍[1]。脑瘫儿童的运动能力低于同龄普通儿童,身体稳定性差,肢体协调能力欠缺,轻者手脚动作稍显不灵活或笨拙,重者不会抓握、翻身、坐起、站立,不能正常咀嚼、吞咽等。

脑瘫儿童的沟通与交往受障碍程度和伴随症状的影响,其沟通能力个别化差异大,呈现的特征与存在的问题也不尽相同。大多数脑瘫儿童都伴随着不同程度的语言障碍,包括语言发育迟缓和运动性构音障碍等,继而导致沟通过程中的言语使用出现节律、构音、嗓音、清晰度、流畅度等方面的问题[2]。伴随癫痫发作的脑瘫儿童多并发智力

① 李泽慧.特殊儿童沟通与交往[M].南京:南京师范大学出版社,2015:162.
② [美]米查姆.脑性麻痹与沟通障碍[M].曾进兴,译.台北:心理出版社,2009:78.

障碍，认知发展受到限制，可能导致他们在语法的掌握、语义的理解、信息的接收与传递等方面出现困难。他们的情绪和行为障碍常表现为自卑胆小、任性固执、脆弱、依赖性强、自闭孤立、多动易怒、强迫行为等，这些消极负面的情绪特征与行为表现不利于脑瘫儿童与他人建立良好的人际关系，会阻碍他们的社会融合。上述各种伴随障碍都不同程度地影响着脑瘫儿童的日常生活和学习，制约着儿童沟通与交往能力的发展。

二、基本特点

沟通与交往是人际关系的基础，借由沟通，让自己充分表达意思，让对方了解真意，人与人之间交换信息、相互了解，建立信任关系[①]。沟通与交往和身体、语言、认知、情绪、行为等都密切相关，脑瘫儿童自身存在的障碍导致他们在沟通与交往时会产生一系列的现实问题。由于障碍程度和伴随症状不同，有些轻度脑瘫儿童几乎没有身体和语言上的沟通障碍，与普通儿童无异；而有些重度脑瘫儿童在语言、肢体、智力的限制下，无法与他人进行顺畅有效的沟通与交往，严重者甚至完全丧失了自主活动能力和语言表达能力，出现严重的沟通与交往障碍。

（一）媒介特点

除了人类自身语言之外，脑瘫儿童的沟通与交往还可以借助一些外在媒介和工具，包括一些低科技设备和高科技设备，前者包括沟通簿、沟通板、图卡等，后者包括多媒体计算机、电子发音设备等[②]。脑瘫儿童由于身体条件的限制而无法像普通人那样使用电话、电脑等工具与他人建立联系，或者流畅表达思想，或者顺利进入某个公共场所，辅助媒介无疑给脑瘫儿童的沟通与交往带来了便利。这些媒介有如下特点：首先，针对性有待提高。很多媒介都是直接用于姿势矫治和肢位保持的，只能间接地帮助脑瘫儿童进行人际沟通与交往，还有一些沟通媒介是为其他发育障碍儿童设计的，就算可以适用于脑瘫儿童，也并非完全契合脑瘫儿童的身心特点和沟通需要。其次，灵活性有待加强。特别对于一些低科技沟通媒介，在使用时，可能只是保证了脑瘫儿童最基本最简单的语言替代表达，无法满足其复杂的交流需求，例如沟通板，只能将常用的词汇和语句列入其中。还有一些媒介在使用时如果出现操作上的失误或者外界干扰，可能导致整个交谈过程中断或者沟通失效。同时，沟通媒介缺乏人际交往时的情感融入，心理效应微弱。最后，推广性差异大。辅助媒介的使用推广率与科技含量水平的高低密切相关，并受家庭条件、社会支持等各方面因素的影响。许多低科技设备成本较低、操作简捷、获取容易，因此使用率高，而许多高科技设备尽管功能完备、效果良好，却由于研发耗时、价格高昂往往无法在脑瘫儿童中普及应用。

（二）方式特点

由于身体发育缺陷，脑瘫儿童在沟通与交往过程中，使用手势动作、表情眼神、语言声音等方式传递信息时，会出现很多异于普通儿童的特征，此外，不同障碍类型的脑瘫

---

① 洪中夫.玩出好关系[M].新北：校园书房出版社，2011：122.
② 廖洪波.非口语沟通工具在脑瘫儿童康复中的应用初探[C]//第五届北京国际康复论坛论文汇编(上册).中国康复研究中心、挪威健康与康复学会，2010：288.

儿童对于沟通方式的选用也会有所不同。痉挛型、手足徐动型、强直型等脑瘫儿童的身体和面部肌肉张力过大,在与他人交流时,会出现较多无意识的多余身体动作,面部表情比较夸张,比如身体晃动、眼睛瞪大、频繁眨眼等等,特别是在情绪紧张或者激动的情况下,肌肉紧绷和身体痉挛的情况会加重,此时便会出现动作指示错误、手势混乱等问题,导致交流的误解和不畅。同时,由于运动障碍和姿势异常,脑瘫儿童在握笔书写、翻书、电脑打字、使用鼠标时,也会面临不同程度的困难,导致他们阅读、上网等活动不能顺利进行。伴随语言障碍的脑瘫儿童在使用口语时,轻者说话不流利,发音不清,声音忽大忽小;重者语言理解困难,说话费力,语句不完整,甚至出现失语症。伴随其他发育障碍(例如智力、感觉、情绪和行为障碍)的脑瘫儿童,在进行听、说、读、写、看时,都会出现不同的困难,造成沟通的不便。

(三) 心理特点

肢体运动障碍导致脑瘫儿童社会活动受到限制,在沟通与交往过程中,容易出现不良情绪与情感体验,特征如下:态度消极、社交压力较大、情绪焦虑不安、恐慌行为、强迫行为、行为僵化、反应迟缓等①。具体表现为自卑、胆小、敏感、脆弱、忧郁、易怒、不易合群,缺乏主动性,注意力容易分散,害怕拥挤的人群、嘈杂的声音,过分担心自己的身体出现无意识的多余的运动而显得不安,过分关注和在乎说话时的姿势控制、口腔动作而出现反应迟缓,进入陌生的环境会感觉焦虑紧张,适应性不良,出现社交退缩。脑瘫儿童的交流和视野受到很大的限制,社会活动的参与较少,缺乏与同伴进行沟通与交往的实践经验,合作与分享的快乐较少,难以感受到完成社会活动所带来的愉悦情感体验,因而亲社会行为包括助人、同情、求援、分享、鼓励、保护、安慰等方面的参与和体验较少,成就感和满足感的体验缺失,人生的幸福感低。加之所遭受的拒绝与歧视,更多可能会导致沮丧、孤独、自卑等不良情绪,难以从社会的认可和重视程度中获得自信和良好的自我认识②。

(四) 能力特点

沟通能力是将信息传递给他人并使其接收和理解的能力,包括主动沟通和沟通回应两种能力③。脑瘫儿童由于障碍类型和瘫痪程度的不同,在认知理解、口语表达、发声技巧、阅读书写、视听辨别、社交动机等方面都有所不同,由此导致其在沟通与交往能力上存在较大差异。一般情况下,脑瘫儿童或多或少都存在语言声音、动作手势的异常表达,接受回应性语言优于主动表达性语言。与此同时,脑瘫儿童家庭将太多精力和时间用于动作训练,对脑瘫儿童认知能力、语言表达、沟通技能的改善和培养不够重视,导致儿童在与他人进行沟通与交往时,不具备相应的理解和表达能力,缺乏应付复杂场合和不同对象的社交经验。

(五) 对象特点

脑瘫儿童的交往对象相对比较单一,范围比较狭窄。脑瘫儿童的主要症状是运动

---

① 王辉.学龄脑瘫儿童障碍特征的分析[J].中国特殊教育,2004(10):11—12.
② 吴敏,曹志芳,李嫦靖.福利院脑瘫儿童的心理康复[J].社会福利,2013(11):45.
③ 曾线.AAC干预脑瘫儿童沟通能力的个案研究[D].重庆:重庆师范大学,2010:17—18.

姿势障碍,因此,不论家长还是医院,对于脑瘫儿童的关注,大都集中于运动功能恢复,渴望他们拥有基本生活技能和自理能力,而这个过程是漫长的。脑瘫儿童从小就需要接受不间断的康复训练,这种长期的封闭式的康复环境,使得很多脑瘫儿童很少有机会外出,多在医院、家庭两种环境下成长,生活范围狭小,除了家人和医生,脑瘫儿童与外界的沟通交流尤为缺乏,交往对象单一。另外,脑瘫儿童鲜有机会接受正规的早期教育,同时入学年龄又普遍较晚,甚至由于身体障碍和家庭条件而被迫放弃上学,因此,脑瘫儿童不像普通同龄儿童那样拥有众多玩伴,能够交到的同龄朋友更是少之又少。

三、影响因素

(一) 主观因素

首先,心理因素深刻影响着脑瘫儿童的沟通与交往。心理学相关研究指出:决定人际沟通成败的不是其他,而是我们的心理状态以及对人际关系中各种问题的敏感度[①]。沟通与交往的最终目的,就是达成人与人之间的心理共鸣、情感传递。脑瘫儿童在沟通与交往过程中,交往双方心理状态的好坏,直接影响着彼此的沟通意愿、情绪行为以及沟通效果。

其次,个体主观能动性同样是一个重要的影响因素。儿童的主观能动性综合体现了他们的个性品质、动机、意志、自我效能感、行动执行力等。虽然脑瘫儿童在客观上受到自身障碍的限制,但是依然可以通过主观的积极努力和行动改变某些不利的现状,突破一定的障碍,克服现实的困难。因此,脑瘫儿童主观能动性的高低对其参与沟通与交往的意愿和效果都起着主导性的作用。

脑瘫女孩美丽人生(节选)[②]

"人人心中都有一棵愿望树,并会为之付出极大的努力,即使有的人身体有缺陷,但他的心愿却是完美无缺的,哪怕要为之付出比正常人多十几倍的努力,美丽的愿望树一定会开花,每一天我的这根食指都在颤抖地敲动着键盘,我知道这响声的每一下都会让我美丽的愿望树长出新的嫩叶。"写下这段文字的是一位脑瘫女孩,名叫于明,从小对文学就抱有执着的热爱。她的肢体功能几乎丧失,仅剩左手的一根手指能够灵活运动,于明就是靠着它踏上了通向文学殿堂的漫漫征程。在出行不便的情况下,网络给了她宣泄情感的舞台,开拓了她的视野,并让她认识了四面八方心灵相通的好朋友。

于明在10岁那年走进了小学校门,在学习中她深刻体会到什么叫看花容易绣花难,于明只能用情况相对好一些的左手写字,为了写字,她付出了很大的努力。于明母亲说,因为她的手不受控制,写字的时候笔尖控制不住,她就天天练,手都磨出了泡,当时看到她慢慢能写出"一"来我就觉得看到了希望。后来她经常看一些故事书,像一些

---

① 齐忠玉,邱丽丽.沟通中的心理学[M].北京:电子工业出版社,2009:2.

② 中央电视台健康之路栏目.为孩子借鉴健康[M].上海:上海科学技术文献出版社,2007:1—4.

小说、散文之类的,逐渐地我发现她喜欢上了文学。就这样于明的愿望树开始在心中萌芽了,父亲买了台电脑,她就可以用键盘来书写自己的心声。于明用手指敲击键盘,每分钟只能打十几个字,就是靠这样的速度,从2002年至今,她在网络上共计发表文章六十多篇,并历时四年完成了自传体小说《沉重的翅膀》。

(二) 客观因素

首先,生理因素在很大程度上影响着脑瘫儿童的沟通与交往。由于脑组织受到不可逆的损伤,脑瘫儿童不具备良好的肌肉控制和协调功能,运动障碍和姿势异常致使脑瘫儿童的自主活动能力差、范围小,日常生活的很多方面都需要协助才能完成。认知障碍、构音障碍、语言发育迟缓等导致脑瘫儿童口语交流困难,例如吐词含糊不清、词汇量不足、反应迟钝,这些都会影响沟通时的信息接收和理解,导致沟通障碍。

其次,脑瘫儿童沟通与交往受到环境因素的影响。沟通与交往总是发生在一定的情境下,包括时间、空间的距离,物质环境,社会制度,文化氛围等。脑瘫儿童作为一类特殊人群,社会的无障碍环境建设(建筑无障碍、交通无障碍、信息交流无障碍等)会直接影响他们的社会参与程度和社交质量。同时,社会对于脑瘫儿童的认识和态度,即社会的精神文化环境,也会深刻影响到他们的沟通与交往。

再次,教育也会影响到脑瘫儿童的沟通与交往,包括学校教育、家庭教育和社会教育。脑瘫儿童认知能力的发展、知识结构的形成、健全人格的培养等都与他们所受的教育息息相关,而这些方面对于脑瘫儿童的社交动机、沟通技能、交往方式等又均起着至关重要的作用,可见,教育对于脑瘫儿童的沟通与交往影响深远。同时,教育也有利于提高社会普通人士的素质,增进他们对于脑瘫儿童的认识和了解,有利于消除歧视和偏见,促进残健沟通、平等交流。

最后,还有很多其他的因素也影响着脑瘫儿童的沟通与交往,比如康复医疗水平、信息科技发展等。康复医疗水平的提高,可以极大地改善脑瘫儿童的身体条件和生活状况,帮助他们更加顺利地融入社会。信息化时代里科学技术的飞速发展,也给脑瘫儿童提供了更多辅助支持,比如信息交流平台和专用手机电脑等等,使得脑瘫儿童有机会接触更多的社会信息,交往方式因此发生变革,越来越便捷有效。

第二节　脑瘫儿童沟通与交往的方式

德国哲学家卡尔·雅斯帕斯说:"人类在世上的至高成就,就是两个个性鲜活的人之间所进行的交流。"[①]人从出生的那一刻起,就开始了与这个世界的沟通,用哭闹表示饥饿,用微笑表达愉悦,当逐渐学会说话,便能够用语言表达更多的需求和情感,传达各种信息。脑瘫儿童虽然有身体上的缺陷,但是同每一个普通人一样都是鲜活独特的生命个体,拥有多种沟通与交往的方式。

---

① [美]罗伯特·博尔顿.人际关系学:如何保持自我、倾听他人并解决冲突[M].徐红,译.天津:天津社会科学院出版社,2012:2.

一、言语沟通

言语沟通是建立在语言文字的基础上,以词语符号为载体实现的沟通[①],主要包括口头沟通和书面沟通等。作为一种重要的沟通工具,言语沟通起着至关重要的作用。语言学家维多利亚·弗洛姆金和罗伯特·罗德曼说:"我们生活在一个语言的世界里。"人类的语言是一套任意性的标记和符号系统,用以沟通思想和情感,言语沟通是我们使用文字来产生意义的方式[②]。语言的表达总是依附于具体的环境、对象、需求等,相同的语言在不同情况下可以传递不同的信息,这常常涉及语言的字面意思和内在涵义的偏差,也与语言的表达方式和说话策略有关系。

(一)口语

口头沟通是人际交往中最常见的交流方式,通常灵活多样,传递的信息量大,在所有沟通形式中最为直接,比如正式交谈、非正式交谈、面对面讨论、电子通讯对话等。脑瘫儿童由于围产期广泛性脑损伤,有可能直接损害语言脑区,另外常伴随视觉、听觉等感觉系统异常,智能异常,运动异常,行为异常等。这些出生时已存在的神经心理问题使语言的输入、输出和中枢处理过程受损,限制了正常模式的语言发育,而家庭和社会对儿童的低效能感及不适当的补偿更加促成了语言障碍的发生[③]。脑瘫儿童伴随的语言障碍主要包括语言发育迟缓、运动性构音障碍和失语症等,这些严重影响了脑瘫儿童听、说、读、写方面的发展,使得他们的口语沟通出现障碍。

语言发育迟缓的脑瘫儿童口语能力明显落后于同龄普通儿童。普通儿童出生5个月能发出单个音节,7—8个月可发出爸爸妈妈的复音,12个月可叫出物品名称,2岁会说简单句,3岁会说歌谣[④]。脑瘫儿童由于语言环境、周围生活环境的限制,以及运动阶段发展落后等因素,导致词汇增加延迟,抽象词及功能词获得延迟,组句使用时期延迟,使用词句范围受限,语言机会少,进一步造成不同程度的读写障碍[⑤]。

构音障碍的脑瘫儿童也不具备应有的口语能力。中枢神经的损伤引起脑瘫儿童构音器官的肌肉麻痹、不自主运动和张力失衡,以及口腔肌群的非随意性变化,导致正常口语表达的基础功能发生障碍,包括吮吸、咀嚼、吞咽、呼吸、共鸣等功能异常,使得脑瘫儿童发音含糊不清,嗓音异常,说话不流利,严重者甚至会失去言语的表达和接收能力。

另外,脑瘫儿童在日常生活中失败的教训连续不断,加上养育者的态度(过分协助或者消极放任)的制约,导致他们对周围事物的兴趣和关心程度以及向他人表达自己意愿的能力低下,在与环境的相互作用中难以养成主动性,阻碍了脑瘫儿童本来具有的潜在口语功能的发育和主动交流意欲的形成,最终导致继发性语言障碍[⑥]。

① 李颖娟,丁旭.人际沟通与交流[M].北京:清华大学出版社,2012:37.
② [美]艾莎·N·恩格尔伯格,戴安娜·R·温.沟通!沟通改变生活[M].郭春宁,李天舒,译.北京:中国人民大学出版社,2013:89.
③ 王辉.学龄脑瘫儿童障碍特征的分析[J].中国特殊教育,2004(10):7.
④ 刘振寰.让脑瘫儿童拥有幸福人生[M].北京:中国妇女出版社,2009:249.
⑤ 同上,248.
⑥ 同上,248—249.

我有 99 个麻烦,脑瘫只是其中之一[①]

——脱口秀喜剧演员梅逊·扎伊德(Maysoon Zayid)TED 演讲(节选)

我患有脑瘫,无时不刻不在颤抖。你们看,这太累了。我得提醒你们,我可不是什么励志人物,也不希望各位会觉得我可怜,或许在某些时刻,你们会希望自己有点残疾。我们来一起看看吧,圣诞前夜你开车在超市转来转去,想找个停车位,猜猜,你会看到什么? 十六个空的残疾人停车位,你会想:"天哪! 我怎么就不能有点残疾呢?"(笑声)我得告诉你们,我有 99 个麻烦,脑瘫只是其中之一。(掌声)

我是巴勒斯坦人,穆斯林,女性,残疾人。新泽西的 Cliffside Park 是我的家乡,我感到高兴的是,我的家乡和我的残疾有着相同的首字母,我还感到高兴的是,我可以从家步行到纽约市。很多有脑瘫的人根本走不了,但是我的父母相信一切皆有可能,我父亲的口头禅:"你可以做到。是的,你一定行!"如果我的三个姐姐在拖地,我也得和她们一块儿拖,如果她们去上公立学校,而我去不了,我的父母就会起诉学校。我五岁时,父亲开始教我如何走路,我的脚后跟踩着他的脚,就这样走着。他曾在我面前晃着一美元钞票,让我追着跑。记得第一天去幼儿园时,我走路的样子像是被打了好几下的拳击冠军。

在做瑜伽治疗前,我是一个站不起来的单口相声演员,但是现在我可以倒立了,我的父母不断向我灌输这样的思想,没有我做不到的事情,没有实现不了的梦想。我职业生涯的突破起源于 2010 年我去一家有线新闻台做嘉宾《Keith Olbermann 倒计时》。我走了进去,感觉像是去参加舞会,他们拖着我进了演播室,让我坐在一个不停旋转晃动的椅子上,我询问舞台督导:"请问一下,能给我换个椅子吗?"她看着我,说道:"我们正在直播,不是吗?"所以我只能紧紧地抓住主持人的桌子,确保不会从镜头中突然消失。我得到自己梦寐以求的机会,却搞砸了,我想自己再没有机会了。但是 Olbermann 不仅把我邀请回去,而且全程都非常尊重我,给我机会去讲话,并把我的椅子用胶带固定住。在和 Olbermann 做节目的过程中,我发现了一个有趣的事,在成长的过程中,我从来没受过别人的嘲笑,可是,我的残疾却在网络上遭到攻击。我会看到一些评论:"哇,为什么她在不停地扭动身体?""哇,她是不是智力有问题啊?"一个评论家甚至建议我把自己的残疾视为一种荣誉:剧作家,喜剧演员,瘫痪。残疾如同一个人的肤色一样明显,医生曾说我走不了,但我现在就站在这儿,但是,如果我从小与社交媒体相伴,我可能就真的走不了。我希望能在媒体以及人们的日常生活中,为残疾人树立更多的积极形象,或许通过这种方式,互联网会对残疾人少些诋毁。

我坎坷的经历把我带到了一些美妙的地方。我曾和肥皂剧的女主角 Susan Lucci 以及偶像 Lorraine Arbus 一起走过红地毯,我将和 Adam Sandler 出演一部电影,并和我的偶像 Dave Matthews 一起工作,作为《狂野的阿拉伯人》的主演。我环游世界,我成立了 Maysoon 儿童基金会,希望能给巴勒斯坦难民营的儿童一点点我当初父母曾给我的希望。我的名字叫 Maysoon Zayid,如果我可以,你一定也行。(掌声)

① 网易公开课.我有 99 个麻烦,脑瘫只是其中之一[EB/OL].(2014-5-9).http://v.163.com/movie/2014/5/9/J/M9PGG80S6_M9PJL6D9J.html.

（二）书面语

书面沟通便于保存记录、复制传播、有形展示，包括书籍、报纸、信件、备忘录、公告牌等等。书面文字为脑瘫儿童提供了另一个表达自我、与人沟通的渠道，他们可以用文字记录自己的心情，传达自己的思想，也可以通过他人的文字来获取外界更多的信息，了解身边发生的故事，得到丰富的情感体验。

对于脑瘫儿童来说，让他们控制肢体的运动、完成手部精细动作是较为困难的，比如书写、打字、翻书等这些与书面语相关的一系列动作，脑瘫儿童很难像普通儿童那样轻松面对、顺利进行。他们可能普遍存在书写缓慢费力，字体歪斜不清，甚至无法握笔等问题。但是，存在问题并不意味着他们不具备掌握语法规则、阅读书籍信件、运用文本交流的能力。对于许多轻度脑瘫儿童而言，他们运用书面语进行沟通与交往的能力并不弱于普通儿童，而对于一些程度稍严重的脑瘫儿童来说，如果给予他们足够的时间和耐心，也依然有可能较好地完成书面语沟通，那些不断涌现出来的患有脑瘫的作家、诗人、翻译家等，就是很好的例证。

脑瘫诗人余秀华[①]

荆门人民广播电台台长李书新这样形容余秀华："她挣扎着，上网，敲打着这个社会的门窗。她知道她要什么，她想更多地与社会亲近。"余秀华在她的博客中这样写道："我希望我写出的诗歌只是余秀华的，而不是脑瘫者余秀华，或者农民余秀华的。"

接受采访时，余秀华对记者说："于我而言，只有在写诗歌的时候，我才是完整的，安静的，快乐的。说到底，诗歌是一个陪伴。当我最初想用文字表达自己的时候，我选择了诗歌。因为我是脑瘫，一个字写出来也是非常吃力，它要我用最大的力气保持身体平衡，并用最大力气左手压住右腕，才能把一个字扭扭曲曲地写出来。而在所有的文体里，诗歌是字数最少的一种，所以这也是水到渠成的一件事情。"

二、非言语沟通

非言语沟通是相对于言语沟通而言的，是使用文字以外的方式构建信息以产生意义的过程。在人际交往中，言语沟通可以间断，但是非言语沟通具有连续性，人类永远不会置身于沟通之外，一个人的举止——手势动作、表情眼神、仪表服饰等等——都源源不断地提供着有关他的情绪和思想线索[②]。美国心理学家艾伯特·梅拉比安研究认为：人们在沟通中传递的全部信息仅有7％是由言语表达的，剩下93％的信息都由非言语来表达[③]。脑瘫儿童由于伴随的语言障碍导致口语交流困难，因此非言语沟通是非常重要的。

[①] 湖北招生考试网.余秀华个人资料[EB/OL].（2014 - 11 - 20）.http：//www.edu-hb.com/Html/201411/20/20141120212419.htm.

[②] ［美］罗伯特·博尔顿.人际关系学：如何保持自我、倾听他人并解决冲突[M].徐红，译.天津：天津社会科学院出版社，2012：77.

[③] 凡禹.沟通技能的训练[M].北京：北京工业大学出版社，2002：15.

（一）面部表情

由于面部肌肉的痉挛和控制力的弱化,大多数脑瘫儿童的面部表情较普通儿童更为夸张,特别是在紧张焦虑的情形之下,不自然的面部表情更为明显。在沟通过程中,脑瘫儿童的面部表情常常会让对方感到不自在。例如,部分脑瘫儿童伴有斜视等视觉障碍,他们的追视能力较差,视觉范围狭窄,而且缺少目光对视,这种眼神特征容易带给陌生人一种情绪上的不快或者产生消极刻板的印象;在情绪激动的时候,部分脑瘫儿童面部肌肉痉挛的情况加重,此时,他们的面部表情可能失控甚至怪异,不能被很好地解读。多数重度的脑瘫儿童的面部表情则比较呆滞和单一,无法通过面部表情准确地表达心理状态和复杂情绪。

（二）肢体动作

由于身体运动和姿势功能异常,脑瘫儿童在借助肢体动作来传递信息、表达情感或需求时,难免会出现困难甚至错误,造成沟通阻碍和不畅。例如,共济失调型脑瘫儿童的身体协调控制能力差,缺乏平衡稳定性,坐立时常常出现不自主的晃动和摇摆,或者手势动作与想要表达的意思不一致,这些特征都容易导致非言语沟通中的误解。另外,脑瘫儿童的障碍特征使得他们的肢体动作通常有表达不足或者表达过度的问题。有时候,一些手势动作受到限制而无法做到位,就会出现信息传达的欠缺和失效,但有时候一些不自主的多余的无实质意义的动作,又会造成沟通的负担和不畅。尽管脑瘫儿童在沟通与交往的过程中会受到上述诸多障碍的困扰,但是肢体动作的变形和扭曲如果能够得到交往对象的合理看待,并且脑瘫儿童自身不过分在意动作细节是否精确或者怪异,那么他们的社交压力会减轻很多,否则容易形成沟通与交往过程中行为问题的恶性循环。

言语沟通和非言语沟通往往同时存在,相互依赖,共同产生并传递信息。心理学家保罗·埃克曼认为言语信息与非言语信息存在着重复、补充、强调、调节、代替以及矛盾的关系[①]。对于脑瘫儿童来说,单纯运用任何一种沟通方式都存在不同程度的困难,需要综合协调地使用言语和非言语方式,保证沟通与交往达到理想的效果。在沟通过程中,当脑瘫儿童的口语表达不够清晰流畅时,他们可以借助非言语行为,比如点头、摇头、微笑、指示等,配合言语来辅助信息的表达;与此同时,交往中脑瘫儿童的表情、动作、眼神也给对方提供了思想情绪线索,在非言语信息的指导下,对方可以及时给予反馈,表示倾听,提供必要的帮助,适时地调整交流氛围等等。另外,由于脑瘫儿童肢体和语言的限制,言语信息和非言语信息容易产生矛盾冲突,导致交流双方出现表达和理解偏差,此时,要根据当时的情景和交流过程来理解其表达意图。

第三节　脑瘫儿童沟通与交往的途径

与普通儿童一样,绝大多数脑瘫儿童都会经历从家庭到学校、再步入社会的一个成

---

① ［美］艾莎·N·恩格尔伯格,戴安娜·R·温.沟通! 沟通改变生活[M].郭春宁,李天舒,译.北京:中国人民大学出版社,2013:113.

长过程,在不同的人生阶段中,由于环境的改变、情景的复杂、对象的多样,脑瘫儿童也随之经历着不同的沟通与交往体验。

一、学校中的沟通与交往

(一)特殊学校中的沟通与交往

目前没有专门针对脑瘫儿童的特殊学校,一般都是在培智学校、辅读学校或者康复中心等机构附设脑瘫班。在特殊学校中,教师面对的都是特殊儿童,有心理、知识、情感上的沟通准备和效果预期,同学之间也都可以平静地面对彼此的特殊,在他们眼中,异常也就成为正常,在这样一个相对同质的环境下,对于脑瘫儿童来说,沟通与交往在心理层面也就更容易进行。

进入特殊学校学习的脑瘫儿童,在获得认知发展的同时,还可以接触到更多同龄脑瘫儿童,在相处过程中产生友情的体验,有利于脑瘫儿童心理情感的良性发展,虽然会不可避免地产生冲突矛盾,但是只要得到正确的引导和解决,就有利于脑瘫儿童沟通与交往能力的发展。另外,特殊学校的老师普遍比较耐心、和善、亲切,他们知道如何鼓励脑瘫儿童,增强他们的信心,如何正确面对脑瘫儿童遇到的困境,这些素养和技能在他们与脑瘫儿童的沟通交流中都发挥着积极作用。但是,特殊学校中大多数儿童都存在或轻或重的沟通困难,每一位儿童都需要特别照顾,而教师的分身乏术会使得儿童有意义的沟通机会受到很大的限制[①]。

(二)普通学校中的沟通与交往

一些轻中度的脑瘫儿童有机会进入普通学校学习,这部分脑瘫儿童基本都具有正常的认知、智力,甚至在某些学科领域能够取得较为优异的成绩,但是依然可能伴随着语言障碍、视觉障碍、听觉障碍、癫痫、情绪和行为障碍等。对于脑瘫儿童来说,在普通学校学习,可以享受和普通儿童同等的学习资源和教育水平,也有利于他们社会适应能力和沟通与交往能力的发展,但是需要承受的压力也随之增加。

如果学校中的普通儿童不能正确看待脑瘫儿童的身体缺陷,对这些脑瘫儿童怪异的面部表情、扭捏的步态、不协调的动作、不自主的肢体抽搐、不流利的语言等表示出排斥和歧视,那么脑瘫儿童就很难顺利平等地融入集体,在被孤立的环境中,脑瘫儿童既体会不到沟通与交往的乐趣,也很难建立社交的勇气和信心。但是,如果学校有着平等包容的氛围,老师学生都能够客观看待脑瘫儿童的障碍,给予恰当的帮助和关心,愿意主动与脑瘫儿童进行交流,那么脑瘫儿童自然而然地就会走近群体,产生主动沟通的意愿,甚至逐渐忽视自己特殊的一面,顺利融入班级和学校。例如,教师有意识地为脑瘫儿童安排具有针对性的课堂活动,让儿童有交流的机会也有交流的理由,并引导班级内的普通儿童学习倾听,对脑瘫儿童表现出来的交往意图作出积极的回应与反馈[②]。

---

① 李泽慧.特殊儿童沟通与交往[M].南京:南京师范大学出版社,2015:166.
② [美]K·E·艾伦,J·S·施瓦兹.特殊儿童的早期融合教育[M].周念丽,苏雪云,张旭,等,译.上海:华东师范大学出版社,2005:421.

"啄木鸟"画家黄羿蓓的沟通(节选)①

中小学阶段,黄羿蓓最直接使用的是身体语言,语言治疗师也教导她用手势、眨眼及表情等来表达自己的想法,如用眨眼表示"是",把头撇开表示"不是"。但日常生活需求如喝水、上厕所及吃饭则通过沟通卡片来表达。沟通卡贴在她轮椅的桌板上,她用手指出来与人取得沟通,表达其最基本的生活需求;考试时,沟通卡标示"1"、"2"、"3"、"4",当她用手指出答案时,由监考教师代写答案。

在上美术课时,教师发现她手握笔不方便,即使拿笔也画不出什么形状,因此,教师努力想办法帮助她,经过一段时间的评估和介入,教师最终决定利用头杖替代手。她刚戴上头杖时很不舒服,又被大家取笑是啄木鸟,当教师发现她怕被取笑而拒绝戴辅具时,就自己戴上头杖在全班同学面前示范作画,刚开始同学会笑,但是当完成创作时,全班拍手叫好。现在黄羿蓓能将头杖应用于计算机绘图、打字、写博客,把内心想表达的细节完整地表达出来。

二、家庭中的沟通与交往

家庭是儿童成长的摇篮,家庭的抚养和教育对儿童的性格、品德、礼仪、技能等各个方面影响重大,同时家庭也是家庭成员与外界取得联系、进行交往的重要而且稳定的场所。从出生开始,脑瘫儿童的主要活动空间就在家庭,接触的对象主要是家人,家庭中的沟通和交往对脑瘫儿童一生的发展都有着深远的意义。

(一) 不同家庭教养态度下的沟通与交往

脑瘫儿童家庭中养育者的态度在很大程度上决定着家庭内沟通与交往的状态以及脑瘫儿童的社交能力。有些父母在各方面都过度干涉孩子,无论在家庭康复训练中,还是在日常生活上,都过分顾及孩子的身体障碍,提供过多的协助,使得脑瘫儿童形成了强烈的依赖心理,缺乏主动性,从而缺乏主动表达需求、沟通思想的动机和意识。也有一些家庭,出于保护孩子的心理,拒绝将孩子暴露在家庭之外的环境中,本来生活范围就因为身体障碍而受到局限,这样一来,脑瘫儿童的交流圈更加没有机会得到扩展,只能停留在家庭之内。还有一部分家长比较消极悲观,对孩子在生活技能、语言发育、智力发展等方面的障碍,常常表现出急躁、焦虑、忧郁甚至放弃,给孩子传达出受挫、自卑的情绪,对孩子缺乏足够的耐心和鼓励,加重了脑瘫儿童的封闭、脆弱、敏感等不良心理因素,导致他们对于沟通产生恐惧和抵触。另外,还有的家庭偏重脑瘫儿童的日常生活技能的训练,忽略了语言认知方面的训练,导致脑瘫儿童原本具有的语言和智力潜能没有得到相应的开发,错过了培养语言表达和沟通能力的最佳时期。

相对于过度保护或悲观放弃等消极态度,也有部分脑瘫儿童家庭能够积极乐观地面对儿童的疾病,客观理性地判断儿童所具备与缺乏的能力。对于儿童自己能够完成的活动,尽可能让他们尝试去独自进行,时刻鼓励儿童,并且给予必要的、及时的帮助。同时,家庭成员之间也会互相保持一致的态度,并且注重家庭和谐关系的建立,营造良

① 李泽慧.特殊儿童沟通与交往[M].南京:南京师范大学出版社,2015:200—201.

好的家庭氛围,让儿童感受到家庭的温暖与关爱。这样的家庭也敢于将儿童带到公共场合,引导儿童积极面对失败与挫折,希望儿童多与外界环境接触,给儿童提供或创造多种多样的沟通与交往的机会。

一位脑瘫儿童妈妈的苦恼①

有一次我带小强出去玩耍,其他孩子的家长用异样的眼神看小强,和别的小朋友一起玩耍时,小强也受到欺负,有很长一段时间我不敢带小强出去,害怕带着小强出去会遭到别人的白眼和非议。我害怕别人问起小强的情况,不想让任何人知道我有一个脑瘫儿子,大部分时间我就让他待在家里。有时候他会吵闹着出去,我就凶他,时间长了,他也就不闹了。最近我发现小强在康复的时候很懒,不想走路,不爱说话,也不愿意和机构里的其他小朋友一起玩耍,脾气也很差,我哄他、凶他,他也只是哭。我一心放在小强身上,现在很少跟我老公谈心,有时候我们会因为一些小事吵架,吵得厉害了,小强就在旁边又哭又叫。以前小强很黏我老公的,现在爸爸抱他就会反抗。

上述例子中,小强在康复过程中,妈妈经常冲他发脾气,对他缺少鼓励安慰,小强不愿意做康复,不爱说话,出现心理行为障碍;妈妈害怕小强在外受欺负和歧视而不愿意带他出去,过度保护小强致使小强养成依赖的习惯,不愿意和小朋友玩耍,出现了人际交往困难;父母关系冷漠紧张,导致孩子不愿意与父亲亲近,父子之间关系紧张。

(二) 不同家庭活动内容下的沟通与交往

脑瘫儿童在家庭中会参与不同类型的活动,其中包括常规活动与特殊活动,家庭内的活动与家庭间的活动。不同的活动内容具有不同的目的、特点、参与方式,因此脑瘫儿童沟通与交往的形式与表现也不尽相同。

家庭内的常规活动通常比较固定化、程式化,多数是脑瘫儿童所熟悉与了解的内容,一般不要求儿童做特别的准备工作,比如父母辅导儿童写作业、爷爷奶奶陪儿童玩耍、与家人在饭桌上的日常交谈、兄弟姐妹间一起做游戏等。在这些活动中,脑瘫儿童基本上可以自如轻松地与家人进行沟通;不论是表达需求、请求帮助,还是陈述事实、传递情感,脑瘫儿童都可以得到及时的回应与反馈。特殊活动则因为具有随机性、变化性,可能会出现一些复杂的、不可预见的交往情形,在特殊活动中脑瘫儿童可能会面临着较大的挑战。家庭间的活动如聚餐等不常发生,属于脑瘫儿童不熟悉的特殊活动,因而活动过程中也会出现诸多沟通问题。例如,脑瘫儿童由于语言障碍而说话含糊不清,导致对方家庭不能听懂,此时就需要长期接触儿童的家人进行翻译,因为家人已经熟悉并掌握了儿童语言的错误类型或表达习惯。另外,儿童都有喜欢与讨厌的活动,脑瘫儿童可能喜欢有趣的游戏而厌烦枯燥乏味的康复训练,在游戏时情绪高涨,而在训练时焦躁不安,因此,脑瘫儿童的沟通意愿、表达方式、交往效果会随着活动类型的变化而发生转变。由此可见,脑瘫儿童家庭有必要利用儿童喜欢的活动,寓教于乐,促进儿童参与

---

① 程慧丽.个案社会工作介入脑瘫儿童慈善救助研究——以 Y 慈善组织为例[D].武汉:华中师范大学. 2014: 1/.

沟通与交往。另外,在进行家庭间的活动时,儿童会观察、模仿和学习父母待人接客的方式,并在自己与同伴的接触中以相同的方式反映出来①。因此,父母应该利用家庭间沟通与交往的机会,给儿童树立良好的行为榜样。

三、社会中的沟通与交往

(一) 现实社会中的沟通与交往

脑瘫儿童不可能永远受到家庭的庇护,也不可能一直在学校中,他们终将不可回避地走向现实社会,然而现实社会中的沟通与交往对于脑瘫儿童来说又是一个巨大的挑战。当脑瘫儿童在商店、车站等公共场合时,周围陌生的环境、陌生的面孔必然会造成他们的社交压力,此时除了脑瘫儿童本身的理解和表达能力以及心理状态之外,人们的交流方式、情感态度的差异等都会产生不同的沟通效果。

对于大多数脑瘫儿童来说,接触较多的社会环境当属医院、运动康复中心等医疗环境,医护人员与脑瘫儿童及其家庭之间恰当有效的沟通极为重要。医护人员如果能够正确地使用安慰性语言、积极暗示性语言、指令性语言、鼓励性语言②,避免使用排斥性语言和伤害性语言,那么脑瘫儿童及其家庭便能够更加积极主动地配合康复治疗,面对漫长的康复历程,也会更加乐观、耐心。

(二) 虚拟社会中的沟通与交往

多媒体技术的迅速发展和普及使人类进入了网络信息时代,它深刻改变着人类社会的生产、生活和交往方式。人们利用网络进行彼此联系,建立人际沟通网,由此产生了一个虚拟社会,在这个虚拟的社会中,大家可以在互不相识的情况下尽情倾诉和表达,这样一个具有高度开放性、多维性、匿名性、平等性的空间③,可以在一定程度上满足脑瘫儿童沟通与交往的需求,同时又可以避免现实社会中的沟通与交往需要面对的某些困难和压力。但是,虚拟社会容易隐匿的特征以及法理监管的缺失,也给脑瘫儿童的生活带来一些隐患,比如上当受骗、沉迷网络等。同时,尽管网络消除了许多时空上的障碍,使得信息流动加快,但是网络的许多功能设计仅仅考虑了普通人的需求,对于脑瘫儿童来说,很多复杂的应用和服务不仅没有办法有效利用,反而成为他们沟通过程中的障碍和负担。

第四节　脑瘫儿童沟通与交往的辅助技术

脑瘫儿童的障碍严重影响了他们的个体成长和社会性发展,妨碍了他们和周围世界的交流,但是,如果能恰当地采用辅助技术和产品来帮助克服脑瘫儿童和自然环境之间以及和社会环境之间的障碍④,将有利于缩小他们与普通儿童的差距,培养他们的生

---

① [英]理查德·朗兹顿,马乔里·沃克.关注您孩子的成长[M].刘建永,刘永宽,译.北京:中国人民大学出版社,2004:321.
② 周碧波.浅述脑瘫儿童康复训练过程中与家长的语言沟通[J].家庭护士,2008,6(7):1913—1914.
③ 谭昆智,杨力.人际关系学[M].北京:首都经济贸易大学出版社,2007:323.
④ 范佳进.辅助器具在小儿脑性瘫痪康复中的选用探讨[J].现代康复,2001(5):19.

活技能和沟通能力,帮助他们重返社会。因此,辅助技术的应用对促进脑瘫儿童的发展来说非常必要,不同类型的辅助器具能从不同方面直接或间接地协助他们与他人进行沟通与交往,在残健群体间搭建一座心灵与情感的桥梁。

一、硬件系统

(一)动作和姿势的矫治

脑瘫儿童肢体运动功能的康复和姿势的矫正不仅有利于他们日常生活的自理和独立,也有利于他们顺利进出公共场合,进行书写、阅读、上网等学习娱乐和社交活动,这些辅助技术产品包括具有体位保持和移动摆位功能的助行器、轮椅、站立架、升降装置等[①]。随着科技水平的提升,目前除了传统单一的产品外,辅助器具更趋向技术的精准、功能的整合,比如在轮椅方面,提升了体位保持功能,包括肢体支撑带、坐姿保持器、可改变尺寸的可调节轮椅等,还添加了各种功能性的开关,安装了电脑和辅助沟通装置支架,帮助握笔或点击电脑的装置等,以此提高和改善他们的生活质量与社交体验。

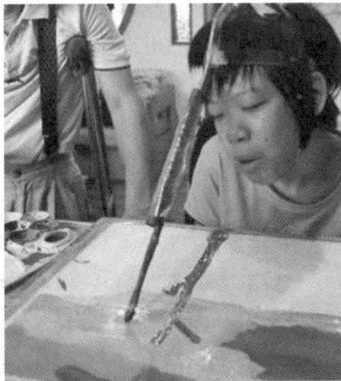

图 7-1

爬楼轮椅

图 7-2

头杖

(二)扩大及替代性沟通辅具

扩大及替代性沟通辅具在之前的章节中已有相关介绍,它对于多类型特殊儿童的沟通障碍都有一定的辅助作用,对于脑瘫儿童来说,要根据儿童的个别化需求选择适合的辅具类型和训练内容。例如,有的脑瘫儿童的手部精细动作发展缓慢,无法用手指点选沟通板的内容,因此需要选择设有特殊开关的语音沟通板(如图 7-3 所示),儿童可以用身体的其他部位按压红色或蓝色的按钮进行选择。还有一些方便携带的设计产品可以为脑瘫儿童提供人性化服务,例如图 7-4 所示的支架可以帮助儿童将语音沟通板固定在桌子上,调整好角度以缓解脑瘫儿童的疲劳。在沟通板内容的选择上,要根据儿童的需求进行选择,有的脑瘫儿童对生活常识的需求较多,有的脑瘫儿童则对某些兴趣爱好更加关注,可以从语音沟通板附带的素材库中选择。

---

① 郑俭.脑性瘫痪儿童辅助技术产品的进展:功能特征与典型产品[J].中国康复理论与实践,2014,20(11):1053.

图 7-3

连接特殊开关
的语音沟通板

图 7-4

配合支架设计
的语音沟通板

(三)康复辅助机器人

康复机器人可以加强或恢复脑瘫儿童的一些操作能力,能够按照指令和要求完成具有一定自发性、无计划性的运动①。康复训练和护理机器人不仅可以帮助脑瘫儿童进行肢体的功能训练,还可以在日常生活中协助或照顾脑瘫儿童,比如倒水、喂饭、开瓶盖、打字、拨打电话、协助行走等。另外有一类陪伴型康复机器人,可以陪脑瘫儿童聊天,为他们说笑话、讲故事等。康复机器人为脑瘫儿童的生活带来了便利,有助于提高他们的生活质量,同时融入人性化的高科技设计之后,它更加强调和关注脑瘫儿童的心理情感需求。

图 7-5

康复训练机器人

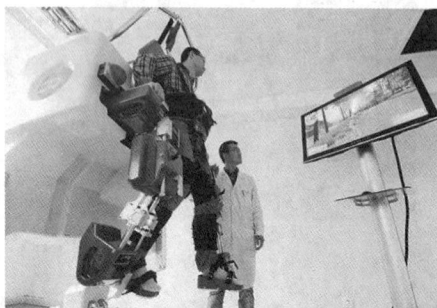

图 7-6

陪伴型康复
机器人

(四)其他认知、视听说辅助技术

为了方便脑瘫儿童的学习和交流,改进他们书写、阅读等学习娱乐活动的成效,促进他们的认知能力的发展,还有一些辅助技术涉及握笔、翻页、键盘、鼠标的使用等,例如虚拟鼠标、虚拟键盘。比如 iPad 的触摸翻页功能便于手指活动不灵活的脑瘫儿童进行阅读、游戏;笔记笔、沟通笔可将文字转换成语音;磁力书写辅助器可增加手的稳定性;认知玩具、电脑认知系统帮助训练脑瘫儿童的认知能力等。另外,还有许多脑瘫儿童具有一定语言的接受能力,但不具备语言的表达能力,为了改变这一状况,由电脑控制的代言器能够辅助语言交流,使脑瘫儿童达到与他人交流的目的。也有一些脑瘫儿童的口语发音含糊不清,因此可以使用具有语音文字转换功能的特制手机,当另一端传

---

① 蒋建荣.特殊教育的辅具与康复[M].北京:北京大学出版社,2012:167.

来语音时,可以在手机屏幕上显示出对应的文字,脑瘫儿童直接在触摸屏上输入文字,即可转换成语音完成回复。

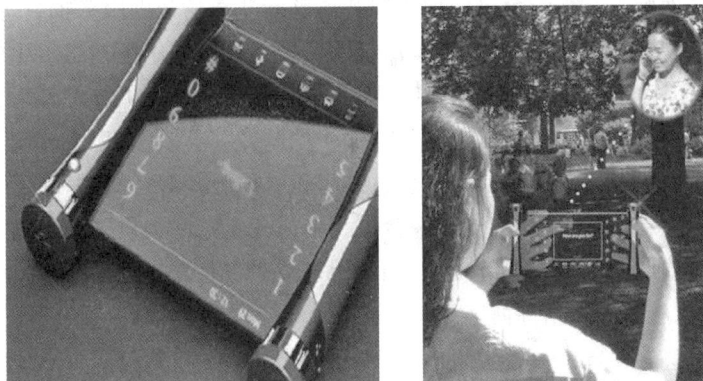

图 7-7

具有语音文字转换
功能的手机

二、软件系统

（一）软件平台

1. 无障碍沟通系统[①]

无障碍沟通系统采用全中文环境设计的界面,随插即用,精致小巧,便于携带。参考我国台湾地区注音符号的排列方式,将注音符号按照声母、介母、韵母和声调的方式排列,在选择了相应的声母和介母之后,系统会自动筛选出与之匹配的韵母,另外含有数字和运算符号,配合单键特殊开关,进行群组循序扫描。扫描的速度和呈现字体的大小,可以根据脑瘫儿童的需要自行设定。

2. 布利斯符号系统[②]

奥地利学者 KarlBlitz 创造的布利斯符号系统后经加拿大的麦克诺顿(Mcnaughtou)女士改写,使其成为可供脑瘫儿童应用的语言交流符号系统。布利斯符号系统主要以象形图形、尺寸、位置、方向、空间、指示点的变化来表示不同的意思。根据布利斯符号系统的原则和启示,可以灵活设计适合实际情况的语言交流板,便于脑瘫儿童进行语言交流。

（二）系统服务

1. 辅具评估和适配服务

脑瘫儿童在获取和使用辅助技术装置的时候,需要有专业的人员或者团队为其提供全方位的直接服务,包括:辅助技术需求的评估,辅助技术装置的选择、适配、定制、调适,维修以及获取,协调和利用与辅助技术有关的治疗、干预、教育或康复项目,对有关人员进行培训或技术援助等。这些人员包括脑瘫儿童、家庭成员、监护人、有关的教育或康复人员或其他有关服务人员等,团队参与辅助技术的评估、选择、训练、使用及

① 蒋建荣.特殊教育的辅具与康复[M].北京:北京大学出版社,2012:161.
② 厉矞华,水泉祥.小儿脑瘫[M].北京:北京医科大学、中国协和医科大学联合出版社,1996:250.

维护服务是辅助技术效果发挥的重点,完善的辅助技术服务流程与团队协作是效果的保证[①]。

2. 项目和资讯服务

国内多个医疗、慈善、教育机构均积极开展脑瘫儿童的救助服务项目,例如中国红十字会"天使之爱——贫困脑瘫儿童救治行动"、搜狐社区与中国初级卫生保健基金会脑瘫救助专项基金联合发起的"海豚计划"、壹基金的"关爱脑瘫儿童活动"、由上海明珠医院及中国残疾人联合会倡导发起并成立的中国脑瘫公益基金,以及专门为脑瘫儿童提供救助服务的"安琪之家"开展的一系列康复和引导服务等。同时,除了一些官方机构网站外,还有多种社交论坛和沟通平台也为脑瘫儿童家庭提供了交流的机会和空间以及获取相关资讯和信息的渠道,例如百度贴吧中的脑瘫吧、极光论坛中的脑瘫板块、脑瘫救助博客、脑瘫家长培训博客等。

第五节　脑瘫儿童沟通与交往的策略

促进脑瘫儿童的沟通与交往不仅有助于他们生活质量的提高,也有利于他们健康人格的塑造,不仅帮助他们顺利地融入社会,也可增进公众对于脑瘫儿童的了解和接纳,因此,应该从语言表达、运动功能、交流意愿、环境营造等多方面全面而有效地促进脑瘫儿童的沟通与交往。

一、训练语言表达能力

通过个别训练与集体活动相结合的方式,对脑瘫儿童进行有针对性的语言训练,可以帮助他们改善发音构音,增强他们对外界刺激的接受和反应能力,促进潜在语言表达能力的发展,积累语言运用经验,为人际交流奠定良好基础,最大限度地挖掘他们沟通与交往潜能。

(一) 个别训练

脑瘫儿童个体之间差异较大,因此有必要根据障碍程度和伴随症状提供有针对性的策略。在进行一对一的语言训练时,要求保持环境的安静、安全、舒适,营造温馨和谐的氛围,而且训练环境并不局限于室内,可以是户外,比如公园、操场等。个别化训练要注重脑瘫儿童语言能力的双向发展,即先横向扩展,再纵向提高[②]。如学说名词"皮球"、"帽子"、"毛衣"时,可进一步增加"小皮球"、"戴帽子"、"红毛衣"。

语言的理解与表达,是沟通能力的基础,也是儿童语言沟通发展的目标,先由发声游戏、语调练习→模仿说单词、双词→扩展语汇量与质→增进语法运用能力→使用完整句主动表达→回答复杂问题→最后能描述事情的整个经过[③]。对于伴随语言障碍的脑瘫儿童来说,文字学习很难在全面掌握语言的基础上再进行,但是如果将文字符号作为

① 唐丹.iPad软件应用于脑瘫儿童教育选择适配的个案研究[D].重庆:重庆师范大学.2014:6.

② 刘振寰.让脑瘫儿童拥有幸福人生[M].北京:中国妇女出版社,2009:259.

③ 唐久来,吴德.小儿脑瘫引导式教育疗法[M].北京:人民卫生出版社,2007:142.

语言行为形成的一种过渡,则是一种有效的策略,因此应该充分利用游戏卡片、图书画册等文字材料来进行词汇和语句的学习和运用。在进行个别指导时,除了发音的矫正和呼吸的训练,还应该结合具体的环境,因材施教、因地制宜,在脑瘫儿童不同的发育阶段,提供不同的训练内容。对于重度脑瘫儿童来说,可以充分利用肢体、手势动作,作为语言表达训练的先导方式,然后逐步过渡到用简单口语结合手势语进行表达。

表 7 - 1

脑瘫儿童语言训练方法简表①

类别	训练方案	具体内容
发音功能训练	舌功能训练	伸缩舌头,舔上下口唇 舌尖运动 舌及附属肌群运动
	舌体运动训练	吹气 唇运动
理解能力训练	言语性理解能力训练	听觉(如叫名字) 视觉(如看图画、实物等)
	非言语性理解能力训练	理解手势 辨别常听到的声音 跟着音乐节奏拍手
表达能力训练	言语性表达能力训练	模仿发音 发声训练 说出图画上的物体名称 模仿动作、练习说话 复述故事
	非言语性表达能力训练	表示需要 表示物品用途

(二) 集体活动

集体活动必然伴随人际互动与交流,儿童一方面要表达自己的意愿、主张与态度,另一方面要理解他人的意愿、主张与态度,并作出反应,因此集体活动有利于促进脑瘫儿童理解、表达能力的同步提高,而且不同的活动形式和内容还可以丰富脑瘫儿童的生活,增强他们的自信心,帮助他们融入社会。不论在家庭、学校还是社会中,集体活动应该以实际生活中的沟通需要为导向,鼓励脑瘫儿童全面参与,尽可能给予他们表达自我、展示自我的机会,帮助他们表达和交流。同时,应该利用多元化的活动,例如游戏、演讲、竞赛、郊游等,让脑瘫儿童可以接触不同的活动氛围和环境条件,面对不同的人际交流关系,克服不同的沟通障碍和困难,体验不同的社交乐趣。

在集体活动中,应该充分考虑脑瘫儿童的沟通障碍,在不能运用口语和书面语进行顺畅有效的交流时,应该结合辅助系统的运用。例如,将一些实用性强的词汇和简单句

① 刘振寰.让脑瘫儿童拥有幸福人生[M].北京:中国妇女出版社,2009:251.

子制作成卡片贴在板上,放在脑瘫儿童面前,他们可以指出某些卡片来表达意思。集体活动可以简洁明确地与语言表达融合在一起,有效地提高脑瘫儿童的沟通与交往能力。

老师这样帮助脑瘫儿童丁丁[①]

脑瘫儿童丁丁在语言能力方面,口齿不清,能说简单的词语,但断断续续的,说话很费劲。社会认知方面,认知良好,能听得懂很多话,但在语言和逻辑性知识的学习方面很困难,教很多遍也学不会。

在学校中,老师通过游戏、关心、照顾的方式和丁丁建立相互信任关系,在发现丁丁爱好画画时,对丁丁的美术作品及时称赞和鼓励增强丁丁的信心;当发现丁丁在言行举止上存在问题时,及时与丁丁交流,给他讲故事,带他参加拼图、唱歌等游戏,通过增加对外界事物的兴趣来转移丁丁的注意力,消除他的消极情绪。在进行语言训练时,老师选择日常生活中经常运用的并且有着丰富使用环境的语言,比如用"你好"、"老师好"、"谢谢"等交际性语言和"给我"、"我要"、"打开"等日常生活短语。另外,老师们还事先准备好一些印有小狗、小猫等动物的认知卡片和杯子、椅子这样的日常生活用品,一遍遍地、耐心地教丁丁读。还让丁丁通过吹乒乓球或者羽毛,利用吸管反复做回吸运动等方式学会控制口唇闭合。每日的音乐、游戏、教育认知活动,老师都鼓励丁丁和其他儿童参加各种节目的排练,不仅在轻松和欢快的氛围中完成认知、肢体的锻炼,还让他与同伴之间有充分的交流,获得友谊和良好的社交体验。

二、发展肢体运动功能

由于肢体障碍,脑瘫儿童的活动范围受限,缺乏必要的语言刺激和足够的信息输入,使其语言学习和社交体验的机会较少、平台欠缺,因此促进脑瘫儿童肢体运动功能的康复是帮助他们与外界社会沟通与交往的必要措施。

(一)功能康复

功能康复有助于脑瘫儿童肢体运动的协调和平衡,有助于他们更加便利地出行,更加流畅地阅读和书写,更加顺利地使用交流设备等等。脑瘫儿童肢体运动功能有多种康复手段,包括物理疗法、作业疗法、运动疗法等,这些方法直接用于改善异常姿势、克服运动障碍、促进认知发展,同时间接地作用于脑瘫儿童的沟通与交往方面。例如,肢体位置保持训练可以进行肢位保持,整合原始反射,稳定姿势,加强调节和平衡能力,增强随意动作,保持肌张力的稳定,从而使脑瘫儿童的构音器官协调运动增强,进而促进发音,言语清晰度、流畅度得到提高[②]。手功能训练锻炼手部精细动作,增加指向性的精确度,改善手部的灵敏度,可以帮助脑瘫儿童顺利地翻书、打字、书写,减少与人交流时一些无意识的错误手势和动作,避免误会和沟通障碍。

① 程慧丽.个案社会工作介入脑瘫儿童慈善救助研究——以 Y 慈善组织为例[D].武汉:华中师范大学,2014:14.

② 赵铁菲,徐秀平.作业疗法对脑瘫儿童的语言康复训练效果的影响[J].中国优生与遗传杂志,2007,15(10):83.

（二）文体娱乐

相对于传统的功能康复方法,文体娱乐活动寓娱乐和训练为一体,利用游戏、音乐、手工、体操等形式,综合了趣味性、教育性和治疗性。文体活动通常把语言表达、肢体运动、人际交往等统整到日常生活中,渗透到身心各个层面,不仅可以有效地促进脑瘫儿童的运动协调功能,扩大身体活动范围,提高姿势的控制能力,体验自主活动的快乐,还可以帮助他们在轻松愉快的氛围当中与他人充分交流,减轻孤独感,明显改善心理状态。相关研究表明,团体沙盘游戏能有效地矫正3—5岁脑瘫儿童的心理行为问题;虚拟游戏活动可以显著提升3岁脑瘫儿童的自我效能感,提高其参与活动的动机、兴趣和意愿;音乐疗法可以有效地改善脑瘫儿童家庭亲子关系和亲子沟通模式[1]。

根据脑瘫儿童的临床障碍类型,可以有针对性地选择不同形式的文体娱乐活动。例如,可以为不能行走的脑瘫儿童设计轮椅竞速、硬地滚球等力所能及的游戏;可以鼓励能够行走的脑瘫儿童学习游泳、表演等稍有难度的活动。不论文体娱乐形式如何、难易程度如何,只要给予参与机会,脑瘫儿童就可能从中获得全面有益的发展。例如,简单的传球游戏,可以提高脑瘫儿童的精细运动能力,锻炼手眼协调,改善感觉统合失调的状况,同时促进人际交往,增强合作意识,培养良好性格。

脑瘫少年蒲植立志当围棋高手[2]

在儿子康复治疗的这些年中,蒲植父母让儿子尝试了游泳、乒乓球、硬地滚球等多种运动,还曾让他练习吹萨克斯。"不过,他真正喜欢的还是围棋。"蒲植父亲如是说。2003年的时候,蒲植通过一个偶然的机会接触到围棋,便立刻沉迷在黑白世界中。开始不懂下棋,蒲植就在网上看所有与围棋有关的人和他们的事。父母看孩子如此痴迷,便送他去少年宫学习。"围棋让我觉得快乐,我希望今后像古力叔叔他们一样,成为高手中的高手!"接受采访时蒲植兴奋地说。蒲植的爸爸曾想把儿子送到中国残疾人艺术团,但小蒲植不肯去,因为他不认为自己是个残疾人。身边的人都说他是一个没有任何心理障碍、充满自信的孩子。有人说快乐就是能实现人的一生最难实现的东西,就是保持吃得下饭、笑得出来和睡得好觉。其实,坐在轮椅上的蒲植阳光般的笑脸,就是对快乐最动人的诠释。

三、培养主动交往意愿

脑瘫儿童在日常交往中难免受到排斥和嘲笑,沉重的心理压力和疾病负担,极易造成儿童情绪低落、抑郁、焦虑、孤僻、自卑、被动、退缩等情绪与行为问题[3]。伴随这些心理行为问题,脑瘫儿童在人际关系中受挫,交往意愿较低,严重者甚至恐惧、逃避与人交往,因此,应该加强脑瘫儿童的自我心理调适,同时周围的家人、朋友、老师等也需要给予其积极的鼓励和帮助。

(一)自我调适

随着脑瘫儿童自我意识的发展,他们会逐渐意识到自己与他人的差异,由于身体上的缺陷而害怕被他人嘲笑、歧视,很容易在心理上产生自卑感和无能感,行为、语言上的障碍让他们更加不愿意与他人交往,长此以往,就可能会使他们孤僻内向甚至出现交往障碍。因此,脑瘫儿童自我意识健康良好的发展至关重要,应该引导他们正确地认识自身状况,帮助他们勇敢乐观地面对身体障碍,树立积极的自我意识,最终获得自我接纳和认可。

当脑瘫儿童面对交往困难时,需要积极地进行自我调适。例如,痉挛性脑瘫儿童在情绪紧张和焦虑时,肌肉痉挛的情况会更加严重,可能会导致话到嘴边却无法表达,或者肢体语言的混乱和错误。此时,如果脑瘫儿童能够从容地面对自己身体肌肉控制力的问题,告诉自己只要平静下来就好,他人会理解自己,给予积极的自我暗示,那么身体的痉挛会有所缓解,沟通障碍即可有所减少。

(二)他人鼓励

他人的鼓励和帮助可以有效地促进脑瘫儿童更加积极主动地与他人建立健康和谐的沟通和互动关系,提高脑瘫儿童参与活动的热情,增加与人沟通的意愿,拉近与朋友和家人的关系,减弱身体疼痛所带来的困扰。

不论家庭、学校还是社会,都应该鼓励脑瘫儿童与他人进行沟通与交往,并为他们提供良好的交流机会。例如,家人应该创造条件,经常陪脑瘫儿童出去散心,鼓励他们和同龄群体玩耍、交流,逐渐缓解人际交往方面的恐惧心理;对于康复训练中的脑瘫儿童,医生应该多给予肯定和鼓励;在学校中,教师应该营造一个轻松关怀的班级氛围,关注和聆听他们的表达,并通过语言或非语言的关注,强化归属感,让他们感受到尊重和接纳,从而自由地表达想法;脑瘫儿童所在的社区人员应该拿掉有色眼镜,用正常和鼓励的眼光看待脑瘫儿童,给予必要的心理和社会支持,共同帮助他们成长,使儿童逐步适应社区和社会,满足全面发展的需求;通过社区课堂、小组活动和社区联欢会等活动让社区居民和公众更加了解和关爱脑瘫儿童,增加相互之间的信任和理解,并且与脑瘫儿童有更多的良性互动,为他们的成长创建一个健康、非歧视的空间。

充满正能量的脑瘫"小巨人"[①]

在深圳福田中学,脑瘫少年王坤琪始终被关怀和爱包围着,整个人的精神状态有很大变化,不再那么孤僻,变得阳光、充满朝气。平日里,王坤琪周围总有一群特殊的"保镖",负责照顾行走不便的他;在学校里,他可以享受老师才有的乘电梯的特许;为了让他在校中午就餐方便,食堂为他开辟了绿色通道,不用排队,随到随用;就连学校的教室安排也为他打破了顺序,把他的教室排在上下楼梯最方便的地方。在享受学习的乐趣之外,王坤琪还积极参加课外活动,参加大运会的志愿服务,在博物馆做义工,组织向贫

---

① 程振理.多一只眼看教育[M].南京:南京大学出版社,2013:220.

困地区救灾捐助。每天早操时,他都会默默地在教室里帮同学整理桌面,摆好桌椅。节假日,他还常常与同学们聚会、参加生日派对,偶尔还玩一玩电子游戏。王坤琪视野很广,关心政治、军事,谈起各种时事话题头头是道。福田中学校长郭其俊说,尽管身体残疾,但他更像个充满正能量的"小巨人"。

四、营造良好沟通环境

任何沟通与交往都发生在一定的环境之中,同时也受到所处环境的影响,促进脑瘫儿童沟通与交往,应该综合考虑周围环境的作用。因此,创建无障碍的物质环境,营造积极良好的心理环境,无疑是脑瘫儿童顺利参与人际交往和社会活动的基础。

(一) 物质环境

物质环境的无障碍强调平等、接纳、共享、包容,从特殊儿童的权利出发,帮助他们实现最大限度的社会参与,其中很重要的一方面即包括满足他们沟通与交往的需求。创建良好而便利的物质环境,需要家庭、学校、社会等各个层面的共同关注、努力与配合。

无障碍环境建设包括建筑、设施、交通、信息交流等各方面,无障碍环境的改善能够帮助脑瘫儿童更充分地融入社会、参与沟通与交往。例如,各类型图书馆面向脑瘫儿童开放,为他们提供平等的学习环境;公园、游乐场等公共场所全面考虑脑瘫儿童的特殊需求,改造通行道路和交通设施,方便他们进出;网站页面上提供的辅助浏览功能或者语音朗读功能,为上肢不灵活的脑瘫儿童提供便捷的上网服务等。只有实现了这些物质环境的无障碍,脑瘫儿童才能够顺畅方便地走到社会公众中,才有机会平等地与他人沟通与交往、共享社会资源,才可能主动地参与社会活动,建立和谐的人际关系。

(二) 心理环境

摒除掉单纯由于语言或者肢体因素造成的沟通障碍,情感的真诚互动才是构成美好人际关系更为重要的组成部分,因而,在沟通与交往中应该尤其关注脑瘫儿童心理层面的良好体验与收获。由于出行受阻产生的孤独感、身体缺陷产生的自卑感、社会排斥产生的退缩感,脑瘫儿童一系列负面消极的心理感受使得他们在人际交往中受挫,而失败的沟通经历又进一步加剧了他们的心理压力,进而逃避社交、自我封闭。因此,营造良好的心理环境,是帮助脑瘫儿童顺利与他人进行沟通与交往至关重要的一环。

良好的心理环境应建立在交流双方互相关心、彼此尊重和信任的基础上。例如,在与脑瘫儿童进行日常交流的过程中,我们通常更多地关注到他们的身体障碍导致的不能做到的一些事情,例如清晰流利的表达、协调的肢体动作等不利的一面,反而很少去关注他们能做什么,善于做什么。如果能够充分照顾到脑瘫儿童情感化的层面,考虑到他们的潜能,并帮助他们从中获取自信和快乐,消除自卑感和不安全感,那么良好的互动交流便会由此产生。同时,还应该给脑瘫儿童提供必要和有效的心理咨询服务,帮助他们进行心理疏导,培养健全人格。

第六节　案　例　分　析①

斯蒂芬·丹齐格(Stephen Dantzig)出生时由于缺氧而患上了一生无法摆脱的脑瘫,然而身体的残疾并没有阻碍他追逐梦想的脚步,最终他凭借自己的坚韧和努力、家人的鼓励和支持、朋友的关爱和帮助,成长为一名心理学博士和世界知名的摄影大师。他出版的个人自传鼓舞了全美国五千多万人,同时也深深吸引了远在大洋彼岸的中国女孩胡婧,她不仅是一名优秀的翻译工作者,同时还拥有另一个特殊的身份——重度脑瘫患者。脑瘫拉近了这两个来自不同国家的本不相识的人,胡婧将斯蒂芬·丹齐格的个人自传翻译成中文版《梦想,在路上——带着脑瘫去生活》,该书讲述了一位脑瘫人士如何一步步勇敢而乐观地走过人生每一个阶段,走向成熟和成功。

一、基本情况

斯蒂芬·丹齐格 1961 年出生于美国纽约,是美国知名摄影大师、摄影用光专家,获罗格斯大学心理学博士学位。2003 年 1 月定居夏威夷檀香山后开始从事专业摄影,并创办了夏威夷第一家摄影学校,现为国际知名摄影大师,在摄影用光领域颇有建树,著有多部专业摄影教学类图书,主要作品有《摄影的台前与幕后》《专业造型技巧》《实用人像摄影用光指南》等,曾多次荣获洛杉矶和夏威夷州专业摄影师协会颁发的优秀摄影师称号。在心理学方面,丹齐格博士以第一作者的身份与人合著了《南加州儿童智力发育水平等级分类的理论、应用和解析指南》一书。

斯蒂芬从出生到成长,到最终走向成功,注定经历的是不平凡的人生历程,脑瘫带给他痛苦和挫折,但同时也让他保持清醒、坚毅不屈、乐观感恩。尽管收获了至高荣誉和丰硕成果,但是当朋友问他觉得迄今为止取得的最大成就是什么时,斯蒂芬的回答却让人意外:"自己最大的成绩就是交朋友的能力。不论住在纽约、新泽西、加利福尼亚,还是夏威夷,我都有朋友,真正的朋友,那种无论身在何方、不论发生什么都愿意互相帮助的朋友。人生最大的成功不是拿了多少学历,写了多少书,赢了多少奖项,而是每天享受生活,建立好人与人之间的关系——不论你身体上有什么缺陷。"在人际沟通与交往方面,斯蒂芬有自己的深刻感悟和体会,他认为每个人都会经历某些事或有某些缺点,妨碍我们与他人成为亲密的朋友。"我对生命充满了敬畏之情,同时也惊叹人类顽强的适应能力。我们应该给人以尊重——不论那人走路的样子是否正常。"他说:"没有必要隐藏你的身体状况,虽然你的缺陷代表不了你,却是你的一部分,不要担心别人会因为你有残疾而不喜欢你,但是如果真的如此,也没有必要为此人而烦恼,做好自己即可,因为友谊是建立在共同爱好之上的,根据自己的兴趣爱好,找志趣相投的人交流。"可见,斯蒂芬在交友方面颇有心得,他不仅成功地交到了很多朋友,而且从中体会到了无限的乐趣和意义,他认为人与人的沟通与交往是生活中不可或缺且相当重要的一项内容,只有建立了良好的人际关系,走到家人、朋友甚至是陌生人的中间,才会找到

---

① [美]斯蒂芬·丹齐格.梦想,在路上——带着脑瘫去生活[M].胡婧,译.北京:华夏出版社,2014:1—241.

快乐和自信,这也是生活的价值体现之一。

二、过程分析

(一) 童年记忆

1. 场景一:开开门,放手让他走

在我出生后两年的时间里,父母发现我的运动不"正常",其他所有人都没看出来。父母带我去看医生,得到的答复都是,这孩子"没有问题"。直到有一次父母带我去纽约杰弗逊港圣查尔斯医院的整形外科门诊做检查,医生很快就对他们说:"你们问这孩子有没有问题,当然有问题,他得了脑瘫!"我母亲当场落泪,不过不是因为伤心,而是一种释然。父母终于知道了问题所在,可以开始想办法准备应对今后的生活了。当时给我做早期智力评估的医生名叫欧文·谢斯基,是一名临床心理学博士。从谢斯基医生那里,我的父母得到了一条关键信息:我的智力没有受影响,我将来可以上大学。他向我父母传递的信息响亮而又明确:"开开门,放手让他走!"这为父母对我的抚养和教育奠定了基础,也为我未来实现自食其力的生活做好了铺垫,我的人生之旅从此开始。

小的时候,父母对我和两个姐姐一视同仁。我从来都是自己的事自己做,父母也要求我对自己的行为负责,他们绝对不会干涉我,他们渴望放开手,让我走得越远越好。有一天早上,校车到了,我拄着双拐朝车走过去,突然踩到一块冰,面朝下摔在了雪地里。母亲没有冲上去扶我起来,而是遵照了谢斯基博士的建议,站在原地,眼里含着泪水对我说:"快起来,校车来了!"假如我摔伤了,她肯定会过去扶我,可那一次她的举动告诉了我:要学会自立!一直以来,父母总是想尽一切办法让我和普通人一样体验生活,骑不成两轮自行车,就给我买三轮车,带我去郊游、去游乐园,还教我游泳、滑雪、拍照,我的童年充满乐趣。对于各种治疗方法,父母也从来不逼迫我接受,而是给我选择的权利。

父母一向都很放心让我和朋友们去邻居家串门。其中有一家的主人很热情,虽然和我没有血缘关系,但是我依然亲切地称呼他们"多莉丝姨妈"和"特里叔叔",而不是"瓦克夫人"和"瓦克先生"。我在他们家的院子里非常自由、无所不能,经常在游泳池玩水,也是在这里我第一次尝试了跳水。

童年里有相当长的一段时间,我并没有发现自己"与众不同",我只是知道,我不像邻居的孩子一样就近入学,而是拄着拐杖去特殊学校,和其他同样带着各种矫正器的孩子们一起做物理治疗,仅此而已。我并不知道,我的两个姐姐并没有经历过这一切。

分析:医生客观、准确地评估了斯蒂芬的认知水平、运动功能,真诚而明确地与其父母进行了沟通与说明,提供了重要的信息,鼓舞了斯蒂芬的家人,这无疑为他的成长奠定了良好的基础,给一个脑瘫儿童的家庭指明了方向,带来了希望。

父母遵从了医生的建议,全力配合康复治疗的同时,平等地对待家里的所有孩子,对斯蒂芬既没有过分宠溺和干涉,也没有丝毫放弃和怨念。他的家人一直都把他看作与普通孩子别无二致,让他自由成长,以至于连斯蒂芬都没有发现自己与众不同。

邻居朋友们的友好和热情同样感染着斯蒂芬,他们没有排斥他、歧视他,而是欣然地包容接纳他,给他的生活增添了无限的光明和绚丽的色彩。愉快乐观的家庭氛围、耐心恰当的教养方式、和谐融洽的邻里关系,潜移默化中让斯蒂芬从小就接受了自身的缺陷,得到自我认可,乐观勇敢地走出去。

2. 场景二:幸运的是大多数人不恨我

我的童年充满了温暖、认可和关爱。儿时上早教班和幼儿园遇到的老师和同伴,虽然现在已经记不太清了,但他们给我留下的都是美好的回忆,除了幼儿园毕业典礼的那天。当时,我和小伙伴们身穿小水手服,等着上台领取毕业证书,可接下来发生的事让我始料未及。当我正拄着双拐,戴着矫正器走上讲台,突然跑过来一个棕色头发的小女孩冲我说:"我恨你!"那时的我年纪还小,弄不清这句话的含义,不知道该怎么办,但我还是感到了困惑和伤心。幸运的是,从那以后,我很少遇到对我持那种态度的人。

分析: 儿时同伴之间的抱怨和争执大多数都是出于无心的玩闹,可是对于特殊儿童来说,无论是多么微不足道的伤害,都有可能在他们脆弱幼小的心灵上烙下一道永远也无法抹去的伤痕,久久不能忘却,哪怕这样的伤害发生在善良开朗的斯蒂芬身上。

语言的力量有时是微弱的,但有时也是强大的,不能高估,却也不容忽视。当面对一位脑瘫儿童,看到他扭曲的步态、怪异的表情时,我们不应该以貌取人。哪怕他含糊的声音、飘忽的眼神让人不那么舒服,也不要吝啬一句鼓励的话语,同样也不要随意地嘲讽和伤害,没有任何一个特殊儿童是应该被社会、公众怨恨和抛弃的。

(二) 学生时代

1. 场景一:享受学校特殊照顾

刚升入小学时我和其他同学一样,每天坐"大车"去学校上课,只是有一点不同,在我家门口新设了一个站,方便我和住在附近的其他同学上车。当时是在二十世纪六十年代,距美国《残疾人教育法》的颁布还早,将有特殊需求的学生纳入"主流化教育"还是个新潮的概念。在学校,由于行动不便,我不能像其他学生那样达到学校的各项要求,需要校方作出适当调整(如听写)。在这一点上,我要感谢阿布拉汉姆·林肯小学的教职员工,他们一向愿意配合、满足我的需要。初中时,不同的课要分教室上,为了避免下课时的拥挤,我需要提前五分钟离开教室,赶往下一堂课的教室。这是我享受到最大的特殊待遇了。突然间,我的身边多了一些朋友,他们都想帮我拿课本!

学校体育馆本来不是我待的地方,可在老师、同学的鼓励下,我参与了各种各样的体育活动,甚至包括那些明显超出我能力范围的运动,比如手球比赛,我跑不动,于是便坐在体育馆的地板上,每次球飞来,我都朝它的方向用力打过去。在上体操课的时候,各种体操器械我都要试一试,爬高或空翻动作我做不来,但我可以摆弄绳和圈。这样做的意义在于,按照传统的观念,像我这样的学生原本会被晾在一旁,愁眉苦脸地看热闹,而我却和普通孩子一样体验到了真实的环境气氛,变得积极向上、勇于参与。

分析: 相比于很多特殊儿童来说,斯蒂芬的入学之路是比较顺利的。即使当时还没有相关的法律给予保障,他依然如愿地进入了普通学校,不仅获取了平等的教育资源,还得到了学校的特殊照顾。也正是因为学校对待斯蒂芬的态度是积极正面的,因此老师同学们也都能够理解和包容他的特殊,与他友好快乐地相处,帮助他,鼓励他。在一个充满关爱的环境中,斯蒂芬能够融入普通孩子的世界,不断超越自己,变得勇敢积极。有这样一个成长的契机和平台,对于脑瘫儿童来说,是无比幸运的!

2. 场景二:我与两位老师

那时美国还没有开始实行"特殊体育教育",学校里的很多体育项目我都无法参加。不过,我有一个特棒的体育老师,他会想方设法让我尽可能地参与进来——虽然组队的时候我往往都是最后一个被选中的;他偶尔还让我当队长,就是为了打破常规,增强我的信心;玩垒球时,他会让同学替我跑垒。体育课上有许多美好的回忆。令人欣慰的是,如今我和那位体育老师在"脸书"上又建立起了联系!

从小学升入初中的期间,我第一次与老师发生了正面冲突,原因是他不愿照顾我的特殊需求。我们之间的"纷争"最终是通过体育比赛解决的。校体育馆有一套多功能重量训练机,当时我和老师打赌,说自己蹬得动上面的砝码。显然,我高估了自己,我用尽浑身力气,砝码却纹丝不动,这下可让老师逮着机会了。然而,他没有嘲笑我,而是默默地调整重量直到我能蹬动为止,最终我"赢了"赌注,老师从兜里掏出一美元扔给我。从那以后的几年时间里,我和那位老师彼此尊敬,相处融洽,并且从对方身上学到了很多东西。

分析:相比于传授知识,在心理层面的影响对于脑瘫儿童来说,应该更为重要和深刻。老师能够针对斯蒂芬特殊的身心特点,调整教学方法,通过合适的途径让他参与课堂活动,帮助他增强信心,这在斯蒂芬本人看来,是对他莫大的鼓励和尊重。因此,斯蒂芬不仅体验到了体育课的乐趣,更收获了一段珍贵而深厚的师生情谊!

冲突并不可怕,只要给予时间和机会,总会有良好的办法来解决。斯蒂芬和老师之间的冲突源于没有互相了解,而正确地认识自己和他人,才能建立彼此的信任和尊敬。

3. 场景三:走到人群中央

高中时,我是赫赫有名的公众人物。一方面,我样子特殊,一眼就能认出;另一方面,我积极参与学校活动,社交广泛。我没加入任何圈子,但几乎每一个圈子都有我的哥们,我可以自由穿行,无拘无束。由于身体原因,我无法在体育场上展现自我,但一连三年我都以"吉祥物"的角色现身校橄榄球队和篮球队。橄榄球比赛时,我是拉拉队的主力队员,我会骑着那辆三轮车围着场地转,车上挂着朋友为我制作的队标旗帜,为队友加油鼓劲。我也在曲棍球队工作过,负责宣传工作,撰写赛事简报,供全校阅读。球队允许我进入更衣室,而且不管我担任什么角色,我都可以参加球队组织的公路旅行。球队里面的狂欢庆祝、调侃嬉闹,我都乐于加入,那种快乐的气氛给我留下了最美好的回忆!

分析:即使患有脑瘫那又如何,他们依然能够走到人群中央,得到所有人的喜欢和认可。斯蒂芬用行动向大家证明了这一点。身体的残疾不能成为特殊儿童回避社会的借口,同样也不能成为公众排斥他们的理由。像斯蒂芬一样,像他的球队伙伴一样,彼此拥抱接纳,收获深情厚谊,收获美好回忆!

(三) 步入社会

1. 场景一:我学会了寻求帮助

曾经,我从不愿意接受别人的帮助,在我的脑海里,什么事情我都可以自己一个人做,觉得根本不需要帮助。我走路慢,独自赶两趟火车非常困难,可是我却固执己见,即使错过火车,我也不会主动找人帮忙。这样奔波了很久,终于一件事情改变了我的看法,我最终明白,寻求帮助不但合情合理,也是明智之举。那天,我到达宾夕法尼亚车站入口的时候,离列车出发只剩四分钟了,我带着行李,拄着拐杖,几乎就要错过这趟车了。此时,我鬼使神差般地向一个人喊道:"嗨,朋友,你能帮我下楼吗?"他停下脚步:"当然可以,你要去哪里?"他不仅扶我进了车站,还把我的行李搬过铁道。在他的帮助下,我在车门就要关闭的那一刹那踏上了火车。是的,虽然大家生活忙碌、行色匆匆,但是当你寻求帮助的时候,只要直截了当地说出,不吞吞吐吐,通常都会得到帮助。

分析:脑瘫儿童想要更好地融入社会,就必须学会主动寻求他人的帮助。接受帮助和关心并不可耻,尊严不会因为受助于他人而受损,也不是所有人都仅仅只是因为同情才伸出援手的。社会中的大多数角落是充满温情的,只要不抗拒,就会被温暖包围。

2. 场景二:与特殊孩子们的一段珍贵时光

博士阶段课程修完之后,我在一家肢残儿童特殊教育学校做心理咨询和能力评估工作。学校校长私下对我说,他录用我不是因为我有残疾而可怜我,而是看中我的能力。记得第一天进校的清晨,刚踏进学校大门,耳边传来一个弱小的声音:"以好(你好)!"是一个扶着助步器、走路笨拙的小女孩,她脸上挂着灿烂的笑容。走进那所学校,我发现自己进入了一个大学课堂触及不到的世界。

实际工作中,我面对的学生无论是年龄、肢体还是智力残疾程度差异都很大。有些孩子不会说话,学校设有语训部,只有大量运用辅助沟通设备。那时,有些身体状况比较好的孩子都想以各种方式找我诉说心事,在工作繁忙、时间紧迫的情况下,我还要学习如何通过特殊方式和他们交流。为了和他们更好地沟通,我尽量提简单的问题,学习打手势,或者使用数字化语音生成设备。遇到说话费力、咬字不清的学生,我都会尽力多理解和分析,有时候我们之间的对话会重复很多遍才能勉强沟通。用计算机沟通也不一定很理想,常用句子以多级菜单的形式供选择,如果学生肌肉发生痉挛现象,选错句子,一切只得从头开始,直到选中。

心理咨询工作中我采用传统的认知行为疗法,帮助特殊孩子们接受自己的残缺,将身体状况和人生价值分开。我的办公室是学生的心理避难所,在那里,他们可以敞开心扉、畅所欲言、无所顾忌。记得有一天我突发奇想,找来一个大小合适的纸盒,在外面糊上一层纸,把它命名为"烦恼箱",学生可以在上面涂上自己喜欢的各种颜色。这样做的目的是让大家把不顺心的事情写在纸上,从内心承认它,然后把纸条丢进烦恼箱里,用这个动作来摆脱心中的烦恼。

学校里的很多孩子由于丧失肢体运动功能而无法参与游戏项目,面对这种情况,我就开动脑筋,发明了一些稀奇古怪的游戏,尽量帮助他们参与团体活动。我还和孩子们玩大富翁的游戏,需要一整年的时间才能走完全部路线,虽然大多数孩子不懂金钱交易的价值,但是他们毕竟通过游戏体验到了社交的快乐。有些孩子行动十分困难,游戏时我让他们尽力伸手摸我,哪怕动一丁点,这样能让他们获得自主运动感。那些年里,我经历了许多欢乐时光,至今想起,都觉得弥足珍贵。

分析:有效和谐的沟通与交往跨越年龄、身体障碍和智力差异,发生在斯蒂芬和他的一群特殊学生之间,尽管面临各种各样的困难,但是只要有沟通的需求和意愿,那么任何困难和阻碍都是可以克服的。言语文字、手势动作、表情眼神、沟通辅具,他们利用一切可以传递信息的方式来交流,表达自己的情感,交换彼此的想法。这个过程中最为重要和宝贵的,莫过于给予对方的真诚、耐心、信任和尊重。

曾经,斯蒂芬的体育老师充分照顾了他的特殊,给他提供了很多融入班级活动、体验体育乐趣的机会。如今,当面对一群同样特殊的孩子时,斯蒂芬同样费尽心思地为他们创造机会去感受生活、享受游戏带来的快乐。同时,他还巧妙地利用了心理疏导策略,给孩子们提供了倾诉的空间,帮助他们接受自我、摆脱烦恼。

三、总结反思

通过上述这一幕幕场景,我们大概可以探知是什么造就了一位善于沟通、乐于交友的脑瘫博士。通过斯蒂芬的成长过程不难发现,脑瘫儿童想要顺利融入社会、与他人建立良好的人际关系、收获真诚的友谊,那么就离不开自身的努力、家人的鼓励、教师的指导、同学的帮助、学校的支持、公众的包容、社会的尊重。从家庭到学校再到社会,每一个成长环节中的沟通与交往都是脑瘫儿童对真实生活的体验,哪怕只是坐着轮椅到公园里看一看,或者简单浏览一下网络上的新闻,这些体验都能够形成他们的社交经验。

脑瘫儿童需要帮助和关怀,同时也需要大家的耐心等待、真诚理解和尊重包容。正如斯蒂芬所说,或许每一个人都会经历这样或者那样的障碍,拥有某些或轻或重的缺陷。因此,脑瘫儿童的特殊也仅仅只是这无数特殊中的一种而已,我们没有必要如此在意和关注他们的障碍,这些特殊给沟通与交往带来的实际影响,可能远远没有大家所认为的那么大。尽管人际交往确实需要运用技巧和策略,但是平等诚挚的对话永远都是由心而生、毫不虚伪的。

主要参考文献

1. 程振理. 多一只眼看教育[M]. 南京:南京大学出版社,2013.
2. 凡禹. 沟通技能的训练[M]. 北京:北京工业大学出版社,2002.
3. 蒋建荣. 特殊教育的辅具与康复[M]. 北京:北京大学出版社,2012.
4. 李颖娟,丁旭. 人际沟通与交流[M]. 北京:清华大学出版社,2012.
5. 李泽慧. 特殊儿童沟通与交往[M]. 南京:南京师范大学出版社,2015.
6. 刘振寰. 让脑瘫儿童拥有幸福人生[M]. 北京:中国妇女出版社,2009.
7. 厉裔华,水泉祥. 小儿脑瘫[M]. 北京:北京医科大学、中国协和医科大学联合出版社,1996.
8. 齐忠玉,邱丽丽. 沟通中的心理学[M]. 北京:电子工业出版社,2009.
9. 唐久来,吴德. 小儿脑瘫引导式教育疗法[M]. 北京:人民卫生出版社,2007.
10. 谭昆智,杨力. 人际关系学[M]. 北京:首都经济贸易大学出版社,2007.
11. 洪中夫. 玩出好关系[M]. 新北:校园书房出版社,2011.
12. 中央电视台健康之路栏目. 为孩子借鉴健康[M]. 上海:上海科学技术文献出版社,2007.
13. [美]艾莎·N·恩格尔伯格,戴安娜·R·温. 沟通!沟通改变生活[M]. 郭春宁,李天舒,译. 北京:中国人民大学出版社,2013.
14. [美]罗伯特·博尔顿. 人际关系学:如何保持自我、倾听他人并解决冲突[M]. 徐红,译. 天津:天津社会科学院出版社,2012.
15. [美]米查姆. 脑性麻痹与沟通障碍[M]. 曾进兴,译. 台北:心理出版社,2009.

16. ［美］斯蒂芬·丹齐格.梦想,在路上——带着脑瘫去生活［M］.胡婧,译.北京：华夏出版社,2014.

17. ［美］K·E·艾伦,J·S·施瓦兹.特殊儿童的早期融合教育［M］.周念丽,苏雪云,张旭,等,译.上海：华东师范大学出版社,2005.

18. ［英］理查德·朗兹顿,马乔里·沃克.关注您孩子的成长［M］.刘建永,刘永宽,译.北京：中国人民大学出版社,2004.

19. 范佳进.辅助器具在小儿脑性瘫痪康复中的选用探讨［J］.现代康复,2001(5).

20. 郭新志,孙阳,张向葵.心理干预对轻中度脑瘫儿童综合功能和生活质量的影响［J］.心理与行为研究,2014,12(2).

21. 王辉.学龄脑瘫儿童障碍特征的分析［J］.中国特殊教育,2004(10).

22. 吴敏,曹志芳,李嫦靖.福利院脑瘫儿童的心理康复［J］.社会福利,2013(11).

23. 周碧波.浅述脑瘫儿童康复训练过程中与家长的语言沟通［J］.家庭护士,2008,6(7).

24. 郑俭.脑性瘫痪儿童辅助技术产品的进展：功能特征与典型产品［J］.中国康复理论与实践,2014,20(11).

25. 赵铁菲,徐秀平.作业疗法对脑瘫儿童的语言康复训练效果的影响［J］.中国优生与遗传杂志,2007,15(10).

26. 程慧丽.个案社会工作介入脑瘫儿童慈善救助研究——以 Y 慈善组织为例［D］.武汉：华中师范大学,2014.

27. 唐丹.iPad 软件应用于脑瘫儿童教育选择适配的个案研究［D］.重庆：重庆师范大学.2014.

28. 曾线.AAC 干预脑瘫儿童沟通能力的个案研究［D］.重庆：重庆师范大学,2010.

29. 廖洪波.非口语沟通工具在脑瘫儿童康复中的应用初探［A］.第五届北京国际康复论坛论文集［C］.中国康复研究中心、挪威健康与康复学会,2010.

30. 刘振寰,辛晶.脑瘫儿童的心理行为障碍与康复［C］//创新·融合·共享——第五届北京国际康复论坛论文汇编(上册).中国康复研究中心、挪威健康与康复学会,2010.

31. 湖北招生考试网.余秀华个人资料［EB/OL］.(2014 - 11 - 20).http：//www.edu-hb.com/Html/201411/20/20141120212419.htm.

32. 腾讯网.成都脑瘫少年立志当职业棋手［EB/OL］.(2008 - 12 - 29).http：//www.edu-hb.com/Html/201411/20/20141120212419.htm.

33. 网易公开课.我有 99 个麻烦,脑瘫只是其中之一［EB/OL］.(2014 - 5 - 9).http：//v.163.com/movie/2014/5/9/J/M9PGG80S6_M9PJL6D9J.html.

第八章 肢体障碍儿童的沟通与交往

沟通与交往是人类的一种基本社会活动,良好的沟通与交往有利于儿童的社会化和全面发展。肢体障碍儿童身体上的一些障碍,会使其在生活中遇到各种各样的困难,同时也可能会给其健全人格的形成带来不利的影响,如造成儿童自卑、孤僻、敏感、多疑等,这些生理和心理方面的不利因素会在一定程度上阻碍肢体障碍儿童和外界正常的沟通与交往。要改善肢体障碍儿童的沟通与交往,需要借助一些现代化的辅助工具和沟通媒介,同时也需要采取合适的沟通与交往的策略,此外,周围人的理解和帮助对他们来说也是非常重要的支持。

第一节 肢体障碍儿童沟通与交往的概述

肢体障碍儿童在沟通与交往方面具有区别于其他儿童的群体性特点,此外,他们的沟通与交往和普通儿童一样也要受到多种因素的影响。了解肢体障碍儿童沟通与交往的特点及其影响因素有助于我们更好地帮助他们提高沟通与交往的能力。

一、概念界定

有关肢体障碍(Physical Difficulty,PD)的称谓不完全一致,有的称之为肢体障碍,有的称之为肢体缺陷,应该说,这几个名词代表的含义不完全相同,但在这里把它们当作含义相同的术语[①]。2006年第二次全国残疾人抽样调查将肢体障碍定义为:"人体运动系统的结构、功能损伤造成四肢障碍或四肢、躯干麻痹、畸形等而致人体运动功能不同程度的丧失以及活动受限或参与的局限。"

美国障碍者教育法案(Individuals with Disabilities Education Act,IDEA)及有关法令中指出肢体障碍就是有整形外科的损伤,"整形外科损伤"是指对儿童教育活动的进行有不利影响的一种严重的外科缺陷。它包括了一些由先天畸形(如:畸形足、手足的缺损等)、疾病(如:小儿麻痹症、骨结核病等)以及其他一些原因(如:截肢、骨折或烫伤而引起的挛缩)引起的损伤[②]。

根据肢体障碍发生的性质和部位,可将其分为三类:

① 上肢或下肢因伤、病或发育异常所致的缺失、畸形或功能障碍。

---

① 郝春东,柏立华.特殊群体心理学[M].哈尔滨:黑龙江大学出版社,2012:114.

② [美]路得·特恩布尔,安·特恩布尔,玛里琳·尚克,等.今日学校中的特殊教育:下册[M].方俊明,编.汪海萍,等,译.3版.上海:华东师范大学出版社,2004:583.

② 脊柱因伤、病或发育异常所致的畸形或功能障碍。

③ 中枢、周围神经因伤、病或发育异常造成的躯干或四肢的功能障碍。

许天威根据肢体障碍学生的特质将其分为了四类[①]：

① 神经系统异常。包括脑性麻痹、脊髓灰质炎、痉挛异能、多发性神经硬化症。

② 肌肉骨骼畸形。包括畸形足、脊柱侧弯、幼年变形性软骨炎、成骨不全、幼年风湿性关节炎、骨髓炎、渐进性肌炎萎缩、截肢。

③ 先天性畸形及其他疾患。包括先天性心脏畸形、先天性髋关节脱臼。

④ 脑外伤。包括脑部硬膜外血肿、硬膜下血肿、脑震荡。

肢体障碍儿童身体上的障碍在不同程度上限制了他们日常的行为活动。大部分肢体障碍儿童可能会因为自己的障碍而敏感、自卑，外界有时也会因为他们外在的异常而对他们形成不恰当的认知，这些外在的和内在的问题都会影响肢体障碍儿童的沟通与交往。为了帮助肢体障碍儿童更好地融入社会，与他人融洽地进行沟通，我们需要了解这些儿童在沟通交往中存在的特点和问题，为他们提供有针对性的策略，掌握与他们沟通的技巧，提高他们沟通与交往的能力。

二、基本特点

肢体障碍儿童同普通儿童一样有沟通与交往的需要，但肢体障碍儿童自身的特殊性会使他们在沟通与交往方面显现出不同于普通儿童的特点，这些特点主要体现在沟通与交往的媒介、方式、心理和能力等方面。

（一）媒介特点

1. 媒介功能以间接性支持为主

大部分肢体障碍儿童的语言能力、认知能力与普通儿童无明显差异，他们能够运用语言、表情等和外界进行沟通，因此他们在面对面的口语沟通中不需要借助外在的媒介。肢体障碍儿童身体上的障碍给他们带来的一大问题就是行动不便，他们没有办法像普通儿童一样灵活地运用自己的四肢，这在一定程度上会阻碍他们和外界的沟通与交往，因此在某些场合他们需要借助一些外在的工具进行辅助，这些外在的工具并不直接作用于沟通与交往本身，而是起到间接的作用，即增加他们与外界沟通和交往的机会。如一位下肢有障碍的儿童，他只有借助拐杖和轮椅走出去才会有更多与外界沟通的机会。

2. 媒介范围跨度广，种类繁多

普通儿童经常使用的一些沟通媒介，如一些网络平台（微信、QQ、MSN……），肢体障碍儿童同样可以使用（有些肢体障碍儿童使用这些媒介可能需要借助辅助器具）。同时由于肢体障碍儿童的障碍类型和程度各有不同，他们在沟通与交往中所使用的媒介也不完全一样。上肢障碍儿童使用的辅助器具主要作用是代偿手部的功能来帮助满足日常沟通的需要，如书写打字器具、语音识别系统等；下肢障碍儿童使用的辅助器具主要作用是代偿腿部的功能，方便儿童坐立、行走和运动，如坐位辅助器具、运动辅助器具

---

① 林宝贵.特殊教育理论与实务[M].3版.台北：心理出版社，2012：250—251.

等;对于一些上下肢都存在障碍的儿童,如尼克·胡哲所使用的沟通辅助器具就更为复杂多样了。

3. 对媒介的使用抱有矛盾的心理

肢体障碍儿童对于辅助媒介的使用存在两种矛盾的心理。一是大部分肢体障碍儿童离不开这些辅助器具的帮助,但同时也可能会抵触使用这些辅助器具,因为这些器具会让他们在普通人之中显得更加格格不入。二是肢体障碍儿童经常需要在"实际能力"和"表现如常人"之间做出痛苦的选择,如一位配用义肢的少年很想与同龄人一样,以同样的步速前行,但他又需要考虑到这样做的话,不但会加重义肢的负重,而且更会增加身体其他部分的负荷,最终影响身体健康。这些矛盾处境使肢体障碍儿童承受很大的压力①。

(二) 方式特点

1. 以言语沟通为主,言语沟通中存在"禁区"

肢体障碍儿童语言能力的发展较普通儿童并无太大差异,他们能够正常地运用语言和他人进行沟通,言语沟通是他们与人交流的主要手段。但大多数肢体障碍儿童会因为自己的缺陷变得自卑敏感,这种心理使他们在言语沟通中会对一些语句过分在意和抵触,在言语沟通中会形成自己的"禁区",一些与他们身体缺陷相关的字眼,或是与造成他们身体障碍因素相关的词句,都可能是他们的"禁区"。

2. 在非言语沟通方面存在劣势

首先,肢体障碍儿童在非言语沟通中最为显著的特点是他们没有办法灵活地运用肢体动作来帮助表达自己的情绪、想法。其次,肢体障碍的儿童会对他人的眼神、表情等很敏感,这一方面可以使他敏锐地接收到外界通过眼神和表情传递的信息,但另一方面由于自卑导致的过度敏感会使他们容易受到伤害。外界的一些无意的眼神、动作都有可能刺激到他们,如别人的一个不经意眼神瞥到了他们有缺陷的地方,可能会使他们怀疑自己是否被对方看不起,这样过分的敏感也会使交往对象感到不自在。同时,一部分肢体障碍儿童可能会因为自卑而回避与他人的眼神交流,还有的坐在轮椅上的儿童由于高度问题也不便于和他人进行眼神交流。这些非言语沟通方面存在的劣势会在一定程度上影响儿童与他人的沟通与交往。

3. 更倾向于网络沟通的方式

网络在信息社会是比较常用的交流媒介,包括 BBS、E-mail、QQ(群)、BLOG(博客)等网络交流载体。网络平台可提高交流的广泛性,最大限度地实现社会化网络信息的可选择性、平等性。对于肢体障碍儿童来说,网络交往的虚拟性和间接性使得外界不会注意到他们的缺陷,在网络中他们可以更加自在地表达自己。因此相比其他沟通与交往的方式,大部分肢体障碍儿童会更加倾向于网络沟通这一方式。

(三) 心理特点

1. 自卑敏感

肢体障碍儿童身体上的障碍使他们在学习、生活等方面遇到更多困难,遭受更多挫

---

① 陈慧英,李楚翘,杨晶.康复辅导工作[M].北京:商务印书馆,2011:245.

折。他们可能从外界得不到相应的帮助,或者得到不合时宜的怜悯,有的甚至遭受到厌弃与歧视。特别是社会上对残疾人的潜在能力还没有形成恰当的认识和评价,没能采取有效措施帮助残疾人发现其潜能,使之成为与健全人一样的社会成员,这使得残疾人容易产生自卑的情绪、自我怀疑、没有自信①。同时肢体障碍儿童自身的障碍使他们有着较为明显的外部特征,这使他们在人群中显得更加特殊,因此他们会比普通儿童更加敏感,即对外界的影响因素有明显的易感性。儿童如何适应他们的肢体限制以及如何应对人际关系,很大程度上都取决于其父母、同胞、教师、同伴以及公众对孩子的反应②。

2. 易怒和暴躁

易怒和暴躁是肢体障碍儿童对现实不满的一种情绪上的反应③。一些肢体障碍儿童会出现残肢痛或幻肢痛的状况,这种疼痛不断地折磨着他们。同时由于自身的障碍,他们在学习、工作和生活上会比普通儿童遭到更多的失败和挫折。这种生理上的疼痛和心理上的挫败感会使得肢体障碍儿童变得更容易暴躁和愤怒。

3. 具有较强的依赖性

大部分肢体障碍儿童行动不便,在生活和学习等方面需要他人的帮助,因此父母、老师等人会对他们给予更多的照顾,其中一些家长存在一些不恰当的认知,觉得自己的孩子会因为障碍而受到欺负,因此对自己的孩子百般维护,甚至包办孩子的一切,这会使这些儿童对父母或是其他人有着很强的依赖性,这种依赖性不利于儿童与外界正常地沟通与交往。

(四) 能力特点

肢体障碍儿童的语言能力与普通儿童并无明显差异,他们能够很好地接收别人的言语信息,也能够运用语言和他人进行交流。肢体障碍儿童最突出的特点就是肢体活动不便,他们大多数由于自身的障碍,没有办法参加一些对行动能力要求较高的活动,错失了一些与外界交往的机会。大多数肢体障碍儿童还会由于自身的障碍而产生自卑、孤僻等不良的心理,不愿与他人沟通。还有一些重度肢体障碍儿童,他们只能呆在家里或医院,这使得他们严重缺少与人相处的经验,这些都会导致他们沟通与交往的能力发展受限。

三、影响因素

肢体障碍儿童的沟通与交往受到诸多因素的影响,这些影响因素存在于方方面面,现将这些因素划分为主观因素和客观因素,并详细地加以阐述。

(一) 主观因素

肢体障碍儿童自身的心理状况会影响其沟通与交往。大部分肢体障碍儿童会因为

---

① 郝春东,柏立华.特殊群体心理学[M].哈尔滨:黑龙江大学出版社,2012:125.
② [美]丹尼尔·P·哈拉汗,詹姆士·M·考夫曼,佩吉·C·普伦.特殊教育导论[M].肖非,等,译.11版.北京:中国人民大学出版社,2010:468.
③ 郝春东,柏立华.特殊群体心理学[M].哈尔滨:黑龙江大学出版社,2012:123.

身体上的障碍而对自己形成不恰当的认知,认为自己能力不足,自我效能感较低。这种自卑心理使得他们在沟通与交往中变得过于被动,不善于甚至不敢主动与人沟通。有些儿童因为自身的障碍变得敏感多疑,这让他们在沟通与交往中有时会对他人的言行进行错误的解读,从而更容易受伤。总之,肢体障碍儿童自身的一些负面心理会严重阻碍儿童的沟通与交往。反之,若是肢体障碍儿童能够正确地看待自身的障碍,在认识到自己不足的同时也看到自己的优势与长处,保持良好的心态,那么他们与外界的沟通与交往就会更加顺畅。

(二) 客观因素

1. 障碍因素

由遗传或是后天原因导致的身体上的障碍会影响儿童的沟通与交往。一方面,生理方面的障碍会导致他们行动不便,对他们的沟通与交往造成一定的阻碍,如上肢障碍儿童在与人进行书面语沟通时会存在困难;下肢障碍儿童由于行动不便无法参加许多活动,缺少了很多与人沟通与交往的机会。另一方面,身体上的障碍会在无形中降低他人对自己的期望。如很多人会认为肢体障碍儿童存在很多困难,因而对他们多加照顾,甚至处处代劳,这有时会使得双方之间的沟通处于不平等的状态,妨碍双方之间的正常沟通与交往。

2. 气质因素

遗传中的气质对沟通与交往也有着一定的影响。在心理学上,"气质"这一概念与我们平常说的"禀性"、"脾气"相似。气质是一个人生来就有的,它分为四种类型:胆汁质、多血质、粘液质、抑郁质。不同气质的人在情绪和行为方式方面有不同的表现,这会直接影响人与人之间的沟通与交往。如抑郁质的特点是感受性高而耐受性低,具有严重的内倾性。在日常生活中表现为对事物观察细致、敏感、行动慢、不活泼、易疲劳、多虑、孤独和胆怯[①]。若一名肢体障碍儿童为典型的抑郁质,那么他可能会更加自卑敏感,在沟通与交往中显得更加内向和被动。

3. 环境因素

环境对于儿童有着深刻的影响,肢体障碍儿童所处的环境可分为社区环境、家庭环境和教育与训练机构环境这三类,且均包含有物质的和非物质的成分。物质环境主要是指能够满足儿童日常生活中各种实际需要的环境;非物质环境主要是指一定区域内的特有的生活模式、价值观、文化环境、交往方式以及人群的年龄结构和人数等[②]。

在适宜的物质环境中,肢体障碍儿童活动更加便利,从而有更多的精力和机会与他人进行沟通,因此,不论是社区、家庭还是教育与训练机构都应给儿童提供限制最少的环境,如在学校中,桌椅的摆放、楼梯的改造等均应考虑肢体障碍儿童的特点,满足其需求。

在非物质环境方面,文化氛围、他人的态度等对肢体障碍儿童的影响较大。由于肢体障碍儿童具有很强的易感性,他们对外界的事物很敏感,良好健康的文化环境和心理

---

① 杨治良.简明心理学辞典[Z].上海:上海辞书出版社,2007: 21.
② 南登崑.肢体残疾儿童的教育与训练[M].北京: 华夏出版社,1995: 97.

环境会让学生感到轻松,让他们敞开心扉和他人进行交流,同时也会帮助他们树立自信,克服自卑心理。因此,外界要形成对肢体障碍儿童正确的认知,不能只看到肢体障碍儿童的缺陷,而忽视他们的发展潜能。同时也要真心地接纳这些儿童,给予他们积极适当的帮助。

4. 教育因素

教育对于人的影响是不容忽视的,它存在于儿童生活的方方面面。教育本身也是一种沟通交往的形式,我们要通过教育来引导这些儿童与他人更好地进行沟通与交往,同时也在沟通与交往过程中对儿童进行潜移默化的教育。在教育方面,我们既要重视对儿童身体的训练,也要重视对儿童心理的教育。

对肢体障碍儿童进行身体方面的教育和训练主要是针对儿童运动功能的训练,目的是通过训练来帮助儿童恢复或提高一定的运动能力,或是帮助他们进行功能重建。这样一方面有助于儿童提高参加一些活动的能力,另一方面也可以在一定程度上提升学生的信心,让他们在与别人沟通交往时更有自信。例如,断臂钢琴王子刘伟,他虽然没有双臂,但他通过训练学会用脚打字、弹钢琴,并且在22岁时,挑战吉尼斯纪录,成为世界上用脚打字最快的人。他通过训练习得了一技之长,这大大增加了他的信心,这样的他在与人的沟通与交往中会更加自信从容。

儿童心理的教育也是至关重要的,肢体障碍儿童相较于普通儿童更容易产生一些心理问题,他们可能会因为自身的缺陷而变得自卑、敏感、孤僻等,这些消极的情感体验和个性特征都会影响儿童和他人正常的沟通与交往。因此,教师、家长等人要多关注肢体障碍儿童的心理问题。

第二节　肢体障碍儿童沟通与交往的方式

由于沟通的普遍性和复杂性,可以根据不同的标准对沟通进行分类,根据信息载体的异同,沟通可以分为言语沟通与非言语沟通[①]。肢体障碍儿童在这两种沟通方式中都有自己的特点,为了促进肢体障碍儿童的沟通与交往,我们应该了解他们的这些特点,并采取相应的措施。

一、言语沟通

言语沟通是以语言符号为载体实现的沟通,它是基本的沟通方式。言语沟通主要包括口语沟通和书面语沟通。大部分肢体障碍儿童的语言能力并未受损,口语沟通是他们沟通与交往的主要方式。

(一) 口语

口语沟通是指借助口头语言进行的信息传递与交流。大部分肢体障碍儿童的言语发展水平和普通儿童并没有显著的差异,他们可以很好地运用言语和他人进行沟通与

---

① 孙健敏,徐世勇.管理沟通[M].北京:清华大学出版社,2006:14.

交往。在口语沟通中,一个人的语音、语调、语速都会影响沟通的效果。在与肢体障碍的儿童进行口语交流时除了要注意一些普遍的语言表达技巧之外,还要根据这些儿童的特点,相应地调节自己的语言表达方式。

首先,肢体障碍儿童具有很明显的易感性,他们对于一些刺激会很敏感、反感,例如,"跛子"、"瘸子"、"残障"、"缺陷"……在与他们沟通时我们要注意避免出现此类词句,以免引起他们的不快。在《窗边的小豆豆》里有这样一个故事:小豆豆的老师给大家讲人类的起源时,告诉同学们人类最初的时候是有尾巴的,后来才慢慢退化的,所以我们现在还有尾骨,当大家议论纷纷的时候,老师看到了身体有障碍的高桥君,她不经意地说了一句,高桥君,你有尾巴吗? 为此校长找到了老师,在无人的厨房里批评了老师。肢体障碍儿童对自己的缺陷本就敏感自卑,在普通人看来可能是无所谓的玩笑都可能在这些孩子心里留下阴影,因此我们在与肢体障碍儿童交流时一定要注意自己的言辞,不要频繁地提到他们的障碍,更不能根据肢体障碍儿童的障碍而给他们起一些不友好的绰号。同时我们也应帮助肢体障碍儿童形成对自己恰当的认知,正视自己的障碍。

其次,在与不同类型的肢体障碍儿童交往时,我们要充分体谅他们的不便之处,如对一些由于下肢不便而坐在轮椅上的儿童,我们在与他们进行口语交流时就应该坐下或是半蹲,尽量让彼此的高度较为一致,从而方便彼此间的沟通。有些肢体障碍程度较重的儿童,他们可能无法像普通儿童一样接受各种正规的教育,因此他们的思维能力发展比较缓慢,那么我们在与他们进行口语沟通时就要考虑到他们的思维水平和思维习惯,在讲到比较生涩难懂的话题时语速可以放慢,并且可以重复几次或换种表达方式,以保证他们可以准确地接收并理解我们所传达的信息。

(二)书面语

书面语沟通是指借助书写文字进行的心理传递与交流。书面沟通的形式很多,例如,通知、文件、通信、报刊、备忘录、书面总结、汇报等[①]。肢体障碍儿童的阅读理解能力和普通儿童没有显著差异,他们有能力接受来自书面文字的信息。但是,一些上肢存在障碍的儿童在书面语言的传达方面存在很大的困难,他们没有办法正常地使用双手来书写,只能寻求其他途径。如,一些握力差的儿童可以使用持笔架来帮助他们书写。此外,一些失去双臂的人可以开发身体的代偿功能或进行功能重建,借助嘴和脚来进行书写。例如贵阳的无臂小伙周兵兵就可以嘴脚配合来写字、画画。由于这些儿童书写需要付出巨大的努力,所以我们在与他们进行书面语沟通时首先要对他们抱有一种肯定、认可的态度,要体谅他们书写的不易,在与他们书面交流的过程中也要有耐心,给他们充足的时间来进行书写。

在信息技术发达的现代社会,许多网络平台也给肢体障碍儿童提供了更为宽广的书面沟通渠道,例如,他们可以在各种社交媒体上通过文字和他人聊天,也可以在网络上发表自己的文字作品,和外界交流自己的思想,充实自己的精神世界。

---

① 李颖娟,丁旭. 人际沟通与交流[M]. 北京:清华大学出版社,2012: 25.

肢体障碍诗人李万碧[①]

49 岁的李万碧身高仅 1.3 米,她的双腿直直地向前伸着,无法挪动,她的十个手指,呈 90 度弯曲,唯有两根食指能轻微动弹。这个早在 30 多年前就被宣布为"死了没埋的人",却用诗歌支撑着自己的人生。至今,她已创作了 500 多首诗歌。她的个人诗集《闪烁的瓦砾》由作家出版社出版。写诗,对常人来说,也许是一件简单甚至很诗意的事,但对李万碧来说,却是一件难事。写字时,她只能把两只手合拢,把笔夹在食指和拇指构成的缝隙间。这样的握笔姿势令她无法用力,写出来的字歪歪扭扭。可即便是这样,她仍然坚持一笔一画地"画"下心中的诗句。她身上随时都揣着纸笔,想起什么,就"画"下来。她说:"当我开始写诗时,我的内心便有遗忘的鸟鸣在复活,在我看来,有了诗歌安放的灵魂是不死的。"

二、非言语沟通

非言语沟通是指相对于言语沟通而言的,通过肢体动作、面部表情、语气语调、仪表服饰等方式进行信息交流和沟通的过程[②]。非言语沟通可以对言语沟通起到补充作用。

(一)面部表情

眼神和面部表情可以传达出十分丰富的信息,它可以跨越不同的语言、文化、种族在人与人之间传递信息和感情。眼神和面部表情在与肢体障碍儿童的沟通中也发挥着十分重要的作用。

肢体障碍儿童的面部表情的表达和普通儿童并没有太大差异,但肢体障碍的儿童对他人的眼光和表情比普通儿童更为敏感,因此,在与肢体障碍儿童进行沟通与交往时应该避免过久地注视他们有缺陷的地方,这是缺乏尊重的表现,会让这些儿童感到尴尬不自在。还有些肢体障碍儿童由于自身障碍不得不坐在轮椅上,这样一来他们就不便于和站立着的普通人进行眼神的交流,因此我们在与此类儿童沟通与交往时应该想办法调节自己的身高,如可以坐下来使自己的高度和他们基本一致,方便双方进行眼神交流。

在与肢体障碍儿童进行交流时我们还要多注意他们的面部表情,因为一些肢体障碍的儿童比较自卑内向,他们不善于向外界表达自己内心的想法,这时我们可以通过观察他们的面部表情来获取一些信息,从而调整自己的言行使沟通更加和谐顺畅。当有些肢体障碍儿童因为我们一些无意识的言辞受到伤害却又不吐露时,我们可以通过他们的表情来判断我们的言辞是否得当,从而及时调整自己的语言。有些肢体障碍儿童会为了使自己看起来更像普通儿童而勉强自己做些超出自己能力范围的事情,这时我们也可以通过他们的表情来了解他们的身体感受,从而调整自己的行为,减轻他们的负担。例如,一个腿部有障碍的儿童和普通儿童一起行走,他为了跟上大家的步速而强迫自己加快速

---

① 重庆晚报.残疾女诗人高 1.3 米全身关节僵硬创作 500 首诗[EB/OL].(2012 - 3 - 23).http：//news. xinhuanet.com/book/2012-03/23/c_122872960.htm.
② 李颖娟,丁旭.人际沟通与交流[M].北京：清华大学出版社,2012：42.

度,但这样却会使得自己的身体受到损伤,这时我们可以通过他的面部表情了解到他的痛苦,从而减慢自己的速度,或是提议大家停下来歇息。

(二) 肢体动作

肢体动作是一种无声的语言,它是一种比有声语言更能表现一个人的情感和个性欲望的方式。美国心理学家爱德华·柯尔在他的《肢体语言》一书中说:"肢体语言所显示的意义要比有声语言多得多,而且深刻很多。"人类发出的语言信息,其中肢体语言占有较大比值。肢体语言比有声语言内涵更丰富,更具有多变性、多意性和联想性[①]。我们在平常的沟通与交往中都会自觉或不自觉地运用肢体语言。

对于大部分肢体障碍儿童来说,他们很难灵活地使用肢体动作来表达自己的情绪和想法。比如,普通人可以用"手舞足蹈"的肢体动作来表示自己激动兴奋的心情,然而肢体障碍儿童却没有办法做到。此外,一些涉及肢体动作的游戏是儿童之间进行沟通与交往的有效途径,但肢体障碍儿童却由于自身障碍的限制无法参加这些活动,如上肢存在障碍的儿童无法参加课堂中的拍手游戏,这会在一定程度上阻碍肢体障碍儿童和普通儿童的沟通与交往。

第三节　肢体障碍儿童沟通与交往的途径

肢体障碍儿童由于自身的特殊性,他们在不同场合的沟通与交往会有不同的特点,也会遇到不同的困难。特殊儿童的活动场所主要包括学校、家庭和社会,下面将详细介绍肢体障碍儿童在这些场合的沟通与交往。

一、学校中的沟通与交往

对于肢体障碍儿童,一般根据其障碍的程度来选择安置形式,徐享良认为,肢体障碍学生的就学辅导原则如下:轻度肢体障碍的学生,安置于一般学校的普通班;中度肢体障碍的学生安置于一般学校的普通班或特殊班;重度肢体障碍的学生则安置于特殊学校、医疗及社会福利机构,或者自行在家教育[②]。这些儿童在不同场所的沟通与交往都有自己的特点。

(一) 特殊学校中的沟通与交往

被安置在特殊学校中的儿童一般是中重度肢体障碍儿童,在特殊学校中他们可以得到更加专业的照顾和训练。这些特殊学校一般包括专门性特殊学校和综合性的特殊学校,对于肢体障碍儿童来说,目前很少有专门性质的特殊学校,大多都是综合性质的特殊学校。像2004年在广州创办的康复实验学校,最初它是一所专门招收小儿脑性瘫痪及重度肢体障碍儿童,实行学前教育、九年义务教育的学校,而在2011年学校开设中轻度智障学生职业高中班之后,开始朝着综合性质的特殊学校发展。

特殊学校所特有的环境对于培养儿童的沟通与交往能力有一定的好处。首先,

① 穆子青.三分交际·七分口才[M].北京:海潮出版社,2013:111.
② 林宝贵.特殊教育理论与实务[M].3版.台北:心理出版社,2012:315.

在这种环境中与肢体障碍儿童朝夕相处的大多是特殊儿童,特别是在综合性的特殊学校中,他们面对的是各种类型的特殊儿童。这会让他们感到自己并不是最特殊的,也不是孤独的,世上还有许多和他们一样特殊的存在。与普通学校相比,他们在这里不会觉得自己格格不入,也会少了很多自卑的情绪,这样就打消了他们与他人沟通与交往的心理障碍。其次,在特殊学校中有完备的、适合他们的硬件设施,课程体系和各种活动的设计也都适合他们的生理和心理特点,如特殊学校举行的各种运动会等都是专门设计以符合肢体障碍儿童参加的。这些在客观上都有利于学生自信心的培养和交往能力的提高。最后,在特殊学校中,老师并不会像普通学校一样给予某一个儿童格外的照顾,因为在这里的所有学生都是有自己特殊需要的,这对于培养学生的独立性大有益处,一个摆脱了依赖性的肢体障碍儿童显然能够更加自如地和外界进行沟通。

特殊学校除了有上述的优势外也有其不可避免的弊端,大部分特殊学校遵循的福利模式使得特殊学校更注重满足学生的基本需要而非发展需要,使得普通教育和特殊教育的距离加大,也使得学校和社会之间的隔阂更大,长期坚持的封闭式教育使学生离开学校后难以适应社会[①]。在特殊学校中的大部分儿童走出学校之后在与普通人沟通时会感到不适应,这种隔离式的教育会让他们失去一些与普通人相处的能力。为了肢体障碍儿童在走出学校之后能够适应与普通人的相处,特殊学校应该改革自己的教育模式,多一些让学生"走出去"的活动,如与校外的一些机构进行合作,让儿童多参加社会实践,锻炼他们与外界交往的能力。

(二) 普通学校中的沟通与交往

在我国,对于部分中度、轻度肢体障碍儿童而言,随班就读是较为常见的安置形式。肢体障碍儿童需要很多的服务,但是对他们来说,最少受限制的环境还是普通教育班级[②]。

在普通学校,肢体障碍儿童面对的大多是普通儿童,而且可以享有和普通儿童一样的资源,在这种环境里,如果加以正确的教育和引导,肢体障碍儿童的沟通与交往能力可以得到很大的提升。普通学校里丰富的环境刺激在帮助特殊儿童功能重建和障碍补偿方面也有着特殊学校无法企及的优势[③],如一些上肢障碍儿童在普通学校里见到普通儿童都能够正常书写,为了不落后于同伴,大部分肢体障碍儿童会选择努力练习以提高自己的书写能力。但是,在普通学校里,肢体障碍儿童的缺陷会使他们显得很另类,甚至有时会受到歧视和排斥,如果不能帮助他们调节好自己的心理,他们会变得更加自卑孤僻。为了避免这种情况的发生,学校的各个方面必须努力营造一种适合肢体障碍儿童成长的环境,正确地引导他们主动与外界沟通。这种最少限制的环境,不仅包括物理环境,还包括心理文化环境。

良好的物理环境是肢体障碍儿童与外界进行良好沟通的前提。在物理环境方面所

---

① 雷江华,方俊明.特殊教育学[M].北京:北京大学出版社,2011:124.

② [美]丹尼尔·P·哈拉汗,詹姆士·M·考夫曼,佩吉·C·普伦.特殊教育导论[M].肖非,等,译.11版.北京:中国人民大学出版社,2010:473.

③ 雷江华,方俊明.特殊教育学[M].北京:北京大学出版社,2011:127.

要做的调整需要考虑以下几点①：①教室位置的安排最好在一楼，并且尽量安排在离各种学习场所较近的地方。②为肢体障碍儿童提供大小合适的活动空间。③座位作适当的调整，以方便肢体障碍儿童使用轮椅或其他助行器来移动身体。④桌面作适当调整，以利于肢体障碍儿童的学习活动，比如可以固定纸张方便书写，或者放置书架便于学生阅读。⑤规划肢体障碍儿童的移动路线，方便儿童进行活动。⑥使用辅助器具，例如书写板或沟通板。

良好的心理、文化环境可以缓解甚至消除肢体障碍儿童的自卑情绪，它对于肢体障碍儿童的沟通与交往起着至关重要的作用。良好心理环境的创设需要全体师生的共同努力，老师的引导作用尤其重要，教师对于肢体障碍学生的态度会直接影响到其他同学对于他们的态度。首先，教师和学生都要形成对肢体障碍儿童的正确认知，不因他们自身的障碍而歧视排斥他们，同时也要善于发现和欣赏他们身上的闪光点。其次，师生要给予肢体障碍儿童适当的照顾和帮助，如许多随班就读学校设置的助学伙伴。但这种帮助应适当，肢体障碍儿童大多希望能够自给自足，因此我们应该鼓励他们并教授他们所需要的技能以让他们能够最大限度地进行自我照顾②，不能事事由他人代劳。最后，学校各种文化活动的设计也要考虑到肢体障碍儿童的特点和需要。普通学校中的各种集体活动是儿童之间进行沟通交往的很好的途径，如果肢体障碍儿童经常被排除在这种活动之外，会不利于其沟通能力的提高和人际关系的和谐。学校要想办法调整这些活动的形式，让更多的肢体障碍儿童也可以参与进来，从而让他们更好地融入集体、融入社会。如普通学校的运动会，学校可以设计符合肢体障碍儿童生理特点的运动项目，即使是条件限制无法安排类似的项目也可以将肢体障碍儿童安排到拉拉队等小组中，让肢体障碍儿童多参与集体项目，可以增加他们的集体认同感、培养合作意识，这些都有助于他们沟通与交往能力的提高。在《窗边的小豆豆》中，小林宗作先生就举办了别样的运动会，这种运动会中有专门为身体有障碍的孩子高桥君设计的钻鲤鱼比赛，在这项比赛中高桥君可以充分发挥自己的优势，他取得了比其他孩子都要好的成绩。

在普通学校里，肢体障碍儿童比较容易产生心理方面的问题，因此教师要特别注意肢体障碍儿童的心理健康，掌握一些心理辅导的策略，适时地对学生进行心理辅导。在辅导时应根据他们的心理特点，多与他们接触和交谈，尊重理解他们的内心感受，耐心地倾听他们的诉说，鼓励他们说出内心的感受。同时我们也需要摆正心态，不刻意强调他们与常人的不同，而应该用对待常人的方式对待他们，不做作，让他们切身感受到平等，感受到群体的温暖③。同时教给肢体障碍儿童一些调节心理的技巧，向他们展示一些虽有障碍但无比优秀的榜样人物等。让他们正确地认识自己，正视自己的障碍，发现自己的优点与长处，摆脱自卑心理。

---

① 北京市教育委员会，北京市特殊教育中心编.随班就读教师基础知识与技能[M].北京：知识产权出版社，2013：106—107.
② [美]丹尼尔·P·哈拉汗，詹姆士·M·考夫曼，佩吉·C·普伦.特殊教育导论[M].肖非，等，译.11版.北京：中国人民大学出版社，2010：472.
③ 郝春东，柏立华.特殊群体心理学[M].哈尔滨：黑龙江大学出版社，2012：128—129.

　　约翰·帕塞瑞纳，一位魁梧的老师，和奈德，一个有肢体障碍的学生，以及马萨诸塞州的 Wayland 中学的所有学生——重复一遍，是所有的——完成了他们每学年初举行的以池塘为目的地的 18 英里的环城远足。21 世纪的残障学生的小学课程项目是不是超出了你的想象？帕塞瑞纳也超出了你的想象。他既是执证体育老师，又是执证的适应性肢体训练师。他决不仅是使用最先进的辅助技术和设备来教运动、卫生或学科知识的国家荣誉教师，他非常独特，他的课堂无处不在。在他的班级里，每个障碍学生都有一个正常的孩子作为他的同伴。他们一起玩诸如"布劳波和黑洞"之类的游戏。被指定为"布劳波"的人（是的，这里就是帕塞瑞纳）用他的"武器"（泡沫纸片）追逐太空旅行者（即学生）。为了不从宇宙中消失，学生必须躲开布劳波的武器，如果他们没躲开或他们踏入了"黑洞"（橡皮垫），他们就会从宇宙中消失。只有踏上"宇宙狭带"（另一块橡皮垫，以不同的颜色标记为一个安全地带）或捡起分散布置在健身房的"宇宙球"（泡沫球）并回到他们自己的"宇宙飞船"时才安全。在整个游戏过程中，同伴要互相帮助，帮助同伴跑、捡球、跑去安全区域，或叫着指导如何躲避布劳波。同时，电影 2001 中的音乐也作为背景音乐大声播放着，还有 Stranss 的 Sprach Azrzthustra。这是在做什么呢？很显然，在集体远足和健身房的游戏中都包含着训练，包含着健康和活动发展方面的课程。同时这其中还暗含融合、合作学习、社会角色模拟以及友谊的发展，这些已经延伸到了其他课堂。更深层的一点是，其中还包含着有关自尊的课程。残疾学生参与游戏，可以了解他们自身的能力，增强他们在其他课程中学习的技能。例如，当他们在被布劳波的武器拍到前大声叫同伴扔球或接球时该如何清晰地表述。此外，在音乐游戏中，他们学习如何听音乐以及如何根据音乐的拍子、节奏和音量来摇摆身体①。

　　上述案例中，有肢体障碍的奈德在普通学校里享受着丰富多彩的校园生活，这大部分归功于老师，案例中的老师不仅能够正确看待肢体障碍的学生，也具有教学智慧和教学技能，他能够根据肢体障碍儿童及普通儿童的特点来精心设计各种游戏和活动，在这些游戏中学生们可以非常融洽地进行沟通与交往，同时还锻炼了学生多方面的能力。

二、家庭中的沟通与交往

　　家庭，不单是身体的住所，也是心灵的寄托处。教育家蓝尼曾说，"一个美满的家庭，犹如沙漠里的甘泉，涌出宁谧和安慰，使人洗心涤虑，怡情悦性"。家庭，是温暖的港湾，萧伯纳曾说"家是世界上唯一隐藏人类缺点与失败的地方，它同时也蕴藏着甜蜜的爱"。在家里我们可以享受到父母纯粹又深切的爱，在家里我们摘下自己所有的面具，毫无顾忌地展露自己的缺点。

　　对于一些肢体障碍儿童，特别是重度肢体障碍儿童来说，他们主要的安置场所就是家庭，家庭是他们主要的沟通与交往的场所，家人是他们主要沟通与交往的对象。不同家庭中肢体障碍儿童的沟通与交往方式各有不同。

---

① ［美］路得·特恩布尔，安·特恩布尔，玛里琳·尚克，等.今日学校中的特殊教育：下册[M].方俊明，编；汪海萍，等，译.3 版.上海：华东师范大学出版社，2004：613—615.

（一）不同家庭态度下的沟通与交往

自己的孩子存在肢体障碍,这对于整个家庭来说无疑是一个重创,特别是一些重度肢体障碍儿童,需要家庭付出较多的时间、精力和财力来照看他们。一些家长在面对肢体障碍的孩子时会产生一些不正确的认知。如,认为是上天的不公而不喜欢甚至遗弃自己的孩子;怕遭到外人异样的眼光而将自己的孩子局限在家里;认为自己的孩子处处落后于同龄的孩子,找不到孩子身上的闪光点。家长这些不正确的认知和态度会对孩子产生巨大的消极影响,不被家长接受和认可会让他们更加自卑、更加否定自己,这样的性格和心理必然影响肢体障碍儿童与他人的沟通与交往。作为家长,要学会调试自己的心理,要对自己的孩子持有正确的态度和认知,勇于承认和接受自己孩子的不足,同时也积极发现和培养孩子身上的长处和闪光点。父母对他们的认可,是他们树立自信的第一步;与父母之间良好的沟通,是他们走出去与外人沟通的基础。

（二）不同教养方式下的沟通与交往

由于肢体障碍儿童的特殊性,家长容易形成几种错误的教养方式。一种是溺爱式,家长因为孩子本身的障碍,或是因为自己的一些愧疚而过分地溺爱自己的孩子,对于自己的孩子事无巨细,处处代劳,怕自己的孩子受欺负而对他们的保护到了失去理性的地步。这会给孩子营造一种不健康的、不公平的沟通和交流的环境,同时也会使得孩子生活自理能力差,变得自私、脆弱、依赖、霸道、懒散,是非判定能力薄弱,这种性格的孩子很难和他人进行良好的沟通和交往。还有一种是严苛式,这种家长认为自己孩子的障碍会让他们在以后的生活中面临更多的困难,因此对他们的训练过分严格,他们给孩子设定的目标会超出孩子的能力。这虽然是出于父母的好心,但是这种过高的期望和过于严苛的要求,往往会产生适得其反的效果,过高的期望和要求会让孩子感到巨大的压力,还会由于达不到目标而产生严重的挫败感,这可能会让孩子形成不良的心理,从而影响孩子的沟通与交往。因此家长应该正确看待自己的孩子,多学习和掌握一些教育知识,形成合理的教养方式。

毛毛,男,15 岁,肢体残疾和癫痫。毛毛的家有四口人,父母和两个孩子。哥哥在河南当兵,只有残疾的毛毛在家。家庭经济状况不好,父母均没有固定工作。家里靠父亲做木工,母亲做小生意维持生计。这个家庭首先应付的不是儿子的残疾和康复问题,而是怎样避免因为超生带来的罚款。由于害怕被人发现并举报,母亲的策略是设法把孩子隐藏起来。所以,开始时,每天白天母亲出门以后,都把 5 岁的毛毛锁在家里,以免被人看见。这样的生活环境,包括母亲不在家时儿童的基本需要被忽视,独自在家时候的不安全感和恐惧,都会对 5 岁儿童的心理产生严重的负面影响。在调查中,可以发现母亲对毛毛的态度非常矛盾。首先是后悔生下了这个孩子。"如果没有这个儿子,我日子不知道有多好过,可是他又没办法死掉,也没有地方能送走,只能这样过了。"这句话是研究者第一次与毛毛母亲交谈还不到 5 分钟的时候,母亲说的。这反映了自毛毛出生以来,母亲对自己超生行为的悔恨。这个悔恨不是因为超生,而是因为生养了残疾的孩子。母亲的态度反映到现实生活中,就是对儿童的打骂。妈妈坦言,她不喜欢毛毛,并经常打他,直到毛毛长大了,会还手了以后,才打得少了。"他力气很大,我现在打不过他了。"妈妈说。尽管后悔自己超生的行为,母亲还是尽力为孩子提供必要的生活照顾、教育安排和保护。因此,母亲对毛毛的态度是矛盾的,主要还是爱,然后是因爱生恨,恨铁不成钢。父亲很喜欢毛毛,因为不满意母亲体罚孩子,夫妻之间还经常发生争执。不过,父亲对健康的大儿子更加喜爱。因此,毛毛会经常觉得父母偏向哥哥。在家受到委屈时,也会说"你们只喜欢哥哥"之类的话[①]。

上述案例中,毛毛父母没能对毛毛形成正确的认知,他们只看到了毛毛的障碍并且不断地否定,同时父母的教养方式也存在问题,十分粗暴。这样的家庭环境只会让毛毛更加自卑,十分不利于毛毛沟通与交往能力的培养。

三、社会中的沟通与交往

社会不同于家庭和学校,它有着更为复杂的环境,肢体障碍儿童在社会中会面对形形色色的人和事,要在社会中灵活地进行沟通与交往对他们来说是个巨大的考验。

(一)现实社会中的沟通与交往

良好的家庭沟通和学校沟通是进行良好社会沟通的基础,肢体障碍儿童如在家庭和学校(特别是普通学校)中学会了沟通与交往的技巧、树立了自信,那么他们就不会畏惧、排斥在社会中的交往活动。

如今的社会越来越关注肢体障碍这一群体,大部分的公共场所都设有残疾人专用设施,这给残疾人士的出行带来了极大的便利,也大大有助于肢体障碍儿童在社会中的沟通与交往。除了硬件设施外,社会上有关残疾人的各种活动也层出不穷,如由中国残疾人联合会等五个单位联合主办的大型综合活动日——残疾人活动日;由国际奥委会和国际残疾人奥林匹克委员会主办的、专为残疾人举行的世界大型综合性运动会——残疾人奥林匹克运动会……除了这些大型活动,近年来新兴的轮椅舞也是一种适合肢体障碍者的活动,这些活动都为肢体障碍儿童的社会交往提供了平台。和其他类型的特殊儿童相比,如自闭症和多动症儿童,肢体障碍儿童的外在特征比较明显,外界在和他们进行沟通与交往时往往会先注意到他们特殊之处,并提供相应的援助。同时肢体障碍儿童自身也应该主动地、明确地提出自己的需要和请求,当外界提供的帮助太过越界时也要学会委婉地拒绝。

在体育运动中关于假肢的争议[②]

在这里值得一提的是,关于残疾人在运动方面使用假体、义肢的问题。一个日益激烈的争论成为了公众关心的热点,那就是手术强化作用和假肢——例如激光原位角膜磨镶术,以及包括计算机控制装置的假体——给参赛者带来的不平等优势。体育管理者不仅需要考虑坐轮椅跑步的人与用腿跑步的人相比可能有不公平的优势,还要考虑

---

① 尚晓援,谢佳闻.残疾与歧视:儿童生活史的个案研究[J].中国青年研究,2008(10):68—69.
② [美]丹尼尔·P·哈拉汗,詹姆士·M·考夫曼,佩吉·C·普伦.特殊教育导论[M].肖非,等,译.11版.北京:中国人民大学出版社,2010:470—471.

使用"猎豹"(一种由碳纤维制成的 J 型叶片)或者其他假体与天然身体部位相比也可能有优势。

社会这个大环境不像家庭、学校那样单纯,它在为肢体障碍儿童提供沟通与交往平台和帮助的同时也隐藏着许多危机。社会中有一些不法分子抓住了肢体障碍儿童的身体和心理的弱点对他们进行诱拐、行骗。因此在社会交往中,肢体障碍儿童的监护人既要让儿童自己主动独立地去进行沟通与交往,同时也要给予一定的保护、照顾,肢体障碍儿童自身在社会中进行沟通与交往时既要敞开心扉,也要擦亮双眼保持警惕。为了给有肢体障碍的孩子在社会中的沟通与交往营造良好的环境,为了避免肢体障碍的孩子被诱拐,国家、社会、家长、教育或康复机构以及特殊儿童自身都要通过强化对特殊儿童防拐骗对策的思考来加强拐骗特殊儿童的预防工作。首先,社会加强法制建设,让拐骗人无机可乘。其次,家长注重生活引导,学会防患于未然。再次,学校和康复机构强化常识教育,让特殊儿童学会自我保护。最后,肢体障碍儿童自身要提升社会认知,学会识破骗局[①]。

东方网 2 月 7 日消息:据中国之声《新闻晚高峰》报道,近日,拐卖、残害儿童,逼迫儿童乞讨的消息在微博和各大网站盛传,也引起了社会各界的广泛关注。安徽省阜阳市太和县宫小村及其附近地区,在当地是个出名的长期大规模拐卖儿童,逼迫儿童乞讨的据点。这些儿童从哪里来? 遭到了怎样非人的折磨? 这样令人发指的行为,为什么长时间没人管? 记者进行了实地调查。据了解,十几年前,由于一个偶然的机会,这个村的一个残疾人因为乞讨而致富,这让该村的村民们找到了在他们看来是摆脱贫穷的一条捷径。"带乡"是黑话,即操练童丐。这个几千人的村子只有三个残疾人,一些正常人因为很难讨到钱,于是想到找一个障碍小孩代为乞讨,而他们坐收渔利。这也叫"带乡",那些被雇用去乞讨的儿童叫"乡",雇佣者叫"乡主",寻找带出乞讨的过程叫"带乡"。"乡主们"带乡时,使用的手段都带有一定的欺骗性。有些乡主们对孩子的父母说,是带这些孩子到南方的寺庙门口看摊子卖香火,或者说带到障碍人的福利工厂工作。这其中,很多孩子至今仍未从受骗的愤怒和被迫乞讨的羞辱中走出。经过有关人士爆料,从宫小村走出去的障碍童丐足迹遍全国,近在太和、阜阳、合肥,远则到北京、上海、天津、广州、成都、哈尔滨等发达城市。这些"带乡的"把童丐早晨喂饱,然后就放在固定的地方让他们去乞讨,自己在远处盯着,晚上再收钱,有的"带乡"要带几个残丐,其收入就可想而知。童丐如果每天没有要到一定数额的钱不仅没饭吃,还要遭受毒打[②]。

(二) 网络社会中的沟通与交往

在信息化高度发达的今天,网络已成为人们沟通与交往的主要途径之一。网络社

---

① 朋文媛,雷江华. 特殊儿童拐骗的现状、原因及预防对策[J]. 绥化学院学报,2014(4):123—124.
② 王倞. 安徽阜阳拐卖儿童据点调查:障碍童丐足迹遍遍全国[EB/OL]. (2011-2-7). http://news.eastday. com/m/20110207/u1a5710729.html.

会有与现实社会不同的特征：首先，网络社会具有开放性，即无中心、无边界性；其次，网络社会具有虚拟性，即人际交往以间接形式为主，以符号化、数字化为手段，以通信交往为主要内容；再次，网络社会具有暴胀性，即今天的"网络社会"如同暴胀的宇宙一样，以暴胀的方式发展着；第四，网络社会具有自主性，即上网人呈现出更少的依赖性，更多的自主性；第五，网络社会具有共有性，即所有"网民"都可共享网络社会的资源，拥有网络信息[①]。

网络社会的开放性、虚拟性、自主性等特点给肢体障碍儿童的沟通与交往带来了极大的便利。首先，肢体障碍儿童大多数行动不便，但在网络社会中，他们不需要出行便可以快捷地了解许多信息，与他人进行信息交换。其次，由于网络社会的虚拟性，肢体障碍儿童不必担心自己是否会因为自身的缺陷而受到歧视，这会使他们摆脱自卑情绪，更加自信地与人沟通交流。再者，通过一些网络平台，尤其是"虚拟社区"，肢体障碍儿童可以很便捷地寻找到一批志同道合的人，他们可能有相同的兴趣和爱好或是具有某种相似的障碍。这样的群体在一起交流会有更多的话题，也可以相互鼓励共同进步。

但网络社会也存在一些不利的因素，由于网络社会中的信息繁多、真假参半，肢体障碍儿童若没有分辨真假的能力就会被虚假的东西所迷惑，这种虚拟性让肢体障碍儿童在沟通与交往中很可能会受伤。另外，儿童时期个性发展还没有定型，这时候若是过多沉迷于网络社会的交往，会导致他们更容易接受网络中虚幻的自己，难以接受和面对现实中真实的自己，这对于肢体障碍儿童十分不利。因此肢体障碍儿童在网络社会中与人沟通与交往时，一方面要培养自己明辨是非的能力；另一方面也要有自控力，防止过度沉溺于网络。

第四节　肢体障碍儿童沟通与交往的辅助技术

辅助技术是指用那些能够增强、维持和改善肢体障碍儿童功能水平，甚至补偿和替代身体某一部分受损功能的用具或设备，并帮助肢体障碍儿童在生活中达到最大限度功能独立的手段。而针对沟通与交往的辅助技术主要是借助器具技术培养与发展肢体障碍儿童沟通与交往的能力。

一、硬件系统

随着社会的进步，科学技术的日益发展，人们的生活质量得以提高，针对肢体障碍儿童沟通与交往的辅助技术也不断出现。在硬件系统中，利于肢体障碍儿童沟通与交往的辅助器可以大致分为运动出行、教育沟通、日常交往三个方面。

（一）运动出行辅具

1. 代步器具

代步器具有普通轮椅、高靠背轮椅、运动轮椅、手动轮椅（图 8-1）、手摇三轮车、机

---

① 周光召.新世纪　新机遇　新挑战：知识创新和高新技术产业发展（上册）[M].北京：中国科学技术出版社,2001：86.

动轮椅车等,这类器具主要适用对象是下肢功能部分丧失或完全丧失以致无法独立行走的肢体障碍儿童。借助普通轮椅、运动轮椅、电动轮椅他们可以外出与人接触,参与日常的交往活动甚至参加各种体育赛事,例如出门购物、参加残疾人轮椅篮球比赛等。轮椅对于肢体障碍儿童不仅是代步工具,某种意义上它甚至是身体的一个部分,轮椅与他们日常的衣食住行息息相关,在生活中占据重要位置。

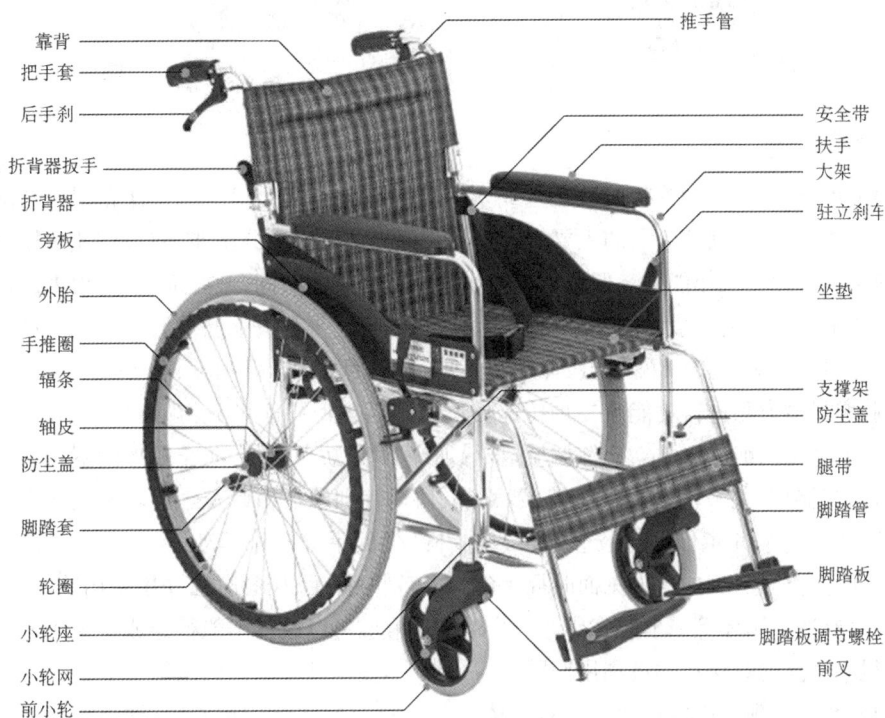

图 8 - 1

手动轮椅

靠背
把手套
后手刹
折背器扳手
折背器
旁板
外胎
手推圈
辐条
轴皮
防尘盖
脚踏套
轮圈
小轮座
小轮网
前小轮

推手管
安全带
扶手
大架
驻立刹车
坐垫
支撑架
防尘盖
腿带
脚踏管
脚踏板
脚踏板调节螺栓
前叉

2. 助行器具

助行器具主要有助行器、腋杖(图 8 - 2)、肘杖、多脚手杖、手杖等,这类器具可适用对象大多是下肢功能轻度障碍儿童,他们没有完全丧失行走能力,能借助助行器具进行活动。相对于完全丧失行走能力的障碍儿童,他们在与人沟通与交往方面更加便捷、独立。在腋杖、手杖等器具的辅助下,他们可以接受正规学校的教育,参与学校的日常活动,进行师生、同学间的交往,他们可以参与社区活动,结交良师益友。对于障碍程度较低的儿童,在助行器具的帮助下,他们的日常沟通与交往和普通儿童并无太大差异,他们借助这些辅助器具保持身体平衡,助行器具是他们日常活动的必备工具,所以选用适合自己的高质量助行器具十分必要。

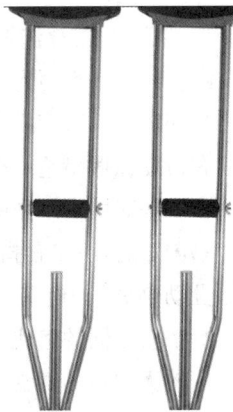

图 8 - 2

腋杖

3. 假肢和康复训练器具

假肢与康复训练器材主要包括上、下假肢,各类矫形器(图 8 - 3、图 8 - 4)。假肢就

图 8 - 3

液压踏步器

图 8 - 4

上下肢训练
E - ZXQ - 03

是用工程技术手段,为弥补截肢儿童或未完全缺损肢体的儿童专门设计和制作装配的人工假体,又称"义肢"。它的主要作用是代替失去肢体的部分功能,使截肢儿童恢复一定的生活自理和工作能力。假肢可以按结构、功能、装配时间、截肢部位、动力来源及选用材料来进行分类。最常用的分类方法是按截肢部位来分成上肢假肢和下肢假肢。康复训练器材是对应多种不同的肢体功能障碍,包括增加关节活动度、改善肌力和运动的协调、增强体力和进行功能恢复训练的器具。产品类型一般可分为上肢和下肢训练器械,其中又可以细分为站立训练器械,步行训练器械,矫正姿势、防止畸形的器械,肌力、耐力训练器械,关节活动度训练器械,平衡、协调性训练器械以及综合基本动作训练器械[1]。上肢障碍儿童借助上肢假肢可以弥补缺失的手部操作活动,改善与人沟通交往的手部行为功能,例如与人见面时握手、与人道别时挥手、聚餐时独立用碗用筷,以及日常的穿衣洗脸刷牙等。下肢障碍儿童借助下肢假肢可以改善不能行走或行走不利的状况,很多优秀的残疾运动员利用假肢参与残奥会,在运动赛场上的矫健身姿是灵活运用下肢假肢的体现。康复运动器材对肢体障碍儿童起到体型矫正作用,增强他们对自己外形的信心,提升他们对外沟通交往的勇气,帮助他们消除自卑,以正常的仪态或心态与人相处。

(二) 教育沟通辅具

许多在书写方面的辅助措施和设备已经面世,部分上肢障碍儿童可以利用一些书写辅助工具来完成学校和家里的书写任务。在书写方面的调整,可选用多种辅助设备,有帮助抓握蜡笔或铅笔的持笔架、手动夹板;有特制的握笔器、支撑前臂的斜板;有用来在书写时固定纸张的笔记板或遮蔽胶带、宽条纹纸等。阅读自助器(图 8 - 5)是针对翻书困难者,可给食指套一小半截橡皮指套作翻页器。无指者可以用腕操作或用口含棒翻动书页[2]。电脑也是一种书写工具,可以通过文字加工软件来完成书写任务,电脑键盘都有不同的替代品,那些由于精细运动能力较差而无法使用标准键盘的儿童,可以使用较大规格的键盘。而那些无法做粗放型动作的儿童可以使用迷你型的小键盘,因为他们无法在标准键盘上大范围的活动手指,这些替代性的键盘,可以放在儿童腿

① 中国残疾人辅助器具网[EB/OL]. (2010 - 12 - 27). http: //www.cjfj.org/.
② 南登崑.肢体残疾儿童的教育与训练[M].北京: 华夏出版社,1995: 93.

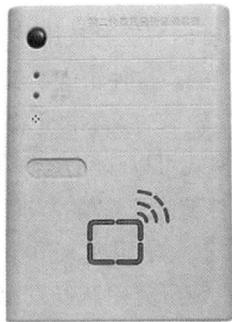

图 8-5

阅读自助器

图 8-6

辅助餐具

上、书桌上或其他容易接触到的地方。有些严重的肢体障碍儿童可以用两个手指控制电脑鼠标,有了鼠标,他可以控制整个电脑屏幕并与电脑程序进行互动[1]。通过这些书写辅助器具,上肢障碍的儿童可以进行书写,操作电脑,他们可以参与日常的学校教学活动,和朋友家人进行书信或网络形式的交流,使沟通与交往更加便利。

(三)其他日常生活辅具

日常生活辅助器具主要有用餐辅助器具(图 8-6)、家务辅助器具、物品管理辅助器具及休闲娱乐辅助器具等。这类辅助器具是肢体障碍儿童日常生活交往中用得最多,也是最容易购买到的一类,生活能够自理有利于肢体障碍儿童便利的日常交往。例如,多用生活套袖,其基本结构为一环绕手掌的硬质皮带,用尼龙搭扣束紧,在皮带的侧有一插口,把食具的手柄与牙刷的柄等插入插口。手套式擦洗布为一种外包毛巾或塑料的连接手套,用尼龙搭扣束紧腕部后即可供握力丧失者作为擦洗之用,有些肢体障碍儿童自行入浴有困难,有条件最好备有专用的淋浴轮椅,水龙头可改装成水温自动调节的龙头等等[2]。这些都是为了肢体障碍儿童无障碍生活而设计的,这些日常生活辅助器具扩大了他们受限的活动范围。

二、软件系统

软件系统的提法最早用于计算机,人们从使用的角度出发要求计算机要有一个既能使计算机硬件功能得到发挥,又方便用户进行操作的工作环境,所以设计了各种程序,这就是软件系统。软件是计算机与用户之间的一座桥梁[3]。面对肢体障碍儿童的沟通交往问题,不仅需要硬件系统的器具辅助,更需要软件系统的服务与支持。这里将软件系统分为智能科技、网络平台、系统服务三个方面。

(一)智能科技

肢体障碍儿童作为社会的一员,也具有平等参与、共享社会生活的权利和义务。生产力迅速发展,科技进步日新月异,社会文明程度不断提高,残疾人生活质量和发展水平成为社会文明的重要标志。在科学总结以往残疾人研究成果的基础上,如何利用科

---

① 何侃.特殊儿童心理健康教育[M].南京:江苏大学出版社,2008:174.
② 南登崑.肢体残疾儿童的教育与训练[M].北京:华夏出版社,1995:93.
③ 陈昌志,郑先锋,王丽艳.微机原理与接口技术[M].北京:科学出版社,2013:10.

技成果实现残疾人的价值补偿,成为推动残疾人发展和社会文明进步的重要课题①。目前国外已经发明了很多种针对肢体障碍者的智能科技用品。例如名叫 Whill 的智能轮椅是由索尼、奥林巴斯及丰田工程师创造的。这种轮椅不仅采用了全新的设计,同时还希望通过创造时尚、现代的移动装置让坐轮椅的人不再觉得低人一等。Whill 的控制器可以像操纵杆那样单手操作,另外两种模式可以让用户坐得靠近桌子一些或当轮椅是平稳状态时,可以往后靠放松一下。相对于传统轮椅,Whill 的产品在转弯半径和不同地形之间取得了更好的平衡②。韩国首尔大学研究人员已经开发出了一种智能皮肤,它能够为假肢儿童带来一种"触觉感"。该研究团队开发出的智能皮肤能够拉伸覆盖整个假肢,这种皮肤的功能不再只局限于感受压力,它内置了超薄、单晶硅纳米带,上面布有传感器整列,其中包括压力传感器,温度传感器,湿度传感器,应变传感器,组热加热器等其他神经刺激传感器。这种智能皮肤能够对外部刺激作出快速反应,更加接近人体真实皮肤对外部世界的反应时间。比如,这种智能皮肤的温度和湿度传感器可以让用户在触摸小孩前额时,感受到小孩是否在发烧。智能电子皮肤将会遇到很多复杂的场景,比如握手,键盘输入,端一杯热饮或冷饮,触摸潮湿或干燥的表面,或人与人间的接触③。当然,这些科技成果目前在中国还未被广泛应用。一些传统的对外接受信息与沟通的智能工具,如智能手机、智能手表、数字化电视机等,已经普及到肢体障碍儿童的日常生活中,让他们在没有条件走出家门的情况下了解外界的信息,同外界进行沟通与交往。

(二) 网络平台

网络的发展日新月异,网络信息遍布我们的生活交友圈,这不仅涉及到我们生活的方方面面,也与肢体障碍儿童的联系日益紧密。第一,时下为我们应用广泛的 QQ、微信、微博为肢体障碍儿童提供了沟通交往的平台,他们因为身体局限性没有能力走出自己的空间与外界的事物接触,没有机会结交朋友,这些网络平台让他们知道当下国内外的动态,了解时下的新闻趣事,结交有共同话题的朋友,收获来自外界的关注;第二,淘宝网、壹药网、好学网等网络平台不仅为肢体障碍儿童提供了生活的便利,让他们在足不出户的情况下购物,更为他们提供了教育的机会,通过网络他们可以同教师进行一对一交流,掌握书本知识、学习特长技能、扩展知识储备,使其更有自信地与人沟通与交往;第三,肢体障碍儿童可以通过网络平台进行创作,如写诗歌、写文章、创编歌曲等,很多肢体障碍儿童拥有丰富的想法和灵感,却没有表达的途径,通过网络平台,一方面可以倾诉自己内心的情感,另一方面可以充分挖掘内在的潜力,施展自己的才华,成功者更以此为谋生手段,一举多得;第四,很多网络咨询协助平台有利于他们正确地面对自己的病情,了解自己的身体状况,树立积极的心态。例如,在美国有一个寻求协助资助的机构叫"身心障碍孩子宣导中心"(Nationnal Dissemination Center for Childen with Disabilities),简称为 NICHCY。美国教育部的其中一个部会——特殊教育计划办公室

① 肖原.人道主义背景下肢体残疾人交往的礼仪[J].长春大学学报,2014(7):985.
② 牛人微信.科技进步让更多残疾人体会到正常人的生活[EB/OL].(2014-11-11).http://weixin.niurenqushi.com/article/2015-04-17/3231666.html.
③ 同上.

资助了这个咨询网(www. nichcy. org),帮助寻求关于身心障碍学生的资讯与资源。还有更多的网站资源,如 www. healthfinder. gov 是一个由政府资助的网站服务,链接了很多与健康相关的资源,提供健康资讯站及资讯中心的链接①。中国残疾人服务网(www. cdpsn. org. cn)由中国残疾人联合会创办,是国内首家依托残疾人服务体系的大型公益门户网站。还有"站起来"公益网、康帮网、残疾人家园等网站凭借完善的设施、强大的技术力量与训练有素的信息采集队伍,致力于为残疾人和全社会提供全面、权威、专业的信息无障碍服务。

(三) 系统服务

《残疾人权益保障法》第四十四条规定,公共服务机构应当为残疾人提供优先服务和辅助性服务。残疾人搭乘公共交通工具,应当给予方便和照顾,其随身必备的辅助器具,准予免费携带。县级和乡级人民政府应当根据具体情况减免农村残疾人的义务公益事业费和其他社会负担。各级人民政府应当逐步增加对残疾人的其他照顾和扶助②。如今国家逐步加大对肢体障碍儿童的关注力度,社会各界也从多方面为肢体障碍儿童提供系统的服务。第一,在经费支持上,"十二五"时期中央财政安排的专项用于支持残疾人事业发展的中央专项彩票公益金、中国残疾人彩票公益金项目等都说明国家在不断增加对肢体障碍儿童的经济补助,为贫困肢体障碍儿童装配上肢及大、小腿假肢,以提高他们的生活水平,使他们有一定的经济能力扩大活动范围。第二,在生活支持上,对待肢体障碍儿童的系统服务越来越人性化,例如公共场所的卫生间开设肢体障碍儿童专用间、公交车设立残疾人通道等,空间设计上的无障碍理念更是强调一切有关人类衣食住行的空间环境以及各类建筑设施、设备的规划设计,都必须充分考虑具有不同程度生理伤残缺陷者和正常活动能力衰退者的使用需求。在很多社区,社区康复工作不断深化,民政部、卫生部、中国残联共同启动了"全国残疾人社区康复示范区培育活动",推进"康复进社区,服务到家庭"的活动,将更多的肢体障碍儿童组织到一起参与一些能力所及的活动,让他们打开彼此的内心,在活动中收获友谊。第三,在心理支持上,国家也在大力筹划,在全国县级以上残联组织中设立残疾人心理疏导工作机构,吸收心理学方面的专业人士从事此项工作,形成专业工作机构和工作队伍;有关高等院校和专科学校,也设立了残疾人心理学科和学系,为开展残疾人心理疏导工作培养专门人才。第四,在咨讯支持上,有很多提供给肢体障碍儿童的咨询来源,例如中国残疾人服务网汇集各级残联、国内外社会各界有关残疾人的信息与资源,率先在全球推出首个中文无障碍互动游戏频道、首个残疾人数字图书馆频道,设有"爱心捐赠"、"百科问答"、"辅助器具"、"远程教育"、"康复知识"、"就业指导"等特色服务板块,以完全实名认证方式,对持有二代残疾人证的用户提供各类专属服务,在残疾人、特殊需求群体与社会各界之间构建起一座奉献爱心、互动共赢的大型信息交互平台。百度公益开放平台是基于框计算的技术创新与开放搜索运营机制,以大力传播公益品牌,全面支持慈善事业为宗旨,

---

① Smith, D. Introduction To Special Education: Making a Difference [M]. Pearson Education Ltd. , 2010: 493 - 494.
② 全国人民代表大会常务委员会.中华人民共和国残疾人保障法[M].北京:法律出版社,2008: 4.

由百度公益基金会、百度数据开放平台及百度企业社会责任部等联合发起成立。各方面的系统服务都是为了营造一个充满关怀、安全、方便、舒适的现代生活环境,方便肢体障碍儿童出行,促进他们适应社会,融入社会。

第五节　肢体障碍儿童沟通与交往的策略

肢体障碍儿童因为行动不便,在生活自理、对外沟通与交往方面存在困难。一方面这些儿童需要受到外界的关心与爱护,接纳他们,帮助他们,让他们体会社会的包容和温暖,因此,他人在与肢体障碍儿童的交往中应了解合适的沟通与交往策略。另一方面,肢体障碍儿童由于自身的缺陷导致了他们与普通儿童在某些方面存在差异。肢体的残缺限制了他们的出行,从小遭受的磨难与外界异样的眼光,以及长期被拒绝与被歧视的生长环境,必然导致他们内心的压抑,因而,肢体障碍儿童想要融入社会,更好地与他人接触,也需要掌握必要的策略。

一、认知改变策略

认知改变策略主要是他人与肢体障碍儿童沟通与交往时需要掌握的策略,是指面对肢体障碍儿童,我们要改变以往传统的观念,消除将他们当成残疾人、需要同情与怜悯的心态,树立正确的接纳态度,从内心做到尊重他们。一些肢体障碍儿童残疾程度较为严重,会出现行动或表情不协调的情况,面对这样的交往对象,人们首先要了解他们,用善待生命的意识欣赏他们的顽强,找到他们身上的闪光点,这样才能够理解他们,进而才有可能发自内心地尊重他们。对肢体障碍儿童在称呼上要做到尊重,口气、语调上要讲究亲切、亲近。要用正常的目光看待他们,不应看见肢体障碍儿童就显示出奇怪或害怕的样子,从而让他们产生抵触情绪;不能把目光长时间停留在他们的残疾部位;不要以同情的眼神看待肢体障碍儿童,因为就算重度肢体障碍儿童,四肢扭曲,面部表情不自然,不能控制自己的身体,但头脑和正常人一样,他们仍有自己的思考与判断力,他们能从眼神中读懂旁观者的心理。

二、行动帮扶策略

行动帮扶策略强调他人同肢体障碍儿童接触时要注意与肢体障碍儿童沟通与交往的方式方法,利用日常生活的点滴行动来对肢体障碍儿童进行适当合理的帮助,以便拉近彼此沟通与交往的距离。例如与坐轮椅的肢体障碍儿童交谈时最好采用蹲姿与其谈话,此时双方的目光在同一水平线上,交谈内容除了要特别注意回避与其生理缺陷有关的词语和内容之外,一般情况下,不要涉及残疾人的敏感话题,谈话内容可以广泛一些,谈话时不要随意倚靠在肢体障碍儿童的轮椅或者其他辅助设备上,不要拍轮椅使用者的头或者肩,用居高临下的方式与他们交谈。给肢体障碍儿童打电话时,应耐心等待,要考虑到对方接听的不便性。架拐杖的肢体障碍儿童在行走或上下楼梯时,一般不需搀扶,别人的搀扶反而会使其失去平衡,有"帮倒忙"的尴尬。在与架拐杖的朋友同行、上楼梯或乘电梯时，最好走在他们前面，不要让他们有紧迫感，如果是为了方便照顾他们，也可在征求他们的意见之后，陪伴在合适的位置。用餐时帮助失去双臂的肢体障碍儿童就餐，只要询问他们需要什么餐具即可，忌讳直接喂他们吃东西，帮助坐轮椅或架拐杖的肢体障碍儿童用自助餐时，主动询问对方的需求，再按照对方的要求协助取食品。在帮助他们之前，一定要征得他们的同意后再进行具体的帮助。这些细节都能体现彼此之间的尊重，他们从内心希望得到别人的尊重，而不是事事给予帮助的同情和怜悯。

三、心理调适策略

心理调适策略主要是针对肢体障碍儿童而言的。他们进行沟通交往的主要问题是出行不便，很多重度的肢体障碍儿童没有办法独自外出，长期活在自己的狭小空间，缺乏沟通与交往的渠道往往导致内心的封闭，长期的压抑形成消极的精神状态，让他们总是觉得自己低人一等。肢体障碍儿童想要和普通儿童一样顺利地进行沟通与交往，首先要做到摆正自己的心态。有很多肢体障碍的人，他们的人生一样过得很精彩，我们从这些身残志坚者身上发现他们有一个共同的特点就是能够正确认识自己、积极面对生活。踏出对外沟通与交往的第一步首先是让自己的内心接受外在世界，同时也接纳不完美的自己。每个人都是独特的个体，虽然存在个体差异性，但要相信自己是独一无二的，以积极的心态面对生活，感受世界给予的爱和温暖。还有很多肢体障碍儿童并不是一开始就对外排斥，不愿与人交往的，他们是在曾经的沟通与交往中受到过挫折从而产生了畏难情绪，原有的经历会勾起他们不愉快的回忆，所以改变这种畏难情绪，克服心理障碍很重要。肢体障碍儿童要树立起自信心，相信每一次的尝试都会有收获，要学会主动对外沟通与交往，在要求得到别人尊重的时候要学会自己尊重自己，爱惜自己的身体，不要以弱势者的心态和别人相处，这样只会得到别人的怜悯。在面对沟通与交往中的困难时要学会主动寻求帮助，寻求帮助的过程也是对自己能力的锻炼，在寻求帮助的时候也应该注意情绪的控制，学会通过一种温和的方式来获取帮助。

心理残疾比身体残疾更可怕①

十六七岁的男孩，该是朝气蓬勃的，但他却长着怎样一双腿，怎样一双脚啊！一只脚脚尖外摆，另一只脚的脚尖冲着这只脚的脚后跟，两腿弯曲，膝盖相对，被腿所累，腰也佝偻着，每一挪步，都要膝摇腰晃。男孩有一位好母亲，每个周末，母亲都会用一辆自行车接送男孩。从路边的一条小水沟走到教室门口只有十几步，瘦小的母亲用那辆小自行车载着这个大男孩，摇摇晃晃，实在有一些吃力，看了让人担心。男孩对此却泰然处之，丝毫不为所动，仿佛母亲就应该那样做！

从案例中可以看出，身体的障碍虽然让人同情，但心理的障碍比身体的障碍更可怕！身体的障碍有时是可以克服的，有些失去双手的人也可以把脚练得像双手一样灵活。坚强的意志是任何成功的人不可缺少的必要条件，而对肢体障碍儿童来说，显得更

---

① 刘春玲，江琴娣.特殊教育概论[M].上海：华东师范大学出版社，2008：224.

为重要。肢体障碍儿童要想和普通人一样正常生活或取得成就,更要抱有普通人的心态,不应以一种怨天尤人的心态对待自己及身边的人。亲子之情是一种本能,父母忍受的痛苦可以想象,他们往往因为自己的孩子有肢体障碍而呵护有加,不辞辛劳。对于父母的关爱肢体障碍儿童应有感恩之心,尽自己努力活出自己的精彩是对他们付出最大的回报。

四、能力提高策略

肢体障碍儿童的沟通与交往能力欠缺并不是不可改变的,我们可以通过一系列方法来提高肢体障碍儿童的沟通与交往能力。

(一) 艺术熏陶法

艺术具有审美认知、审美教育、审美娱乐等独特的功能和作用,具有以情感人、潜移默化、寓教于乐的特点,这也使得艺术成为美育的主要内容和主要方式。艺术对于人性的完美、人格的修养、人生境界的提升和整个社会风气的转变非常重要。对于人的全面发展有着重要的作用[1]。对于肢体障碍儿童而言,他们在外在形态上与普通人存在着差别,但美丽的心灵人人都可以拥有,艺术熏陶法主要是通过艺术教育重塑他们强大的内心,让肢体障碍儿童摆脱低人一等的心态,展现由内而外的自信,大胆地与人沟通和交往,而不会因为内心的阴影将自己与外面的世界隔绝。艺术熏陶法主要通过音乐、绘画、书法、戏剧、表演甚至舞蹈等艺术形式挖掘出肢体障碍儿童的内在潜能,让他们发现不一样的自己,在艺术中充实人生,乐观地面对生活。

(二) 游戏建构法

游戏,既可以指人的一种娱乐活动,也可以指这种活动过程。游戏是一种有组织的玩耍,一般是以娱乐为目的,有时也有教育目的,它是孩子最好的学习方式。儿童心理咨询师埃里克森(Ericson)最早提出一个心理社会发达阶段的游戏建构法[2]。肢体障碍儿童没有办法和普通儿童一样尽情地享受游戏带来的快乐,他们可能从小频繁住院,中断了与同龄儿童的交往,被隔离在主流化的学习环境或游戏小组之外[3]。利用游戏建构法,让他们在游戏中释放自己童真可爱的一面,拥有和同龄人一样的快乐童年对他们日后的沟通与交往起到了积极作用。游戏建构法主要要考虑到对象的特殊性,考虑到游戏的安全性,以联合性的游戏活动为主,制定适合他们能力水平的游戏,例如面对下肢障碍儿童我们可以进行击鼓传花、手指操、串珠活动等利用上肢活动的游戏,对于上肢障碍儿童我们可以开展运动游戏,锻炼他们的平衡能力与合作精神,如平衡板床、秋千、吊床等,让每个人尽可能地发挥自己的长处,规避自己的短处,收获游戏带来的快乐,在游戏中培养健全的人格。

(三) 情境塑造法

环境为人的发展提供了物质基础和外在条件,每个肢体障碍儿童家庭都会面临经

① 李昱春.试论艺术的功能和艺术教育[J].克山师专学报,2003(4): 139.
② [韩]菲奥娜.女人人脉论[M].青岛:青岛出版社,2012: 232.
③ 南登崑.肢体残疾儿童的教育与训练[M].北京:华夏出版社,1995: 131.

济与精神上的压力,然而有些肢体障碍儿童乐观开朗,善于同人沟通与交往,而有些儿童却显得木讷孤僻,见人畏畏缩缩,先天的个性差异具有一定的因素,但后天的家庭与学校环境更为关键。情境塑造法主要是为肢体障碍儿童塑造一种宽松接纳的环境,让他们感觉到自己没有被外部世界隔离。家庭中,父母减少对肢体障碍儿童的抱怨,给予他们足够的关心与爱护,日常生活中父母关系的和谐融洽也有利于孩子个性的发展。在学校,面对肢体障碍儿童,教师所展现的态度应该是尊重与接纳,将他们与普通儿童一样对待,同时也应该给予他们适当的期望度,不至于让他们觉得自己是特殊的个体,在教学过程中,多留心观察他们的心理表现,加强同他们的沟通,发现心理问题及时给予指导。

(四) 行为训练法

行为训练法是指利用心理学的原理,特别是条件反射的规律,如强化、消退、示范等,帮助心理与行为异常者改变异常的行为,形成新的、适应性的行为的一种方法。也就是说,使个人或群体改变他或他们原来的态度或习惯性行为,经过教育和训练,通过经验的内化(指人们将外部的行为、言语向内部转化的过程)与认同作用(指认可环境中存在的新的好的行为模式,并试着学习这些模式,从而逐步掌握新的行为方式),使新的行为发生。通过这种训练,可以对心理与行为异常者进行治疗,还可以使人们传统的旧观念、旧行为方式尽早得到矫正,新的观念与行为方式早日形成①。行为训练法旨在使肢体障碍儿童增强生活自理能力。通过训练能不断克服困难,减少对外界帮助的依赖性,逐渐做到自己起居、饮食、上厕所和短距离行走,养成良好的生活习惯,增加适应能力。此外,由于肢体障碍儿童的行动能力及经验相对缺乏,要增加儿童的实地观察、访问、欣赏的机会,并且充分利用各种器材来充实儿童的生活知识,使肢体障碍儿童能更社会化地过正常的生活②。行为训练法中要强调积极强化,通过适当的语言或物质鼓励来增强他们的行为训练,使肢体障碍儿童逐渐独立完成日常基本活动,提高生活适应能力。

(五) 情感激励法

情感是影响人们行为最直接的因素之一,任何人都有渴求各种情绪的需求③。部分肢体障碍儿童的性格敏感,情感比较脆弱,他们由于生理上的明显缺陷,行动不方便,从而产生不同程度的心理障碍。比较严重的肢体障碍儿童缺乏生活自理能力,饮食、排泄与起居都需要家长帮助,因此很容易产生一种自卑心理和依赖感。大多数肢体障碍儿童从小就屡遭挫折,有时还会受到冷眼、欺凌、取笑或不合时宜的同情,这些都会增加他们的挫折感。对挫折心理的研究表明,遭受挫折者一般多采取下列几种不同的方法来维护自尊:一是退缩行为,畏避公开的场合,习惯于孤僻独居,在幻想中寻找精神上的满足;二是反抗行为,以攻击他人泄愤,有的性情暴戾残忍;三是防卫森严,惟恐自我贬值,靠扭曲现实来自欺欺人,严防别人察知自己生理与心理上的虚弱之处;四是补偿

① 张翼飞.公司管理人员的劳动法适用问题研究[D].上海:华东政法大学,2012.
② 方俊明.特殊教育学[M].北京:人民教育出版社,2004:274.
③ 杜玉开,方为民.妇幼卫生管理[M].北京:中国协和医科大学出版社,2012:80.

行为,竭尽全力克服障碍,为达到某种成功,不惜付出最大的代价。肢体障碍对不同年龄段的儿童可以产生不同的影响①。所以关注肢体障碍儿童的心理变化,抚慰他们的情绪情感是使他们打开心扉、能够主动对外沟通与交往的重要一步。情感激励法主要是在肢体障碍儿童面前树立积极的精神风貌,对他们出现的退缩行为以积极鼓励为主,如果肢体障碍儿童成功地完成一件事,要正面鼓励或者采取适当物质奖励。当他们出现畏难情绪或者做错了某件事,要尽量减少指责与批评,主动与其沟通,耐心讲解让他们明白错误的原因,慢慢树立起积极的心态,逐渐形成开朗的性格,健全的人格。

第六节 案 例 分 析

尼克·胡哲(Nick Vujicic),澳大利亚演讲家,国际公益组织 Life without Limbs 总裁及首席执行官,出版励志 DVD《神采飞扬》、《生命更大的目标》,出版自传式励志书籍《人生不设限》、《坚强站立:你能战胜欺凌》,多次来中国演讲及进行世界巡回演讲。

一、基本情况
(一) 个人简介
外文名:Nick Vujicic

出生地:澳大利亚墨尔本

出生日期:1982 年 12 月 4 日

国籍:塞尔维亚裔澳大利亚籍

职业:励志演讲家

主要成就:澳大利亚年度青年

(二) 个人经历

尼克·胡哲出生于 1982 年 12 月 4 日,他一生下来就没有双臂和双腿,只在左侧臀部以下的位置有一个带着两个脚指头的小“脚”,因为尼克家的宠物狗曾经误以为那个是鸡腿,想要吃掉它,故被妹妹戏称为“小鸡腿”。看到儿子这个样子,他的父亲吓了一大跳,甚至忍不住跑到医院产房外呕吐。他的母亲也无法接受这一残酷的事实,直到尼克·胡哲 4 个月大才敢抱他。父母对这一病症发生在他身上感到无法理解,多年来到处咨询医生也始终得不到医学上的合理解释。他的母亲本身是名护士,怀孕期间一切按照规矩做,所以他的母亲一直在自责。但是,尼克·胡哲的父母并没有放弃对儿子的培养,而是希望他能像普通人一样生活和学习。父亲在他 18 个月大时就让他学习游泳,尼克·胡哲 6 岁时,父亲开始教他用两个脚指头打字,后来,父母把尼克·胡哲送进当地一所普通小学就读。尼克·胡哲行动得靠电动轮椅,还有护理人员负责照顾他,母亲还发明了一个特殊塑料装置,可以帮助他拿起笔。没有父母陪在身边,尼克·胡哲难免受到同学欺凌。8 岁时,他一度非常消沉,甚至产生了轻生的念头。10 岁时的一天,

---

① 方俊明.特殊教育学[M].北京:人民教育出版社,2004:274.

他试图把自己溺死在浴缸里,但是没能成功。在这期间父母一直鼓励他学会战胜困难,他也逐渐交到了朋友。直到 13 岁那年,尼克·胡哲看到一篇刊登在报纸上的文章,介绍了一名残疾人自强不息,给自己设定了一系列伟大目标并实现目标的故事。他受到启发设定了将帮助他人作为人生目标。此后尼克·胡哲艰苦训练,通过长期的努力,残缺的左"脚"成了尼克的好帮手,它不仅帮助他保持身体平衡,还可以帮助他踢球、打字。他要写字或取物时,也是用两个脚指头夹着笔或其他物体。"我管它叫小鸡腿,"尼克开玩笑地说:"我呆在水里时可以漂起来,因为我身体的 80％ 是肺,小鸡腿则像是推进器。"游泳并不是尼克唯一的体育运动,他对滑板、足球也很在行,最喜欢英超比赛。他还能打高尔夫球。他先看好射击的方向,然后在击球时,他用下巴和左肩夹紧特制球杆进行击打,并击打成功。尼克在美国夏威夷学会了冲浪,他甚至掌握了在冲浪板上 360 度旋转这样的超高难度动作。由于这个动作属首创,他完成旋转的照片还刊登在了《冲浪》杂志封面。如今,回想起那段备感艰辛的学习经历,尼克·胡哲认为这是父母为让他融入社会作出的最佳抉择。虽然那段时间非常艰难,但它让尼克·胡哲变得独立,他还拥有了"金融理财和地产"学士学位。由于尼克的勇敢和坚忍,2005 年他被授予"澳大利亚年度青年"称号。

尼克·胡哲从 17 岁起开始做演讲,向人们介绍自己不屈服于命运的经历。随着演讲邀请信的纷至沓来,尼克·胡哲开始到世界各地演讲,迄今已到过 35 个国家和地区。他还创办了"没有四肢的生命"组织,帮助有类似经历的人们走出阴影。2007 年,尼克·胡哲移居美国洛杉矶,不过演讲活动并没有停止。他计划去南非和中东地区演讲。他用带澳大利亚口音的英语告诉记者:"我要告诉人们跌倒了要学会爬起来,要懂得关爱自己。2012 年,尼克·胡哲在河南激情开讲"活出生命的奇迹",当地多家高校的大学生还有许多企业家感受到了这位年轻人的生命激情。

二、过程分析

(一)沟通与交往方式

尼克·胡哲进行沟通交往的方式主要是言语,虽然他失去了四肢,但他拥有超强的语言表达能力和灵活的大脑,他可以很流畅地同身边的人交流,他更乐于把自己的故事讲给别人听,给人们带去积极的力量,这也为他日后成为演讲家奠定了良好的基础。非言语方面,观察尼克·胡哲参加节目的过程,可以发现这位年轻人虽然失去了很多属于他的东西,可是他并没有抱怨上天的不公,面容上始终带着微笑,他用自己的积极乐观感染着周围的人,虽然四肢不健全使他没有办法进行肢体表达,但他真诚的眼神,温暖的微笑足以感动很多人。

(二)沟通与交往途径

尼克·胡哲进行沟通与交往的途径主要是家庭与学校,从尼克·胡哲的故事中我们可以看到,他从小享受到和同龄孩子一样的教育,首先家庭教育塑造了他良好的心态,虽然父母也曾无法接受他四肢残疾的事实,但父母并没有因此嫌弃与抱怨他,父亲从小教他游泳,将他与普通儿童一样看待,母亲给予他细致的照顾,家庭内的和谐,亲人间的亲密给尼克·胡哲营造了温馨的生活环境,让他享受了快乐的童年生活。其次,学校教育带给他承受挫折的能力,由于父母不愿将他差别看待,而将他送到了普通学校,在学校里,尼克·胡哲才意识到自己的残疾,他受到同学的嘲笑与欺凌,尼克·胡哲也有过痛苦的经历,他甚至多次轻生无果,然而一次阅读改变了他的想法,他找到了人生的奋斗方向,他努力学习,积极参与各种活动,担当学生干部,他努力让自己的生活过得更好,这是他人生的重要转折点。家庭与学校的经历培养了尼克·胡哲沟通与交往的能力,让他找到了人生的方向。

(三) 沟通与交往策略

尼克·胡哲能够取得今天的成就,很重要的一点在于他能够很好地掌握心理调适策略,他从曾经的封闭轻生到后来的自信乐观是因为他知道如何调整自己的心态,寻找到生命的意义与重要性,积极的人生态度决定了他的生活价值。另一点在于他能够挖掘自己的内在潜能——语言天赋,虽然也受到嘲笑与拒绝,尼克·胡哲依然努力争取每一次演讲的机会,将自己的故事传递给更多人,鼓舞和他一样的残疾人,找到了适合自己与社会交流的方式。对于改善沟通与交往能力的策略上,尼克·胡哲受益于父母教育中的游戏建构法、行为训练法、情景塑造法及情感激励法等策略,它们以一种潜移默化的方式对他的性格塑造、沟通交往能力的培养产生着作用,尼克·胡哲的成功不是一蹴而就的,他的故事应当给与我们更多的思考。

三、总结反思

一个出生时就没有四肢、只有躯干和头的肢体障碍者,却可以像普通人一样生活,参与各种体育运动,接受正规教育,进行全球励志演讲,完全地融入社会生活中。尼克·胡哲身残志坚,他的人生就像是生命的奇迹,他良好的心态,超强的沟通与交往能力值得我们借鉴,他的蜕变主要受如下两方面的影响。

(一) 个人积极心态

尼克·胡哲作为一个肢体障碍者,他告诉我们不用在意别人的说法,自己永远是最完美的,这种信念支持着他完成学业,学会生活自理,勇敢探索尝试各种体育活动,最后发现人生的新方向,成为一名励志演讲家。在演讲中,他总是用无比轻松的语调来调侃自己的经历,事实上,他确实做到了绝大多数普通人无法做到的事,他嗓音富有磁性,思路清晰,语言幽默,最关键的是,他将自己与众不同的人生经历与人分享,给所有人坚持下去的力量。在多年磨练当中,他具备了异常坚韧的心智和丰富的阅历。这些精神上的素养完全弥补了他肉体上的缺陷,帮助尼克超越了健全的大多数人,取得非凡的成就[①]。他不是没有受过挫折,但是作为一名肢体障碍者,尼克·胡哲做的最重要的一件事就是摆正自己的心态,他觉得自己可以有能力完成那些普通人能做到的事情,内心的自信释放为外在的力量,打开自己的心扉,主动与外在的世界接触,尼克感受到了世界的美好,这给了他热爱生活的勇气。

---

① 纯真论坛.尼克·胡哲观后感[EB/OL]. (2014 - 10 - 31). http://www.cz88.net/lizhi/wenzhang/24383.html.

（二）父母良好教育

面对一生下来就没有双臂和双腿的尼克·胡哲，尽管也曾因为儿子的缺陷感到难以接受，但父母并没有放弃他，双亲对于尼克·胡哲的人生起到了至关重要的作用，他们对尼克·胡哲进行早期教育，教会他生活的基本技能，温馨的家庭环境陪伴尼克·胡哲度过了快乐的童年。父母将尼克·胡哲安排在普通学校接受教育，就是为了让他和普通孩子受到一样的待遇，用心良苦与付出的艰辛不是一般父母所能承受的。尼克·胡哲现在回忆起过往，都会提起父母给予他的支持，感谢父母对他的培养。适宜的家庭教育是尼克·胡哲美好心灵的催化剂，为他今后的人生奠定了良好的基础。

主要参考文献

1. 北京市教育委员会，北京市特殊教育中心编. 随班就读教师基础知识与技能[M]. 北京：知识产权出版社，2013.
2. 陈慧英，李楚翘，杨晶. 康复辅导工作[M]. 北京：商务印书馆，2011.
3. 陈昌志，郑先锋，王丽艳. 微机原理与接口技术[M]. 北京：科学出版社，2013.
4. 杜玉开，方为民. 妇幼卫生管理[M]. 北京：中国协和医科大学出版社，2012.
5. 方俊明. 特殊教育学[M]. 北京：人民教育出版社，2004.
6. 郝春东，柏立华. 特殊群体心理学[M]. 哈尔滨：黑龙江大学出版社，2012.
7. 雷江华，方俊明. 特殊教育学[M]. 北京：北京大学出版社，2011.
8. 何侃. 特殊儿童心理健康教育[M]. 南京：江苏大学出版社，2008.
9. 林宝贵. 特殊教育理论与实务[M]. 3 版. 台北：心理出版社，2012.
10. 李颖娟，丁旭. 人际沟通与交流[M]. 北京：清华大学出版社. 2012.
11. 刘春玲，江琴娣. 特殊教育概论[M]. 上海：华东师范大学出版社，2008.
12. 穆子青. 三分交际七分口才[M]. 北京：海潮出版社，2013.
13. 南登崑. 肢体残疾儿童的教育与训练[M]. 北京：华夏出版社，1995.
14. 全国人民代表大会常务委员会. 中华人民共和国残疾人保障法[M]. 北京：法律出版社，2008.
15. 孙健敏，徐世勇. 管理沟通[M]. 北京：清华大学出版社，2006.
16. 杨治良. 简明心理学辞典[Z]. 上海：上海辞书出版社，2007.
17. 周光召. 新世纪　新机遇　新挑战：知识创新和高新技术产业发展（上册）[M]. 北京：中国科学技术出版社，2001.
18. [美]丹尼尔·P·哈拉汗，詹姆士·M·考夫曼，佩吉·C·普伦. 特殊教育导论[M]. 肖非，等，译. 11 版. 北京：中国人民大学出版社，2010.
19. [韩]菲奥娜. 女人人脉论[M]. 青岛：青岛出版社，2012.
20. [美]路得·特恩布尔，安·特恩布尔，玛里琳·尚克，等. 今日学校中的特殊教育：下册[M]. 方俊明，编；汪海萍，等，译. 3 版. 上海：华东师范大学出版社，2004.
21. 李昱春. 试论艺术的功能和艺术教育[J]. 克山师专学报，2003(4).
22. 朋文媛，雷江华. 特殊儿童拐骗的现状、原因及预防对策[J]. 绥化学院学报，2014(4).
23. 尚晓援，谢佳闻. 残疾与歧视：儿童生活史的个案研究[J]. 中国青年研究，2008(10).
24. 肖原. 人道主义背景下肢体残疾人交往的礼仪[J]. 长春大学学报，2014(7).
25. 张翼飞. 公司管理人员的劳动法适用问题研究[D]. 上海：华东政法大学，2012.
26. 重庆晚报. 残疾女诗人高 1.3 米全身关节僵硬创作 500 首诗[EB/OL]. (2012 - 3 - 23). http://news.xinhuanet.com/book/2012-03/23/c_122872960.htm.
27. 纯真论坛. 尼克·胡哲观后感[EB/OL]. (2014 - 10 - 31). http://www.cz88.net/lizhi/

wenzhang/24383. html.

28. 牛人微信. 科技进步让更多残疾人体会到正常人的生活[EB/OL]. (2014 - 11 - 11). http：//weixin. niurenqushi. com/article/2015-04-17/3231666. html.

29. 王倞. 安徽阜阳拐卖儿童据点调查：障碍童丐足迹遍全国[EB/OL]. (2011 - 2 - 7). http：//news. eastday. com/m/20110207/u1a5710729. html.

30. 中国残疾人辅助器具网[EB/OL]. (2010 - 12 - 27). http：//www. cjfj. org/.

31. Smith，D. *Introduction To Special Education：Making a Difference* [M]. Pearson Education Ltd. ，2010.

第九章　语言发展障碍儿童的沟通与交往

人与人之间的信息交流或情感沟通在很大程度上借助于对语言符合系统的掌握和运用,因此语言发展障碍势必会影响儿童的沟通与交往过程。语言发展障碍儿童有其独特的沟通与交往的特点,本章就语言发展障碍儿童沟通与交往的概述、方式、途径、辅助技术、交往策略等方面来阐述该类儿童沟通与交往的概况。

第一节　语言发展障碍儿童沟通与交往的概述

语言是人类特有的一种高级神经活动形式,高级神经活动的发展和语言器官的成熟,为语言的发生提供了生理依据。儿童语言的发展具有普遍规律性和阶段顺序性,这种规律一旦被打乱,即会产生语言障碍。

一、概念界定

人类社会的沟通与交往活动通常以语言为媒介。语言是以语音为物质外壳、由词汇和语法构成并能表达人类思想的符号系统,言语是指个体利用语言进行交流的活动、过程。狭义上的语言发展障碍包括语言障碍和言语障碍。语言障碍主要指儿童在语言理解或语言表达方面发生问题或语言能力发展方面明显落后的现象[1],美国言语—语言—听力协会(1993)认为这类障碍可能包括:语言形式(语言体系、形态音位和句法);语言内容(语义学);在任何词句中的语言的沟通功能(语用学)上的障碍[2]。言语障碍主要指儿童在发准声音、保持适当的言语流畅性及节律,或有效使用嗓音方面表现出缺陷与困难,但不是所有的言语缺陷都是言语障碍,只有出现以下情形时才能认定为言语障碍:①引起他人的格外注意;②妨碍儿童与他人进行正常的沟通;③影响到儿童与他人建立和维持正常的社会关系[3]。广义上的语言发展障碍概念是指由于各种原因导致儿童难以同一般人进行正常的语言交往活动或者未达到同龄儿童的语言发展平均水平(限于第一语言环境)。

研究表明,儿童语言和言语障碍的发生率较高,但由于不同调查者使用的定义标准、调查目标及使用的测查工具不同,他们所获得的数据有很大的差异,一般估计这一

---

① 柳树森. 全纳教育导论[M]. 武汉:华中师范大学出版社,2007:251.
② [美]William L. Heward. 特殊需要儿童教育导论[M]. 肖非,等,译. 8 版. 北京:中国轻工业出版社,2007: 269.
③ 柳树森. 全纳教育导论[M]. 武汉:华中师范大学出版社,2007:251.

人群大约占人口的 10％或更高①,且覆盖面广,既可见于普通儿童,表现为语言发育迟缓,也继发于其他疾患,例如孤独症,学习障碍,听力损伤等②。

语言发展障碍一般分为构音异常、流畅度异常、发音异常以及语言发展异常等类型,其中构音异常、流畅度异常、发音异常均为言语障碍,语言发展异常为语言障碍。本章所说语言发展障碍儿童包括语言障碍儿童和言语障碍儿童。语言发展障碍儿童最大的障碍表现为沟通与交往的困难,且与他人进行沟通与交往时具有自身的特点。

二、基本特点

语言发展障碍儿童在同龄玩伴的眼中往往是内向的,经常孤立于外界,家长和教师往往认为其是自卑、内向和不善表达。语言发展障碍儿童的沟通与交往效果并不理想,而且具有明显的群体特征,以下从沟通与交往的媒介、方式、心理以及能力四个方面对语言发展障碍儿童的沟通与交往特点进行简单梳理。

(一) 媒介特点

媒介,从广义上讲是指使人与人之间、人与事物之间或事物与事物之间产生联系或发生关系的物质,狭义的媒介指的是面向大众传播信息符号的物质实体,如报纸、杂志、广播、电视、电影等③。在人类的媒介发展史上,迄今为止形成了口语媒介、文字媒介、印刷媒介、电子媒介和数字媒介等五类媒介形态。语言发展障碍儿童在沟通与交往过程中往往表现出以下一些媒介特点:

1. 口语媒介使用不畅

口语媒介是人类借助有声语言传播思想的声音符号系统,它是人际交往的主要手段④。由于存在构音异常、发音不清、流畅度不顺、言语迟滞等口语问题,语言发展障碍儿童的口语媒介使用不畅。他们在沟通交流过程中,往往羞于用口语媒介方式与他人交流,例如有的儿童在班级里总是低着头不肯说话,很少与同学交谈,且远离人群,只有当老师反复问他的时候才简单重复几句。有些儿童虽然会使用一定的口语,但也只会使用一些简单的词汇来表达自己的意思,例如想去游乐园玩,只会说"玩、玩",需要旁人来领悟他的意思。

2. 其他媒介效用较大

语言发展障碍儿童会较多地利用其他媒介方式进行沟通与交流,例如文字、绘画等文字媒介,手机、计算机网络、聊天软件等电子媒介、数字媒介。很多语言发展障碍儿童由于在现实社会中言语表达的欠缺,倾向于依赖网络聊天软件与他人进行沟通与交流,他们在与普通儿童交流时也经常使用手机编辑短信、即时在线聊天等方式。

① 昝飞,马红英.言语和语言病理学[M].上海:华东师范大学出版社,2005:11—30.
② 金星明.儿童言语语言障碍的临床治疗进展[J].中国儿童保健杂志,2002,5(10):328.
③ 杨中举,戴俊潭.新编传播学教程[M].济南:山东人民出版社,2011:126.
④ 熊澄宇.媒介史纲[M].北京:清华大学出版社,2011:4.

（二）方式特点

1. 偏爱非言语的沟通方式

由于语言发展障碍儿童的言语沟通能力非常有限，所以他们更加喜欢用动作、表情等非语言符号来吸引他人注意从而表达自己的诉求。例如一名具有语言障碍的儿童无法进行简单的语言表达，常常通过抓人、咬人、自虐等非言语方式来表达自己的意思，或通过揪别人以及对他人笑的方式来表达其想要与同伴玩耍的愿望。

2. 书面语发展水平优于口语

大部分的语言发展障碍儿童的口语存在较多问题，有的儿童会出现各种构音错误，如将"草莓"说成"倒霉"，"船"说成"短"，"书"说成"都"等，有的儿童则会出现发音不清、口吃结巴等现象。相对于口语发展来说，该类儿童书面语的发展即听说读写能力具有明显优势，但在语义、语用等方面也存在一定的问题。刘晓加[1]等通过对 40 例语言障碍患者听、说、读、写 4 个方面的全面评估，确定其语言障碍的书写特点，结果发现语言障碍患者的口语和书面语发展质量具有显著性差异，书面语优于口语。

3. 语言表达缺乏逻辑性

有些语言发展障碍儿童具备一定的口语表达能力，但其最大的特点是喜欢自言自语、自问自答，回答他人问题时欠缺逻辑性。例如一名幼儿园教师在日记中这样写道："幼儿班有一个小女孩圆圆，她最大的特点是自说自话，完全不理会别人的问题。有一次，我和她聊了一会儿，我问她：'圆圆，你知道我是谁吗？'她回答说：'你是大一班的老师。'我又接着问：'那你知道老师姓什么吗？'她直接忽略我的问题，开始向我介绍她的新鞋子。我把这一情况告诉了另外一位老师，她也很感兴趣，接下来由这位老师向圆圆提问题。老师说：'圆圆你喜不喜欢上幼儿园？'回答：'喜欢。''那老师再来问圆圆一个问题，圆圆在亮亮班里最喜欢和哪个小朋友一起玩呢？'重复两次，回答：'多多（小男生）。'接下来，我们又问了她一些问题，她有些回答，有些没有回答。"

（三）心理特点

1. 易自卑，社交不良

徐亚琴[2]等人的研究发现，发育性语言障碍儿童有自身的气质特点，在坚持性、反应阈等气质维度方面与普通儿童相比存在统计学差异，表现出社交退缩、攻击等心理行为问题，应采取适宜的教育方式，以减少行为问题的发生。由于存在构音错误、发音不清、口吃等各方面的语言问题，语言发展障碍儿童在人际交往方面普遍缺乏自信，容易退缩。例如一些口吃儿童怕说话，不敢多参加社会活动，变得孤独、羞怯。同时，由于意识到自身的差异，口吃儿童缺乏交往的主动性，容易自我贬低，产生自卑的心理。因此这类儿童与同伴的交往受到很大限制，在班级中容易被拒绝或被忽视。

2. 易兴奋，情绪不稳定

由于其语言和言语障碍，语言发展障碍儿童常常受到周围人的嘲笑或者在课堂上

---

[1] 刘晓加，等.基底节病变时语言障碍的书写特点[J].中国神经精神疾病杂志,2006(5):328.

[2] 徐平琴，等.2—3 岁发育性语言障碍儿童的气质和心理行为特点探讨[J].中国儿童保健杂志,2011,19 (10):884.

不能够很好地回答问题,这使其对言语缺陷感到痛苦,加重焦虑不安的情绪,容易冲动发脾气。例如,有一名语言发育迟缓的儿童说不出自己想干什么,好不容易说出来了,又因为说出来的语言实在太不清晰,别人都很难听懂他的话,久而久之,该儿童一遇事就容易情绪激动,敏感易怒[①]。

3. 恐惧和焦虑并存

当儿童无法表达自己每天的需要、愿望或兴趣时,他们会非常沮丧,容易形成恐惧心理。恐惧也是语言发展障碍儿童较为典型的心理特征,对言语的恐惧,使他们害怕发出某些声音或词语,害怕和特定的人物或在特定的场景中说话。为了避免发出这些难发的音,有的儿童想尽办法用同义词代替它或者干脆不说话。例如把"奶奶"说成是"爸爸的妈妈",或者害怕说数字而不去数数等。恐惧使得儿童时刻对构音动作进行考虑,他们会经常地替换词语,歪曲句义,可能使有的儿童形成说谎和做作的倾向,从而引起行为变化(或导致错误的行为)。由于怕说话,许多语言发展障碍儿童变得不爱交往,沉默寡言,喜欢自娱自乐,精力不够集中,遇到不平常事件如打针、刮大风等会异常焦虑恐惧,甚至会对社会采取不道德态度[②]。

紧张与焦虑也是语言障碍儿童情绪的表现之一。言语交往的困难往往使他们感到伤心和痛苦,这时候有些人就会试图遮掩自己的缺陷,在这种长期的心理压力下,语言障碍儿童的性格也会受到影响,他们会变得紧张、焦虑、爱哭泣或者忧郁、孤僻、胆怯等。

4. 伴随行为问题

由言语和语言障碍产生的自卑、暴躁、恐惧、焦虑等不良情绪会衍生出一系列心理行为问题。当无法融入周围人们的交际环境中时,语言发展障碍儿童常常会出现自伤或他伤等攻击性行为,以此来吸引他人注意,掩盖其缺点。

(四) 能力特点

语言发展障碍儿童在沟通与交往方面的能力特点体现如下:

1. 语词掌握不完整或过于简单

在词的使用方面,语言发展障碍儿童使用比例较高的是名词和动词,与其周围环境和生活相关的词掌握得较好,表述时能直接说出事物的名称,对表示动作的动词如打、吃、跑等使用较为熟练,但是对一些社交词汇如"谢谢"、"你好"等则需要他人的提示和帮助才会使用。而形容词、副词、介词等使用很少甚至不用。

在句子使用方面,语言发展障碍儿童经常使用断续的、简略的、不完整的"电报句",使用非主谓句的数量明显高于普通儿童。例如他们经常说"吃饭,找奶奶"等不完整的句子。语言障碍儿童在语言表达中极少表达内心情绪的感受,主要运用否定、评价性形容词及表达程度上的语汇表达自己的想法和观点,而普通儿童除了这3种类型外,讲述中较多表达内心情绪,还较多借助评价性副词、评价性动词及比喻等表达观点。

---

① 昝飞,张琴.特殊儿童的问题行为干预——实例与解析[M].北京:中国轻工业出版社,2014:99.
② 银春铭,于素红.儿童与语言障碍及矫正[M].北京:人民教育出版社,2001:453.

2. 语言能力层次不齐,理解优于表达

语言发展障碍儿童大部分能够理解说话者的意思,其理解能力明显优于表达能力。语言发展障碍儿童往往能够理解指令,却无法用口头语言表达自己的需求,具体表现为语言表达能力较同龄儿童差距大,能够理解指令,但不能完整复述;社会交往能力较同龄儿童差距略大,不能主动与同学或老师沟通,不能完整顺利地表达自己的想法;对生活中某些事物的理解,与同龄儿童相比有偏差,例如与同伴相处能够理解游戏规则,但不能主动参与游戏。

张放放对4—6岁汉语特定型语言障碍儿童叙述语言发展作了研究,结果发现:从语言叙述结构、叙述观点、叙述顺序及特异性叙述运用四个方面来说,语言障碍儿童的能力都落后于普通儿童,例如语言障碍儿童在各年龄段表达叙述观点的语汇及方式不及普通儿童的一半,6岁时表达叙述观点的语汇及方式还不及4岁普通儿童的水平,并且叙述观点类型使用总量及多样性均发展不显著,发展速率很低等[①]。

3. 语言运用能力欠缺,灵活运用困难

语言发展障碍儿童特异性叙述运用主要表现为:经常游离于主题之外,主要表现为讲述不清晰或不流畅。随着年龄的增长,语言发展障碍儿童离题讲述越来越少,但不清晰表达、不当重复词汇、不流畅讲述则越来越多。并且,语言发展障碍儿童较多机械模仿他人,缺乏生动的社会化语言。如有位儿童的父亲送其入园时老师对他说:"跟爸爸说再见"。他也向爸爸摆摆手说,"跟爸爸说再见"。虽然他能够理解老师的意思,与他人有交流意图,但是就是不会表达,或只是机械地模仿老师的言语。以下是一名语言发展迟缓幼儿的表现:

文文4岁,在班里他几乎不说话,不爱与同伴交往,不爱玩玩具,不运动,他拒绝参加班里组织的任何活动,一个人默默地坐在小椅子上不让小朋友接近他。老师同他讲话时他有时会露出很害怕的眼神,有时他会把头扭到一边装没听见不理。小朋友和他接近同他交往时,他要么不理会,要么推开小朋友,甚至用双手捂着脸哭。经过观察,他虽然不同人交往,但他会用眼睛注视老师和小朋友的活动,当有的小朋友做出滑稽的动作时,他也会哈哈大笑。

文文从小就很少说话,三岁前一直由父母照看,没有入园经验。父母是个体经商者,没有太多的时间照顾他,很少让他与别人接触,忽视了孩子探索周围世界的正当需求,不能支持孩子通过适当的尝试去克服困难,去做切合实际的探索,压抑了孩子的活动愿望,也使孩子出现依赖父母,怕与人交往的自卑心理,以至于语言表达能力发展缓慢。

1. 文文喜欢独占玩具,用言语攻击他人

例一:早饭后的分享活动,文文将自己的玩具拿出来玩耍。这时,其他小朋友想和他一起玩,他不让,大声地叫道:"不要碰,再碰我打死你。"同时把自己的拳头高高举起。

例二:在放学前的自由活动中,一个小朋友带来了一个新的玩具,文文想玩,他问

① 张放放.4—6岁汉语特定型语言障碍儿童叙述语言发展研究[D].上海:华东师范大学,2010:10.

也不问就抢过玩具,并把别人推倒在地。那个小朋友大哭道:"文文是大坏蛋,我不和他玩了。"

2. 文文喜欢无故挑衅他人

例三:一次集体活动中,有父母参与观摩,文文坐在凳子上东张西望的,不听老师讲课,他一会儿把凳子弄得咯咯地响,一会儿用手拉旁边小朋友的辫子,痛得小朋友大叫。老师见状叫文文起来回答问题,文文回答完坐下后又这样。文文妈妈见状,"啪"的一声打在文文的身上。事后还对老师说"这孩子就得这样管"。

3. 文文非常霸道,并且在模仿中易产生攻击性行为

例四:文文特别喜欢看奥特曼、机动战士等暴力动画片。每次看完以后,他就把玩具当作剑,自己当奥特曼,不准其他小朋友当,并用剑打其他小朋友,还说"打死怪兽"[①]。

三、影响因素

(一) 主观因素

儿童自身的自卑、焦虑、恐惧等心理问题是语言障碍发生的重要因素。由于语言障碍的发生,儿童很难用语言表述自己所感受和体验到的心理焦虑、压力和无助[②],并且缺乏足够的能力来消解或排除这些不良情绪、情感,因此,其语言沟通的障碍会更加明显。举例来说,表达流畅度异常儿童常常伴随有焦虑和恐惧的心理,在与他人进行沟通与交流中会表现出退缩、畏惧等症状,这反过来又会加重儿童的心理障碍,从而形成了一个不良循环。

(二) 客观因素

遗传、环境以及教育等客观因素都会导致儿童语言障碍的发生。

1. 遗传

儿童大脑语言神经中枢发育不良、语言发音器官及肌肉运动不协调、疾病遗传等原因都有可能使儿童产生语言障碍。遗传可能是造成儿童语言障碍的一个原因。许多研究表明,口吃儿童与非口吃儿童相比,其祖辈中的口吃患者比较多,患者直系亲属患病危险性高于一般人的 3 倍。单卵双生子口吃共同患病系数(0.77)高于同性别的异卵双生子(0.32),国外报道有家族史的儿童口吃概率为 36%—60%,国内报道为 20.1%,多见于父亲及兄弟之间。这说明口吃即流畅度异常具有一定的遗传性[③]。

疾病也有可能导致语言障碍。特别是幼儿时期,如果儿童患上传染性疾病,如癫痫、百日咳、扁桃体炎、鼻炎等,这可能导致儿童在病中或病后出现语言障碍的初期症状。如果儿童之前就有语言障碍,疾病会让其症状加重。

2. 环境及教育

影响语言发展障碍的环境因素主要包括家庭环境、学校环境。家庭是儿童早期学

---

① 罗文,晋悠悠.幼儿语言发展迟缓个案研究——中班的文文[EB/OL]. (2012 - 01 - 05)http://wenku. baidu. com/view/b500ae3a0912a2161479296d. html.

② 王小英.儿童游戏的意义[M].长春:东北师范大学出版社,2006:54.

③ 陈容.儿童口吃研究进展[J].中国校医,1997,11(4):313.

习语言的场所,家长的不当行为,诸如指责孩子发音不好、经常说孩子的言语缺陷、明显表现出对孩子说话的担忧、试图纠正孩子的发音等,会让儿童意识到自己的语言障碍,从而对它过分注意,在这种心理压力下,语言障碍不但克服不了,反而会更加严重。

学校环境对儿童的语言障碍发生也有明显的影响。儿童最初的言语阻塞是和周围人们令人不快的反应密切相关的,在学校环境中,同学的讥笑和教师的议论对儿童的影响极为有害,都会为语言障碍的发生创造条件[①]。儿童本身可能没有问题,但如果在学习语言的初期,父母对子女过度保护或者期望值过高,造成其缺乏文化刺激或生活经验,同样会导致儿童语言发展上的滞后。例如,一些儿童在家中无需使用语言,只要稍有表示,其生理需求就能得到及时满足,这样他们就会逐渐失去表达的机会。还有一些父母,由于忙于自身的工作,疏于对儿童的教育和照顾,把儿童关在家里不和外界交流,或者让长辈帮助照顾儿童,这都可能造成儿童缺乏生活经验而出现语言发展迟缓[②]。另外,不同的语言文化环境比如双语情境也会影响儿童沟通与交往的发展。

习得理论认为,语言障碍如口吃是儿童在语言学习过程中形成的,是由于儿童对他人进行模仿而造成的。好奇、好模仿是儿童的天性,模仿他人口吃,会使儿童感受到满足、有趣,如果未加矫正,则形成习惯。不良的家庭和学校教育会对儿童的语言发展产生消极的影响。

总之,影响语言发展障碍儿童沟通与交往的因素有很多,不能从单一的因素分析入手,必须结合生理、心理、环境、教育等多种因素进行分析,探讨不同因素对语言发展障碍儿童的沟通与交往的作用机制,这样才能协调各影响因素为儿童发展服务。

第二节　语言发展障碍儿童沟通与交往的方式

沟通与交往是分享信息或获得传递意义的过程,往往要借助于社会环境下的语言和非语言符号系统,它包括所有的被人们用来发出和接收信息的符号和线索[③]。人与人之间都是通过一定的沟通与交往方式实现意见、情感、观点、思考的交换,以获得彼此间的了解、信任及良好的人际关系。

一、言语沟通

言语沟通是指利用语言或声音的方式进行沟通的活动,它是人们在特定的时空情境中以文字为主要媒介交流思想、联络感情、沟通信息、商讨问题的一种手段[④]。

(一)口语

语言发展障碍儿童的口语存在较大问题,其中又以构音异常、流畅度异常最为常见。构音异常儿童在说话过程中存在置换、省略、添加、歪曲等现象,例如,刘晓采用图

---

① 银春铭,于素红.儿童与语言障碍及矫正[M].北京:人民教育出版社,2001:441.
② 雷江华.学前特殊儿童教育[M].武汉:华中师范大学出版社,2008:142.
③ 李思霞,严富琼.非语言性沟通在短暂性语言障碍患者护理中的应用[J].国际医药卫生导报,2012,1(3):111.
④ 黄忠敬.教学理论:走向交往与对话的时代[J].教育理论与实践,2001(7):22.

片命名法对146例4岁以上和110例4岁以下构音异常儿童进行语音评估,结果发现构音异常儿童的临床表现多样,包括替代(95.2%)、省略(19.2%)和歪曲(12.3%)。错误类型按发音部位分类,依次是:舌尖前音化(52.1%)、舌尖中音化(35.6%)、舌根音化(10.3%);按发音方式分类,依次是:不送气化(10.3%)与送气化(0%)、塞化(22.6%)、擦化(13%)与塞擦化(4.8%)[①]。

流畅度异常儿童说话最明显的特征是存在节律问题,经常会出现重复发音、起音困难、言语中阻、拖长字音等现象。而发音异常儿童在发音时常常会发生音高、音质、音强异常等问题,还有一些失语症儿童的口语则完全没有发展,这些问题会严重阻碍语言发展障碍儿童的口语发展,在利用口语进行沟通与交往也会存在较大的阻碍。

(二)书面语

语言发展异常儿童在书面语的使用和理解方面往往存在很大问题,他们难以理解书面语的符号系统,在听、说、读、写等方面都存在较大困难,他们对语音、词法、语法、语义、语用的运用异常,进而衍生出阅读障碍和书写障碍。例如,某单纯性语言障碍儿童使用不符合周围环境的词或词组来表达自己的意思,犯了滥用成语的错误,他在其作文本里写道:"我的家有爸爸妈妈和我三个人,每天早上一出门,我们三人就分道扬镳,各奔前程,晚上又殊途同归。爸爸是建筑师,每天在工地上指手画脚;妈妈是售货员,每天在商店里来者不拒;我是学生,每天在教室里呆若木鸡。我的家三个成员臭味相投,家中一团和气,但我成绩不好的时候,爸爸也同室操戈,心狠手辣地揍得我五体投地,妈妈在一旁袖手旁观,从不见义勇为。"

二、非言语沟通

非言语沟通是指以身体语言(非语言行为)作为载体,即通过人的目光、表情、动作和空间距离等,向他人传递心理活动的信息,使他们由此感受到自己受到重视的程度,也可由此揣摩出对方的心态,判断对方是否可以信赖[②]。非言语沟通作为一种特殊的沟通方式,能为语言发展障碍儿童传递信息,使其获得更佳的社会化发展。相对于言语沟通,语言发展障碍儿童更倾向于使用面部表情、肢体动作、触摸沟通等非言语沟通方式。

(一)面部表情

面部表情可以传递出疼痛、恐惧、厌恶、愤怒、快乐、悲伤等情绪变化,语言发展障碍儿童在沟通与交往的过程中往往通过面部表情来表达其含义,与父母、教师和同伴进行沟通与交流。其中,眼神交流是经常运用的方法,眼睛是心灵的窗户,儿童通过眼神可以传递感情,例如口吃儿童说话困难,他会通过渴望、急切的眼神向父母传递出想得到玩具的欲望;教师在课堂上也可以通过儿童茫然的目光判断其听不懂课堂内容,需要放慢速度进行讲解等。

① 刘晓.儿童功能性构音障碍错误辅音临床特征分析[J].重庆医学,2012,1(3):254—255.
② 孔冬梅,冯玉梅,陶丽华.非语言性沟通在临床护理中的必要性[J].按摩与康复医学,2012,2(5):105—106.

（二）肢体动作

肢体动作包括手势语以及其他肢体姿势，可以用于传递信息。语言发展障碍儿童说话困难，因此他们也会利用身体语言（打手势、跺脚、摇头晃脑等）向外传递信息，表达诉求。例如，该类儿童会用手指着自己想要却够不着的东西。

非言语沟通的主要特点是习惯性、无意识性、情境性、可信性及个性化。非言语沟通的信息是连续的，可以在较长时间内起作用；而言语沟通的信息是间断的、有声的，话说完声音消失，信息交流即告结束。非言语沟通是一种近距离交流，可在同一时间刺激人的视觉、听觉、触觉，是在感官能及的情况下不断进行的，它除了有能辅助有声语言的作用外，还具有较强的表现力、吸引力，又可跨越语言不通的障碍，因而有人认为非言语沟通更富感染力①。

有时候，语言发育延迟经常和一些行为有关，如：
- 不像其他小孩那样拥抱。
- 不会回复给您高兴的微笑。
- 对您是否在房间好像不是很关心。
- 好像能听到某些声音(如：好像能听到汽车喇叭或猫叫，但听不到您叫他名字)。
- 好像在他自己的世界里活动。
- 喜欢单独玩，将别人排除在自己的世界之外。
- 对玩具不感兴趣或不和玩具玩，却和房间中的其他物体玩。
- 喜欢硬物(宁愿抱着手电筒和圆珠笔也不抱着毛绒玩具或舒服的毯子)。
- 可以对着电视广告插曲说 ABC、数字或单词，但是不能说他想要表达的事情。
- 不知道害怕。
- 不会感到疼痛。
- 莫名其妙地发笑。
- 使用不符合周围环境的词或词组。

表 9-1

语言发育迟缓的非典型行为②

第三节　语言发展障碍儿童沟通与交往的途径

语言发展障碍儿童进行沟通与交往一般不受场域限制，学校、家庭、社会等活动场所都是语言发展障碍儿童沟通与交往的实践场所。但在不同的情境下，语言发展障碍儿童的沟通与交往表现出不同的特点。

一、学校中的沟通与交往

学校是儿童学习成长的地方，学校教育会影响儿童语言的发展，儿童语言尤其是书面语的习得主要在学校中进行。

（一）普通学校中的沟通与交往

大部分语言发展障碍儿童的安置模式为随班就读，他们会跟随普通儿童一起在普

---

① 俞甜.非言语沟通在呼吸道烧伤气管切开患者中的应用[J].河北医药,2010,32(19):2775—2776.
② 覃静.语言障碍的蛛丝马迹[J].父母必读,2013(9):34.

通班级里学习、生活。这类儿童由于存在各种语言问题,往往会表现出一些不同的特点。在课堂上,他们往往畏惧发言,即使知道老师所提问题的答案,也可能因畏惧心理而表现不佳,如果再遇到同伴嘲笑或异样注视等情境,其语言障碍和心理行为问题则会加重。在与同伴的人际交往中这类儿童往往处于边缘地带,有的语言障碍儿童从不参加或者消极抵抗平时的班集体活动,常常被其他同学认为孤僻、不合群。教师也认为难以与他们沟通,有些教师在帮助其参加社会活动过程中也常常甚感无奈。

在与普通儿童交往过程中,语言发展障碍儿童也存在困难,他们之间的交流更多地使用肢体动作、面部表情以及网络媒介等非言语方式。相较于普通儿童,语言发展障碍儿童在不同类型特殊儿童之间的沟通与交往存在着更大的困难,由于语言理解存在障碍,不同类型特殊儿童之间的交流往往会出现"鸡同鸭"讲的状况。

(二)特殊学校中的沟通与交往

特殊教育学校是我国目前特殊儿童的主要安置形式。这些学校也存在一定比例的语言障碍儿童,特殊教育学校大部分儿童都伴随有语言障碍,例如智障儿童的语言发展迟滞,自闭症儿童言语刻板,听障儿童的发音障碍等,在综合性特殊教育学校里,这些不同类型的特殊儿童处在共同的环境中,势必会产生人际交流,而语言障碍则是其人际交往的最大阻碍。语言发展障碍儿童在特殊教育学校里的交往更多运用到手势语、肢体动作等方式,随着网络沟通技术的进步,高年级的一些儿童也学会了用微信、QQ等聊天软件与他人交往。

特殊教育学校里也存在一些从普校学校回流到特殊教育学校的学生,这些学生由于不能很好地适应普校各方面生活而转回特殊教育学校,存在一些特殊的情绪、行为问题,影响其沟通与交往,这也是不容忽视的。在刚入特殊教育学校的时候他们的行为、情绪问题比一直在特殊教育学校的学生要多得多,程度也要严重得多。如攻击性、偷窃行为、撒谎、恶意捉弄同学等。在交往方面,他们会表现为不和同学说话,不回答教师问题,上课不吵不闹,总是发呆,但是又保持着对周围环境的警惕。

(三)语言训练机构中的沟通与交往

语言康复中心是语言发展障碍儿童进行语言矫治的地方,在这些语训中心里,语言发展障碍儿童使用的沟通方式更加多元,例如他们与老师的交流可以用传统的纸笔谈话,也会用到一些专门的言语矫治仪器和语音沟通板等。不过在语言康复机构,该类儿童使用口语进行交流的频率会大大增加,这也是由于语言训练的缘故。

某语言训练机构康复案例①

案例一:彤彤(化名),女,5岁,上幼儿园,8月初来机构进行训练,认知能力与其年龄相当,模仿能力很好,大肌肉小肌肉能力稍弱。语言理解和语言表达能力较差,主要问题是答非所问,自言自语和无意义的语言较多,不会正确使用动词,胆怯,小朋友面前讲话不自信,跟老师和家长无法进行简单的交流。

针对彤彤的以上问题老师制定了短期的训练计划,先从动词问句开始学习,依次学

---

① 言语发育迟缓康复中心[EB/OL]. (2015－11－21)http://www.edushcy.com/News/? 8-8003-1.html.

习人物问句,地点问句等,另外进行一些简单的视觉训练。每节课老师会带形形跟机构的每一位老师打招呼,并作简单的自我介绍。9月份的时候形形的语言表达能力和语言理解能力有了显著提高,能灵活使用选择问句,是非问句等,没有了刚来机构时的胆怯,能够和老师家长进行对话交流,能在众多小朋友和老师跟前做自我介绍。9月底,形形已经达到了5岁孩子应有的能力水平。

案例二:等等(化名),男,3岁,8月来机构训练,来时没语言甚至连基本发声也没有,气息不够。经过一个月的语言个训能发基本音,如:妈妈、爸爸、爷爷、奶奶、阿姨、弟弟、娃娃、乌鸦、蚂蚁等简单词语。两个月的训练后能把所有的音发出来,能说蔬菜水果动物类名称,如苹果、西瓜、葡萄、大白菜、哈密瓜、西红柿、长颈鹿等。三个月后能熟练地说词组且能慢慢地说句子,如:"我要吃薯片","我要小便","老师上午好","妈妈我爱你"等。在训练过程中采用ABA训练法,及时给予强化并采用"多"、"精"、"代"、"诱"的方法,在让其说出来的同时,将发出的语言变成功能性的符合场景且能表达自己意愿的语言。改变了传统的语训方法——把所有的音抠出来再做认知,而且双管齐下,边语训边训练认知。让孩子语言一出来就能与认知相结合,将声音与图像相结合使表达具有意义,如:将发出苹果的音与实际苹果的图像吻合。传统语训的抠音不仅让孩子难受,对语训课产生恐惧,一听到发音就哭,而且发出的音往往词不达意,像小鹦鹉,家长让说什么就说什么。这样孩子就产生了二次障碍。我们培养的是孩子的主动性,让孩子在轻松的氛围下学习。

案例三:杰杰(化名),男,5岁,7月来机构进行训练。医院鉴定是语言发育迟缓,同时他的情绪问题也特别严重,只要家长违背他的意愿他就会躺在地上大哭大叫。

开始训练一个月后,在语言方面,一些简单的叠音(爷爷,哥哥,弟弟,姐姐等)已经能发清楚,词语(如阿姨,乌鸦,蚂蚁等)也说得很清楚了。在行为方面能按2:1的高强度强化去执行老师的指令。训练两个月后,在语言方面,杰杰能说的词语越来越多,尤其在行为方面,强化的频率明显降低,基本是10:1左右就能很好地执行老师的指令。第三个月,家长看课日,家长也看到杰杰的表现,于是和老师沟通在家里也使用这个方法对杰杰进行训练。后来反馈回来的结果还是挺令人满意的。

二、家庭中的沟通与交往

家庭是儿童成长的首要和主要环境,父母及其他亲属的沟通交流模式会影响到儿童沟通与交往的能力。父母是孩子的第一任老师,儿童语言发展的关键期绝大部分是在与父母的相处中度过,因此自由顺畅的亲子交流模式对儿童语言的发展起到至关重要的作用。

(一) 亲子交流

亲子交流的不顺畅可能导致儿童的语言障碍。语言发展障碍儿童与其父母的沟通过程中会出现一些问题,有的父母在儿童语言障碍出现的早期往往不当回事,认为随着孩子年龄增长这些问题自然就消失了,这会导致儿童语言障碍的加重(见以下案例)。例如一个构音异常的儿童说要"兔子",结果父母听成了"裤子",这时候就需要父母有意识地纠正发音。而且父母在对待语言发展障碍儿童时,一定要注意方式和技巧。

孩子需要好榜样[①]

假期回故乡听说了这样一件事:一个3岁的小男孩因学本村一结巴说话而患了口吃这种病。本来那小孩能讲一口标准流利的话,并无口吃的毛病,父母等亲属也无口吃的病史。父母起初听见孩子学结巴只是觉得有趣挺逗人喜欢,并没有意识到这件事可能导致的严重后果,也没有及时加以制止和纠正,后来终因小失大而后悔不已。好在在医生、父母及小孩的共同努力下,这个孩子的口吃已基本治好,但这件事不能不引起我们的注意和深思。

首先,父母应看到该小孩的模仿产生了消极的、不良的结果。模仿是儿童身心发展规律的客观反映。儿童喜欢模仿是因为:第一,对模仿有兴趣,这是儿童模仿的唯一动机。在日常生活中,儿童经常遇到各种各样开人心扉、启迪想象、激起行为欲的新奇有趣的事和物,但许多事情又不能实践。儿童心理上的欲望,只有通过模仿来满足。第二,模仿是儿童思维发展的阶段性反映。儿童的具体形象思维占优势,习惯于原原本本地陈述自己的所见所闻。模仿是学习、发展和创造的过程,也是教育者塑造儿童的过程。第三,模仿是儿童意志品质发展的阶段性反映。绝大多数模仿可以产生积极结果,但由于儿童思维的独立性和批判性比较差,缺乏对事物的鉴别力,各种各样的信息都可能成为他们模仿的对象,儿童的模仿也可能产生消极的、不良的效应。前面所提到的小孩模仿口吃,就是一个典型的例子。

模仿可能产生好的效果,也可能产生坏的效果,关键是给儿童提供什么样的模仿对象。父母要防止不良环境对儿童的消极影响,给儿童适合其身心全面发展的良好生活环境和模仿对象。父母首先要以身作则,做孩子的榜样,建立真正的威信。这是保证家庭教育顺利进行、促进儿童正常发展的关键。

《学记》中说:“始驾马者反之,车在马前。”意思是小马开始学驾车,一定要跟在车子后面,看大马走,跟着学习。家庭是孩子最早的学校,父母是孩子最早的老师。父母在孩子面前有天然的威信,是儿童学习和模仿的第一个对象。家庭教育尤其是父母的榜样对儿童的影响是巨大的。所以,父母要注意检点自己的言行,对子女的期望和训诫如果不能与自己的行动结合起来,在子女面前就会暴露出自己虚伪、做作、空洞的真相。有的父母声色俱厉地批评子女“不努力学”,“没有出息”,而自己在业余时间却沉湎于娱乐,甚至赌博、酗酒,很少读书看报或钻研工作。对子女的学习也毫无指导。久而久之,子女也会敷衍应付父母,行为放任,对学习成绩也无所谓。总之,言行不一的说教,根本不可能奏效。相反,有的父母虽然没有长篇大论的训诫,却用自己勤奋学习、公正诚实、信守诺言的实际行动,日积月累地感染、熏陶着孩子。他们对孩子的明确要求,加上孩子自动地模仿,往往成为强有力的教育力量。具体行为的体验往往比枯燥的语言说教更有效。儿童最容易接受生动形象的榜样的影响,家长应自觉地成为孩子的学习榜样。

（二）隔代教养

现代社会,父母往往会因为工作将儿童交给其(外)祖父母代为照顾。儿童的(外)祖父母的沟通方式也会对儿童的语言发展起作用。例如一位妈妈就抱怨以前自己孩子普通话说得还不错,但自从在爷爷家待了两个月后,普通话说得不清楚,只会说一口方言,并且难以矫正。而且老人容易事事包办,儿童很难发展自我能力,另外老人对儿童智力刺激不足,儿童容易缺乏活力。而父母更注重培养儿童自己动手的能力并且可以满足儿童的求知欲以及激发儿童的活力和好奇心。同时父母可以给予儿童更好的语言以及智力上的刺激,也会有耐心引导他们去探索外部世界,从而培养他们广阔的视野和良好的语言能力。

与爷爷奶奶交流有困难　陕西娃不会说陕西话[①]

"见你各当"与"长疙瘩"

在一家报社工作的范女士告诉记者,她和丈夫从小就严格教给儿子普通话。有一次去姥姥家,住在洛川的姥姥无意中对孙子说"见你各当(音)",意思是"就是这样"。儿子听不懂,疑惑不解地说:"姥姥每次都说一见我就长疙瘩。"逗得大家忍俊不禁。

不少家长都有这样的体会,孩子在与操一口陕西方言的爷爷奶奶交流时有些困难,主要就是因为孩子听不懂陕西方言。

孩子说陕西话家长听了不舒服

如今的家长几乎都只教孩子说普通话,不少人虽然自己说一口陕西方言,但和孩子说话时都格外注意口音,为的是不影响孩子学普通话。西安西郊李女士的女儿今年4岁,正上幼儿园。据她讲孩子1岁多时,家里请了一个外县来的保姆,保姆人挺好,可就是说着陕西话。她带了孩子一段时间后,李女士发现正学普通话的女儿说起了陕西方言,觉得很不舒服,就吩咐保姆更正。在家人的关注下,孩子不正常的发音很快被纠正过来。

在记者随机的调查中,有不少家长都像李女士一样,认为培养孩子说普通话非常重要,更有不少家长认为陕西话难听而不让孩子学说。

家庭的语言环境会影响儿童的语言发展,因此家庭中要创造统一、规范的语言氛围,这有利于语言发展障碍儿童矫治其语言障碍。

三、社会中的沟通与交往

语言发展障碍儿童的沟通与交往需要引起足够的重视,对他们进行沟通与交往训练的最终目的是使他们融入社会并且在社会中实现自我。语言发展障碍儿童在社会中的沟通与交往分为在现实社会和虚拟社会中的沟通与交往。

---

① 华商报. 与爷爷奶奶交流有困难,陕西娃不会说陕西话[EB/OL]. (2002 - 04 - 05) http://news.sina.com.cn/c/2002 - 04 - 05/1603536595.html.

（一）现实社会中的沟通与交往

现实生活中，多语言家庭环境可能会导致儿童出现不同程度的语言习得障碍，进而影响其在现实社会中的沟通与交往。以新型跨区域家庭为例，随着时代发展，各地区经济交流日益密切，交通日趋便利，越来越多来自不同地域甚至不同国家的人们组建起新的家庭，这种新型跨区域家庭的组建带来的是更融合的社会，更缩小的空间感，以及更频繁的不同种语言的碰撞和交流。随之而来的是一种家庭成员广泛掌握数种方言或语言的新型家庭的诞生①。近年来，一部分在这种多语言环境家庭中出生和成长的儿童，出现了不同程度的语言习得障碍，并在各种媒体环境中得到了不同程度的关注②。

案例一：上海新闻晚报 2008 年 1 月 6 日刊登文章——两岁宝宝每天接触多种语言，"多方会谈"引发幼儿失语症。这篇文章被多家报纸和各大网站转载。文章说："为了让月月成为'语言小天才'，爸爸每晚回家后就和月月说日语，妈妈则说英语。平时白天在家，爷爷奶奶、外公外婆轮流带月月，就和他说普通话或上海话，保姆带月月出去玩时，和他说浙江家乡话。没想到，身处'多方会谈'语言环境下的月月到了 2 岁还是不会说话。起初，父母以为是他的声带、听力有问题，可儿童保健门诊医生给月月进行了仔细检查后，并未发现他有任何器官上的疾病。医生了解了月月的家庭语言环境，这才发现，原来竟然是他过早处于多种语言的混乱环境，造成语言系统失衡，难以用一种单纯的语言来表达，因此不开口说话。"

案例二：武汉晚报 2006 年 7 月 4 日的一篇文章题名为"大人说方言宝宝学双语，语言混淆张口便结巴"，家人带孩子到省妇幼保健院咨询，该院儿保科主任医师介绍，婴幼儿大脑未完全发育，只是简单模仿，无法自学英文，当思维与表达发展不平衡，易造成记忆混淆而导致口吃。

上述案例均为真实的案例，儿童不宜过早学习双语或多语。原因是幼儿大脑未完全发育，过早接触复杂语言环境，可能会造成语言混淆，甚至可能会导致语言障碍和失语症的发生。

（二）虚拟社会中的沟通与交往

虚拟社区是一群借由计算机网络彼此沟通的人形成的团体，他们彼此有某种程度的认识、分享某种程度的知识和信息、在很大程度上如同对待朋友般彼此关怀。虚拟社区具有以下四个特征：①虚拟社区以计算机、移动电话等高科技通讯技术为媒介而存在，独立于现实社区；②虚拟社区的互动具有群聚性，区别于两两互动的网络服务；③社区成员身份固定，区别于由不固定的人群组成的网络公共聊天室；④社区成员进入虚拟社区后，能感受到其他成员的存在。

相较于在现实社区中由于语言障碍引起社交障碍，语言障碍儿童在虚拟社区里可

---

① 刘迪迪，刘雪芹.浅析多语言环境对儿童语言习得障碍的影响[J].文教资料，2014(11):31.
② 吴万华.儿童早期双语习得中的语言发展障碍案例分析[J].西安文理学院学报(社会科学版)，2011，14(4):125.

以体验到沟通与交往的快乐,可以通过实时交互的聊天畅快地表达自己的想法,分享趣事。网络通讯技术的发展,虚拟社区的出现可以消除语言障碍儿童面对面交流时的一些情感障碍和紧张情绪,为他们提供全新的交往模式,使其获得现实社会中无法获得的自由和放松。另外,网络使用的便捷性和即时性可以打破时间和空间的壁垒。在现实生活中可能没有办法达到有效的交往,应用网络平台有时可以弥补这些遗憾,可以帮助语言发展障碍儿童在虚拟空间里亮出真实的自己。

虚拟世界的隐蔽性和群聚性,为儿童间的心理倾诉和交流提供了便利。虚拟世界给儿童尤其是语言发展障碍儿童的语言沟通提供了跨越时空的可能性,有利于帮助儿童在互动中调整和平衡自我的社会角色。无论何时何地,儿童只要进入同一个虚拟世界,就可以与其他网上同伴交往,开展各种有趣的活动,如合作游戏、竞赛等。在这个过程中,孩子们组成不同团队向同一个目标努力,有分工、有合作,也有竞争。语言发展障碍儿童得以与同伴共享胜利的喜悦、分担失败的沮丧,并从中总结经验教训,进行自我行为完善和团体协作方式完善①。

值得注意的是,虚拟社区毕竟不是真实的,容易造成儿童的迷乱,也并不能成为逃避现实的避风港。因此,儿童还加强真实情境中的沟通与交往。

第四节　语言发展障碍儿童沟通与交往的辅助技术

科技的进步不仅给普通人带来许多便利,也帮助特殊儿童将不可能变为可能。辅助技术以及辅助器具对于特殊儿童而言,是获得独立生活、提升学习能力、回归社会主流的重要支持。目前,辅助技术的开发应用已经成为现代特殊教育发展的重要课题②。言语和语言障碍辅助技术是顺利矫治儿童语言发展障碍的必要因素之一,先进、完善、精确的多功能辅具设备和用具能够大幅度地提高言语矫治的效果,帮助语言发展障碍儿童恢复言语能力。

一、硬件系统③
(一)言语测量与矫治设备
1. 实时言语测量仪

实时言语测量仪(图9-1)是利用多种数字信号处理技术和实时反馈技术对言语功能进行定量评估和实时训练的现代化言语治疗设备,可依据"言语功能评估标准"对言语的呼吸、发声、共鸣功能进行评估并制定合理的矫治方案,是国内目前应用最广泛的言语功能评估与训练仪器之一。

---

① 王秀红.儿童虚拟社区及其互动设计研究[D].曲阜:曲阜师范大学,2011:28.
② 刘志丽,许家成.辅助技术——特殊教育发展值得关注的新趋势[J].中国康复理论与实践,2007(9):42—44.
③ 蒋建荣.特殊教育的辅具与康复[M].北京:北京大学出版社,2012:119—137.

图 9 - 1

实时言语
测量仪图

图 9 - 2

发声诱导仪

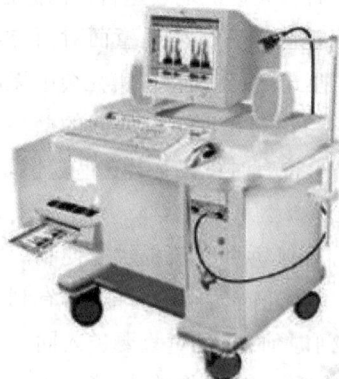

2. 发声诱导仪

发声诱导仪(图 9 - 2)是一种集实时录音、播放、统计数据、分析数据等功能为一体的视觉反馈治疗系统,它提供 75 个实时的、可以激发言语产生的声控卡通游戏,以及 200 多个功能性卡通游戏,可以用于言语、嗓音障碍的康复训练及矫治,以活泼可爱的形式供儿童进行音调、响度、起音、最长声时、清浊音以及声母和韵母音位发音的练习,还可以随时查看儿童对各种声音特性的认识程度及训练结果,为提高儿童的综合发音能力奠定基础。

(二) 言语训练辅具

1. 呼吸训练辅具

呼吸训练配套的用品辅具有用于指导呼吸放松训练、生理呼吸训练等的图片、示范光盘及软件等;还有一些用于呼吸训练的器具,如呼吸训练器(图 9 - 3),蜡烛、气球、喇叭、乒乓球、游戏板等玩具以及口风琴、积木板等学具。

图 9 - 3

呼吸训练器

图 9 - 4

口风琴

2. 发声训练辅具

发声训练时会用到指导嗓音放松训练(声带放松、颈部放松)的相关图片、示范光盘及软件,有用于指导音调训练、响度训练等的图片、光盘及软件,还有用于发声训练的玩具(哨子、游戏板、口琴等)和学具(积木板、电子琴等)(图 9 - 4)。

3. 共鸣训练辅具

共鸣训练包括口腔、咽腔、鼻腔放松训练,前位、后位、鼻位和喉位聚焦训练,音质训练等。有专门针对共鸣训练的图片、光盘、软件以及玩具和学具。

4. 构音训练辅具

　　针对构音训练的辅具有用于指导口腔训练如下颌运动、舌运动训练和唇的强化训练的图片、器具等；用于指导口部运动治疗如韵母、声母、词语重读治疗等的图片、光盘及软件；也有用于指导音位感知训练和音位习得训练的器具等。以口部构音运动训练为例，有用于下颌运动障碍治疗的咀嚼器、下颌运动训练器，用于唇运动障碍治疗的唇运动训练器、唇肌刺激器，以及针对舌运动障碍的治疗辅具例如舌尖运动训练器、指套型乳牙刷等。如图 9-5 所示。

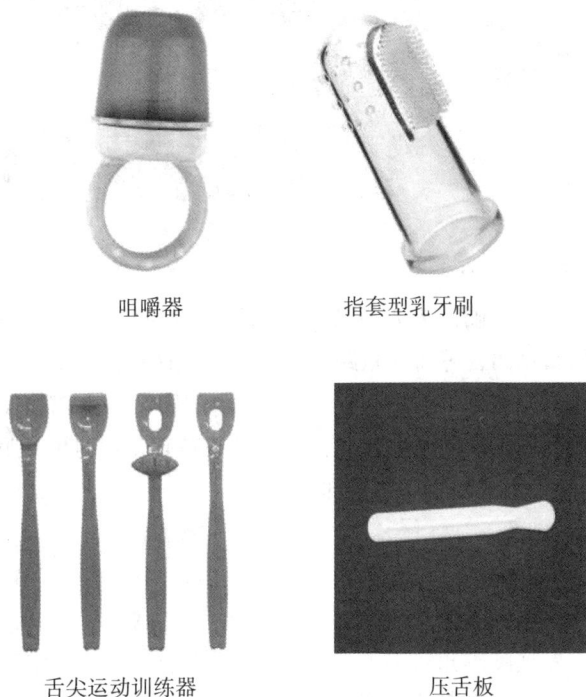

咀嚼器　　　　　　　　指套型乳牙刷

舌尖运动训练器　　　　　　　　压舌板

图 9-5

构音训练
辅具设备

（三）扩大及替代性沟通辅具

　　扩大及替代性沟通辅具在语言发展障碍儿童的教育和干预中发挥了重要作用，是提升语言发展障碍儿童沟通与交往能力的重要帮手。除了沟通板、图画绘本等低科技辅具之外，随着笔记本、平板电脑以及智能手机等电子设备与操作技术的有机结合，微电脑语音沟通板高科技辅具逐渐显示出更强大的功能。以掌上型电脑沟通系统 PPC-UAAC(Pocket Personal Computer-Unlimiter Augmentative and Alternative Communication) 为例，这是一款针对语言障碍人士开发的电脑沟通系统，全中文触摸荧幕，设有记忆功能、语音合成系统和版面设计系统，有图形沟通、情境沟通和文字沟通三种沟通模式，并有文字信息框显示功能，语言发展障碍儿童可以根据需要迅速找到需要的语音或图片等，所以说，该系统为语言发展障碍儿童进行沟通交往提供了有效的辅助支持。再如汪红等根据言语沟通障碍儿童的类型与需求，设计出一种基于 Android 平板电脑的 AAC 辅具，帮助语言发展障碍儿童在图片生动、色彩鲜艳的软件环境中训练，提高其沟通能力。平板电脑具有触摸屏、语音输出、语音采集、文本输出、图片输出等多种交互手段，可为不同类型的语言发展障碍儿童提供丰富的交互方式，使 AAC 的使用更加便利。该系统具有"语音沟通板"和"文语转换板"两个部分，能够帮助语言障碍儿童与他人更好地沟通①。

图 9-6

Android 平板
电脑 AAC
初始界面

二、软件系统

语言发展障碍儿童的硬件沟通辅具是物化的，能让我们以直观的形式看到现代化的沟通辅具是如何帮助语言障碍儿童跨越障碍。但是这些沟通辅具的运用尤其是高科技辅具的运用都离不开相关的技术支持，即软件系统和硬件系统往往是组合之后才能发挥作用的。一些专业化的网络平台也在语言发展障碍儿童的相关服务中发挥越来越重要的作用，成为软件系统的重要组成部分。

（一）辅助技术②

1. 语音转化技术

我们介绍了很多扩大及替代性沟通辅具，其中一些高科技辅具往往要借助一些技术支持。对于语言发展障碍儿童来说，语音转换技术的应用在一定程度上改善了儿童的沟通与交往状况。语言发展障碍儿童可以将表示词汇的图片呈现出来，通过语音转换技术将图片转换为语音，从而代替口语。图文动画语音软件（Picture Master Language Software，简称 PMLS）就是该技术应用下的沟通辅具，它含有线条图、写实图、照片、动画、情境图、多国语音等选项，语言障碍儿童可以根据其交往的实际需要，配合特殊开关连接电脑系统或携带微型电脑语音沟通板使用。

2. 语音增强技术

语音转化技术可以代替儿童的口语，但对于那些需要依赖口语表达而又表达不清晰的儿童来说，就需要用到语音增强技术。语音增强技术通过对语音的数字化处理从语音信号中提取原始语言并进行澄清，从而使表达的内容更加清晰。当然也可以调节音量，包括增加音量或减小音量。该项技术在沟通辅具中的应用对声带发音不清晰的语言障碍儿童会有实质性的帮助。

（二）网络平台

网络信息技术的运用为语言发展障碍儿童打开了融入主流社会的大门，一些网络平台的开发和运作也为语言发展障碍儿童及其家长提供了一个信息交流、情感沟通的新途径，但是我国目前专门面向语言发展障碍群体的网络平台并不多，而且多由医院或者康复训练机构创办，因此很多家长或儿童通过论坛、贴吧等非正式途径相互交流。国外的一些网站建设可以为我们提供一些参考，例如美国的语言障碍儿童服务中心网站（Children's Speech Care Center，网址 http://www.childspeech.net/index.html）主旨是"帮助世界上所有有沟通需求的儿童"，不仅有关于语言和言语发展障碍的相关知识，还能对儿童的需求评定作出指导，网站的信息不断更新，力求为语言发展障碍儿童、家长和机构专业人员提供最新的资讯和支持。

另外微博、微信等也成为资讯信息的传播平台，例如部分微信公众号专门针对语言发展障碍儿童提供相关支持，"言语治疗工具"（微信号：talktools）就是一个介绍言语治疗工具、口肌治疗工具、吞咽治疗工具等，并提供各种工具教学的实用公众号。相信随着公共媒体的不断发展，更加专业的、可靠的网络平台会给语言发展障碍儿童带来更多的支持。

第五节　　语言发展障碍儿童沟通与交往的策略

沟通与交往是一种社会适应能力，使用适宜的策略有利于语言发展障碍儿童适应社会，常用的语言治疗策略一般涉及医学康复、心理、教育和信息技术等领域。

一、医学康复策略

对语言发展障碍儿童的言语治疗常采用针灸、按摩等康复医学手段。

（一）针刺治疗

针刺治疗是以中医理论为指导，运用针刺防治疾病的一种方法。针刺疗法具有适应证广、疗效明显、操作方便、经济安全等优点，在特殊儿童的语言康复中也起到了重要的作用。张全明[1]经过临床实验发现，针刺治疗对智力迟缓儿童、孤独症儿童、脑性瘫痪儿童、听力语言障碍儿童的有效率分别为 77.5%、65%、86.8%、78.3%，说明针刺治疗对改善儿童的语言障碍是有效的，其疗效机制主要是改善儿童脑功能，提高智力、改善听力状况。王春南[2]等利用舌针治疗技术对 86 例语言发育迟缓和构音异常儿童进行了临床治疗，发现舌针治疗能够明显改善患儿脑血流量、促进语言区葡萄糖代谢，激活大脑语言功能区功能，能够有效治疗脑性瘫痪语言障碍，对临床具有指导和推广意义。

---

[1] 张全明.针刺治疗儿童语言障碍的临床及实验研究[D].广州：广州中医药大学,2001:6.
[2] 王春南,等.舌针治疗脑性瘫痪语言障碍的作用机制比较研究[J].辽宁中医杂志,2015,42(2):385.

针刺治疗矫治语言障碍的案例①

案例一

福建的小康,已经5岁了,父母在上海九星市场做饭店生意,由于孩子一直不会说话,家里的老人也很着急。他爷爷在福建老家多方打听,知道了一个老乡的孩子也是不讲话,经过姜医生的治疗,现在已经能够上学了。爷爷就跑去那个老乡家里要了姜医生的地址和电话,马上打电话给在上海的儿子,让他们立即带孩子去看病。

小康虽然5岁了,但个子却和三四岁的小孩差不多,偶尔还会流口水,什么事情都喜欢用手指,讲话很困难,只会发几个简单的音,这是典型的发育障碍,是大脑功能受限造成的。开始针灸的时候,家长很担心孩子能否接受,会不会很害怕,有些心疼孩子,但看到正在治疗的其他孩子一个个都开口讲话了,自己的孩子还不讲话,上不了学,终于下决心给孩子治疗。听姜医生讲,孩子针灸的时候哭闹是很好的事情,这说明孩子的基础感觉很好,针灸过后就不会哭闹了,针灸的地方是麻胀的感觉,家长也就放心了。

第一天针灸数量比较少,孩子还没反应过来就好了,回到休息室想一想就哭了起来,一连哭了一个小时。第二天孩子知道要针灸不敢来了,但孩子的妈妈说,你看那么多孩子都上学了,你不想上学吗?小康想了想最后很不情愿地来针灸。这次孩子没有哭,表现得更勇敢。第三天,孩子感觉针灸并不是很痛苦的事情,也就不反对了,妈妈问他,"针灸痛吗?"他点点头。妈妈问他:"你哭吗?"小康摇摇头,妈妈又说:"小康真勇敢。小康针灸是为了早点上学吗?"他又点点头。

经过几天的针灸,孩子适应了针灸治疗,同时配合语言康复,小康一点一点有了进步,从开始只能发几个音,到能讲几个单词,再到能模仿几句话,又到能主动表达,经过了半年的治疗,孩子进步很大,回家前妈妈说:"跟姜医生说我们要去哪里?"小康回答:"我要回家上学去!"妈妈爸爸做了一面锦旗,亲自送到医院表示感谢。今年小康上一年级了。春节的时候妈妈打电话来说小康的成绩能达到中等偏上了。

案例二

上海的小雨点是一个4岁的小女孩,父母都是高级知识分子,在大公司上班,孩子到3岁还不会讲话,奶奶(上海某医院医生)感到事情不太对——孩子有时候不能理解大人的问题,虽然孩子会处理简单的事情,能和小朋友一起玩,但没有太复杂的行为。经人介绍奶奶先带小雨点去了上海某机构做语言康复,后听说有针灸治疗,就带着孙女来咨询姜医生。经过姜医生的诊断,孩子是语言发育迟缓的典型表现,做针灸治疗是最适合的,孩子一边针灸,一边做康复,短短一个月,孩子就开口了,而且还能简单交流了。

案例三

8岁的小杰来自浙江舟山,从小孩子言语发展不好,到3岁时开始有一些含糊不清的言语,家人都认为孩子进步了,开始讲话了,问题不大的,也没有重视,但随着年龄的增加,孩子的言语进步缓慢,也交不到朋友。到6岁多要上学的时候还不能正确表达自己的想法,含糊不清的言语只有妈妈能知道他在讲什么,去上海做智商测定,只有3岁多的水平,学习能力明显低下。这时,家人才开始认识到问题的严重性,开始接受针灸

① 上海儿童发育迟缓康复治疗中心[EB/OL]. (2015 - 10 - 20). http://www.autismsh.net.cn/index.asp.

诊疗及语言康复训练。这一年龄开始治疗对孩子来说已经偏大了,因为语言发育最好的年龄在 3 岁左右,虽然这时接受治疗疗效减弱,但通过一年的治疗,孩子有 60％的时候能够表达清楚,基本的学习能力也具备了,顺利进了普通小学学习,今年已经是 3 年级的学生了。

(二) 按摩疗法

按摩又称推拿,是一种适应证十分广泛的民间物理疗法,有正骨按摩、伤科按摩、小儿按摩、经络按摩、脏腑按摩、急救按摩、保健按摩、点穴按摩等。它是施术者用双手或肢体的其他部位,在受术者的体表一定部位或穴位上施以各种手法操作,以达到防病治病目的的一种物理疗法,该法简单易学、便于操作且疗效显著。

二、教育训练策略

语言的发展都是从简单到复杂、从低级到高级、从字到词到句的过程,针对儿童的语言障碍,开设有专门的语言矫治中心,对儿童各项构音、发音、流畅度等问题进行矫正,这有利于儿童更好地掌握语言发音的规律、步骤和技巧。

(一) 语言康复训练

语言康复训练包括很多内容,例如呼吸训练、发声训练、共鸣训练、构音训练等。

1. 呼吸训练

呼吸训练包括生理呼吸训练、生理呼吸到言语呼吸的过渡训练和言语呼吸训练三部分,它能够有效改善儿童的发音质量。生理呼吸训练的主要目的是帮助儿童获得正确的腹式呼吸方式,在提高肺活量的基础上,增强儿童对呼吸本身的控制能力(吹风车、吹纸、吹乒乓球、吹泡泡游戏)。生理呼吸到言语呼吸的过渡训练是让儿童在呼气的同时发出单个音节,目的是促进呼吸与发声之间的协调,为下一步的言语呼吸训练作准备(拟声游戏)。言语呼吸的吸气短而深,呼气长而缓。言语呼吸训练的目的是让儿童能够根据言语句式的长短,灵活地调节呼出的气流总量及气流速度,增强言语呼吸的控制能力(逐字增加句长游戏)[①]。

2. 放松训练

语言发展障碍儿童由于发音少,发音器官很少运动,发音肌肉群容易出现过度紧张或过度松弛现象。通过放松训练,可以使儿童身体的主要部位尤其是发音器官得到一定的调节,为后面的语言训练打下基础。同时,愉快轻松的放松训练可以提高儿童的主动性。且放松训练若能配上生活情景和音乐的话,将更有利于儿童将发音技巧迁移到生活中。

3. 构音训练

熟练操控构音器官是儿童能正确发音的前提,因此舌、唇、颌、软腭、声带等构音器官的训练非常重要。一般而言,构音器官的训练包括构音器官的灵活性练习、协调性练

---

① 易海燕,徐少妹.言语矫治技术在聋儿集体教学中的运用[J].中国听力语言康复科学杂志,2006(6):34—38.

习、准确性练习和速度练习等。儿童和教师对单纯的构音器官训练都缺乏兴趣,所以将构音器官训练融合于游戏、口腔操等活动,配上韵律或者节奏,会有助于儿童和教师开展构音器官的训练。

(二)游戏治疗

游戏是幼儿的基本活动,能够促使孩子说话,从而有效地提高儿童的语言能力。游戏治疗是治疗者运用有规则的游戏对语言发展障碍儿童进行语言矫治,训练儿童正确发音,丰富儿童词汇和句式的一种方法,它多用于学前阶段的幼儿。通过游戏活动,引导学生自发地发音,增进彼此的语言交流。游戏中最常见的是沟通游戏,如"我是谁",还有发声、猜声、听觉与视觉游戏、电话游戏、录音机游戏、捉迷藏游戏等①。

(三)儿歌故事法

儿歌故事法是利用儿歌和讲故事的形式对语言障碍儿童进行语言矫治,通过念儿歌或讲故事来练习发音,获得词汇的一种方法。儿歌从儿童心理出发,反映儿童生活、思想、感情,通俗易懂,朗朗上口,具有很好的节奏感。故事也容易吸引儿童的兴趣,激发其学习语言的愿望,促进儿童语言连贯性的发展。

运用这种方法时要让语言发展障碍儿童经常接触儿歌,而且选择的儿歌必须与儿童生活密切相连,如洗手歌、吃饭歌、礼貌歌等,让儿童在每次吃饭、洗手、对话时可以练习。同时也可以将儿歌和游戏结合起来,将儿歌运用于游戏中,这样更有利于强化儿童的语言学习。

(四)日常交往法

日常交往法是通过日常交往来提高语言发展异常儿童的语言水平,培养日常交往能力的一种方法,目前在语言矫治中越来越受到重视。

在运用日常交往法时要注意:(1)应注意培养儿童交往的能力、技能、意识、愿望和兴趣,最终使他们养成交往的良好习惯,如可以用图画来启发儿童:"你在图画中看到了什么?"此外,在环境布置上,多提供冰箱、水槽、各种玩具等来刺激儿童的说话动机。(2)要注意发挥普通儿童的作用。让语言发展异常儿童与那些有高度语言技巧的同伴互动,强调与同伴建立良好的沟通气氛,在轻松自然的情景下学习。(3)要充分利用日常生活中各种机会培养语言发展异常儿童的语言交往能力。如在家或幼儿园的进餐、睡觉、梳洗、如厕、饮水、散步、来园、离园、做早操等各种活动中,有意识地引导儿童与教师、同伴、家长等进行语言交往。

三、心理干预策略

心理干预主要指心理治疗的策略,即用心理学理论和方法对人格障碍、心理疾患进行治疗。治疗包括对患者所处环境的改善,周围人(包括医生)语言、行为的影响(如安慰、鼓励、暗示、示范等),特殊的环境布置等一切有助于疾患治愈的方法。心理治疗的技术和方法有暗示、催眠术、精神分析、行为矫正、生物反馈、气功、瑜珈、体育运动、音乐、绘画、造型等。

---

① 雷江华.特殊儿童发展与学习[M].北京:高等教育出版社,2015:223.

语言发展障碍儿童存在如自卑、焦虑、恐惧、易怒等各种情绪,因此要对他们进行适当的心理疏导。王凌[1]等人利用心理疏导干预的方法对 40 例语言障碍儿童进行了团体的心理治疗,团体治疗的主持者是治疗师(由医院的精神科医生执行),将纳入的患儿聚集在一起进行治疗活动。治疗活动包括以下几个阶段:相互了解和接受阶段,正式活动和治疗阶段。团体治疗每周进行 2 次活动,治疗师主要起到把握谈话方向的作用,主要促进患儿间的心理互动,并给予鼓励、支持,通过讲解常识并进行疏导,缓解患儿紧张、害怕的心理,使其树立战胜疾病的信心。每周进行 2 次心理疏导治疗,每次 2 小时。治疗 21 天为 1 疗程,疗程结束后评价疗效,发现 78.4% 的患儿的语言能力都有进步,这说明心理疏导取得了较好的疗效。

四、综合治疗策略

以上三种策略都是语言发展障碍儿童沟通与交往中常用的策略,但是运用最为广泛的是将多种策略结合起来,即综合治疗策略。

颜华[2]等人运用针刺配合语言及口腔功能训练对脑瘫患儿的语言障碍进行了临床实验,将 88 例合并语言障碍的脑瘫患儿分为针刺组(56 例)和对照组(32 例),对照组进行语言训练、口腔功能训练、运动功能训练、慢性小脑电刺激术等综合康复治疗,针刺组在对照组治疗基础上,还接受头部相关穴位(区域)针刺治疗,治疗 5 个月后比较两组间疗效。结果发现总有效率针刺组为 87.5%,对照组为 68.7%,结论表明针刺配合语言训练、口腔功能训练等综合康复治疗可明显改善脑瘫患儿语言障碍。

王凌[3]等在针灸及心理干预配合语言康复训练治疗脑卒中后语言障碍伴抑郁/焦虑的研究中,将 120 例脑卒中后语言障碍患者随机分为 3 组各 40 例;A 组接受语言康复训练治疗,B 组接受语言康复训练联合针灸治疗;C 组接受语言康复训练联合针灸及心理干预治疗。结果发现:C 组总有效率最高,即对脑卒中后语言障碍伴抑郁/焦虑患者应用语言康复训练疗法联合针灸与心理干预能显著提高患儿神经功能康复程度,促进生活能力的恢复。

第六节　案例分析[4]

一、基本情况

两年前,我(浙江兰溪某小学语文教师)新接了一个一年级的班,班级中有个小姑娘,她那苍白的小脸,扁扁的略微歪斜的嘴,瘦弱的身体……一见就让人怜爱。记得刚

① 王凌,等.针灸及心理干预配合语言康复训练治疗脑卒中后语言障碍伴抑郁/焦虑的研究[J].新中医,2011,43(12):90—92.
② 颜华,等.针刺配合语言及口腔功能训练对脑瘫患儿语言障碍的临床观察[J].中医药导报,2010,16(11):69.
③ 王凌,等.针灸及心理干预配合语言康复训练治疗脑卒中后语言障碍伴抑郁/焦虑的研究[J].新中医,2011,43(12):90.
④ 叶小芳.特别的爱给特别的你——一个语言障碍学生转化的成功案例[J].成才之路,2011(8):29.

入学,她妈妈就对我说:"这孩子一生下来就这样,舌尖下面一根筋连着,话说得不清楚,也不太爱说话,学习只要能跟上大家就行。"我暗暗地提醒自己,一定要给她更多的关怀,以抚平她那颗还未长大就已被刺伤的心灵。

新学期渐渐地拉开了序幕。果然这孩子蔫蔫的,不太爱说话。我对自己说:这孩子内向又认生,过些日子就好了。带着这些想法,我继续试探着和她交流,她更多用眼神和点头来和我交流,慢慢地我开始读懂她的眼神。可当拼音教学进入第三天时我沉不住气了,"火车"开到她那儿,她只是看着我,张着嘴巴,无论怎样鼓励、等待,她就是发不出声音来。看得出她的内心也在承受着煎熬,怎么办?等她读吧,她张着嘴就是不出声,课堂的时间很宝贵,真是等不起。不等吧,她学会了吗?我不得而知。真是进退两难。课下我和她商量,轮到她读时先让下一个读,等整组读完了她再读,她听后点点头。就这样,当"火车"开到他们组时,组内其他学生站起来读完了她才站起来,在我的鼓励下,才勉强发出含糊的第一声。当时,很多同学不由自主地为她鼓掌,我也心满意足。但好景不长,当拼音结束时,她就再也不张嘴了。平时凡是齐读,她都能参与,一旦由"齐唱"变成"独唱",她就不再张嘴。任凭你怎样启发、怎样等待,她就是一言不发。

二、过程分析

每天的教学如期进行着,课上我的目光从未离开她的小嘴,离开她那双眼睛。我时常想尽办法让她感觉不到我在倾听她的声音,只要她能跟着大家读就说明她会读。她一旦不张嘴,我的心便忐忑不安。随着时间的流逝,我感到长时间不参与表达,已经影响到了她的表达能力。对于她在课堂上所学的知识的掌握情况,我无法做到了如指掌。语言是思维的"外衣",语言的表达反应了一个人的思维水平,她的一言不发不仅会影响她的语言,更会影响她的思维水平的发展。至此我真正认识到我遇到了一个工作十余年来从未遇到过的特殊情况,就是她在语言表达上有障碍,当然这种障碍更多的是心理障碍。

于是,我试着用了以下的方法来培养她的语言表达能力:

(1)拉近师生距离,架起沟通的桥梁。课间十分钟我尽量多地和她在一起,和她交流。看得出她喜欢和我在一起,有时还会悄悄地靠近我。她这样地亲近我,令我欣喜。渐渐地我和她交流的话题也越来越多,她想表达的时候,我尽量避开她的眼神,让她放松,自然地表达。她也渐渐地由笑笑到说一两句话,有时甚至说得更多。

(2)创造学习环境,为她树立信心。课堂上我也为她创造了很多的学习机会。比如轮到她读课文时可以允许她邀请一位小朋友和她一起读,这样效果果然不错。小组合作时,有时我故意让她去分配任务。虽然她连比带划发声说有些勉强,但还是能完成任务。这一切都是为了促使她和同学、老师去交流。我和她共同努力着,班级里其他同学在我的带领下,都非常真诚地和她做朋友,为她创造宽松的学习环境。渐渐地,她的脸上有了自信的笑容,课间也不只围绕在我身边,她有了新的伙伴,她们在开心地笑着,跳着。

(3)创造表现的机会,挖掘她的潜能。时间一久,我还发现她为集体服务的热情也越发地明显。于是,有时我就让她帮我发本子,没想到她分发作业本做得有板有眼,而且擦桌子也很认真细致。她什么时候才能在课堂上高举起她的小手呢？我盼望着。终于有一天，在一次分角色朗读时，她勇敢地举起了手。同学们不约而同地把目光投向了她，露出惊异的神情。我抑制不住内心的喜悦，鼓励她读得大声点，她点点头，声音响了很多。就在她朗读结束的一刹那，教室里爆发出热烈的掌声。孩子们在鼓励她，孩子们在为她高兴，此时我也是热泪盈眶，背过脸去……

三、总结反思

她的进步让我感到高兴，让我快乐，同时也引起了我深深的反思：

（1）天底下没有教育不好的孩子，只有不会教育的老师。只要我们有爱心、耐心和责任心，关注他们，抓住契机去启迪孩子的自信，就会使他们在成功的道路上迈出艰难的第一步。

（2）这一案例，更坚定了我"无痕教育"的信心。对于胆怯的她，我给予的是不露声色的鼓励和关心。这种"润物细无声"的教育远比大声的批评、指责更有魅力，更能触及孩子的内心。

（3）面对这一成功的案例，我更加感到肩上担子的沉重。因为一次成功的朗读只是开始，我不希望它是昙花一现，我想在今后的日子里我要做的工作将会更多，如何将她培养成有自信、善于表达的小姑娘将是我以后教育教学中的一个重点。

十几年的教师生涯告诉我当老师是最幸福的，因为我们从事的是阳光下最灿烂的事业。教师的工作最具有挑战性，一般的挑战失败了可以再来，但作为教师的我没有失败的权利，因为使每一个孩子健康快乐地成长是我的天职。我坚信，只要我们在这些孩子们身上愿意付出爱，无论过程有多么漫长与艰辛，你我他终会获得成功的体验。

主要参考文献

1. 蒋建荣. 特殊教育的辅具与康复[M]. 北京：北京大学出版社，2012.
2. 雷江华. 特殊儿童发展与学习[M]. 北京：高等教育出版社，2015.
3. 雷江华. 学前特殊儿童教育[M]. 武汉：华中师范大学出版社，2008.
4. 柳树森. 全纳教育导论[M]. 武汉：华中师范大学出版社，2007.
5. 王小英. 儿童游戏的意义[M]. 长春：东北师范大学出版社，2006.
6. 熊澄宇. 媒介史纲[M]. 北京：清华大学出版社，2011.
7. 杨中举，戴俊潭. 新编传播学教程[M]. 济南：山东人民出版社，2011.
8. 银春铭，于素红. 儿童与语言障碍及矫正[M]. 北京：人民教育出版社，2001.
9. 昝飞，马红英. 言语和语言病理学[M]. 上海：华东师范大学出版社，2005.
10. 昝飞，张琴. 特殊儿童的问题行为干预——实例与解析[M]. 北京：中国轻工业出版社，2014.
11. ［美］William L. Heward. 特殊需要儿童教育导论[M]. 肖非，等，译. 8版. 北京：中国轻工业出版社，2007.
12. 陈容. 儿童口吃研究进展[J]. 中国校医，1997，11(4).
13. 黄忠敬. 教学理论：走向交往与对话的时代[J]. 教育理论与实践，2001(7).
14. 金星明. 儿童言语语言障碍的临床治疗进展[J]. 中国儿童保健杂志，2002，5(10).
15. 孔冬梅，冯玉梅，陶丽华. 非语言性沟通在临床护理中的必要性[J]. 按摩与康复医学，2012，2(5).

16. 李思霞,严富琼.非语言性沟通在短暂性语言障碍患者护理中的应用[J].国际医药卫生导报,2012,1(3).

17. 刘迪迪,刘雪芹.浅析多语言环境对儿童语言习得障碍的影响[J].文教资料,2014(11).

18. 刘晓.儿童功能性构音障碍错误辅音临床特征分析[J].重庆医学,2012,1(3).

19. 刘晓加,等.基底节病变时语言障碍的书写特点[J].中国神经精神疾病杂志,2006(5).

20. 刘志丽,许家成.辅助技术——特殊教育发展值得关注的新趋势[J].中国康复理论与实践,2007(9).

21. 覃静.语言障碍的蛛丝马迹[J].父母必读,2013(9).

22. 汪红,等.探索基于Android平板电脑的辅助沟通系统[J].现代教育技术,2014,24(3).

23. 王凌,等.针灸及心理干预配合语言康复训练治疗脑卒中后语言障碍伴抑郁/焦虑的研究[J].新中医,2011,43(12).

24. 王春南,等.舌针治疗脑性瘫痪语言障碍的作用机制比较研究[J].辽宁中医杂志,2015,42(2).

25. 吴万华.儿童早期双语习得中的语言发展障碍案例分析[J].西安文理学院学报(社会科学版),2011,14(4).

26. 吴云洲.孩子需要好榜样[J].父母必读,1995(2).

27. 徐亚琴,等.2—3岁发育性语言障碍儿童的气质和心理行为特点探讨[J].中国儿童保健杂志,2011,19(10).

28. 颜华,等.针刺配合语言及口腔功能训练对脑瘫患儿语言障碍的临床观察[J].中医药导报,2010,16(11).

29. 叶小芳.特别的爱给特别的你——一个语言障碍学生转化的成功案例[J].成才之路,2011(8).

30. 易海燕,徐少妹.言语矫治技术在聋儿集体教学中的运用[J].中国听力语言康复科学杂志,2006(6).

31. 俞甜.非言语沟通在呼吸道烧伤气管切开患者中的应用[J].河北医药,2010,32(19).

32. 王秀红.儿童虚拟社区及其互动设计研究[D].曲阜:曲阜师范大学,2011.

33. 张放放.4—6岁汉语特定型语言障碍儿童叙述语言发展研究[D].上海:华东师范大学,2010.

34. 张全明.针刺治疗儿童语言障碍的临床及实验研究[D].广州:广州中医药大学,2001.

35. 言语发育迟缓康复中心[EB/OL].(2015-11-21).http://www.edushcy.com/News/? 8-8003-1.html.

36. 华商报.与爷爷奶奶交流有困难,陕西娃不会说陕西话[EB/OL].(2002-04-05).http://news.sina.com.cn/c/2002-04-05/1603536595.htm.

37. 罗文,晋悠悠.幼儿语言发展迟缓个案研究——中班的文文[EB/OL].(2012-01-05).http://wenku.baidu.com/view/b500ae3a0912a2161479296d.htm.

38. 上海儿童发育迟缓康复治疗中心[EB/OL].(2015-10-20).http://www.autismsh.net.cn/index.asp.

第十章　多动症儿童的沟通与交往

多动症儿童在人们印象中是调皮捣蛋的破坏王，难以管教的熊孩子，他们往往注意力不集中、活动过多、容易冲动，这些给儿童带来的不仅有学业上的压力，还有人际关系方面的困扰。提升沟通与交往能力对于多动症儿童全面发展具有重要意义，我们可以在了解多动症儿童沟通与交往基本情况的基础上，有针对性地选择现代辅助技术为儿童提供帮助，同时也要对多动症儿童进行沟通与交往策略方面的指导。

第一节　多动症儿童沟通与交往的概述

多动症是一种较常见的儿童行为障碍综合征。一直以来，对于多动症儿童的关注焦点集中在注意分散、多动冲动等核心症状上，但是多动症儿童的沟通与交往能力对儿童健全人格的培养以及社会适应能力的发展也具有重要作用，需要引起足够重视。对于多动症儿童沟通与交往的研究应该首先从概念、特点入手，并对影响多动症儿童沟通与交往的因素进行分析，从整体上把握多动症儿童沟通与交往的基本状况。

一、概念界定

多动症，在医学上称为注意缺陷多动障碍（Attention Deficit Hyperactive Disorder, ADHD），是一种常见的儿童行为障碍，主要指智力正常或接近正常的儿童，以注意缺陷、多动冲动为主要表现，并可能伴有知觉和认知障碍、中枢神经失调的一种综合征[①]。多动症儿童的核心症状是注意缺陷、多动和冲动，注意缺陷在行为上表现为游离于任务之外、缺乏持续性、难以维持注意力以及杂乱无章，且并非由于违拗或缺乏理解力所致。多动是指在不适当的时候过多的躯体运动，或过于坐立不安、手脚活动频繁，或讲话过多。冲动是指没有事先考虑就匆匆行事且对于个体有较大的、潜在的、造成伤害的可能性[②]。根据主要症状的差异可以将注意缺陷多动障碍分为三个亚类型：①注意力分散型（Predominantly Inattentive Type, ADHD-PI）：主要症状为注意力分散。②多动—冲动型（Predominantly Hyperactive-impulsive Type, ADHD-HI）：主要症状为多动和冲动。③综合型（Combined Type, ADHD-C）：既有注意分散，又有多动、冲动症状。

---

① ［美］艾里克·J·马施，大卫·A·沃尔夫.儿童异常心理学［M］.孟宪璋，等，译.广州：暨南大学出版社，2004：150.
② ［美］美国精神医学学会编.精神障碍诊断与统计手册第5版（DSM－5）［M］.张道龙，等，译.北京：北京大学出版社，2015：57.

多动症儿童爱动爱闹,爱捣乱搞破坏,很难心平气和地进行谈话,因此大多数多动症儿童与外界的沟通与交往情况比较糟糕,人际关系紧张。从多动症的核心症状出发,注意集中困难使得沟通与交往得以开始和持续的前提缺失,多动症儿童甚至不能和其他儿童开始一段对话或者一个游戏,有时会在交往过程中由于注意分散而离开当前的交往对象。多动症儿童为引起别人注意而采取的方式也比较激进,例如采取破坏别人游戏、进行过分的肢体碰撞等。多动症儿童多动冲动的表现也使得他们成为不受欢迎的那一类儿童。多动症儿童在沟通与交往的过程中的多动冲动是不分场合、时间和地点的,这也是多动症儿童和顽皮儿童的区别,往往想到什么就做什么,不遵循游戏规则,例如不排队、不和游戏伙伴商量而自作主张,通常是游戏的终结者和破坏者,同时多动症儿童的感觉统合存在障碍,并不能正确地估计某一动作的危险性,如会从高处往下跳,或者拿着手中的物品奋力甩出去等,容易造成自我伤害,甚至伤及他人。除此之外,多动症儿童常常以自我为中心,与别人言语不合时会大发脾气,甚至用武力来解决问题。多动症儿童不擅长调控和表达自己的情绪,而且也不善于体察别人的感受,不能根据交往对象的情绪变化改变话语表达或者转换话题。

多动症儿童沟通与交往的过程是探索周围环境的过程,是以合理的方式与外界建立联系的过程。毫无疑问,儿童沟通与交往的能力与该儿童的受欢迎程度有极大的相关性,沟通与交往技能欠缺意味着容易被拒绝。多动症给儿童日常生活和社会功能带来的不良后果将远远超出障碍本身,儿童其他破坏性行为和情绪的危险性会明显增加[①]。多动症儿童在低龄阶段的表现甚至会一直延伸到成年,有跟踪研究发现25%—50%的多动症儿童在成人期存在人格障碍、易冲动以及反社会行为,在学习和事业上的成就明显低于同龄人[②]。因此并不能寄希望于多动症儿童沟通与交往方面存在的问题会随着年龄增长而逐渐消失,而是应该在婴幼儿时期以及学龄期进行积极的干预和矫正,帮助多动症儿童掌握沟通与交往的技能。

二、基本特点

多动症儿童在同龄玩伴中往往是不合群的,经常遭到拒绝和排斥,在家长和教师眼中是问题孩子,难以约束。整体来看,多动症儿童的沟通与交往效果并不理想,而且具有明显的群体特征,仔细推究会发现多动症儿童在沟通与交往的媒介、方式、心理和能力等方面都有其鲜明特征。

(一)媒介特点

1. 媒介选择的跨度范围广

信息化时代人们在沟通与交往过程中的媒介选择越来越多,除了报纸、广播、书籍、影视等方式以外,以计算机网络技术发展为依托的新媒介不断发展,深刻地改变了人们的沟通与交往方式。在沟通与交往过程中,多动症儿童媒介选择的范围和普通儿童相比并没有太大差异;相反,多动症儿童接受新事物的能力比较强,具有一定的冒险精神,

---

① 郭艳,施新宇.多动症患儿家庭环境及其父母养育方式的探讨[J].实用医技杂志,2005(24).3702—3703.
② 陈勤霞.儿童注意缺陷多动症的健康教育[J].护士进修杂志,2002,17(9):698.

在沟通与交往过程中对于媒介选择的跨度范围较广。

2. 媒介使用中主体性弱化

大众传媒时代,受众的主体性是指信息传播的过程中,受众在信息的选择与吸引的活动中能根据主体自我与劳动实践的需要,有意识地、批判地、自觉地进行信息选择与吸收的一种素质[①]。媒介是对人的一种延伸,人应该是媒介的主导,应该在媒介使用过程中发挥自身的主体性,而这正是多动症儿童在媒介使用过程中的薄弱环节,主要表现在两个方面:第一,选择媒介信息并不全是基于价值意义和自身需要。多动症儿童注意力涣散,容易被信息刺激本身吸引,而非根据自身需求进行选择。第二,借用媒介表达自我意愿的能力弱。多动症儿童很难控制自己的冲动行为,因而在选择媒介、传递信息的过程中容易莽撞冒失,并不能清楚有效地表达自己的本意,甚至起到相反的作用。

3. 媒介素养结构较不合理

媒介素养的基本内涵主要包括三个方面:第一,识读媒介;第二,参与媒介;第三,使用媒介[②]。具体来说,有学者认为公民的媒介素养应包括:了解基础的媒介知识以及如何使用媒介;学习判断媒介信息的意义和价值;学习创造和传播信息的知识与技巧;了解如何使用大众传媒发展自己[③]。可以看出,一个人的媒介素养结构是有层次的,既有表层的认识媒介和初步使用媒介,还应该能对媒介信息的价值进行判断,并借助媒介实现自我发展。多动症儿童的媒介素养结构并不合理,发展层次的深度不够,他们能使用媒介,但是传递媒介信息的效果并不理想;他们能吸收媒介所传递的表层信息,但是很难对于媒介信息的深层价值作出判断;他们能借助媒介实现基本的自我表达,但是并不能很好地运用媒介信息来实现自我发展。

(二) 方式特点

1. 方式选择不成熟,消极影响多

多动症儿童在与外界进行沟通与交往的过程中,对于交往方式的选择并不成熟。多动症儿童的注意力比较分散,伴随很多冲动行为,这也表现在多动症儿童沟通与交往的过程中,当多动症儿童表现出交往意愿或者交往动作时,可能是出于临时注意或本能冲动,很少思考这样的方式合不合适,对方是否喜欢,是否打断了别人的讲话等。因此,这样的交往方式带来的效果也是可以预见的,一方面使自己的人际关系圈越来越窄,另一方面也使自己原有的人际关系面临很多冲突。

2. 规则意识比较弱,具有跳跃性

任何沟通与交往方式都有其特定的规则,而多动症儿童的规则意识淡薄,他们难以理解规则对于建立稳固人际关系的重要性,这和多动症儿童不愿延迟满足具有一定关系,多动症儿童只关注当下的交往情境,甚少考虑人际关系的长远发展,因此极容易忽

---

① 彭泳.媒介素养教育:信息受众的主体性生成及其意义[J].湖南大众传媒职业技术学院学报,2005(5):20.

② 严三九,赵路平.网络传播概论[M].北京:化学工业出版社,2012:217.

③ 陆小娅.面对铺天盖地的媒介传播,你是做主人还是做奴隶——社科院新闻传播研究所副研究员卜卫谈青少年与大众传媒[N].中国青年报,1997-6-20.

视规则。多动症儿童往往一件事未完成就转向另外一件事,注意力很容易被分散,父母、教师或者其他人的问话、交谈等还没有结束,多动症儿童可能就已经跑开了,缺乏基本的礼仪规则。多动症儿童在和别人进行沟通与交往时小动作较多,不能安静地坐着说话,会在座位上扭动或者离开座位,有时还会玩弄手指或者玩具,不能和对话者进行眼神交流,目光总是游离,缺少对于交往对象的基本尊重。多动症儿童在沟通与交往过程中思维和行为都具有跳跃性,注意力分散的情况下思维也是不连续的,进而表现出跳跃的行为,例如当母亲在辅导儿童做作业时,他一会儿跟母亲说学校的沙池里有一条蚯蚓,一会儿说回来的路上看到了消防车等。

(三) 心理特点

1. 及时满足心理

研究多动症的著名专家罗塞尔·巴克利(Russell Barkley)指出导致儿童多动症的关键要素是这类儿童缺乏抑制行为的能力,因此他们无法满足自己对未来生活的要求。多动症儿童只存在暂时性行为,他们确实既没有过去,也没有将来,只有"现在"[①]。多动症儿童在沟通与交往过程中的不良行为多具有冲动多动的特征,毫无顾忌地随意切换话题,随心所欲地改变规则,任由思想天马行空地游走,这都是多动症儿童难以控制自身冲动的表现,换句话说,多动症儿童的外在行为表达是对其内在需求的及时满足。巴克(Sonuga Barke)等人的研究表明,多动症儿童不愿延迟满足自己的需要,在即时小奖励和延迟大奖励之间,他们更愿意选择前者[②]。这也从侧面体现了多动症儿童的即时满足心理。

2. 自我防卫心理

部分多动症儿童容易恐惧焦虑,担心做错事情被责罚,担心因成绩差被训斥,担心同学将自己排斥在活动之外,自己想改变这种处于被动的状态却又无计可施,因此常常焦虑不安。多动症儿童在这种困境下容易产生一些不良应激心理[③]:①退缩和回避。失败和挫折的经历体验使他们害怕再次面对,从而会采取退缩、回避的方法以试图改变受责难的局面。②孤独和幻想。由于多动症儿童在学校中得不到应有的乐趣,在家庭中得不到应有的温暖,他们便会自己创造一个假想的世界来求得精神上的安慰和满足。③掩饰和否认。有的多动症儿童为了逃避责难,当老师或家长批评时,就抢先通过开玩笑、扮小丑、哄骗等方法来控制局面,转移成人的注意力;或者是先嘲弄一下自己,以阻止别人的嘲笑。有的多动症儿童会完全否认自己的不良表现,把自己的失败归罪于家长的打骂、老师的不关心或同学的不友善。④过度补偿。多动症儿童为了克服自卑的情绪,补偿自尊心受到的伤害,他们常常会依仗自己的能力,如在体力、组织能力等方面的优势,在班上组织小团体,带头调控、操纵或强制其他同学入伙,以这种方式来显示自己的能力,否认自己的不足。

---

① [英]芬坦·奥里甘.现代特殊教育实用手册[M].郑维廉,编,译.重庆:重庆出版社,2013:261—262.

② Sonuga-Barke, E. J. S., Taylor, E., Sembi, S., Smith. J. Hyperactivity and delay aversion-I. The effect of delay choice [J]. *Journal of Child Psychology and Psychiatry, and Allied Disciplines*, 1992(33): 387 - 398.

③ 王永午.让分心多动儿童摆脱烦恼[M].北京:中国妇女出版社,2006:85—87.

3. 自暴自弃心理

多动症儿童在沟通与交往的过程中,由于一些语言和行为难以获得大家认可,甚至遭到排斥,因此存在很多消极的情绪体验和反馈评价。如果儿童获得的批评多于鼓励,苛责多于包容,惩罚多于奖励,那么儿童的自尊心很容易受挫,感情也趋于冷漠。在面临困境时,如果儿童没有能力改变当前现状,很有可能自暴自弃,延续原来冲动、暴躁、易激惹、爱惹事的沟通方式,甚至以变本加厉的方式去欺凌弱小、养成恶习、违反纪律等。

(四) 能力特点

1. 语言理解和运用能力稍弱

多动症儿童口语能力发展较好,大多数的沟通与交往情境都可以表达清楚,但是语用能力发展相对薄弱,书写能力也不强。例如有部分多动症儿童难以理解一些反问、讽刺、双关的语境。多动症儿童在阅读、作文和书写上也存在困难,例如某三年级多动症儿童在做作业时,口算两篇,60 题,用了 17 分钟,错了五道。休息十分钟后,做了一篇阅读,用了 50 分钟,母亲说该儿童阅读很吃力,不是丢字就是加字,要不就是读错字,断错句。还有的儿童在写作和书写上特别吃力,作文、默写等作业也是多动症儿童反感的内容。语言理解和运用能力的发展会影响多动症儿童的沟通与交往,不仅导致儿童对于复杂语境难以理解,因此错过交往信息,而且直接导致了学业上的困难,继而造成与教师、同伴、家长之间的摩擦。

2. 控制力较弱,伴有多动冲动行为

控制力缺失是多动症儿童的一个主要特征,这也使得该类儿童在与别人沟通与交往时给人留下莽撞任性、不懂分寸的印象。当多动症儿童谈到极感兴趣的话题时,兴奋得难以自制,手舞足蹈;而当多动症儿童想反驳对方时,就提高音量,大声吵闹,甚至出现攻击性行为,直至对方妥协。有的多动症儿童会打断别人的讲话或插嘴,对于不感兴趣的谈话内容,表现得很不耐烦,不能倾听或给予回应。多动症儿童特别冲动,这在与别人的沟通与交往过程中也表现得十分明显,没有想好的话就脱口而出,说话也从来不计后果,肢体语言和动作表达带有冲动倾向,也就是说,肢体、动作等作为非言语沟通方式,并没有发挥其应有的作用,反而被过度表达,成为多动症儿童宣泄情绪、表达不满的方式。但是多动症儿童在事后能认识到自己的不适当行为,甚至懊悔,但是下次还是会出现类似的不适当情绪和行为,可见多动症儿童的控制力较弱。

3. 体察力欠缺,以自我为中心

体察力是指在交往过程中交往双方能相互了解彼此情绪的能力。一般来说,儿童在社会化的过程中能逐渐认识到人的单一情绪、混合情绪,并能根据对方的情绪变化调整自己的沟通方式、语言表达以及行为表现。多动症儿童喜欢发号施令,以自我为中心,很难站在对方的角度思考问题,因此多动症儿童很难理解对方的情绪。多动症家长面对儿童的无理取闹和恶作剧,经常束手无策,例如某一个儿童总是喜欢把自己的鞋子扔到楼下,母亲捡回来之后他继续扔,带有明显的恶作剧成分,他看着母亲楼上楼下捡鞋子很高兴,完全体察不到此时母亲的无奈和愤怒。

三、影响因素

（一）主观因素

多动症儿童的障碍特征会导致一些人格和认知发展上的缺陷，不可否认这些缺陷才是导致多动症儿童沟通与交往障碍的关键原因，也就是说多动症儿童并不只是单纯的精力过剩或者顽皮胡闹，也并不是存心跑来跑去，故意惹怒其他人，而是一种脑功能的轻微失调。如果说障碍表现是多动症儿童无法选择的，那对于障碍表现的态度和看法则是儿童可以调控的多动症儿童，一方面要正视自身的缺陷和不足，对于自己做出的过分行为积极反思，将多动症给自身沟通与交往带来的负面影响降到最低；另一方面不能忽视多动症可能给自己带来的有利影响，如促使自己做一个积极的行动者，气氛的活跃者等。

（二）客观因素

1. 遗传因素

从生理机制上来说，多动症儿童脑功能的轻微失调普遍被认为是由脑神经传导物质不平衡引起的，主要表现为脑部细微功能欠佳，尤其是行为抑制功能存在缺陷。兴奋过程和抑制过程是人类高级神经活动的两个基本过程，它们对人的活动分别起发动、加强和停止、减弱的作用[1]。而多动症儿童的兴奋过程和抑制过程失调，即过度兴奋而抑制缺失。进一步探究造成多动症儿童脑神经传导物质不平衡的原因，遗传因素是应当首先考虑的，大约 40％多动症患儿的父母及其同胞和其他亲属，曾在他们童年时也患过此病。在多动症儿童血缘父母、寄养父母以及兄弟姐妹与对照组的比较中，发现血缘父母中的某些精神疾病如酒精中毒、病态性格等的发生率比对照组高，多动症儿童的父母童年期有多动病史者较多，多动症儿童的同胞兄弟姐妹患病率高于对照组 3 倍，情感性精神病也多见[2]。多动症儿童受遗传因素影响的不仅是注意分散、多动和冲动行为，还有其核心症状引发的一些沟通与交往问题。且多动症儿童的沟通与交往模式本身就受遗传因素的影响，只不过在其多动症核心症状影响下呈现出一些与众不同的行为模式。

2. 气质类型

多动症儿童自身的气质类型也会影响其沟通与交往状况。美国儿童心理学家及精神病学家 Thomas 和 Chess 领导的研究小组通过著名的“纽约纵向研究”（New York Longitudinal Study，简称 NYLS）提出儿童气质包括九个维度，即：活动水平、节律性、趋避性、适应度、反应强度、情绪本质、坚持度、注意分散度、反应阈，并根据其中五个维度（节律性、趋避性、适应度、反应强度、情绪本质）将儿童分为：“难养型气质”、“启动缓慢型气质”、“易养型气质”，其余则为中间型[3]。国内有学者对 216 例多动症儿童进行了调查，结果发现被调查儿童中难养型气质儿童有 107 例（（49.5％），启动缓慢型气质有 40 例（18.5％），易养型气质有 28 例（13.0％），中间型的有 41 例（19.0％）[4]。多动症儿童

① 沈德立，阴国恩.基础心理学[M].2 版.上海：华东师范大学出版社，2010：49.
② 唐健.情绪行为异常儿童教育[M].天津：天津教育出版社，2007：121.
③ 汪向东.心理卫生评定量表手册（增订版）[M].北京：中国心理卫生杂志社，1993：59.
④ 张苹芳.家长教养方式和儿童气质类型对儿童多动症影响的研究[D].长沙：中南大学，2013：19.

中难养型气质居多,说明他们的活动无规律,不善于接近同伴,也难以适应环境的变化,经常对刺激表现出消极的反应,这也给他们的沟通与交往带来了不良影响,难养型气质更容易与外界发生摩擦。但是每个儿童的气质类型不同,具体情况也因人而异。

3. 环境因素

环境对个体的影响是深刻而全面的,文化背景、社区环境、社会经济地位、社会规则等都能对儿童的沟通与交往方式产生影响。研究表明,即使是在襁褓中的婴儿,也需要手足活动及适宜的刺激。儿童成长中若受到过度的刺激(如噪音、频繁的争吵等)或良好的成长环境受到剥夺,都可能引发多动症[①]。家庭环境方面,亲子关系、教养方式以及家庭结构等都可能影响多动症儿童的沟通与交往,王建忠、金星明对 148 例儿童的父母进行调查后发现,多动症儿童的父母在教育上多是斥责打骂、陪读加督促;在家庭生活中,父母更多地体验到不开心,感觉很累,常为孩子的学习状况焦虑,并且出现了更多的亲子关系问题[②]。当然,家庭中不和谐的人际关系可能由多动症儿童引发,儿童的不良行为表现使父母失去了耐心,导致家庭关系紧张、父母教养方式严厉。而严厉的父母教养方式反过来又使儿童表现出对立反抗行为障碍的症状[③]。

另外,当前信息时代背景下的网络环境对多动症儿童也产生直接影响,而且其影响力并不亚于家庭与学校。一方面多动症儿童获得信息和传递信息的渠道多元便捷,不仅可以使儿童接受更多的经验刺激,而且拓展了儿童的活动空间。另一方面,部分网络信息未经任何"过滤"便直接呈现在儿童面前,多动症儿童容易因为好奇而模仿,甚至沾染恶习,所有这些都会反映在儿童的沟通与交往活动当中。

4. 教育因素

教育对于多动症儿童的沟通与交往有着重要影响。许多研究者指出,以幼儿园或学校为中心的干预有助于减少多动症儿童的不良行为表现,减少儿童学习上存在的困难,促进儿童良好人际关系的建立[④]。首先,教师、同学是多动症儿童沟通与交往的对象,师生关系和同伴关系是多动症儿童人际关系的重要内容,他们都会对多动症儿童的交往方式、交往内容有着潜移默化的影响。其次,教育可以帮助儿童掌握更多的交往规则和交往技巧,相比于家庭环境,学校环境中包含一定的规章制度和行为规范,这也是多动症儿童必须遵循的交往规则,比如见到老师要打招呼,做游戏要排队等。最后,学校也是多动症儿童进行沟通与交往的高频场所,在学校中良好的沟通与交往能力可以帮助儿童适应更多复杂的交往环境。

第二节　多动症儿童沟通与交往的方式

人与人之间的沟通必须借助一定的载体,根据信息载体的不同,沟通可分为言语沟通和非言语沟通。整体来看,无论是言语沟通还是非言语沟通,多动症儿童的行为表现

---

① 朱月龙.心理健康全书[M].北京:海潮出版社,2008:206.

② 王建忠,金星明.注意缺陷多动障碍儿童的家庭环境研究[J].临床儿科杂志.2005(1):49.

③ 董会芹.学前儿童问题行为与干预[M].北京:清华大学出版社,2013:308.

④ 同上,309.

和普通儿童相比都存在明显差异,从表 10 - 1 中对双方行为模式的统计,我们可以发现多动症儿童的沟通与交往方式确实"不受欢迎"。

表 10 - 1①	一般行为模式	多动症儿童(%)	普通儿童(%)
	与大人们争论	72	21
多动症儿童与	因自己的错误责备别人	66	17
普通儿童的	行为一触即发或易烦躁	71	20
行为比较	诅咒他人	40	6
	撒谎	49	5
	偷窃(不包括恐吓)	50	7

一、言语沟通

言语沟通是建立在语言文字基础上的,是最基本的沟通方式,以语言表达的渠道和话语内在特征为标准,又可细分为口语沟通和书面语沟通。多动症儿童能通过口语和书面语基本表达出自身的意愿或要求,但是在表达的完整性、流畅性等方面存在一些问题。

(一)口语

相比于智障、听障和自闭症儿童,多动症儿童的语言发展状况较好,但这并不意味着多动症儿童不存在口语沟通上的问题,其中有两个方面应当引起足够的重视:第一,注意分散,信息缺位。口语的沟通具有即时性,而多动症儿童的注意力比较分散,当别人在讲话时,多动症儿童可能在关注别的东西,没能获得有效的信息或没有做出讲话者期望的反应。例如,当家长告诉儿童赶快写作业的时候,他可能在想动画片;当老师告诉儿童第二天有集体活动,一定要穿校服时,他可能也没有听到或者听过就忘了。第二,表达随意,结构松散。多动症儿童在表达的过程中很难始终围绕着一个主题,内容的组织也不严谨。例如与同伴商量如何完成手工作业时,多动症儿童可能喋喋不休地谈论街边集市上售卖的粉红色小鸭子,很难提供对当前活动有价值的信息。他们常常转换交谈的话题,内容随意,提供不合适的信息,不遵守话轮,说话时语言结构不严密,陈述顺序有错误,以至于让别人无所适从。

(二)书面语

有研究者认为语言障碍可能隐藏在多动症儿童身上,不易被人察觉,因为语言障碍常常被行为障碍掩盖了。在患有多动症的儿童当中,将近 2/3 的孩子同时患有语言障碍②。这在多动症儿童的书面语中表现得更明显,写日记行文随意,思维跳跃,中心不明确。例如一位四年级多动症儿童在作文中写道:"今天在公园里,水中的鱼,家里也

---

① [英]芬坦·奥里甘.现代特殊教育实用手册[M].郑维廉,编,译.重庆:重庆出版社,2013:270.
② [法]米歇尔·勒桑德厄,艾黎克·高诺法尔,莫尼克·杜赞.多动症:你应该知道的 140 个问题[M].李利红,译.上海:上海社会科学院出版社,2009:105.

有一条,小悠它是我的好朋友,我养它两年了。"从这几句话中,我们可以推测出该儿童是看到公园水池里的鱼想到了家里自己养的一条叫小悠的鱼,但是在表达的时候存在明显的跳跃性,语言表达能力不强,"水中的鱼"将一句话表达成了短语。另外,部分多动症儿童不善用口头语言表达情感或者口语表达容易引起别人误解,因而会将书面语作为表达内心想法的重要方式,下面这篇多动症儿童写的作文就可以充分体现出这一点。

我的爸爸(节选)①

我的爸爸有时候对我很好,有时候对我很凶。今天语文老师说我写得字难看,要我重新写,我说:"我写得已经很好看了。"老师很生气,罚我写 5 遍。可是我已经尽力写了,他不知道,我之前写得更难看。罚写完之后,我回到家,爸爸对我吼着说:"语文老师又给我打电话了,说你写作业不认真,而且态度不好,你怎么总是这么不让人省心呢?"

我为自己争辩说:"我没有态度不好,我写字就是难看,你又不是不知道!"

"还敢顶嘴,你这就是态度不好!"爸爸瞪着我说。

"你态度也不好!"

"臭小子,皮痒痒了是吧?"我被爸爸拖过来一顿揍,疼得我哇哇哭,爸爸边打还边问:"知道错了不?"

我偏不承认,就不承认,宁愿挨打我也不服软,就这样,我的屁股被爸爸揍得生疼。好在妈妈下班回来才把爸爸拦了下来,我趴在被窝里哭了好久,妈妈开始训爸爸,下手没轻没重什么的,爸爸开始过来跟我道歉,说被我气昏了头,我心里很怨恨爸爸,但是我也很后悔,我经常跟爸爸妈妈说一些很过分的话,我也不想这样的,可是我真的控制不住自己的坏脾气,爸爸妈妈虽然经常对我发脾气,但是我知道我的病让他们很操心,我也不知道怎么办。

从这篇作文中我们可以看出,多动症儿童先是因为表达不当引起教师误会,继而引发了与父亲之间的冲突。该儿童在日记中也表达了自己对于顶撞父亲、难以控制自己冲动行为的懊恼,想改变现状却又无能为力的无奈,面对这种情况,家长和教师应该加强沟通,在理解儿童行为的基础上进行积极的引导。其实书面语在多动症儿童与他人沟通中应该发挥更重要的作用,教师可以通过记录多动症儿童需要遵循的行为规范、需要完成的任务作业来提醒多动症儿童,还可以通过书面语实现与多动症儿童家长的沟通。同样,多动症儿童家长也可以通过书面语提醒儿童应该做些什么,不应该做些什么,多动症儿童自身也可以用书面语实现对自我行为的指导。

二、非言语沟通

非言语沟通是指文字或者话语之外发送的信息的集合,手势、面部表情、肢体语言

---

① 搜狐博客. 一个多动症孩子的日记[EB/OL]. (2015 - 11 - 23). http://zhenguoliu.blog.sohu.com/310700438.html.

以及触摸等都属于非言语沟通。关注儿童的非言语沟通方式可以帮助我们理解儿童的心理状态。多动症儿童的面部表情和肢体动作在其沟通与交往过程中也发挥了重要作用,当然也有一些非理性的表达需要进行引导。

（一）面部表情

多动症儿童面部表情的表达和普通儿童并没有太大差异,面部表情往往是心理状态的直接表达,多动症儿童并不擅长用面部表情伪装自己的内心活动,这和多动症儿童情感表达的即时性密切相关。这一方面使得多动症儿童的交往对象能直观地感受儿童的心理状态,另一方面也可能给沟通与交往带来不同程度的摩擦,例如忍一忍就过去的不满情绪因为面部表情的直接表达可能让别人以为很愤怒,或者只是觉得好玩儿而发笑的一个表情被认为是在嘲笑等。

在识别交往对象面部表情方面,多动症儿童也并不擅长,尤其是对于混合情绪的理解能力偏弱。混合情绪理解能力指个体意识到同一情景可以同时诱发两种不同的甚至矛盾的情绪反应的能力。比如,生日的时候收到爸爸妈妈的礼物,感到非常高兴,但是不允许立刻打开,又感到一些失望。如果两种情绪在性质上具有一定的冲突性(比如消极的与积极的),则又称冲突情绪①。有相关研究表明多动症儿童的混合情绪理解能力显著低于普通儿童,对其背后的原因进行深入分析,发现语言对混合情绪理解有影响,多动症儿童的解码能力和语言理解能力均较普通儿童落后;同时家庭因素、依恋对混合情绪理解也有影响等②。

（二）肢体动作

多动症儿童的肢体动作是其进行自我表达的重要方式,多动症儿童肢体动作表达中存在的最主要问题是尺度不当,有的肢体表达过度,有的方面又欠缺,比如会用摔东西的方式表达不满,但是和别人讲话时,眼神交流又不足。从表达效果上来看,多动症儿童的肢体动作表达存在一些无意义或者消极的成分。首先,多动症儿童动作过多且无实质意义。多动症儿童经常坐立不安、扬眉、抠鼻、歪嘴、做鬼脸、转动铅笔、弄手指头等,这些动作让交往对象无所适从,而且不能判断哪些动作是承载信息的载体。其次,接触方式不合理。有的多动症儿童想加入到某个小组游戏中,可能会选择暴力加入的方式,如直接打断游戏。有的多动症儿童爱动手摸别人,或者用手指头戳别人,这些接触方式可能使交往对象不适或反感,严重影响了儿童良好人际关系的建立。最后,肢体动作被过分表达。儿童常常用肢体动作表达开心、兴奋、不满甚至愤怒等情绪,但多动症儿童的情绪表达整体上比普通儿童更激烈,这可能跟多动症儿童精力过剩有关,例如多动症儿童兴奋的时候比普通儿童更忘乎所以,也可能为了一点儿小事纠缠不休甚至大打出手。

第三节　多动症儿童沟通与交往的途径

多动症儿童精力旺盛,活泼好动,活动范围比较大,沟通与交往的场所和普通儿童

---

① 董光恒,杨丽珠.儿童对混合情绪理解的发展[J].辽宁师范大学学报(社会科学版),2007(1): 52.
② 宋克霞.多动症儿童混合情绪理解能力和社会技能的发展特征研究[D].上海: 华东师范大学,2009: 23—27.

并没有太大差异,但是会因为教育安置方式、具体交往环境的不同而呈现出多动症儿童所具有的一些特殊性。

一、学校中的沟通与交往

学校是多动症儿童最主要的学习和生活场所,也是多动症儿童学习沟通与交往知识、锻炼沟通与交往技能的重要场所。多动症儿童一般安置在普通学校的普通班级中,尤其是轻度多动症儿童一般会被认为仅是顽皮而已,稍重一些的多动症儿童可能会在资源教室接受一些注意力训练或者行为矫正训练。部分中度或重度多动症儿童会在特殊教育学校就读,当前我国专门的多动症教育机构或学校极少,故而一般会选择综合类特殊教育学校。初高中阶段的多动症儿童还可能会选择工读类学校以及专业技校就读。

(一) 特殊教育学校中的沟通与交往

对于多动症儿童来说,在普通学校就读是最理想的教育安置形式,因为多动症的症状一般不会恶化,而且在青春期以后很多症状会逐渐好转。通过药物治疗和教育干预,多动症儿童的症状给儿童造成的不良影响会逐渐减少。但是多动症儿童可能会因为学习极度困难、严重扰乱班级教学或者违反学校纪律而被劝退,尤其是中重度多动症儿童伴随着较多的并发症状,例如感觉统合失调、语言动作发展缓慢,还有一些多动症儿童伴有大脑发育迟缓或者抽动症等,在这种情况下,家长可能选择将其安置在综合类特殊教育学校或者培智学校。

特殊教育学校班额小,因此多动症儿童在特殊教育学校中会得到教师更多的关注,与自己班级和其他班级的儿童交往也相对更为频繁。进入特殊教育学校的多动症儿童障碍程度和症状表现个体差异较大,因此多动症儿童在特殊教育学校中的沟通与交往情况也不尽相同。

1. 从整体来看,人际关系状况有所改善

我们不可否认多动症儿童在特殊教育学校还是会存在各种各样的行为问题和人际交往问题,例如在座位上坐不住,甚至直接跑出教室,容易和同学发生争执甚至打架等,但是特殊教育学校教育环境的特殊性易为多动症儿童提供接纳理解的交往氛围,以及更多的交往机会,因此仅就人际交往状况而言,在特殊教育学校就读的多动症儿童沟通与交往状况得到改善的可能性较大。

第一,多动症儿童会得到来自教师和同学的更多关注。综合类特殊教育学校的班额一般在十人左右,班级教学组织上注重个别化教学,因此多动症儿童会获得来自教师和同伴的更多关注,这是儿童建立积极的师生关系和同伴关系的基础。

第二,多动症儿童在班级中承担的职务有助于其发展和谐的人际关系。由于多动症儿童所在的班级里会有脑瘫儿童、智障儿童或者自闭症儿童等多种类型,多动症儿童在班级里障碍程度相对较轻,常常会担任一些班级职务,比如担当体育委员,负责整理队形、收发课间操需要的运动器具等,因此在班级中的人际关系尚可。多动症儿童还会在老师的指导下帮助其他同学,比如帮助脑瘫儿童打水、穿衣等。这些班级职务或者助人行为对于多动症儿童的沟通与交往有着重要影响。首先儿童可以获得班级同学、教师的认可进而获得更多的交往机会；其次，儿童逐渐学会承担责任和上传下达；最后，会潜移默化地养成良好的沟通与交往习惯，掌握基本的沟通与交往规则。

2. 就个体而言，沟通与交往状况差异较大

中重度多动症儿童不容易被普通学校接纳的一个重要原因是这些儿童除了注意力分散、多动冲动等基本特征外，还伴随着一些并发症状或继发性问题，例如智力落后、学习困难、具有严重的攻击性行为等。这意味着特殊教育学校的多动症儿童之间的个体差异更大，故而表现出来的沟通与交往状况各有不同。

注意力分散型的多动症儿童可能很喜欢分享自己忽然看到、想到或听到的东西，想到什么就说什么，有的可能很爱招惹别人，喜欢扯一下这个同学的衣服，拿一下另一位同学的文具，还有的儿童可能看起来比较安静，但注意力涣散，例如一些患有多动症的女生可能一般是自己玩儿，从不主动找别人，也不会主动表达，当别人问话时，问一句答一句或者拒绝回答。

多动—冲动类型的多动症儿童在特殊教育学校的情况也不尽相同。有的多动症儿童会随意离开座位，甚至跑出教室，和班级同学沟通与交往时，不会预估某个行为对于交往对象的影响，例如打闹的时候不能预估动作的危险性，有的多动症儿童会去挠脑瘫儿童的脸或者推一把，有的可能故意抢走别人的玩具。在课堂上，老师反复强调回答问题之前要先举手，而多动症儿童可能不举手但是说个不停，或者在别人回答问题的时候随意插话。

（二）普通学校中的沟通与交往

1. 普通班级中的沟通与交往

学习困难是多动症儿童的高频并发症，由于注意力过于分散，多动症儿童难以进行独立思考，跟不上老师的思路，所以教室并不是多动症儿童喜欢的场所，多动症儿童在普通班级中沟通与交往状况通常比较糟糕，师生关系紧张。而且班级活动中经常使用小组计分制，多动症儿童经常导致小组扣分，易引起其他小组成员的不满，也使得多动症儿童格外沮丧，良好的同伴关系难以建立。课堂上，多动症儿童很难坐得住，身子总是扭来扭去，小动作不断，漫无目的地撕纸、玩手指、咬指甲、乱写乱画，还会去招惹一下其他儿童，而且目光总是被各种各样的事情吸引，难以集中到课堂上来，教师的提醒也起不到多大的作用。例如，有一名多动症儿童在班级中的位子是挨着窗户的，这样他可以看见外边发生的所有事情，隔壁班去上体育课了，保洁阿姨过来清理垃圾等，以致于老师点名都听不到。后来老师把他的座位调到离讲桌最近的位置，结果该儿童坚持了二十分钟就直接跑到教室外边不回来了。可见，多动症儿童在面对问题时，既没有选择调整自己的行为来服从教师安排，也没有选择去跟教师求助或协商，而是以冲动、非理性的行为来表达自己的不适应，显然这种沟通与交往方式使多动症儿童陷入更被动的局面。

相比于课堂上的如坐针毡，多动症儿童更喜欢课堂外的时间，但这并不意味着多动症儿童在课堂外的沟通与交往状况很理想。做游戏时，多动症儿童容易破坏规则，如没轮到自己的时候就去争抢别人的游戏权，或者游戏玩到一半就退出了。多动症儿童还

极易在游戏中和同伴发生争执,还有的多动症儿童自负、强势或者爱说谎,这都使儿童在同伴游戏中成为被孤立者。在矛盾发生后,多动症儿童缺乏基本的请求原谅或道歉能力,即使意识到自己的错误也不立刻改正,反而可能以嘲讽、戏谑的方式将结果进一步恶化。多动症儿童一旦被孤立,就很难重新再加入到集体游戏当中。

一位多动症孩子妈妈的日记

上周,孩子学校开运动会,其间很多孩子都带了游戏机到学校来玩。儿子回到家就说:"×××好坏哟!"问起原因,儿子说这位同学打游戏时最喜欢欺负别人,所以觉得他坏。

老公觉得孩子们玩的游戏极不健康,就给儿子的班主任打电话反映了这件事。班主任说星期一找儿子去了解一下情况再说。

今天儿子回来,我和老公就问他老师询问的情况。他说老师在班上讲了不准同学们带游戏机来打了。我很担心儿子会被班上的同学当成告密者孤立,就问同学们知不知道是他向老师反映的。儿子说:"他们估计是我。"

听了儿子的回答,我的心里又是一凉。儿子因不善与同学交往,本来在班上就是可怜巴巴的,不大有人理睬,这一次可能会使得情况更糟糕了。我很难过。

问儿子今天在学校与同学们打枪战没有,儿子说他现在不喜欢打枪战了,也不喜欢打僵尸了。"为什么呢?"我问。"每次打僵尸的话,我就是僵尸。如果是分组的话,就是我一个人一组。我觉得没意思。"听了儿子的话,我更加难过了。

从妈妈的日记中我们可以看出,该多动症儿童在班级沟通与交往过程中存在两个关键问题:第一,儿童在班级中已经被孤立,不被认可和接纳,容易被当成"告密者",在分组游戏中被排斥;第二,该儿童也没有试图去改变不良人际关系的意愿,已然习惯了被排斥。缺少良好的同伴关系对于儿童的成长是极为不利的,尤其是对于心理比较脆弱的多动症儿童来说,遭到排斥容易形成对自己的消极评价,在日后的沟通与交往中畏首畏尾,甚至会变得孤僻和抑郁。

2. 资源教室中的沟通与交往

一般而言,多动症儿童在资源教室中的沟通与交往状况要优于班级中的表现。教室中交往环境和交往信息更加复杂,开放的环境、多样的课堂活动更容易分散儿童的注意力,继而可能引发不良的交往行为。而资源教室相对于普通班级存在以下几个优点:相对安静、封闭的环境可以稳定儿童的情绪;较少的同伴意味着更多更直接的交往机会;在资源教室进行的注意力训练以及感觉统合训练可以有效帮助儿童改善沟通与交往状况。但是多动症儿童在资源教室的沟通与交往状况也是因人而异的,有的儿童喜欢待在资源教室却不遵守资源教室的规章制度,喜欢把一些教具、玩具摆弄得乱七八糟,或者不喜欢教师准备的训练内容而提出抗议。

需要指出的是,多动症儿童在资源教室中表现较好,并不意味着我们要把多动症儿童的活动范围限定在资源教室,也不能在面对多动症儿童无计可施的时候将资源教室作为关禁闭的场所。因为多动症儿童沟通与交往能力的提高要在真实情境中通过锻炼来实现,要使他们逐渐学会面对不同交往对象、不同交往环境去调整自己的交往行为。当然,在资源教室进行的个别化训练对于改善多动症儿童的障碍行为、继而提高沟通与交往能力发挥了重要作用。

"多动症儿童试验田"将荒芜(节选)
——武汉多动症儿童单人教室面临停办,校方称孩子需休学治病①

今年9月初,武汉市积玉桥学校为该校三年级多动症儿童浩浩(化名),开设"一个人的教室",引起了社会的广泛关注。就在两个月之后,伴随着老校长的离任,这个曾被誉为"2 000万多动症儿童试验田"的单人教室,却被爆出将在本学期结束后停办。

浩浩在选择学校时处处碰壁,在走投无路时找到了时任积玉桥学校的祝正洲校长,校长很快同意浩浩入学,但由于担心"多动"的浩浩可能会影响班级的正常教学,同时也是为了让儿子更快地适应并融入集体,浩浩爸爸提出希望能够随班陪读,并得到了校方的允许。

但不知从何时开始,浩浩成了同学口中的"怪孩子"、"有问题的同学"。在班级里,浩浩几乎没有朋友,甚至有学生表示,家长告诉自己"离他(浩浩)远一点,他可能会打我"。今年8月末,20多位学生家长联名向校方抗议,要求父子俩离开班级,"绝不能因为他一个,影响其他学生的未来"。在这种情况下,学校为浩浩开设了一间专门的教室,这就是后来被媒体称为"多动症儿童试验田"的单人教室。

在这间"教室"的窗边,竖立着一块黑板,对面墙下孤零零地放着一张课桌和两把椅子。课间休息时,好奇的孩子们会趴在门口,向屋内探望,几秒钟后又迅速跑开。按照学校单独为其安排的课表,浩浩每周要在这里上完语文、数学、外语三科共11节课,三名老师单独为浩浩上课。而除此之外的其他课程,浩浩仍需要回到三年级(3)班教室,有时课程安排不开,他还要到其他班级"旁听"。在一个人的教室里,歪坐在椅子上的浩浩,会频繁变换姿势,不停摆弄文具,或者在父亲不注意时,离开座位,摆弄"教室"门口那些花花绿绿的玩具。每当这时,老师就会停下来,等他爸爸重新把他"抓回"到座位上再继续讲课。

浩浩爸爸说:"10月末,学校领导找到我说,他们建议我立刻到医院给孩子治病,单人教室本学期可以继续,但是下学期开始将会停掉。"对于这样做的原因,校方的解释是,浩浩的病情已经非常严重,孩子即将甚至正在错过最佳的治疗时机,"同时,他们还建议我应该把孩子带出校园,让他尽早去认识社会"。

新闻中的浩浩自始至终面临着被普通儿童及其家长排斥的窘境,"单人教室"的设立是无奈之举,因此也并没有改善浩浩的沟通与交往状况;相反,"单人教室"的存在恰巧把浩浩和同学隔离开来,浩浩连同"单人教室"都被贴上了特殊化的标签。需要指出的是,浩浩所在的"单人教室"并不是资源教室,资源教室并没有贴标签和隔离化的目

---

① 赵思衡."多动症儿童试验田"将荒芜——武汉多动症儿童单人教室面临停办校方称孩子需休学治病[N].京华时报,2015 - 11 - 13(16).

的,特殊儿童大部分的时间应在普通班级中学习一般课程,个别时间在资源教室内接受资源教师的指导,在补偿缺陷的同时发展潜能,继而能在普通班级顺利地随班就读。但我国资源教室的数量、资源配备和运作方式等各方面还不尽如人意,需要政府和学校付出更多的努力。正如江苏省苏州工业园区仁爱学校校长范里所说:"多一个资源教室,就多一条特殊需要儿童公平教育的通道。"①

二、家庭中的沟通与交往

多动症儿童在家庭环境中表现出来的沟通与交往行为比较多样,不同家庭对多动症的认识不同,家庭教养方式、家庭结构也存在很大差异,同时在家庭中还有着不同的活动内容,所以有必要对于多动症儿童在家庭中的沟通与交往进行详细探讨。

(一)不同家庭观念下的沟通与交往

面对多动症儿童产生的种种问题,家长必然会产生各种心理困扰,表现出各种不同的态度,如困惑、责怪、担心、焦虑、虐待、愧疚等②,但是对于多动症儿童家长而言,首先应该学会面对现实。国外有研究者对119位多动症儿童及他们的父母进行了问卷调查,结果表明约有一半的父母不认为生物遗传或基因易损性会导致他们的孩子患有多动症,相反有52%的父母认为孩子多动症是父母宠爱的结果,约有40%的父母认为孩子表现出的多动症状只是儿童尚未独立的表现③。可见,多动症儿童家长对待多动症本身的看法存在些许误区,这也会对亲子之间的互动产生影响。

对于多动症有着合理认识的家长也会理性看待儿童在沟通与交往过程中的不良行为,所以不会一味责怪儿童,而是会选择去相信儿童一些看似恶意的言语或行为并非出自本意,能引导儿童亲和向善,能在儿童出现不良行为的时候积极引导其改正,能在儿童作出值得表扬的事情时及时给予鼓励,逐渐帮助儿童学会与人沟通和交流,在这一过程中建立良好的亲子关系。相反,不能正确认识多动症的儿童家长可能对儿童的不良行为视若无睹,放任自流,认为儿童长大后自然会改掉,还有的家长为了避免儿童给自己惹麻烦,有意使儿童减少与外界的沟通与交往,甚至干脆不带儿童出门。江西九江一个大脑发育不良且"多动"的儿童因四处惹祸,被其父亲关进铁笼,不禁令人咋舌④。

(二)不同家庭结构下的沟通与交往

家庭结构是家庭成员之间不同的组合关系和组合方式。按照家庭代际层次和亲属关系分为核心家庭、主干家庭、联合家庭、其他家庭。核心家庭,即由父母和未婚子女组成的家庭;主干家庭,即由父母和一对已婚子女组成的家庭;联合家庭,即由父母和两对或两对以上已婚子女组成的家庭,或是兄弟姐妹婚后不分家的家庭;其他家庭,即以上类型以外的家庭。在全部家庭结构类型中,核心家庭是当今社会基本的家庭形态,是我

① 范里."多动症教室"停办戳中特教发展痛点[N].中国教育报,2015-11-16(2).
② 王永午.让分心多动儿摆脱烦恼[M].北京:中国妇女出版社,2006:54—56.
③ Ahmad, G. Educating and counseling of parents of children with attention-deficit hyperactivity disorder [J]. *Patient Education and Counseling*, 2007,68(1):23.
④ 搜狐新闻.12岁男孩"多动症"四处惹祸,父亲将其关铁笼[EB/OL].(2015-01-30).http://news.sohu.com/20150130/n408207213.shtml.

国家庭的主体。主干家庭是在数量上仅次于核心家庭的家庭结构①。因此我们简要介绍一下核心家庭和主干家庭内特殊儿童的沟通与交往状况。

在核心家庭中,多动症儿童对父母比较依赖,参与家庭活动,但是有的家长工作忙,没有太多精力来关注多动症儿童的行为和心理发展。还有的儿童家长工作上劳心劳力,再加上孩子总是调皮惹事,可能就会失去耐心,情绪暴躁,这样并不利于和儿童的沟通与交往。在主干家庭中,爷爷奶奶或外公外婆可以帮助照看多动症儿童,在一定程度上减轻了父母的负担,但同样也存在一些问题。相比父母,老人会更加宠爱孩子,有求必应,这在一定程度上纵容了多动症儿童。而且多动症儿童也会因此调整自己的沟通方式,例如在受到父母苛责的时候,到爷爷奶奶、外公外婆那儿寻求庇护,需要零食、玩具的时候可以央求他们来满足。

(三) 不同家庭教养方式下的沟通与交往

家庭教养方式主要有溺爱型、专制型、放任型和民主型四种②。在溺爱型家庭教养方式下,父母对于孩子的要求一味迁就,不违背孩子的意愿,甚至不管孩子的要求是否合理,对孩子过分偏袒。专制型教养方式下的父母要求子女绝对服从自己,对子女所有行为都加以监督,把自己的意志强加给儿童。放任型教养方式下的父母对子女没有明确要求,对儿童的学业、品德等都很少管教。民主型教养方式下的父母在树立权威的同时,对孩子理解、尊重,经常与孩子交流并给予帮助,在满足孩子合理需求的同时不过分骄纵。

在不同的教养方式下,父母和儿童之间的互动模式是不同的,对于多动症儿童亦是如此。例如多动症儿童在溺爱型教养方式下经常肆无忌惮地对家长表达拒绝或不满,当自己的需要没有得到满足或者不想做父母规定的事情时,儿童可能会对父母发脾气。例如当父母告诉儿童不可以的时候,可能会换来儿童更强硬的态度,可能会说"我不管,我就是要"或者"我就是不要"。父母不舍得对孩子进行苛责和管教,儿童可能会将家庭中的任性做派延伸到其他沟通与交往情境中,这在一定程度上放任了多动症儿童不良行为的滋长。放纵型、溺爱型家庭教养方式下多动症儿童的行为模式有些类似,儿童的行为不管合理与否,几乎不受限制,不同的是放纵型家长可能对儿童进行奖罚,但奖罚比较随意,对于多动症儿童的过分行为,家长在某些情况下可能采取惩罚措施,而多动症儿童在了解了这些惩罚情况之后,可以选择在避开这些情况的条件下自由活动而不会被家长限制或惩罚。专制型家庭教养方式下的父母往往对孩子有着较高的要求和严格的控制,更关注儿童的行为是否达到了要求,较少关注儿童的心理活动,如果在多动症儿童身上发生更多的消极行为引起了家长的不满,那随之产生的过分苛责和冷漠态度会让儿童很难感受到家庭的温暖,从而变得焦虑和退缩。有这样一个案例,一个多动症女生因父亲的频繁责备养成了啃指甲和吸手指的习惯,甚至多次造成指甲脱落。民主型教养方式下的父母会给予多动症儿童积极的关注,关注儿童的交往行为,尊重并鼓励儿童表达自己的意见和观点,同时也注意树立家长的威信,当多动症儿童出现不良行为时会给予惩罚,故而多动症儿童在发脾气时也会有所忌惮,这是多动症儿童家庭比较

---

① 张进辅.家庭与人格[M].合肥:安徽教育出版社,2013:99—102.
② 张进辅.现代青年心理学[M].重庆:重庆出版社,2005:176.

理想的一种亲子交往模式。

（四）不同活动内容下的沟通与交往

不同家庭活动内容下多动症儿童的沟通与交往状况不同。当做自己喜欢的事情时，他们喜笑颜开，沟通与交往也变得顺畅；当多动症儿童被要求做自己不喜欢的事情时，就会想方设法摆脱掉，例如很多儿童不喜欢在父母监督下做家庭作业。对于自己感兴趣的事情，多动症儿童是可以集中注意力的，如有的多动症儿童能专心致志地看自己喜欢的动画片，而且会跟父母有模有样地描绘动画里有哪些人物，发生了什么故事，能连续说好长时间。还有的多动症儿童在周末随父母去游乐场或者逛街购物的时候，活泼好动，欢呼雀跃，沟通与交往也十分通畅。

很多多动症儿童家长都有这样的感触，不学习的时候，孩子的问题并不明显，可是只要一学习，家里就会阴云密布。孩子写作业注意力不集中，拖拉磨蹭，因此在做作业的过程中经常发生一些不愉快的对话。有家长这样描述儿子做作业时的场景：他写几个字，就似乎想起一个什么问题，就会停下笔来跟我说，于是写写停停。刚开始还行，我还能耐心地对待他，等他说完一句，我就打断他："跑题了，跑题了。"看到我并没有发脾气，甚至还堪称慈爱，儿子很高兴，他真诚而快乐地看着我，很幸福地摸着我的手说："妈妈，那我一会儿写完作业再给你讲哈。"可是，几分钟后，他又会想起什么，上面的对话就又开始了。九点，看到墙上的钟，我心里开始着急起来，也就心烦起来。一心烦"慈祥"的面孔就变得狰狞起来："快点！你是不是想遭妈妈打！""你看看，这么几个题，你要做多少时间！""这么简单的字都不会写，你还读什么书！"……儿子在我的责骂声中变得既温顺又迟钝，写错的字越来越多。九点四十五，儿子终于做完了学校布置的作业。而洗漱时儿子又变得聪明活泼起来。可见，在面对不喜欢的活动内容时，多动症儿童的注意力无法集中，且企图摆脱任务。而且从妈妈的表现中我们也不难看出，这些多动症儿童不喜欢的活动也是导致亲子关系不和谐的重要因素。

三、社会中的沟通与交往

锻炼沟通与交往能力的最终目的是帮助多动症儿童有效地融入社会并实现自我发展，因而其社会交往行为一定要引起足够的重视。在社会情境中，脱离了父母或教师的监管，多动症儿童暴露出来的交往问题会有所不同，解决这些问题是提高多动症儿童社会适应能力的重点，否则未成年时期不良的行为习惯可能会延续到成年，容易对个体或者他人造成不良影响。例如巴克利和考克斯（Barkley & Cox）2007 年的一项研究表明，成年多动症患者更容易发生交通事故、酒后驾车和交通违规等行为①。

（一）现实社会中的沟通与交往

在真实社会情境中的沟通与交往行为更能体现出儿童的社会适应能力。社区是多动症儿童进行沟通与交往实践的重要场所，是多动症儿童迈向更广阔交流舞台的第一

---

① Barkley, R. A., Cox, D. A review of driving risks and impairments associated with attention-deficit/hyperactivity disorder and the effects of stimulant medication on driving performance [J]. *Journal of Safety Research*, 2008(38): 113-128.

站。多动症儿童在社区中的沟通与交往内容较多,除了和社区其他儿童的交往,还有邻里关系的建立,儿童应该在遵守基本礼貌的基础上,学会基本的沟通与交往技巧,比如寒暄技巧、问答技巧等。

多动症儿童在社区环境中的沟通与交往情况和具体情境密切相关。如果是暂时性的沟通情境,多动症儿童一般表现良好,例如在小区碰到熟悉的人,会礼貌地问候,会回答对方的问题,有的多动症儿童还能寒暄几句;如果持续的时间比较长,那么多动症儿童会表现出一些消极反应,例如在小区内和别的小朋友一起玩耍时,他们很难在一个游戏中持续很长时间,容易成为游戏的退出者甚至破坏者,不满时甚至会对游戏伙伴直白地表达愤怒,甚至发生肢体冲突。再比如跟随家长到别人家做客时,多动症儿童会随便翻东西、随意地跑来跑去、很不礼貌地大声吵闹,如果想离开了,他们也会直接表达出来。可见,多动症儿童对沟通与交往活动的环境适应能力很弱,不会根据环境的变化来调整自己的语言和活动,这在长时间的交往情境中表现得格外明显。

外界如何看待多动症儿童也会影响其沟通与交往能力的发展。如果社会以宽容的态度来对待多动症儿童,那么多动症儿童在沟通与交往的过程中会获得更多的机会,沟通与交往的质量也会提高。假设在社区中一位普通儿童的家长碰到一个"略有名气"的多动症儿童,会带着自己的孩子走开,并嘱咐说"不要和他玩,省得把你带坏了",这样多动症儿童感受不到来自社会的包容和理解,自尊心容易受挫。另一个例子,夏尔公司设立的迈克尔·雅西克多动症奖学金(Michael Yasick ADHD Scholarship by Shire)专门奖励那些被诊断为多动症且为具有规范资质的学院、大学、职业学校或者技工学校的在校生或即将入学的新生,该奖学金获得者不仅可以获得 2 000 美元,还可以获得一年的指导服务或转衔服务①。该奖学金主办方认为多动症患者在生活、学习和工作中确实面临着挑战,能够克服这些挑战或者还在持续努力克服的这些人应该得到鼓励。每年约有五十名申请者从该项目获益。可见,社会对于多动症患者的接纳度对于他们能否成功融入社会具有重要影响。

10 岁的朱斯蒂娜(节选)②

据妈妈所说,朱斯蒂娜"现在常常砸玻璃"。稍不如意,她就吼叫,使劲地摔门,把音乐的声音调到最大。频繁地与左邻右舍发生摩擦,母亲一想到警察或愤怒的邻居要来家里,就会惊恐不安。朱斯蒂娜喜欢增强母亲的这种不安,她摁邻居家的电话分机键或电话铃一响就让电话占线。现在她利用这种威胁从母亲那里得到好处,避免丝毫的惩罚。有一次,母亲没收了她的电子游戏机,朱斯蒂娜在凌晨一点十五分就把她房间里所有的玩具都扔了出来,掀翻所有的壁橱。她对告诫无动于衷,辱骂所有试图帮助她的人,并且认为"这些人一无是处"。她甚至还走得更远更离谱:滥用人们对她的信任。邻居本来推荐朱斯蒂娜夏天使用他们家的游泳池,以便她自己收取费用。朱斯蒂娜对

① Shire ADHD scholarship. Shire 2015 ADHD Scholarship Program [EB/OL]. (2015 - 11 - 11). http://www.shireadhdscholarship.com/.
② [法]米歇尔·勒桑德厄,艾黎克·高诺法尔,莫尼克·杜赞.多动症:你应该知道的 140 个问题[M].李利红,译.上海:上海社会科学院出版社,2009:52—53.

一天去游一次不满意,她慢慢地开始强行进入邻居家。于是朱斯蒂娜早上去游泳直到晚上才离开,形势变得让邻居无法容忍,她不得不告诫朱斯蒂娜。她无视邻居态度的转变:从"你随时都可以来"到"你不要随时都来"到"我休息的时候你不要来",直到"你完全不要再来了",朱斯蒂娜才明白邻居态度的变化。短短几天后,她就成了邻居家不受欢迎的客人。觉得自己被拒绝后,决定报复邻居,她把一颗锋利的石子扔到了邻居崭新的车子的车门上。母亲马上就得到了邻居的警告,之后为了修理女儿打破的车门,她就和保险公司展开了谈判,和邻居的关系也闹僵了。母亲这次狠狠地训斥了朱斯蒂娜一顿。然而,朱斯蒂娜很快就死不认账,抵赖了,绝不承认是她干的,诬蔑是某个孩子干的。借此机会,她首次离家出走,消失了3个多小时,在一个近200户的别墅小区游荡,直到天黑才回来。

(二)虚拟社会中的沟通与交往

前文提到多动症儿童对于沟通与交往媒介的接受能力较强,因此也很容易接受信息化时代背景下的新媒介,热衷于通过这些新媒介来与他人进行沟通与交往。他们会用手机、电脑、iPad来聊天、上网、打游戏等,这也成为多动症儿童在网络时代进行沟通与交往的重要途径。但是在具体的沟通与交往情境中,多动症儿童还是会有一些区别于普通儿童的交往表现。

在利用聊天工具进行沟通与交往时,多动症儿童的文字表达并不十分顺畅,表现在两个方面。第一,文字类错误。多动症儿童经常面临学业困难,其中不乏书写困难者,因此在运用聊天工具时会出现一些拼写错误或者用词错误,有的可能会造成信息传递错误。相比之下,多动症儿童运用语音聊天就会顺畅很多,聊天软件中的语音消息以及动画表情都是多动症儿童经常使用的功能。第二,会话技能欠缺。多动症儿童在网络聊天过程中,很难保持意义连贯的表达,不能根据语境选择合适的交流内容,难以恰当回复对方,或者只顾说自己的,不管话题是不是和对方一致,话题转换也比较随意。

除了文字表达方面,多动症儿童在网络远程聊天时还存在一个重要的问题,即难以保持长时间的注意力,容易造成交往过程的中断,尤其在对聊天内容不感兴趣或者被其他外界刺激吸引时,对话尚未结束就会单方离开聊天界面,例如某多动症儿童在和别人聊天时,看到旁边弹出的某饮料广告,就想去冰箱里拿这款饮料,在路过客厅时看到自己喜欢的电视节目,就开始看节目,而将聊天对象放置一旁。当然,网络聊天的持续性和多动症儿童的注意力分散并不总是相克的,因为消息的发送和接收之间有一个时间差,即多动症儿童需要学会等待对方的消息,这对于多动症儿童的注意力保持是有益处的,尤其是对于轻度多动症儿童来说,控制聊天节奏可以强化他们注意力的保持。另外,与面对面的沟通不同,网络聊天对于及时性反馈的要求不高,因此,可以留给多动症儿童思考的时间。即使因为注意力分散而导致聊天的暂时中断,其对聊天对象产生的不良影响也不会很严重。

在虚拟社会中,多动症儿童还会通过游戏参与交往。多动症儿童不仅对脱机游戏感兴趣,对一些在线网络游戏也十分痴迷。在游戏中,多动症儿童可以选择机器类玩伴,也可以选择真人玩伴,在虚拟的游戏情境中他们不会受到排斥,甚至还能和其他同伴组成游戏同盟,获得在真实社会情境中缺失的归属感、成就感以及对自己的认可,所以很多动症儿童很容易沉迷网络,有研究者认为网瘾和多动症之间有着密切关系。网络活动的非受控性、人际互动和自我表达的自由可能会为多动症儿童提供强烈的动机;相对于丰厚的延迟奖赏,多动症儿童更加偏爱小的直接奖励,网络活动特别是网络游戏的即时反应和直接奖赏可以满足多动症儿童的需求。在游戏过程中,视频图像促使纹状体更多地释放多巴胺,提高了多动症儿童的注意力,这一适应性改变补偿了其现实生活中欠佳的表现[①]。但是一些网络游戏在设计中,会存在一些不健康内容,如果多动症儿童缺乏信息甄别能力,很容易接收到不良信息,养成不良习惯。

第四节   多动症儿童沟通与交往的辅助技术

辅助技术的发展对于特殊儿童尤为重要,可以帮助他们获得平等的社会资源。多动症儿童相关的辅助技术多针对其核心症状或行为,如注意力分散、冲动多动以及多动导致的学习困难,因此面向多动症儿童的辅助技术更多地涉及学业指导和任务管理方面,专门针对多动症儿童沟通与交往而开发的辅助技术并不多。

一、硬件系统
(一) 降噪耳机

多动症儿童很容易被外界的一些声源信息干扰,无法集中在当前的任务情境中,而降噪耳机或降噪耳塞可以通过物理技术对于外界的声音刺激进行降噪处理。降噪耳机有两种,主动降噪耳机和被动降噪耳机。主动降噪就是通过降噪系统产生与外界噪音相等的反向声波,将噪音中和,从而达到降噪的效果。被动降噪主要通过包围耳朵形成封闭空间,或者采用硅胶耳塞等隔音材料来阻挡外界噪声。在一些特定的交往情境中,降噪耳机对于多动症儿童的注意力保持有着积极作用,例如在和别人进行网络聊天的时候降噪耳机可以帮助多动症儿童集中在聊天内容上。

图 10－1

降噪耳机

图 10－2

降噪耳机工
作示意图

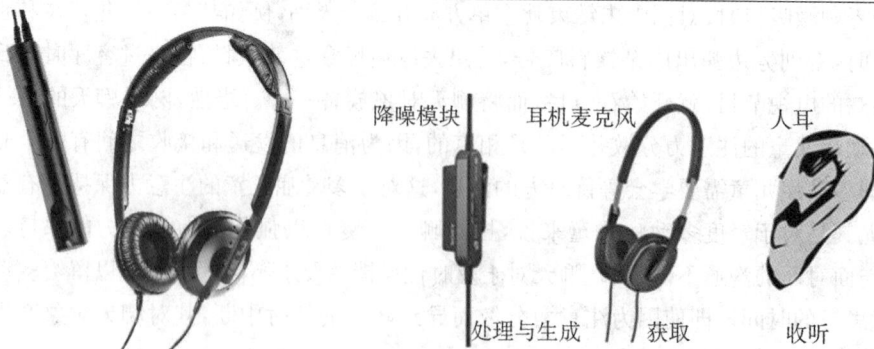

降噪模块　　　耳机麦克风　　　　人耳

处理与生成　　获取　　　　收听

---

① 神经科频道. 孩子沉迷网络游戏可导致多动症 [EB/OL]. (2012－12－18). http://www.xyxy.net/ertongduodongzheng/etddzdby/82225.html.

（二）PDA 日历和定时器

多动症儿童存在一些经常性的冲动行为,因此需要家长或者教师时时提醒,而一些具有提醒功能的工具可以帮助家长或教师给儿童安排一些活动内容或提醒儿童某些注意事项。例如 PDA 日历(Personal Digital Assistant Calendar)可以帮助儿童养成日常行为习惯,例如设定儿童放学后首先在小区游乐场内玩耍,然后回家吃晚饭,做作业,洗漱睡觉等,明确告诉儿童在这一段时间内应该做什么,这有助于儿童形成良好的行为规范。各种各样的定时器也可以起到任务提醒的作用,而且为了减少计时器提醒对周围人的影响,人们设计了一种"隐形闹钟"(Invisible Clock),它在提示音上做了改进,以蜂鸣或震动的形式向使用者发出提醒,这样既不会打扰周围人,又很好地保护了个人隐私。

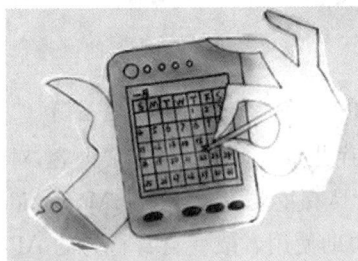 

图 10 - 3

PDA 日历

图 10 - 4

各种定时器

专门适用于多动症儿童的硬件设备并不多,因此在选择辅助设备时,可以从自身的特殊需要出发,选择其他类型特殊儿童同样适用的辅助设备,例如阅读存在困难的多动症儿童可以选择学习障碍儿童、视障儿童同样适用的语音转换软件,一些图形管理者、思维导图工具也可以帮助多动症儿童整理思路,优化表达。但是面向多动症儿童沟通与交往的辅助技术并不多,例如有的多动症儿童在提高音量或者动作过分时候需要一个感应设备来提醒一下,或者需要一个设备能记录自己与别人的对话,并对所用话语合适与否进行智能分析等,而当前满足多动症儿童沟通与交往需求的设备并不多,相信随着现代技术的发展以及科技产品在特殊教育领域应用的深入,日益精细化和多元化的辅助设备会在特殊儿童融入社会的过程中发挥重要作用。

二、软件系统

（一）辅助技术

1. 信息资讯 APP

多动症儿童及其家长可以通过一些应用软件获得一些信息咨询。"家有动动"是一款致力于为多动症儿童和家长提供准确可靠的信息及其他帮助的 APP。它能实现的功能有以下六项:①知识库:专家电台、专业疾病知识能帮使用者答疑解惑;②药物速查:多动症相关药物信息,优势、禁忌一目了然;③自我评估:监测儿童近期症状改善,及时掌控,适时调整;④提醒:用药计划、复查计划,一次设定,按时提醒;⑤成长日记:记录治疗康复点滴,关注孩子点滴进步;⑥医院查询:权威就诊医院指引,一应俱全。从内容来看,"家有动动"提供的内容较多,且偏重于医学信息的提供。从功能来看,这款 APP 更适用于多动症儿童家长,方便家长掌握儿童的病情发展并选择合适的治疗计划。

图 10 - 5

"家有动动"图标

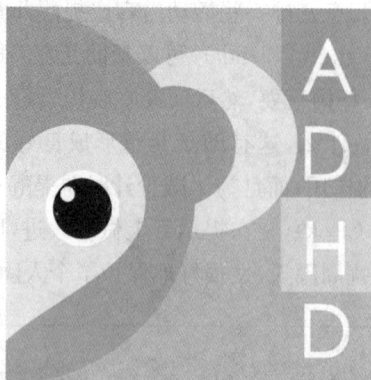

图 10 - 6

"家有动动"
内容界面

图 10 - 7

MotivAide

2. 行为管理 APP

行为管理是多动症儿童教育干预的重要内容，对于改善沟通与交往状况也具有重要影响。The MotivAider 是一款设计新颖简单、协助使用者改变自身行为的 APP，对于多动症儿童和其他有注意问题的儿童有积极作用，它能实现的功能包括提高注意力、调试工作或行为、纠正语音问题等，以减轻注意力分散带来的学习困扰和沟通困扰。MotivAider 也可以用来提醒教师和家长监督儿童行为或在特定的方式下与儿童互动。MotivAider 的有效性被越来越多的研究所证实。

Vlingo 也是一款行为管理软件，它可以用来设置日常事务和专门事务的提醒，其独特之处在于它的语音功能，语音提醒可以确保使用者不会忘记重要的时间和安排，例如提醒你图书馆什么时候关门，什么时候开始做作业，从储物柜里带一本书回家等。针对多动症儿童存在的书写困难，该软件可以通过语音命令实现信息搜索，另外，Vlingo 还可以通过听读指令创建草稿邮件，这使得一些由头脑风暴产生的想法得以保存，甚至还可以通过语音控制给自己或者其他人发送电子邮件[1]。

图 10 - 8

Vlingo

① Elliot, P. 3 Great Apps for ADHD [EB/OL]. (2012 - 8 - 11). http: //learningworksforkids. com/2012/08/apps-for-adhd-vlingo-evernote-and-myhomework/.

3. 交互视频游戏

在美国,电子游戏治疗是医学研究的热点话题,也有部分公司致力于电子游戏治疗的研究和产品开发。一项名为 Project：EVO 的项目就初步证明了高品质的视频游戏可以实现对多动症儿童的治疗目的。这项成果来源于阿基利互动实验室(Akili Interactive Labs),该实验室是在阿基利公司资助下建立的,该公司提出了"电子医学"这一概念,旨在研究如何在电子设备上利用游戏和其他交互任务来缓解和治疗疾病。该实验室由加州大学旧金山分校的亚当·格萨里博士(Adam Gazzaley)领衔,Project：EVO 是其中的一个重要项目,而且已经取得了阶段性成果。研究表明,多动症儿童通过平板电脑玩游戏,每天 30 分钟,每周 5 天,一个月后,对多动症儿童的注意力、冲动和工作记忆进行测量,发现多动症儿童的核心症状和行为有着极大的改善[①]。这款视频游戏并不同于我们前面提到的网络游戏,它的设计基于脑科学和认知神经科学等,它的

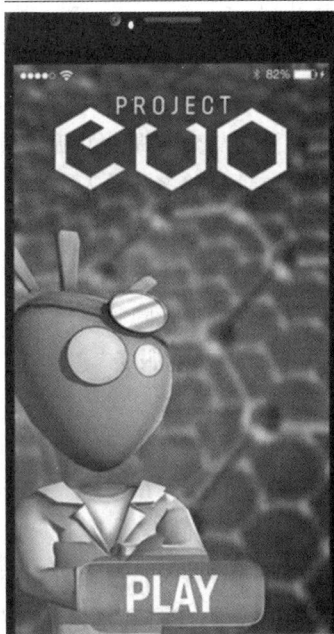

图 10－9

Project：EVO
界面

一个重要作用是锻炼大脑,充分调动认知功能参与注意的控制过程,以帮助改善工作记忆和注意力。

(二) 网络平台

国内关于多动症儿童的沟通与交往平台数量少且多是依托医疗机构而建立的,因此很多多动症儿童家长会在论坛或贴吧里进行交流。国内专业化的多动症网站数量也不多,比较有代表性的是向日葵俱乐部(http：//www. sunflowerclub. com. cn/),它是面向多动症儿童教育康复的专业网站,为儿童及家长提供免费咨询及帮助,该网站同时开通了"多动症向日葵俱乐部"官方微信,查找公众号时搜索"多动症向日葵俱乐部"或者"xrkjlb",选择关注即可。国外关于多动症的网络平台建设相对专业,可以从中获得国外相关的多动症信息,也可以为国内多动症网络平台的建设提供经验。

ADHD and You：该网站是由夏尔公司创办的、关于多动症的一个专业化网站,该网站联合了多动症领域的相关专业人士作为顾问指导,为多动症儿童、多动症成年人以及多动症儿童家长和教师提供了关于多动症的详细信息,以及细致的指导,该网站还提供了丰富的在线网络资源,内容侧重于具体有效的策略,非常实用。

ADHD Aware：这个网站由多动症人士经营管理,也是非营利性的,除了提供大量的多动症相关信息之外,还致力于支持多动症儿童和成年人有效地融入社区。

ADHD University：该网站能通过电话会议、网络直播以及其他形式提供神经生物

---

① Roman，J. Akili Videogame Helps Manage Symptoms In Children With ADHD [EB/OL]. (2015 - 10 - 30). http：//www. techtimes. com/articles/100820/20151030/akili-videogame-helps-manage-symptoms-in-children-with-adhd. htm.

学、信息学、多动症治疗等方面的信息。而这些资源有助于多动症患者制定个别化的治疗计划。

Attention Deficit Disorder Association（ADDA）：这也是一个非营利性网站，有着极具特色的服务板块，例如"ADDA 大使"和"ADDA 虚拟同伴支持团体"就为多动症人士的沟通与交往提供了新型平台。ADDA 大使指的是一支志愿者队伍，他们希望帮助加入该项目的多动症人士与其他人交流并且长期保持下去，丰富其人生的经历和体验。ADDA 虚拟同伴支持团体这个项目会在每个周二和周四的晚上进行，如果想在家中与其他多动症人士交流或者寻求建议，这是一个不错的选择，不仅能满足自身需求，还能有效地保护个人隐私。

（三）系统服务

1. 资讯服务

美国全国卫生研究所（National Institutes of Health，简称 NIH）、美国疾病预防控制中心（Center for Disease Control and Prevention，简称 CDCP）都开设有专门的多动症板块，提供全面的多动症信息，以 CDCP 为例，除了提供一些多动症基本症状、诊断治疗、教育训练等普及信息之外，还提供了大量的数据统计、研究资料和科学论文，以及一些多媒体控件、工具和可以免费获取的指导材料。该网站的信息更新及时，具有很强的时效性，更多的信息可以浏览网址 http：//www. cdc. gov/ncbddd/adhd/。

美国国家多动症资源中心（The National Resource Center on ADHD，简称 NRC，网址 http：//www. help4adhd. org/）是 CAADD（Children and Adults with Attention Deficit/ Hyperactivity Disorder）在 2002 年成立的一个项目，旨在收集发布美国多动症最新的循证信息，并按照时间分类整理，方便多动症儿童和青少年以及他们的家人和朋友获得最全面的信息支持，NRC 网站还有在线申请与问答、专家咨询等服务，该中心是多动症信息收集、整理和发布的重要平台，在提高公众对多动症的认知度上也发挥了重要作用。

2. 项目服务

美国特别重视多动症专业人员的队伍建设，多动症专业人员培训项目较多，获取培训的平台多元，例如多动症专业人员组织（ADHD Coaches Organization，简称 ACO，网址 https：//www. adhdcoaches. org/）是世界范围内面向多动症专业人士的会员组织，致力于提供最优秀的专业资源和培训。多动症专业人士协会（Professional Association of ADHD Coaches，简称 PAAC，网址 http：//paaccoaches. org/）也是同类型的组织，其使命是建立高标准的、卓越的 ADHD 专业人员资格认证和培训项目。另外，美国也很注重不同层次多动症专业人员的培训，PAAC 的项目标准有三个层次，分别是基础层次（Certified ADHD Coach Practitioner ，简称 CACP）、专业层次（Professional Certified ADHD Coach，简称 PCAC）和熟练层次（Master Certified ADHD Coach，简称 MCAC），不同层次有不同的学时要求和培训内容。除了专业人员培训以外，这些组织机构还为多动症儿童家庭如何选择合适的专业人员提供指导。

当今的辅助技术呈现出多元化、智能化、精细化和专业化的特点，更注重用户某一方面的需求，多动症儿童也有了更多的选择机会，而多动症儿童存在较大的个体差异，家长、教师等应根据多动症儿童沟通与交往的具体特点帮助儿童选择合适的辅助技术。以下6个步骤①可以作为参考：①确定多动症儿童信息：了解多动症儿童的优势、劣势、能力、偏好和需求等方面的信息；②确定参与的活动：确定多动症儿童在一天中遇到的各种各样的活动，需要帮助的是哪些方面；③确定可测量的干预目标；④选定辅助技术：选定辅助技术并考察其环境适应性，决定辅助材料是否需要调整；⑤应用辅助技术：确定开始使用时间，建立观察记录表，以评估辅助技术的有效性；⑥判断辅助技术作用：判断辅助技术在哪些方面能起到多大作用，进而对辅助技术及其对于多动症儿童的适用性作出评估。

第五节　多动症儿童沟通与交往的策略

多动症儿童在沟通与交往中面临着易被别人排斥的窘境，要想增强多动症儿童的社会适应能力，建立和谐的人际关系，必须要教会他们一些基本的沟通与交往策略，学会如何运用合理的语言、行为和表达方式去替代那些冲动、暴躁和不受欢迎的部分。这不仅需要多动症儿童能从思想上认识到自己应该怎么做，而且更要从行为上作出积极改变。

一、形成积极的自我认知

多动症儿童的个体主观能动性在其沟通与交往过程中发挥着重要作用，因此首先需要帮助儿童形成积极的自我认知，意识到多动症虽然给自己的沟通与交往带来了障碍，但并不应该成为难以建立良好人际关系的借口。只要多动症儿童愿意做出改变，努力去尝试，就朝着跨越障碍、学会沟通与交往的目标迈出了坚实的一步。

（一）坚定做出改变的意愿

多动症儿童提升沟通与交往能力的关键在于内驱力的发展。前文提到部分多动症儿童在沟通与交往过程中存在自暴自弃的心理，或者尝试改变无果，最后无奈放弃，但没有人希望自己是不受欢迎的，家长或教师要帮助多动症儿童坚定改变的意愿。首先儿童对于自己的障碍特征应有一个基本认识，家长或教师应试着用简单的语言让他们明白什么是多动症，这是让孩子认清病情的最佳办法，也是取得与孩子通力合作的最好办法②。其次，多动症儿童应该明确自己在哪些方面存在问题，哪些问题需要正视及改正。分析出哪些行为、习惯或言语在沟通与交往过程中起到了消极作用，然后将其列入到改变的日程当中。最后，进一步使儿童意识到自己能从改变中获益，认识到每个人都需要建立朋友关系，这是个体社会需求的重要内容，并需要在这一过程中会学会分享、合作、守信，学会换位思考，学会欣赏别人等。

① Shelton, K., Procailo, M., Miller, A. Technology for ADHD Students [EB/OL]. (2015 - 10 - 29). http：// kerryshelton. weebly. com/technology-for-adhd-students. html.
② [法]米歇尔·勒桑德厄，艾黎克·高诺法尔，莫尼克·杜赞. 多动症：你应该知道的140个问题[M]. 李利红，译. 上海：上海社会科学院出版社，2009：46.

（二）学会分享自己的不足

积极的自我认识对于多动症儿童的沟通与交往有着重要影响，其中一个重要方面表现在儿童能否和他人分享自己的多动症困扰，进而获取来自于周围人的支持。正如美国专门的多动症网站（www. ADHD and You. com）中所说的那样，是否告诉别人自己是多动症患者，取决于个人意愿，但是如果决定跟他人谈论自己的多动症行为，必须认识到建立亲密的关系需要共享和信任，在乐于和别人分享自己多动症故事的同时，也要确保自己信任的分享对象会尊重你分享的信息①。虽然尝试分享的过程并不顺利，但是多动症儿童是从中受益的，在获得别人尊重和理解时会获得建立亲密关系的前提，在被别人拒绝和排斥的过程中学会自我心理调适，如学会正确看待他人的误解或嘲讽等。

（三）树立积极的自我评价

有研究表明，多动症儿童的自我评价会影响其社会适应性的发展，如果多动症儿童对自我的评价是积极的，那么积极的评价就会对社会适应性的各个方面产生正向作用。多动症儿童在与同伴或他人交往的过程中，积极的评价无形中增加了他的自信心和控制感，使他相信自己是能够和别人好好相处的，有了这个信念，他在与同伴交往的时候，就能比较容易地控制住自己的行为，而不会因行为失当引起同伴的讨厌和拒绝②。频繁地被拒绝对于多动症儿童的自尊发展并没有益处。因此，可以从多动症儿童自尊意识的培养入手，鼓励儿童迈出改变的第一步。

最后需要指出的是，教师和家长同样也需要树立正确的认识。西尔斯认为人们往往会轻易地从生理的角度去责备孩子的行为，而忽视了家庭和学校需要解决的其他问题。为孩子贴上多动症的标签并不意味着给孩子那令人讨厌的行为找借口，而只是解释了孩子为什么会做出那样的行为，它为规划孩子的治疗提供了一个起点，减轻孩子感到自己是个"坏小子"的罪错感和耻辱感，并且增强了孩子有效地控制自己行为的信心③。所以，家长和教师不能把多动症作为放任儿童的借口，而应该在理解和尊重儿童的基础上，积极地帮助和引导他们。

二、掌握人际交往的规则

多动症儿童对于人际沟通与交往的基本规则的把握有所欠缺。多动症儿童有时候缺乏基本的礼貌，不尊重别人，在交往过程中以自我为中心，这都表明多动症儿童缺少基本的人际交往规则，多动症儿童不仅需要掌握常规交往活动中的规则，还要掌握非常规交往活动中的规则。

（一）熟悉常规交往活动中的规则

常规交往活动是指儿童日常生活中作为惯例存在的交往活动，发生的时间、情境甚至内容类似。例如多动症儿童每天会见到老师和同学，每天会由家长接放学，会在家长

---

① ADHD and You. Living With ADHD［EB/OL］.（2015 - 11 - 11）. http: //www. shirecontent. com/LIVINGWITHADHD/PDFs/LWA_SHI_USA_ENG. pdf.
② 王霄. 多动症儿童的自尊与社会适应性关系研究［D］. 上海：华东师范大学，2009：44.
③ ［美］西尔斯. 西尔斯育儿经［M］. 蔡骏，译. 北京：华夏出版社，2013：404.

的监督下做作业等。对于这种常规活动中的规则,多动症儿童应该熟记于心,当然这离不开老师和家长频繁的重复和提醒,例如,在学校见到老师一定要问好,放学后要记得和老师同学们说再见,在课堂上发言一定要先举手;玩游戏要遵守规则,不能破坏游戏;不能不经思考就打断别人的讲话;不能侮辱同伴而应学会称赞别人;想发表不同意见时不要过分提高音量,要通过协商来解决问题,不要随意动手动脚;不能冲撞长辈,要多听从长辈的意见和建议等。

(二) 预设非常规交往活动中的规则

非常规交往活动指的是发生频率较低的活动类型。它发生的情景蕴含较多的未知性,例如参加学校的徒步旅行、同学的生日派对、家庭间的聚餐活动以及其他一些非常规的交往活动等,这些活动对于多动症儿童有很强的新鲜感和吸引力,容易引发多动症儿童的激动情绪以及交往摩擦。对于这些非常规交往活动,充分的准备是相当有必要的。多动症儿童要在参加活动之前,针对自己可能发生的交往问题去寻求家长或教师的帮助,设想可能出现的交往情境以及自己可能存在的交往问题,然后听取来自于教师或家长的建议,做好计划和准备,这样可以增强多动症儿童对自己行为的控制力,减少不良的沟通行为,甚至能因为准备得当而获得活动参与者的认可与好评。

三、学会自我控制和自我暗示

多动症儿童的控制力较弱,易激惹,经常忍不住想发脾气。同时,多动症儿童可能面临一些来自同学的嘲笑和不满,也需要适时排解。因此,多动症儿童需要掌握一些基本的自我控制和自我暗示的方法。

(一) 学会有效的情绪管理策略

多动症儿童爱冲动,会因为一丁点小事儿发脾气,甚至动手打人,但是很多时候这并不是出自儿童本意,甚至事后十分懊恼,认为这些问题本来应该能得到更好的解决。所以多动症儿童首先应该学会让自己冷静下来。

在纸或黑板上列出儿童曾经觉得难过、兴奋以及必须要冷静下来的例子,将这份清单写上标题"需要冷静的时候",通过一些例子和想象找到一些冷静下来的方法,然后列出让自己冷静的方法清单,比如有的儿童会写"吞口水或喝水"、"赶紧走开"、"呆在自己的房间里"、"坐着一动也不动"等,策略都列出来后,儿童可以试着思考一下这些方法对自己是否有效[①]。最重要的是要在问题发生时合理选择运用某一策略,当发现其他更好的策略时及时地补充到清单当中。这一方法的适用范围很广,对于多动症儿童大多数的负面情绪都有作用,操作方式也很灵活,在运用这一方法的过程中,思维会经历一个意识——选择——控制的过程。首先意识到自己的情绪不对,感觉到自己要生气了;其次要迅速作出选择,选择以什么样的方式处理自己情绪上的变化,应尽量选择平和的方式;最后是控制,选择以平和的方式处理潜在的交际冲突,要控制自己潜在的不良情绪,或者以转移注意力的方式进行自我调节。

① Siperstein G., Rickards E. 促进社交成功之课程——一套专为特殊需求儿童设计的课程[M]. 钟莉娟,杨炽康,译. 台北: 心理出版社股份有限公司,2009: 175.

（二）运用积极的行为管理策略

多动症儿童在沟通与交往过程中经常因为冲动行为而破坏交往，因此掌握一定的行为管理策略有利于减少沟通与交往过程中的不良行为。多动症儿童可以在家长或教师的协助下制作每日行为记录卡（如表10-2），记录自己每天的积极行为和消极行为，比如夸赞了同伴、受到了老师的表扬，或对同桌发脾气了，反复开关抽屉影响课堂秩序等，将每天的行为逐一记录下来，并学会尽量减少消极行为，增加积极行为。低年龄阶段的多动症儿童制作每日行为记录卡有难度，可以先由教师或家长来协助记录并帮助他们进行分析，然后逐渐地过渡为由儿童自己完成。因为完成行为记录卡的过程也是自我审视的过程，有助于儿童形成积极的自我认知并发展基本的价值判断能力。

表 10-2

每日行为记录卡

行为	是(次数)	否(次数)
能好好排队		
能完成游戏		
能完成作业		
参与小组任务		
与别人斗嘴吵架		
攻击别人		
……		

四、掌握冲突解决策略

南希·J·汉密尔顿（Nancy J. Hamilton）和兰德尔·L·阿斯卓玛维奇（Randall L. Astramovich）认为专业咨询者在帮助多动症儿童管理自身障碍时，应着重关注三个领域：冲突解决、动机和自我效能、自尊[①]。多动症儿童与他人沟通与交往的过程中经常会产生冲突，一方面要尽可能地减少冲突的发生，要教会多动症儿童学会辨别可能引发冲突的环境因素。另一方面，不能为了避免冲突就限制他们的交往，而应该教会多动症儿童如何在发生冲突时以有效合理的方式解决，这样才能使多动症儿童面临的不良人际关系减少到最低。

大卫·W·约翰逊（David W. Johnson）和罗杰·T·约翰逊（Roger T. Johnson）指出同伴调节程序（Peer Mediation Program）能有效解决校园冲突，而南希和兰德尔认为同伴调节程序同样适用于多动症儿童所面临的人际冲突，而且对于这一策略的掌握可以从单一环境逐渐迁移到更多的环境中。因此，应该有针对性地对多动症儿童进行同伴调节程序的训练，它包括如下内容：学习协商和调节程序的步骤；掌握相关的协商调节知识；不断地应用予以强化；多元环境的迁移。其中协商和调节的步骤包括以下内容：先表达自己当下的感受，这么做原本的期望是什么，说明自己并无恶意，表达对对

---

① Hamilton N. J., Astramovich, R. L. Counseling Children with ADHD: Three Focus Areas for Professional Counselors [R]. Ideas and Research You Can Use: VISTAS 2014, 2014: 1.

方对于自己行为产生不满的理解,自己愿意为和好作出努力或者同意为对方作出弥补等①。学习同伴调节程序的步骤虽可帮助儿童在脑海中建立一个流程,但还需要通过在现实情境中的应用和迁移不断巩固。同伴调节程序将同伴冲突的解决方式程序化,教会多动症儿童冲突解决的办法,这样能结束不友好甚至敌对的状态,直至获得他人的认可及接纳,继而建立良好的人际关系。

由于多动症儿童年龄尚小,控制力发展还不成熟,因此,所有教育策略的实施都离不开教师和家长的辅助,当儿童畏难不前时要对他们在改变过程中的进步给予充分的鼓励和肯定,对于一些冲动不当的行为予以包容和指导。如果多动症儿童在与别人沟通与交往过程中出现的最大问题是注意力涣散,那就要鼓励儿童认真倾听;如果儿童在与人交往过程中最大的问题是伴有多动与冲动行为,则要鼓励儿童更多地使用语言,尽量避免使用动作等。总之,要根据儿童的特点,选择适合的沟通与交往策略。

第六节　案例分析②

多动症在给儿童带来一些障碍的同时还可能带来一些有利条件,比如持续地观察周围的环境;接收到信号后,反应强烈而迅速;做事情策略转变得很快;为了获得迅捷的报偿,可以非常努力;行动需要立竿见影;独立;追求刺激和新的想法;能够冒险,不怕危险③。我们可以轻而易举地列举出一长串的多动症名人,例如爱迪生和巴斯德,还有贝多芬和莫扎特等,所以多动症儿童和家长不能总是把焦点集中在多动症带来的不利影响,而应该把障碍转化为人格优势。威尔·史密斯的经历就证明了这一点。

一、基本情况

威尔·史密斯(Will·Smith)是好莱坞最伟大的黑人演员之一。主演过《黑衣人系列》《拳王阿里》《当幸福来敲门》《独立日》《我是传奇》等经典影片,在1995年以后一直到21世纪的第一个十年,史密斯几乎以一年一部的速度推出新作品,而且缔造了每部电影都有过亿票房的奇迹。他还是一位四夺格莱美奖的著名饶舌歌手,在饶舌还是一个全新的音乐形式时,威尔就专注于做饶舌音乐,高中毕业后因痴迷于唱歌而放弃了拿全奖上麻省理工大学的机会,决定做全职艺人。后来和搭档杰夫获得了格莱美历史上第一个饶舌音乐奖项。

可是获得如此巨大成就的威尔幼时却是一个多动症儿童,他经常将自己描述为"一个有趣的注意缺陷者","我在班里是典型的 B 等学生","我很难在两周之内看完一本书"等。史密斯最严重的是存在一定的阅读障碍,我们很难想象拍过那么一长串电影的人竟然有阅读障碍,但同时史密斯也有独特的策略来应对阅读上的不顺畅。我们不可

---

① Johnson, D. W., Johnson, R. T. Conflict resolution and peer mediation programs in elementary and secondary schools: A review of the research [J]. *Review of Educational Research*, 1996,66(4): 477-479.

② 案例资料是根据威尔·史密斯的演讲、访谈以及相关的新闻报道整理而成.

③ [法]米歇尔·勒桑德厄,艾黎克·高诺法尔,莫尼克·杜赞.多动症:你应该知道的 140 个问题[M].李利红,译.上海:上海社会科学院出版社,2009:162—163.

否认威尔是一个相当受欢迎的人，这可以从他 Facebook 上的粉丝数量看出来，而且他既可以和白人社区打成一片，又没有失去黑人社区对他的信任，这说明威尔具有极高的影响力。

二、过程分析

威尔·史密斯的成就让我们很难把他和多动症联系起来，他身上有着那么多卓越的品质，在世界各地都拥有大量的粉丝，被很多人奉为人生偶像。我们应该看到威尔·史密斯身上有些特定的品质对于多动症人士来说是相当珍贵并值得学习的。

（一）具备强大的意志力

史密斯曾说过："我们每个人都有卓越的潜力，卓越和伟大不是那么崇高辉煌、遥不可攀，不是只有少数特别的人才具备，我们必须相信这一点。"正是有这样的信念，相信自己会是一个创造不同的人，史密斯才会在职业生涯中勇往直前。另外，史密斯想主导自己的行为和心智，不想做一个注意分散的问题孩子，所以他总是勇敢地选择去做，他说自己讨厌害怕做某种事的感觉，所以会主动去克服让自己害怕的事情，故威尔唯一的恐惧就是自己害怕恐惧本身。

史密斯具备强大的意志力的另一个表现是他的自律精神。他说人必须要学会自律，且自律必须来源于内心，尽管有人可以迫使你做某些事，但这和自己想要自己做到某些事是两回事。因为在人生的关键阶段，要由你自己来做决定。

当然这种自律意识的养成应该离不开威尔父亲的严格教育。他的父亲是一个很严苛的人，总是期待他的孩子们有严明的纪律意识和良好的行为习惯。偶尔，作为一种惩罚，他还会因为孩子的不良行为而打他们。威尔认为虽然父亲严格了一点，但父亲的管教态度帮助他保持专注，使他远离干扰。

（二）训练高度的专注力

威尔谈到自己的成功时曾说过："我觉得每个人都想要成功，难就难在人们会分散精力去做很多事情，成功者要有强迫症一样的专注程度，你要专注地做好每一件事，全身心地发挥你的所有创造力。"威尔也是一个"注意缺陷患者"，但是他对于下定决心要做的事非常专注，以至于被形容为"变态到病态的敬业精神"，威尔在电影拍摄过程中一直是个勤奋的人，他会连续工作十六七个小时，专注于每一个表演环节，一个口型一个发音都不会放过。他从不会嫌弃枯燥的工作，他说如果我和一个人同时站在跑步机上，我肯定会是最后下来的那个，因为我能坚持。这不禁还要提到威尔·史密斯强大的意志力，试想一下如果没有坚定的信念和自律精神，要如何将专注力发展到"变态"的地步？

（三）坚持心中的高标准

多动症儿童身上经常会发生任务打折扣的事情，甚至把多动症本身当作任务不能完成的借口，而这种事情在威尔·史密斯身上好像从来没有发生过。威尔曾经讲过一面墙的故事，在威尔 12 岁，妹妹 9 岁时，父亲决定在商店前面建一面新墙。于是，威尔的父亲拆掉了旧墙，它大概有 16 英尺高，40 英尺长。他对孩子说，把新墙建起来就是这个夏天和以后的工作了。威尔和妹妹站在那里想，这太难了，他们永远也无法完成这个艰巨的任务。他们在整个夏天里一点一点地砌,终于有一天一面新墙出现了。

威尔后来说,在建这面墙的时候不要把它单单当作一面墙,而是"有史以来最宏伟壮观的墙",心中有了这样的标准,在砌每一块砖的时候都做到完美,最终会呈现出一面与众不同的墙。正是始终坚持这样的高标准、严要求,所以他的电影都能做到部部高票房。偶尔回想起某部电影中可以做到更好的地方,他还时常感到懊恼。

(四) 发挥迷人的幽默力量

威尔·史密斯自己曾说过:"没人相信我,但是,幽默比金钱或者相貌更有用。如果你能令一个女孩开怀大笑,你就是胜利者。"正如威尔所说,他拥有着令人无法抵挡的幽默力量。

威尔是个异常活跃的人,他在学校很受欢迎,他也不在乎自己的肤色,总是有很多话要说,甚至在学校被封为"王子",是一个彻头彻尾的疯狂搞笑的人。他给人感觉阳光、自信、开朗、幽默、充满魅力。他通过电影诠释了一个个经典角色,其中不乏喜剧角色,他本人的美式幽默、偶尔夸张的表情和动作同样也带给别人欢笑,幽默的力量仿佛生长在他身上一般。

威尔还拥有迷人的嗓音和一口纯正的西班牙语。1989 年威尔碰到了华纳公司经理本尼·梅迪纳,他给了威尔一个试镜、念剧本的机会。威尔凭着他纯正的发音,发挥得异常精彩,本尼觉得威尔就是他们要找的人选,当即拍板决定上戏。不仅如此,威尔的采访或者演讲除了一些幽默诙谐的地方,总能发人深省。

(五) 找到适合的解决策略

我们都知道多动症儿童精力过剩,需要积极地进行疏导。跑步是威尔生命中特别重要的一件事,他也曾建议年轻人多跑步,他认为跑步可以帮助解决一些问题。当前,面向多动症儿童的精力疏导方法或多或少具有人为干预的成分,威尔却是一个十足的自我行动者,他在遇到机会时,"第一步是必须先说我可以做到",然后想尽办法去实现承诺。他 12 岁时以说唱歌手的身份踏入演艺圈,并与杰夫组成搭档,甚至在后来辍学。遇事首先"夸下海口",为了演艺事业放弃学业,这在一定程度上具有多动症人士冲动的特性,以至于威尔在接受《滚石》杂志采访时谈到自己事业的驱动力时半开玩笑地说:"我的成功可能源于我的注意缺陷多动障碍。"因为多动症促使威尔不断尝试新的事物和角色,从歌手到演员,从演员到导演等。

上文提到威尔在阅读方面存在一些困难,既然存在这样的问题,那就要在工作方法上做一些调整。他很喜欢跟别人谈论一些事情,如每个周一的上午会和大家坐下来,谈一下上个周末发生了什么,是否在过去的十周、二十周或三十个周中发生过类似的事情,从谈论中威尔会发现每个人都有自己的思考方式和谈话方式,而总有一些事是会对自己有帮助的。

三、总结反思

威尔·史密斯是我们所熟知的好莱坞演员和歌手,他克服多动症障碍走向成功的例子鼓舞了很多多动症儿童和他们的家长。威尔如此受欢迎,除了外表等一些先天的特质外,更多的是他的人格魅力,威尔的例子很好地证明了多动症人士也可以凭借极具魅力的高尚人格获得事业的成功以及他人的尊重。

多动症儿童总是难以抑制自身的冲动,其行为的改变可能更多得借助外力,比如父母、教师的监督或奖惩等。而威尔·史密斯则具有足够的内驱力,他事业成功的动力来自于内心而非外力,对成功的渴望以及对于事业的激情促使他不断地尝试和努力。虽然这对于多动症儿童而言具有相当的挑战性,但至少可以在家长、教师的帮助以及自己的努力下,坚定地作出改变的意愿,尝试着加强对自身注意力的训练和自律意识的培养。

多动症给儿童带来的影响并不总是消极的,一些不良表现经过引导可以转化为多动症儿童的优势人格。就威尔而言,他总有说不完的话,很乐意和大家交谈,并不担心自己的肤色或者自己是否唐突。威尔还是一个行动派,甚至是一个没有想好怎么做,就先说能做的人,他乐于探究任何感兴趣的事物,这也使他获得了极大地成就感和满足感。相信这对于他人际关系的建立也是有帮助的。

威尔有着自己的一套为人处世的原则,甚至有些人生哲学的色彩。他说,在生活中,人们会让你疯狂,不尊重你,对你不友好,不要心存怨恨,让上帝来处理他们所做的事吧,怨恨只会白白耗尽你的心力。他还说,发生争执要学会协商解决,这样事情才会有转机。

威尔的人格魅力绝不限于此,他还是一个非常有担当和责任感的人,在被问到如何看待黑人聚集的社区时,他说这是长久以来的种族歧视所导致的,这是很多人的错,黑人社区目前的情况并不乐观,但收拾残局是我们的责任。

主要参考文献

1. 董会芹. 学前儿童问题行为与干预[M]. 北京:清华大学出版社,2013.
2. 沈德立,阴国恩. 基础心理学[M]. 2 版. 上海:华东师范大学出版社,2010.
3. 唐健. 情绪行为异常儿童教育[M]. 天津:天津教育出版社,2007.
4. 汪向东. 心理卫生评定量表手册(增订版)[M]. 北京:中国心理卫生杂志社,1993.
5. 王永午. 让分心多动儿童摆脱烦恼[M]. 北京:中国妇女出版社,2006.
6. 严三九,赵路平. 网络传播概论[M]. 北京:化学工业出版社,2012.
7. 张进辅. 家庭与人格[M]. 合肥:安徽教育出版社,2013.
8. 张进辅. 现代青年心理学[M]. 重庆:重庆出版社,2005.
9. 朱月龙. 心理健康全书[M]. 北京:海潮出版社,2008.
10. [美]艾里克·J·马施,大卫·A·沃尔夫. 儿童异常心理学[M]. 孟宪璋,等,译. 广州:暨南大学出版社,2004.
11. [英]芬坦·奥里甘. 现代特殊教育实用手册[M]. 郑维廉,编,译. 重庆:重庆出版社,2013.
12. [美]美国精神医学学会编. 精神障碍诊断与统计手册第 5 版(DSM-5)[M]. 张道龙,等,译. 北京:北京大学出版社,2015.
13. [法]米歇尔·勒桑德厄,艾黎克·高诺法尔,莫尼克·杜赞. 多动症:你应该知道的 140 个问题[M]. 李利红,译. 上海:上海社会科学院出版社,2009.
14. [美]西尔斯. 西尔斯育儿经[M]. 蔡骏,译. 北京:华夏出版社,2013.
15. Siperstein G. , Rickards E. 促进社交成功之课程——一套专为特殊需求儿童设计的课程[M]. 钟莉娟,杨炽康,译. 台北:心理出版社,2009.
16. 陈勤霞. 儿童注意缺陷多动症的健康教育[J]. 护士进修杂志,2002,17(9).

17. 董光恒，杨丽珠. 儿童对混合情绪理解的发展[J]. 辽宁师范大学学报(社会科学版)，2007(1).

18. 郭艳，施新宇. 多动症患儿家庭环境及其父母养育方式的探讨[J]. 实用医技杂志，2005(24).

19. 彭泳. 媒介素养教育：信息受众的主体性生成及其意义[J]. 湖南大众传媒职业技术学院学报，2005(5).

20. 王建忠，金星明. 注意缺陷多动障碍儿童的家庭环境研究[J]. 临床儿科杂志. 2005(1).

21. 宋克霞. 多动症儿童混合情绪理解能力和社会技能的发展特征研究[D]. 上海：华东师范大学，2009.

22. 王霄. 多动症儿童的自尊与社会适应性关系研究[D]. 上海：华东师范大学，2009.

23. 张苹芳. 家长教养方式和儿童气质类型对儿童多动症影响的研究[D]. 长沙：中南大学，2013.

24. 范里. "多动症教室"停办戳中特教发展痛点[N]. 中国教育报，2015 - 11 - 16(2).

25. 陆小娅. 面对铺天盖地的媒介传播，你是做主人还是做奴隶——社科院新闻传播研究所副研究员卜卫谈青少年与大众传媒[N]. 中国青年报，1997 - 6 - 20.

26. 赵思衡. "多动症儿童试验田"将荒芜——武汉多动症儿童单人教室面临停办校方称孩子需休学治病[N]. 京华时报，2015 - 11 - 13(16).

27. 神经科频道. 孩子沉迷网络游戏可导致多动症[EB/OL]. (2012 - 12 - 18). http：//www. xyxy. net/ertongduodongzheng/etddzdby/82225. html.

28. 搜狐博客. 一个多动症孩子的日记[EB/OL]. (2015 - 11 - 23). http：//zhenguoliu. blog. sohu. com/310700438. html.

29. 搜狐新闻. 12岁男孩"多动症"四处惹祸，父亲将其关铁笼[EB/OL]. (2015 - 01 - 30). http：//news. sohu. com/20150130/n408207213. shtml.

30. Barkley, R. A. , Cox, D. A review of driving risks and impairments associated with attention-deficit/hyperactivity disorder and the effects of stimulant medication on driving performance [J]. *Journal of Safety Research*, 2008(38).

31. Johnson, D. W. , Johnson, R. T. Conflict resolution and peer mediation programs in elementary and secondary schools: A review of the research [J]. *Review of Educational Research*, 1996, 66(4).

32. Ahmad, G. Educating and counseling of parents of children with attention-deficit hyperactivity disorder [J]. *Patient Education and Counseling*, 2007, 68(1).

33. Sonuga-Barke, E. J. S. , Taylor, E. , Sembi, S. , Smith, J. Hyperactivity and delay aversion-I. The effect of delay choice [J]. *Journal of Child Psychology and Psychiatry, and Allied Disciplines*, 1992(33).

34. Hamilton, N. J. , Astramovich, R. L. Counseling Children with ADHD: Three Focus Areas for Professional Counselors [R]. Ideas and Research You Can Use: VISTAS 2014, 2014.

35. ADHD and You. Living With ADHD [EB/OL]. (2015 - 11 - 11). http：//www. shirecontent. com/LIVINGWITHADHD/PDFs/LWA_SHI_USA_ENG. pdf.

36. Roman, J. Akili Videogame Helps Manage Symptoms In Children With ADHD [EB/OL]. (2015 - 10 - 30). http：//www. techtimes. com/articles/100820/20151030/akili-videogame-helps-manage-symptoms-in-children-with-adhd. htm.

37. Shelton, K. , Procailo, M. , Miller, A. Technology for ADHD Students [EB/OL]. (2015 - 10 - 29). http：//kerryshelton. weebly. com/technology-for-adhd-students. html.

38. Elliot, P. 3 Great Apps for ADHD [EB/OL]. (2012 - 8 - 11). http：//learningworksforkids. com/2012/08/apps-for-adhd-vlingo-evernote-and-myhomework/.

39. Shire ADHD scholarship. Shire 2015 ADHD Scholarship Program [EB/OL]. (2015 - 11 - 11). http：//www. shireadhdscholarship. com/.

第十一章 多重障碍儿童的沟通与交往

与单一障碍儿童相比,多重障碍儿童的障碍形式更为多样,情况更为复杂。这不仅仅为他们的日常生活和学习带来不便,也使得他们在与外界进行沟通与交往的过程中面临着更多挑战。教师和家长要了解多重障碍儿童的沟通与交往情况,激发他们主动进行交流的积极性,提供多样的辅助技术支持,运用可操作的具体策略,以促进他们的语言和社会交往技能的发展,从而与他人建立良好的人际关系。

第一节 多重障碍儿童沟通与交往的概述

随着对多重障碍儿童认识的不断深化,该类儿童的沟通与交往日益成为研究的热点问题。多种障碍合并出现的状况,使他们在感官、认知、运动、语言等方面处于弱势,在沟通与交往中,与其他障碍儿童相比,缺陷补偿的难度更大,发展面临的阻碍更多。

一、概念界定

多重障碍,也称多重残疾、多重缺陷、综合残疾[①]。我国学者朴永馨认为,多重障碍(Multiple Impairment)指生理、心理或感官上两种或两种以上障碍合并出现的状况(如聋盲、智力落后兼肢体障碍等)[②]。我国台湾地区学者许天威等对这一概念的解释是,多重障碍指具两种以上不具连带关系且非源于同一原因造成之障碍而影响学习者[③]。障碍状况的合并出现,使得多重障碍这一术语所包含的情况更为复杂多样,因而对其进行分类尤为必要。以影响发展与学习最严重的障碍为主要障碍,可以将多重障碍分为五类:①以智能不足为主之多重障碍;②以视觉障碍为主之多重障碍;③以听觉障碍为主之多重障碍;④以肢体障碍为主之多重障碍;⑤以其他某一显著障碍为主之多重障碍[④]。

从上述定义我们可以简单地认为具有两种或两种以上障碍的儿童,即为多重障碍儿童。例如,智力障碍兼听觉障碍儿童、肢体障碍兼语言障碍儿童、视听双重障碍(盲聋)儿童等。自闭症儿童可能同时具有语言障碍、情绪行为障碍等,这是由其神经心理功能异常造成的,因而不属于多重障碍儿童的范围。但是,如果自闭症儿童也出现了听觉障碍,则称其为自闭症兼听觉障碍,属于多重障碍儿童。值得注意的是,多重障碍不

① 王辉.特殊儿童教育诊断与评估[M].南京:南京大学出版社,2007:93.
② 朴永馨.特殊教育辞典[Z].3版.北京:华夏出版社,2014:468.
③ 许天威,徐享良,张胜成.新特殊教育通论[M].2版.台北:五南图书出版公司,2006:384.
④ 何华国.特殊儿童心理与教育(修订版)[M].台北:五南图书出版公司,2004:357.

等于各个障碍的简单相加或者叠加,而是可能出现的障碍状况之间彼此交织、相互影响,形成了一种更为复杂的组合结构。多重障碍儿童与其他障碍类型儿童有原则性的区别,他们是特殊教育领域中最特殊、最困难的群体。与单一残疾儿童相比,这一群体最显著的特征是:残疾情况复杂,残疾种类不同造成个体间差异巨大,普遍残疾程度较重①。

对于多重障碍儿童来说,与外界进行沟通与交往是促进其身心发展、更好地适应社会的良好渠道,然而,他们在这一方面往往存在着各种各样的问题。多种障碍的交互作用造成了他们在感官、认知和活动上的巨大困难,限制了他们的日常交往活动。在沟通与交往中,较单一障碍儿童而言,限制更多,难度更大。大部分多重障碍儿童在语言理解和表达方面有缺陷,又往往缺乏主动性,交往范围较小,难以获得充分的交往体验和经验,他人在与其交流的过程中,也会降低要求和期待,这些都对他们的语言和社会交往技能的发展造成了阻碍。

二、基本特点

(一) 媒介特点

1. 依赖性大

对于多重障碍儿童来说,障碍的合并出现使他们在与外界进行沟通与交往时面临更大的挑战,往往需要辅助。家人、老师等在与多重障碍儿童经过长时间的相处后,通常能够理解他们的语音和动作所代表的含义,但是若想与不太熟悉的人顺畅地进行交流,则往往需要借助辅助装置,部分障碍程度严重的儿童甚至需要完全借助辅具才能与他人进行沟通与交往。

约书亚没有使用正式的沟通系统。他用发声(一系列声音)和踢腿来表达自己。约书亚并不是时时都高兴。在那些不高兴的时候,他会哭。教师要试着找出他需要什么。他病了吗? 饿了吗? 太热还是太冷? 通常找问题的程序和婴儿的父母一样,通过试误,知道他的孩子哭叫时需要什么。试误法简单但不明确。因此约书亚的老师斯塔利帮他用控制开关将需要显示在信号增强沟通装置上,将来甚至可以用计算机显示,这个开关可以让约书亚表达他的需要,如要上洗手间或感觉冷,信号增强沟通装置可以为约书亚说"洗手"或"冷"②。

约书亚是一位重度和多重障碍儿童,他无法通过语言来表达自己的需求与情感,教师需要通过多次试误或者借助信号增强沟通装置,才能明白他发出的声音、做出的动作代表着什么,他需要什么。对约书亚不熟悉的人要与之交流,通过试误这种方式是不现实的,这无疑使约书亚的交往活动困难重重。辅助设备在约书亚的沟通与交往中发挥

① 郭小枚.多重残疾儿童综合性主题课程研究[J].中国特殊教育,2001(1):39.
② [美]特恩布尔,等.今日学校中的特殊教育[M].方俊明,译.3版.上海:华东师范大学出版社,2004:437—438.

了重要作用,它可以帮助约书亚进行言语表达,使他能够"说话"。

2. 融合性强

障碍情况的复杂性以及程度的严重性使得任何一种专为某一类障碍儿童设计的辅具都难以完全满足多重障碍儿童的沟通与交往需要。媒介融合指各种媒介呈现出多功能一体化的发展趋势,即在传媒产业领域,随着网络宽带化和文件压缩等数字技术的发展,传媒产业界限不断被突破的现象①。媒介融合是近年来媒介产业的一种发展趋势,是将报纸、广播、电视、网络等媒介产业结合起来,生产出不同形式的信息产品或服务,通过不同的平台,使受众以更简便的方式接收到多样化的信息内容。媒介融合提供了多种形式的产品和服务,因而可以简化获取信息、交流信息的过程。这种融合为多重障碍儿童提供了合适的渠道以及便利的服务,可以充分利用其优势,降低障碍状况的不良影响,增强沟通与交往活动的可能性。

(二) 方式特点

多数多重障碍儿童的言语沟通存在障碍,非言语沟通受到限制,在沟通与交往的方式特点上,呈现出可选择的方式数量较少、限制性大、需要综合运用的特点。例如,有言语障碍的视听双重障碍儿童,口语能力较差,又不能明确地接收到沟通对象的手语、手势以及声音要传达的信息,主要依靠书面语、面部表情、肢体动作等以及这些结合起来的沟通方式。实际上,专家、学生的朋友和家庭成员都能发现,即使是那些需要最多支持的学生都能用眼睛运动、触摸、面部表情和手势,或通过增加的、替代的沟通方式,如沟通系统和电脑,进行沟通②。虽然在交流过程中存在种种阻碍,但这并不意味着多重障碍儿童不能建立和维持人际关系,相反地,他们仍然可以通过多种方式,克服重重困难,不断表达自己,与他人进行沟通与交往活动。

许多重度和多重障碍个体与他人没有典型的社会交往。一些人表现为退缩,有些人因需要更多的支持而不能注意到周围的人。约书亚能注意到他周围的人,特别是当他们说话时(他看他们有很大的困难)。虽然他不能和他们进行语言沟通,他用手势和微笑表示他的快乐,这些都说明他有些能理解人们对他说的话。当然他的社会交往活动不是那么典型,只是有一些诸如听说、以声音为基础的游戏、和同伴一起吃饭等的社会交往③。

约书亚在与他人进行交往时,无法使用言语沟通方式,而是用手势和面部表情。他能听懂一些人对他说的话语,并且能给予一定的回应。不难看出,他能够选择的沟通与交往方式数目少、限制大,并且需要将这些方式结合起来使用,才能比较完整地表达自己的感受。

---

① 徐颖. 媒介融合的轨迹[M]. 北京: 中国人民大学出版社,2011: 6.
② [美]特恩布尔,等. 今日学校中的特殊教育[M]. 方俊明,译. 3 版. 上海: 华东师范大学出版社,2004: 437.
③ 同上,435.

（三）心理特点

多重障碍儿童同质性不强，个体特征差异大，障碍状况往往截然不同，因而很难对这一群体进行一致性的描述。但是据其某些特征表现，仍可发现他们一些共同的心理特点。

1. 自卑心理

多重障碍儿童由于障碍状况复杂、严重，往往在外表和行为上可以分辨出来，在公众面前不可避免地遭受到异样的眼光和不公正的对待。一些多重障碍儿童心理上难以接受这些客观障碍的存在，对自己缺乏正确的认知，容易产生自卑心理，严重者甚至会出现行为偏差。例如，多重障碍聋生往往自卑、压抑、焦虑、情绪控制力差，不愿和别人交往或感到交往困难，继而做出过激行为[1]。

2. 依赖心理

如果有其他的兄弟姐妹，父母给予多重障碍儿童的关心爱护就会减少，与其接触的时间也会随之减少。对于多重障碍儿童来说，与父母之间的互动是提高其沟通与交往能力的重要途径。感受不到父母足够的关爱，与父母的交流不足，多重障碍儿童就会产生焦虑感，出现发脾气、哭闹等行为。多数多重障碍儿童能较好地与父母或照料者沟通，但当没有熟悉的人在身边时，他们就会很容易缺乏安全感。父母或其他照料者过多的包办，也会使多重障碍儿童独立性、自主性不强，有着较强的依赖性。此外，部分多重障碍儿童对自己熟悉的环境有较强的依赖感，处在陌生的地方会出现焦虑、愤怒等负面情绪，以及大叫、哭闹、自伤等行为问题。

3. 退缩心理

有些多重障碍儿童，外出行走时必须牢牢抓住父亲或者母亲的衣袖，对陌生的人和声音会觉得恐慌、害怕，不会主动与人交流。有些则缺乏交往热情，交往意识不足，在他人尝试与其交流时态度冷漠，不以为意。某些肢体障碍兼视觉障碍的儿童，由于日常行动存在困难，需要依赖盲杖、助行器、拐杖或轮椅来行动，活动范围小，与外界接触少，较少主动与人沟通与交往，对陌生的人和环境有排斥心理。一般来说，多重障碍儿童较少外出，与外界交流少，常常是待在狭窄的熟悉环境里，这无疑加剧了他们在沟通与交往中的退缩心理。

（四）能力特点

1. 语言及沟通能力有限

多数多重障碍者的沟通交流能力有限，在语言或非语言的理解和表达上都存在困难[2]。语言障碍主要表现为：①语言发展迟缓：多数重度及多重障碍者在语言方面只能说出几个字或较短的句子，甚至无法以语言表达基本的需求，以致发展出不适当的行为，例如：发脾气、哭泣及攻击行为。②语音不清：由于脑伤以及发音器官受损，造成重度及多重障碍者所说的话发音不清，他人很难听懂。③语意不明：有些语音虽然清楚，然而其语意内容却毫无意义；或是语法混乱，以致他人不易明白其语言沟通的内容[3]。

---

① 黄静文.多重障碍聋生心理健康个案研究——以治疗取向的美术教育为切入点[J].现代特殊教育,2013(2)：51.

② 盛永进.特殊儿童教育导论[M].南京：南京师范大学出版社,2015：343—344.

③ 许天威,徐享良,张胜成.新特殊教育通论[M].2版.台北：五南图书出版公司,2006：391.

多重障碍儿童表达自己思维和情感的方式较为单一,沟通能力有限,影响了与其他人的沟通与交往活动。单一障碍儿童适用的辅具,如助听器、触摸板等,对部分多重障碍儿童来说并不能奏效。例如,视听双重障碍儿童只能通过触觉、嗅觉、味觉、动觉来感知外界,学习盲文、手语或口语的难度很大。在交谈中,他们需要用触摸对方唇部或在手上写字母等沟通与交往的方式,可见多重感官障碍儿童与他人进行沟通与交往的难度较大。单一障碍儿童经过合理的治疗和早期干预,其障碍得到补偿,往往可以与普通儿童一样,获得丰富的交往体验。然而对于多重障碍儿童来说,除非缺陷得到较好的补偿,否则障碍状况对其沟通与交往活动会带来不可忽视的消极影响。

2. 技能学习与保持能力较弱

障碍的存在,对儿童沟通与交往能力的发展会造成限制。障碍的种类越多、程度越严重,产生的不利影响越明显。多重障碍儿童想要有效地进行沟通与交往,需要掌握更多的技能。然而,障碍的存在使得这一群体能够学习的技能数量少,学习新技能的速度慢、难度大,保持和迁移的能力差,往往需要在专业人员的指导下多次尝试,不断进行重复和巩固。另外,部分多重障碍儿童患有某些生理疾病,如果没有得到及时的治疗和控制,会由于感染、药物刺激、意外伤害等原因导致病变、恶化,使得障碍状况加重,进而导致能够学习的新技能减少,甚至会影响已经习得的技能。

3. 社会交往技能发展迟缓

大多数多重障碍儿童缺乏与他人互动的社会经验,社会交往技能发展迟缓,其所表现出的行为往往不恰当。在交往过程中,多重障碍儿童常有的社会行为呈现两极化,包括反应不足、过度反应以及自我刺激[1]。例如,有些多重障碍儿童在别人尝试与之进行沟通时毫无反应,对身边的人的行为视若无睹,缺乏社会性语言和社会性微笑等。有些则相反,在不当的时间、地点对他人做出过激或过于亲密的反应,如尖叫、大笑、突然拥抱等。部分多重障碍儿童能够处理一些较简单的社会交往活动和人际关系,但在较为复杂的、需独立完成的社会交往上则表现出能力不足[2]。

悦悦在生长发育过程中,身体发育良好,但是心智方面发展非常缓慢。不会主动交流,别人问她问题时,她会先重复别人的问题,然后再回答。上课时,悦悦有时会大喊大叫;要求得不到满足或遇到问题时也会大喊大叫,有时有自伤行为(如扯头发、抓破自己的手);高兴时会摇动身体并拍手;不易与其他小朋友用语言来交往,不喜欢被触摸;喜欢听音乐,会唱听过的歌曲,尤其喜欢王菲的歌,听歌时喜欢甩头、摇晃身体,非常有节奏感;常有破涕为笑、转怒为喜的现象,有时也会出现焦虑、难为情,会被一点小事激怒[3]。

悦悦是一名视障兼自闭症倾向儿童。从悦悦的事例中不难看出,她具有较好的口语能力,但在语言理解和表达方面有所欠缺,在沟通与交往中有退缩心理,主动性差,存

---

① 李翠玲.重度与多重障碍[M].台北:五南图书出版股份有限公司,2009:8.
② 王辉,李晓庆,陈惠华.多重障碍儿童特殊教育需要研究的个案评估报告[J].南京特教学院学报,2012(3):35.
③ 同上,37.

在情绪行为问题,缺乏良好的社会交往技能。这些问题对多重障碍儿童的生活、学习极为不利,需要家长、教师及其他相关人员对其进行合理的教育和干预。

三、影响因素

(一)主观因素

多重障碍儿童的障碍状况复杂多样,任何一种障碍组合结构都可能出现一种独特的个性特征,这些个性特征在他们沟通与交往时得以体现。一般来说,具有外向、积极的个性特征的多重障碍儿童,能够主动与外界交流,而具有被动、消极个性特征的多重障碍儿童,与他人交往频率低、交往范围小。由于多重障碍儿童存在自卑、依赖和退缩心理,在与他人进行交流时往往处于劣势,这些都对他们的沟通与交往造成了不利影响,难以建立和维持良好的人际关系。

(二)客观因素

1. 遗传因素

遗传因素一般可分为基因突变和染色体异常,前者又可分为单基因突变和多基因突变,后者又可分为染色体数目异常和染色体结构畸变。对导致障碍发生的遗传因素的研究相对比较深入,也比较清楚。如研究发现基因突变中以多基因突变导致障碍发生的情况占绝大多数,染色体数目异常大多是非整倍体异常等,如 21 -三体、13 -三体和 18 -三体等[①]。基因突变、染色体异常,不仅会造成肢体上的缺陷,也会影响大脑的发育。在沟通过程中,人脑起着非常重要的作用,包括吸收印象、加工思想和生产语言[②]。大脑功能发育迟缓,对多重障碍儿童的感官、思维、智力等造成了消极影响,语言及沟通能力受到限制,势必不利于多重障碍儿童在沟通与交往中的表现。

2. 环境因素

多重障碍儿童往往活动范围小,交际圈子窄,主要的交往场所是住处,交流对象则是父母或其他照料者。较少接触到陌生的环境、陌生的人,这会导致他们交往技能发展迟缓,与人互动的能力欠缺。丰富的环境刺激是提高其沟通与交往能力的重要保障,家庭、社区以及教育与训练机构都应为多重障碍儿童创设开放、接纳的环境,完善相关设施和服务,营造良好的交往氛围,从而使他们获得丰富的交往体验。

3. 教育因素

实践证明,对多重障碍儿童进行早期干预,可以减轻其障碍程度,弥补其缺陷。对多重障碍儿童进行筛选和诊断是干预的前提。因此,要及早发现障碍状况,对障碍的性质进行鉴定,采取合理的教育手段。某些视听双重障碍儿童原本可以有较好的口语能力,然而在现实中,他们却无法通过口语与他人沟通,这是没有及时接受教育的不良后果。教学过程也是一种沟通与交往的过程。多重障碍儿童在学校或其他教育机构中,与教师或训练者的互动是提高他们沟通能力的良好渠道。教师的态度、观念和理念会影响学生的沟通与交往活动。索托等人的研究表明,教师对学生能力的认知存在偏差,

① 方俊明.特殊教育学[M].北京:人民教育出版社,2005:314.
② 李颖娟,丁旭.人际沟通与交流[M].北京:清华大学出版社,2012:17—18.

对与言语治疗师协作进行沟通干预持消极态度,可能是降低交流与互动频率的影响因素[1]。家长、教师及其他相关人员,要为多重障碍儿童创设无障碍的沟通环境,在教育与教学过程中,激发他们主动进行沟通与交往的积极性。

第二节　多重障碍儿童沟通与交往的方式

人际沟通能够帮助个体表达需求,传递和交流信息,促进个体生理和心理健康发展。根据沟通媒介的不同,沟通与交往方式可划分为言语沟通和非言语沟通。言语沟通是沟通与交往的重要手段,有口语学习能力的多重障碍儿童,应该重点学习口语。无法发展口语的儿童,则需要充分利用非言语沟通方式,与他人进行沟通与交往,建立良好的人际关系。

一、言语沟通

（一）口语

大部分多重障碍儿童普遍有言语障碍问题,这对他们的口语能力造成了消极影响。很多以智障和自闭症为显著障碍的多重障碍儿童及成人都无法用口语沟通。多数的多重障碍儿童只能说出几个字或较短的句子,有时他们会因无法用语言表达基本需求而出现不适当的行为,例如哭泣、攻击行为与发脾气等[2]。多重障碍儿童在口语沟通上处于劣势,但部分补偿较高且语言发展较好的多重障碍儿童,仍然有较好的语言理解能力和口语表达能力,能够在交流过程中听懂对方想要表达的内容和思想,通过说出词语、句子来与他人交谈,双方可以顺畅地进行口语交流。

（二）书面语

多重障碍儿童通过书写、阅读文字来传递和获取信息,感知世界、表情达意,从而实现与他人的交流。即使各方面发展条件受到很大限制,这一群体仍然涌现出为数不少的著名作家,如海伦·凯勒。在信息化背景下,多重障碍儿童能够借助多种形式的辅助技术,通过社交软件与外界进行沟通与交往。这种方式在一定程度上掩盖了他们的某些障碍,减轻了沟通中的心理负担,双方更接近于普通人之间的交流方式,容易建立起平等的人际关系。书面语是多重障碍儿童认识水平和文字表达能力的体现,同时也丰富了他们获取信息的途径,扩大了他们交往的范围。

二、非言语沟通

（一）面部表情

在人际沟通过程中,沟通双方最易被观察的"区域"莫过于面部。面,俗称"脸",由

---

① De Bortoli, T., Arthur-Kelly, M., Mathisen, B., Foreman, P., Balandin, S. Where are teachers' voice? A research agenda to enhance the communicative interactions with multiple and severe disabilities at school [J]. *Disability and Rehabilitation*, 2009(10): 1067.

② 盛永进. 特殊儿童教育导论[M]. 南京: 南京师范大学出版社,2015: 344.

于脸上的神色是心灵的反映,面部表情是人的心理状态的外在表现,因此,人的基本情感及各种复杂的内心世界都能够从面部真实地体现出来。在人的各面部器官中,眼睛能够传达的信息最为丰富、细腻。或爱慕、或嫉妒、或喜悦、或痛苦、或羞赧、或尴尬、或得意、或抑郁、或希望幻想、或绝望麻木、或怨恨懊悔、或愤怒矛盾……这些微妙的情感、只可意会的心境,通过眼睛都能够准确地表现出来①。在沟通与交往中,大多数多重障碍儿童都有较丰富的面部表情,能够通过面部表情表达不同的含义。如用微笑表达快乐的情绪,用皱眉表示心情不悦,与他人进行目光对视表示注意,视线移开表示不感兴趣,在表达某些需求时有特定的表情反应,对他人发出的不同的语音、语调有不同的情绪反应。面部表情通常可以比较直观、真实地反映出他们的内心世界。

(二) 肢体动作

1. 身势语

身势语,亦称动姿沟通符号,是指在人际沟通活动中具有信息传递功能的人的躯体、四肢动作态势,它是人们常用的一类非言语沟通符号。通常,在人际沟通过程中,人们的一举手、一投足、一昂头、一弯腰,都能够表达特定的意义,传递特定的信息②。它包括:①手势。手势在非言语交际中起着沟通和思维的作用,它是通过手和手指的动作变化来传递信息的。多重障碍儿童通过打手势来表达自己的思想,从而与他人进行简单的交流。例如,用摆手代表不,用手指东西表示想要等。②体态动作。一个人的体态动作往往反映着这个人对他人所持的态度③。头部动作也是一种常用的动姿沟通符号,"点头"、"摇头"和"偏头"均可以传递一定的信息。此外,由肩、腰、足等其他身体部位构成的动姿符号在人际沟通活动中也同样发挥着其信息载体的作用④。例如,多重障碍儿童在表达不满或焦虑时,会有跺脚、踢蹬等行为。③触摸。触摸语沟通符号是指通过沟通双方身体器官的相互接触或抚摸某一物体而传递信息的一类非言语沟通符号。这类沟通符号常常能够提供较之言语沟通符号更有影响力和感染效果的信息⑤。沟通双方身体器官的相互接触可以传递丰富的信息。例如,有视觉缺陷的多重障碍儿童,可以通过握手、拥抱以及触摸他人口型等方式与人交流,传达自己的想法,表达喜怒哀乐等情绪。与言语沟通相比,触摸能够比较直观地表达动作者的情感,更容易拉近交谈双方的距离,从而建立起较亲密的人际关系。

2. 静态姿势

即使人体处于静止和无声的状态,身体本身也可以用不同的方式"说话"。站、坐、蹲或倚的姿势是一种方式。另一种方式是以人与人之间保持的距离来表示的,或更普遍地利用自己对个人和社会空间的理解来表示——这是一种称为近体学的交际手段⑥。静态的站姿、坐姿以及与沟通对象的空间距离可以表露出多重障碍儿童不同的

---

① 丁煌.人际沟通学[M].武汉:武汉大学出版社,2013:99.

② 同上,97.

③ 周晓虹.现代社会心理学——多维视野中的社会行为研究[M].上海:上海人民出版社,2006:296.

④ 丁煌.人际沟通学[M].武汉:武汉大学出版社,2013:97—98.

⑤ 同上,100.

⑥ [美]克特·W·巴克编.社会心理学[M].南开大学社会学系,译.天津:南开大学出版社,1984:317.

心境和态度。就站姿而言,如果多重障碍儿童耸肩、缩腿、双手交握、视线飘移不定,那么他可能是感觉到局促不安,或是对交流内容不感兴趣。

(三) 辅助言语和类语言

辅助言语沟通符号指的是言语的非语词方面,它主要包括音调、音速、音量、音重、音质、音色等声音要素①。类语言沟通符号是指有声而无固定意义的语言外符号系统,它是功能性发声,不分音节,却能发出声音的语言,诸如哭声、笑声、哼声、叹息声、咳嗽声、掌声以及各种叫声,都属于类语言沟通符号②。多重障碍儿童语言障碍状况较为普遍,因而在沟通与交往的过程中,辅助言语和类语言常常能够传达出更丰富的信息。同一句话或同一个词语,用不同的音调、音速、音量、音色,都能表达出不同的思想和情感。同样是哭,小声啜泣可能是代表"我不开心",大哭可能代表了"极度伤心"。

第三节　多重障碍儿童沟通与交往的途径

家庭是多重障碍儿童与父母或照料者交流、互动的重要场所,对他们交往能力的发展有重要作用。当多重障碍儿童进入学龄期,被安置到学校后,沟通与交往的范围逐渐扩大,交往对象逐渐增多。在社会生活中,多重障碍儿童能够获得更为宽广的交流平台,从而拓展了他们沟通与交往的渠道。

一、学校中的沟通与交往

在学校中接受教育,扩大了多重障碍儿童的交际范围。障碍程度较轻的多重障碍儿童可以在普通学校中学习,障碍程度较重的则被安排在特殊教育学校。教师、学生以及其他教务人员能够接纳和帮助多重障碍儿童,对其交往能力将有很大的促进作用。

(一) 特殊教育学校中的沟通与交往

为特殊儿童开设的专门学校有聋校、盲校、培智学校和综合性特殊教育学校。这些专门学校是对特殊儿童进行有组织、有目标、专门化和系统化教育的场所,这类学校有丰富的资源,有从事特殊教育的专业人员,有专门的设备,在一定程度上可以满足特殊儿童的特定需要③。

1. 综合性特殊教育学校中的沟通与交往

综合性特殊教育学校招收两种以上不同类别的特殊儿童,学生在一个校园里生活学习,但在不同的班里上课④。与专门性特殊教育学校相比,多重障碍儿童在这里能够接触到不同障碍类型的同伴,获得更多相关的硬件和软件支持。因而在综合性特殊教育学校里,他们沟通与交往的限制较少。

---

① 丁煌. 人际沟通学[M]. 武汉:武汉大学出版社,2013:104.

② 同上,105.

③ 雷江华,方俊明. 特殊教育学[M]. 北京:北京大学出版社,2011:119.

④ 同上,120.

2. 专门性特殊教育学校中的沟通与交往

专门性特殊教育学校主要指以招收聋生为主的聋校、以招收盲生为主的盲校，以及以招收智力落后儿童为主的培智学校等。这类学校主要招收单一障碍儿童，但是出于多重障碍儿童接受教育的需求，也会招收部分多重障碍儿童。尽管障碍状况更复杂、更严重，他们仍然能够较好地融入集体中并产生归属感，因为他们和其他障碍儿童在身心上有相似之处，在沟通与交往过程中受到的压力较小，甚至能产生比较独特的交流方式。

然而，对于多重障碍儿童来说，虽然特殊教育学校为他们提供了一定的支持和便利，但它是一个相对封闭的环境，剥夺了多重障碍儿童与其他普通儿童交往互动的体验，因而不符合"最少限制的环境"理念和融合教育的发展趋势。

（二）普通学校中的沟通与交往

在普通学校里生活和学习，是特殊儿童理想的安置方式。但是对于多重障碍儿童来说，这是一个很大的挑战。对于那些障碍状况严重的多重障碍儿童而言，他们甚至无法控制自己的躯体和行为，因而并不是所有的多重障碍儿童都适合安置在普通学校。尽管如此，部分多重障碍儿童经过及时的早期干预和合理的治疗，仍然能够在普通学校里与普通儿童一起生活和学习。

1. 普通班级中的沟通与交往

在普通班级与普通儿童一起生活、学习，为多重障碍儿童提供了更多获取信息、与人交往的渠道。班级内的学生之间，接触机会较多，交流互动也较为频繁，因而会形成很多正式群体与非正式群体。多重障碍儿童在集体与群体中受到接纳，能够获得满足感与归属感，从而促进其交往能力的发展。特殊儿童与普通儿童一起交流、学习、参加活动，可以彼此增进了解、交流感情，为普通儿童与特殊儿童架起一道沟通的桥梁。

2. 资源教室中的沟通与交往

资源教室方案是在普通班就读的特殊儿童部分时间被安置到资源教室，接受补救或充实的有效的特殊教育措施，是障碍儿童接受学校教育较为常用的安置方式[①]。多重障碍儿童在资源教室接受教育训练，资源教师是主要实施者。多重障碍儿童在接受训练的过程中，既满足了自身的教育需求，又实现了与资源教师的沟通与交往。

约书亚在上小学时，他的同学轮流为他读书、画画、记笔记，帮助他给图画涂颜色。约书亚借助拐杖可以在普通班待上至少半天，在接受身体治疗、作业治疗和眼科治疗时则不需用拐杖。

现在，约书亚升入 C. Fred Johnson 中学，他在自己的专用教室里，在他的老师斯塔利（Ellen Starley）的指导下，接受更多的教育。斯塔利最大的挑战就是如何发挥约书亚的优势，使他在学习和发展中更为积极。斯塔利和她的同事运用复杂和变化的课程向这个方向努力着。约书亚从经过专门训练的治疗师那里接受治疗，治疗是全面的、系统的、一对一的：每星期一小时的全面身体治疗、两小时的身体适应教育、一小时的作业

---

① 方俊明.特殊教育学[M].北京：人民教育出版社，2005：319.

治疗,半小时的视觉刺激。他每天都从斯塔利和她的助手那里接受同样的干预,另外还增加了沟通训练,以此将约书亚的声音转化为单词、将手势转化为手语。

"我们对约书亚的教育可以说是狂轰滥炸,我们对他的教育投入了许多精力。这还算好。但最主要的是我们要帮助约书亚学会成为一个更加主动的学习者。"为做到这些并且能让其他同学接纳他,斯塔利让约书亚和其他几乎没有任何障碍的学生一起上日常生活技能课。她确信他和他的同学——那些有或没有障碍的同学——能一起吃午餐①。

约书亚在普通学校里读书,也在资源教室里接受干预和训练。他的老师斯塔利对他的教育投入了很大的精力,致力于对他进行学习以及沟通方面的培养,同时也在不断地激发他的主动性。斯塔利在教育与训练的过程中,很注重与约书亚进行互动,培养他的沟通能力。约书亚的同学也与他建立了友谊,在学习上给了他很大的帮助和支持。在学校里,教师与同学的接纳和帮助,对多重障碍儿童的沟通与交往起到了良好的促进作用。

二、家庭中的沟通与交往

家庭内和家庭间的交流互动对多重障碍儿童的身心发展影响深远。温馨和睦的家庭环境、耐心关爱的家庭成员可以促进多重障碍儿童语言和沟通技能的习得和保持,家庭间的接触在一定程度上扩大了多重障碍儿童的交际圈子,对儿童早期发展尤为重要。

(一)家庭内的沟通与交往

家庭作为儿童社会化最基本的动因,是儿童社会化的基础②。在多重障碍儿童的发展过程中,家庭的重要性不言而喻。儿童期是身心发展的关键时期,多重障碍儿童这段时期主要是在家庭中度过的,家庭对他们早期乃至一生的发展起着至关重要的作用。多重障碍儿童对家庭成员生理上的依赖和心理上的依恋较为强烈,尤其是父母亲作为重要他人对多重障碍儿童的身心发展影响更为深远。父母受教育水平高、子女少、对子女的教育重视程度高,往往能够倾注更多的爱和精力,注重与儿童的交流互动,这无疑为多重障碍儿童提供了良好的沟通与交往的机会。多重障碍儿童由于种种原因,往往不能经常外出或接触到家庭之外的人,家庭内的互动是他们主要的沟通与交往途径之一。

(二)家庭间的沟通与交往

家庭间的互相走动,使得多重障碍儿童能够较常接触到所处家庭之外的人员和环境,是扩大多重障碍儿童沟通与交往范围的良好途径。这些家庭往往有着较好的感情基础,尤其是同龄孩子之间更容易建立起良好的同伴关系。家庭间的互动,扩大了多重障碍儿童的交往范围。

---

① [美]特恩布尔,等.今日学校中的特殊教育[M].方俊明,译.3版.上海:华东师范大学出版社,2004:430.
② 陈琦,刘儒德.教育心理学[M].2版.北京:高等教育出版社,2011:59.

三、社会中的沟通与交往

丰富多彩的社会生活为多重障碍儿童提供了良好的沟通与交往途径。然而,他们由于自身条件的限制,与外界接触较少,交往不足,甚至遭受不公正的对待。多重障碍儿童想要更好地融入社会生活,需要全体社会成员为其营造接纳友好的社交环境。

(一) 现实社会中的沟通与交往

多重障碍儿童由于障碍状况的限制,交往意识不足,大多数情况下处在熟悉的环境中,较少主动与外界交流。他们中有的没有工作能力,无法独立地走向社会,缺乏在社会中的交流体验。对于大多数多重障碍儿童来说,与现实社会情境的接触,主要是与其日常生活和学习紧密相关的。例如坐车,买东西,去上学,逛公园等。

(二) 虚拟社会中的沟通与交往

在信息化背景下,网络的发展与手机、电脑等终端设备的普及为人们的沟通与交往方式带来了革命性的变化。由于网络交流中缺少视觉信息、面部表情、眼神交流、肢体姿势,人们总是设法对网络交流辅助以电话、面对面会谈等其他交流方式。同时,由于缺少关于交流者背景的信息,一个群体中处于弱势的交流者可以更多地参与交流,使交流参与更加平等并最终带来更好的网上民主[1]。多重障碍儿童的好奇心、求知欲旺盛,对虚拟社会有较大的兴趣,网络的虚拟性、隐蔽性和便利性,也一定程度上减轻了他们的顾虑和心理负担。他们可以通过网络获取信息、交换信息,进行交友、聊天、娱乐、休闲等。

第四节　多重障碍儿童沟通与交往的辅助技术

人都具有社会属性,需要在和其他人的沟通与交往的过程中满足自己生理或心理的需要。多重障碍儿童由于自身的障碍,在获取信息、与人沟通与交往的活动中存在一定困难,影响了儿童沟通与交往能力的发展。但是辅助技术的正确运用,可以提高儿童的沟通与交往能力,使儿童的交往活动变得更加有效,从而保证多重障碍儿童的身心得到健康发展。

多重障碍儿童的辅助技术对帮助儿童维持、补偿以及提高自身能力有着重要的作用[2]。多重障碍儿童可以根据自身障碍的类型及程度,利用辅助技术提高他们的沟通能力,改善沟通现状,克服障碍,与人进行有效的沟通与交往,参与社会生活。

一、硬件系统

硬件系统是指儿童借助图片、设备等外部资源进行沟通的一整套沟通辅助媒介系统。由于多重障碍儿童的异质性和特殊性,所以比其他特殊儿童所需要的辅助器具更加综合。在对沟通辅具进行选择和适配时,应根据儿童所表现的障碍类型和程度,以适

① 鲁曙明.沟通交际学[M].北京:中国人民大学出版社,2008:303.
② 何川.从美国《残疾人教育法案》看辅助技术在特殊教育中的应用[C]//第七届全国康复医学工程和康复工程学术研讨会论文集.北京:中国康复医学会,2010:321.

配相应的沟通辅具。

（一）有形符号沟通系统

有形符号沟通系统是利用实物作为一种象征符号来代表某种感知觉的沟通工具。它的形式既可以是二维的图片，也可以是三维的实体，它能使儿童联想到某种概念或者活动。它既可以引导儿童了解有形符号的内涵，更可以作为一种沟通的工具。比如茶杯可以代表"口渴"、"想喝水"或者"漱口时间到了"。因有形符号系统是图像的、实物的，所以具有操作性、形象直观性、可携带性和可辨识性。

有形符号系统中每个可触的符号都代表某种特定含义的实物，儿童通过对符号的了解和操作准确地表达自己的喜好和需求，进而增进儿童的认知能力、表达能力以及沟通与交往能力。对有形符号的操作，不仅可以让儿童对接下来的活动有心理预期，预知接下来的活动和活动顺序，也可以让儿童表达自己想要进行的活动，培养控制外在环境的能力①。

有形符号在多重障碍盲童沟通训练中的应用②

小泽（化名），男，2005年出生，5个月时父母发现他眼睛不追物，到医院眼科检查，发现眼底病变，视网膜脱落，3岁半时因没有语言，到医院被诊断为具有孤独症倾向，4岁时，到医院做脑电图，发现有严重的癫痫波，因无法用语言交流，5岁时来到自闭症康复中心进行语言康复训练。

小泽入学后，老师对他进行了相关的能力评估：听力正常，能理解简单的指令，能发出声音，通常是"啊啊"或"嗯嗯"的模糊声音，无法分辨具体字词。鉴于小泽的交流现状，老师决定采用有形符号帮助他进行交流沟通。对有形符号的选择，注重从小泽的生活实际出发，首选与家庭生活联系密切、孩子已经熟悉的内容。由此，老师初步确定了多个内容，制作成一套有形符号卡片，按照课程类、日常生活类、活动项目类、地点类进行分类，其中一部分内容被制作成相同的两套，学校与家庭同时配备。

1. "这是什么"，建立一一对应的关系。选择最佳切入点，将符号引入到小泽的学习生活中。每节课开始，老师利用有形符号告诉小泽"这是什么课"，并辅以语言，通过有意义的反复训练，以此建立符号和课程的关系。同时将符号引入到活动中去，在活动中介绍符号，让小泽将符号与自己的需求联系起来，使他逐渐明白他可以通过这个符号表达自己的需求。

2. "我想要什么"，提供选择，表达自己的需要。当小泽哭闹时，我们提供两个符号让他选择，如零食和上厕所的符号，一边引导他用手去触摸这些符号，一边用语言介绍："零食、上厕所，你想要做什么呀？"让小泽通过触摸来选择与自己需要相对应的符号，从而形成使用符号表达的习惯，减少哭闹行为的发生。

3. "这就是什么"，通过语言提示，找出相应的符号。小泽对有形符号有一定的认识后，老师用语言提示小泽，由他选出相应的符号。老师提供的选择从单选到二选一、

---

① 多重障碍儿童[EB/OL].（2015－10－28）.http：//www.ntcu.edu.tw/spc/aspc/6_ebook/pdf/9003/1.pdf.
② 曲桂平.有形符号在多重障碍盲童沟通训练中的应用[J].现代特殊教育，2014(11)：48—49.

三选一、多选一，以确认小泽对符号的认知程度。

4. "什么活动？在哪"，循序渐进，逐步增加有形符号的数量。开始时老师先介绍课程类符号，然后再介绍地点类符号，引导小泽将两部分内容联系起来："什么活动？在哪里进行？"这样可以使小泽把所学知识联系起来，也有利于他更好地理解符号的含义，更准确地使用有形符号来沟通。

5. "我知道这是什么"，少量提示，自主理解。给予小泽尽量少的提示，引导他自主理解整个活动，如提示下一节课是音乐课，他能找出相应的符号，并在帮助下找到音乐教室，准备上课。

在两年多的时间里，小泽被引入到用符号标记的日常活动中。有形符号帮助他找到了一种新型的交流方式，搭建了与外界沟通的桥梁。在对他进行康复训练时，周围的人使用语言跟他交流，而小泽则借助有形符号来学习新知识和表达自己的需要。这些符号每天使用频率很高，小泽已能比较准确地使用这些符号来表达自己的需求了，这在很大程度上提高了他的沟通能力，在学校和家庭中的行为问题大大减少。

（二）扩大及替代性沟通辅具

扩大及替代性沟通辅具在智力障碍、自闭症、脑瘫、语言发展障碍等多类特殊儿童的沟通与交往中发挥了重要作用，对于多重障碍儿童来说，扩大及替代性沟通辅具同样适用，但是由于多重障碍儿童的具体表现不同，因而往往需要以儿童的障碍表现和评估结果为依据，综合选择沟通辅具。例如对于视听觉正常但是存在严重四肢痉挛的多重障碍儿童来说，在选择沟通辅具时可以选择连接特殊开关的语音沟通板，方便儿童用身体相关部位按压开关选择沟通内容，这和脑瘫儿童及肢体障碍儿童的需求相似。视觉多重障碍儿童在选择沟通辅具时则要注意突出沟通板的语音识别和转换功能。对于极重度的多重障碍儿童，还可以选择一些设有应急需求的沟通板，例如图 11-1 所示的微电脑语音沟通版可随洗随录、体积较小、重量较轻、方便携带，且可外接另一特殊开关，作为紧急呼叫时使用。

图11-1

微电脑语音沟通板——掌上型红雀[①]

目前，沟通辅具的设计与开发越来越精细化，针对某类儿童或针对某种功能而特别设计的沟通辅具越来越多，但是对于多重障碍儿童来说，很难针对障碍表现选择高度契合的沟通辅具，因而如何帮助多重障碍儿童选择沟通辅具就格外重要。教育者、特殊儿童家长以及其他专业人员应当首先对儿童进行评估，在评估的基础上选择适合的沟通辅具，并对沟通辅具的训练内容进行选择，在训练过程中还要根据儿童的适应性进行调整。我国台湾地区学者林淑丽等人对小羽（化名）运用图片沟通系统进行训练改变功能性沟通行为的案例可以作为参考。

---

① 沟通辅具[EB/OL]. (2015-11-16). http://163.21.199.247/as/soft9.htm.

图片兑换沟通系统训练对一位多重障碍儿童之功能性沟通行为的改变①

小羽(化名)在三岁半时被诊断为多重障碍,患有中度自闭症、听觉障碍以及脑性麻痹。观察者和研究者在这个过程中主要采用了四种评量量表。分别是重要沟通技能检核表(The Picture Exchange Communication System Training Manual);增强物调查表;图卡兑换沟通行为进步情形监控表(Monitoring Progress Worksheets, MPW);负向行为记录表。以此来分析和评估小羽的现状和应用系统后的效果。整个过程分为五个阶段:

1. 训练前的评估。在本训练方案中,我们对小羽所进行的训练前评量主要有四项:(1)用"重要沟通技能检核表"评估小羽的沟通能力现况;(2)对小羽的负向行为进行简单的功能性行为分析,借以了解小羽负向行为可能代表的意义与功能;(3)评量小羽在未接受图片兑换沟通系统训练前能辨识多少张图卡;(4)用"增强物调查表"调查小羽平日喜欢以及不喜欢的事物。小羽训练前的评量结果大致包括:(1)当想要某一样东西或做某一件事情但得不到或做不到时,会出现负向行为(如暴怒、哭泣、生气、拉人、摔东西等);(2)在活动转换过程中或进行等待时,常会没有耐性并发脾气;(3)对大人的口语指令没有反应;(4)对某些特定物品(如布丁、辣椒)或活动(如吹泡泡)有明显反应等。

2. 沟通—实物兑换阶段。小羽在此阶段所要达成的目标为:看到自己喜欢的物品时,会拿起代表该物品的对应图卡走向沟通伙伴并将图卡交给沟通伙伴,借以换取增强物。详言之,在本训练阶段中,沟通伙伴的责任是先用增强物吸引小羽的注意(制造需要提出要求的情境与机会),让小羽为了得到增强物而产生兑换行为;兑换过程中,若小羽在看到增强物时能自发性地拿起图卡并把它交给沟通伙伴,沟通伙伴必须马上竖起右手(或左手)大拇指并说:"很好。"然后立刻把增强物给小羽。而身体协助者(坐在小羽的背后)的责任则是视情况对小羽提供身体协助;当小羽在看到增强物之后两秒钟内未自发性拿起图卡时,身体协助者必须马上抓起小羽的右手(小羽的惯用手)协助她把图卡拿起来、交给沟通伙伴、换取增强物等;只要小羽能产生自发性的兑换行为,身体协助者必须立刻解除身体协助。

3. 距离与坚持—增进自发性沟通阶段。小羽在此阶段所要达成的目标为:走近沟通簿并撕下沟通簿封面上的图卡,拿起图卡并走向沟通伙伴,引起沟通伙伴的注意并将图卡交给沟通伙伴以换取增强物。在本阶段中,我们除了改变图卡的距离外,也让不同的沟通伙伴与小羽进行图卡兑换练习。此阶段的实施方式大致与训练阶段2相同。

4. 图卡区辨阶段。小羽在此阶段所要达成的目标为:走近沟通簿,从沟通簿的封面上选出正确的图卡,撕下图卡走向沟通伙伴并将图卡交给沟通伙伴以换取增强物。为有效实施本阶段,我们把本阶段再细分为三个分项阶段:(1)分项阶段1:一张增强物图卡及一张分心物图卡的区辨。(2)分项阶段2:两张皆为增强物之图卡的区辨。

---

① 林淑丽,胡心慈,赵玉岚,邱满艳.图卡兑换沟通系统训练对一位多重障碍儿童之功能性沟通行为的改变[J].特殊教育季刊,2011(11):1—12.

(3)分项阶段 3：多张(三、五张)图卡的区辨。

5. 句子结构阶段。在本训练阶段中，小羽必须学会如何运用句子结构与沟通伙伴进行图卡兑换。详言之，小羽在本阶段所要达成的目标为：从沟通簿的封面上将代表"我要……"的图卡撕下并放在句带上，选一张实物图卡依序放在句带上(组成"我要＋增强物"的句子)，撕下句带并走向沟通伙伴，用手指依序指出句带上的每一张图卡，将句带交给沟通伙伴。

本训练方案的训练结果显示，小羽的图卡兑换沟通行为在各训练阶段结束时都有达到预定的通过标准。同时，随着学会的图卡量的增加，其每天平均出现之具沟通功能的负向行为则呈现下降的趋势。通过记录和行为分析，小羽在各阶段都较好地达成了阶段目标，而且负向沟通行为大大减少，小羽也似乎找到了可行的沟通路径。

二、软件系统

(一) 辅助技术

1. 眼控技术

从最初的键盘、鼠标、显示器，到如今的平板触摸操控，再到眼控技术，人类对于操作体验的追求是执着的，要求更流畅、快捷、精准、自然。眼控技术是利用眼球识别、跟踪技术，通过系统捕捉视线，确定视线的方向，实现视线跟踪，让视线变成鼠标来操控设备。

眼控技术在沟通辅具的应用上最常见的是眼控仪。眼控仪通过跟踪使用者的视线注视点来操作电脑且可搭配便携式平板电脑使用，帮助使用者获得更快捷的人机交互操作，帮助儿童实现与他人的沟通。以七鑫易维公司研发的睿智版·双目眼控看护系统 A2 为例。这个眼控操作系统包括了文字输入功能，语音求助功能，沟通辅助功能，上网聊天功能。多重障碍儿童不仅可以利用这些功能表达自身状态以及需求，而且还可以突破沟通障碍，顺利地与人上网聊天，提高自身沟通与交往能力。

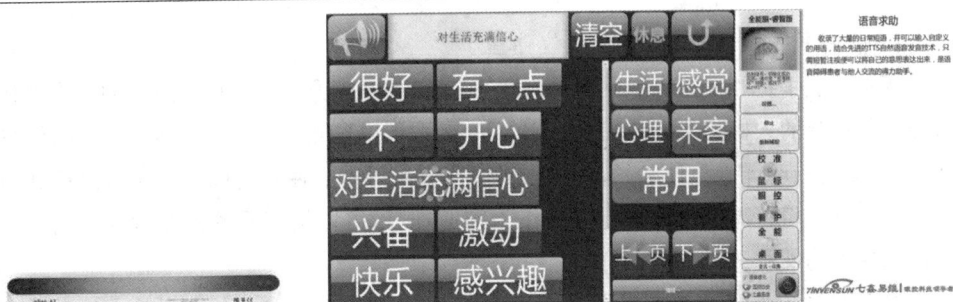

图 11 - 2

睿智版·双目眼控看护系统 A2[1]

图 11 - 3

睿智版·双目眼控看护系统 A2 操作界面[2]

[1] 睿智版·双目眼控看护系统 A2[EB/OL]. (2015 - 11 - 16). http://www.4008801390.com/Smart-version-binocular.htm.
[2] 同上.

图 11 - 4

睿智版·双目眼控看护系统 A2 操作界面

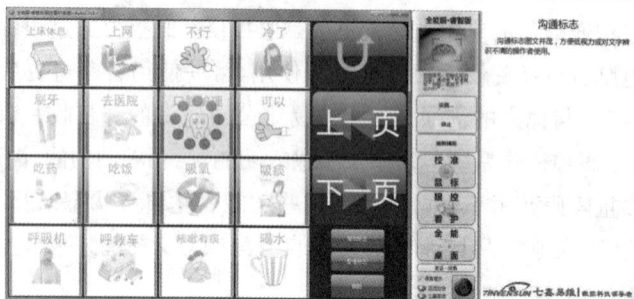

图 11 - 5

睿智版·双目眼控看护系统 A2 操作界面

图 11 - 6

睿智版·双目眼控看护系统 A2 操作界面

2. 基于 IOS 和 Android 系统的软件程序

随着智能手机和平板电脑的普及,IOS 和 Android 成为运用于移动终端的两大操作系统。与传统的人机交互方式相比,智能手机、平板电脑更具有多种优势,产品的便携性、简单流畅的触屏操作体验、智能的人机交互方式等特点使其可以作为多重障碍儿童的沟通辅具。将智能手机和平板电脑作为沟通辅具,可以给多重障碍儿童的沟通与交往带来更大的便利。

以 IOS 系统为例,IOS 系统除基本设置外,还有辅助功能与多任务手势。辅助功能包括:视觉、听觉、学习、肢体活动、连按三次。在沟通与交往方面包括:Voiceover、缩放与文本大小的改变、颜色与朗读功能,目的是为视觉障碍者提供相应的辅助,尤其是声音、文字的变化对视障碍者非常重要,此外,IOS 系统还专门设立了盲文选项①。例如

---

① 唐丹. iPad 软件应用于脑瘫儿童教育选择适配的个案研究[D].重庆:重庆师范大学,2014:15.

Voiceover,它的功能不仅可以朗读屏幕信息,还可以结合地图在出行时告知具体的位置,此功能适用于盲兼其他障碍的儿童①。这个功能大大降低了多重障碍儿童出行的困难,增加了特殊儿童对外沟通与交往的机会,提高了他们与人沟通与交往的能力。

除了 IOS 和 Android 自带的辅助软件以外,还有各种软件公司研发的针对特殊人群的专门软件。在苹果公司的软件商店中,有专为促进特殊儿童沟通与交往能力的扩大性沟通辅助软件专题,内含 5 个软件应用:Proloquo2Go、Proloquo4Text、Keedogo Plus、Keedogo、Pictello。其中在沟通方面运用最广泛的是由美国的 AssistiveWare 公司开发的 Proloquo2Go。Proloquo2Go 通过"图示＋词组"的方式帮助儿童表达自己的想法。比如在主界面中选择 I need,就会进入 I need 的界面,然后根据自己的需要选择下个词组,如 a drink,完成选择后点击右上角的"＋"符号,就可以组成语法正确的完整句子;然后点击发音按钮,将组成的句子或者自行输入的句子朗读出来。此外该软件还具有良好的扩展性,用户可输入自定义的单词、词组和语句,以扩充词库,而且这些符号能够通过互联网实时更新③。

图11－7

Proloquo2Go
操作界面②

但是由于开发难度大、投资成本高、市场回报率低等原因,软件市场上相关的软件应用相对较少,而且少有中文版本,对于英文版本还需购买版权并作进一步汉化处理。所以应根据我国多重障碍儿童的基本特点研发适用于他们的软件程序。

(二) 虚拟社区

随着计算机的普及、网络技术的迅速发展,网络已触及人类生活的方方面面。多重障碍儿童可以以虚拟社区为对外窗口,开展沟通与交往活动。

虚拟社区是指以互联网为传播媒介,根据自己的兴趣、身份等而自发形成的具有某种身份认同和交互功能的共同体。常见的形式有 QQ、微信、微博、贴吧等。多重障碍儿童可以以这些社交软件为媒介,主动参与互动交往。但是在利用虚拟社区的同时应注意的是要辨别各种纷复繁杂的信息,减少对儿童的消极影响。

(三) 系统服务

多重障碍儿童沟通能力的提高需要来自家长、教师、同伴以及社会等各方面长期系统的支持,各方人员协调配合才能使整个沟通系统得到最大的发挥。

1. 家人

家人对服务的认识与了解程度,对整个沟通系统的成效很有影响。家人作为多重障碍儿童的主要照顾者,需要参与到整个辅助系统的选择、设计和运用上,而且他们积

---

① IOS 辅助功能使用技巧与窍门[EB/OL]. (2015－11－17). http: //www. apple. com/cn/ios/accessibility-tips/.

② Proloquo2Go-Symbol-based AAC [EB/OL]. (2015－11－20). https: //itunes. apple. com/cn/app/proloquo2go-symbol-based-aac/id308368164? mt＝8.

③ 李青,王涛. 基于平板电脑的特殊教育软件研究与应用现状述评[J]. 现代教育技术,2012(8): 100.

极的操作和反馈可以保证整个系统的实际使用效果。作为多重障碍儿童的父母、兄弟姐妹首先需要对儿童适用的辅助系统有整体的认识,包括沟通系统的类型、主要功能、硬件设备、适用人群、价格等方面。然后根据儿童的类型和特点,综合评估该系统在多大程度上能够帮助儿童增加沟通与交往的机会。

2. 专业人员

专业人员可发挥其专长,有针对性地促进多重障碍儿童的个体发展。

语言治疗师及特教老师主要负责认知与沟通能力的评量,沟通符号的选择与设计,以及沟通策略的训练;物理治疗师负责肢体动作功能,决定姿势摆位和特殊开关的选择使用部位;心理治疗师负责心理咨询,缓解儿童及家人的情绪和压力;其他医疗人员负责儿童身体状况的评估;复健工程师协助个体肢体动作及沟通辅具的改良;电脑科技人员负责高科技辅具设计;社工人员负责家庭、学校、社区及工作场所的协调。

3. 其他人员

其他具有影响力者,如:同伴、朋友、制造厂商、政府、社会等。这些人员能否相互配合,将对整个系统的使用成效产生很大影响,因为多重障碍儿童终将参与到社会生活中,参与到同伴交往和社会交往的活动中。如果同伴和社会无法以平等积极的态度与多重障碍儿童进行交往,会对儿童产生负向消极的影响[①]。

4. 公益项目

此类公益项目是关于多重障碍儿童的支持项目,主要来自政府、公益机构等。其中较具影响力的有"阳光家园计划"、"信息交流无障碍服务"和"壹基金"等。此外还可以根据儿童的主要障碍类型申请不同类别的公益项目。不管来自何种社会团体的公益项目,都旨在提升多重障碍儿童的沟通与交往能力、参与社会生活的能力。如:①阳光家园计划:此项目是关于智力、精神和重度残疾人的托养服务项目,重点提升多种障碍人群社会参与能力,提高生活质量。②信息交流无障碍服务:此项目在于重点推动公共服务行业、公共场所、公共交通工具建立语音提示和信息屏幕系统,建立方便听力、言语障碍人群使用的紧急呼叫与显示系统。这些项目可以为他们的学习、生活和工作提供服务,使儿童在社会活动中变得更加主动。

第五节　多重障碍儿童沟通与交往的策略

儿童沟通与交往的能力主要体现在沟通行为上。沟通行为能力的发展包括七个阶段:前意图期、意图期、非传统性符号期、传统性符号期、可触知符号期、抽象符号期、正式性符号期。普通儿童的沟通行为能力一般随着年龄的增长而渐趋成熟,最终发展至正式性符号期。然而多重障碍儿童沟通行为能力的发展较缓且差异较大,有的能发展至传统性符号期,有的仅仅发展至前意图期[②]。

多重障碍儿童在与人交往时有时表现得过度热情,有时表现得畏惧退缩,往往无法

---

① 多重障碍儿童[EB/OL].(2015 - 10 - 28).http://www.ntcu.edu.tw/spc/aspc/6_ebook/pdf/9003/1.pdf.
② 同上.

做出与情境相适应的行为反应,无法适当表达自己的情感与需求。所以在交往对象不了解的情况下,双方会产生消极的交往体验。尤其对多重障碍儿童来说,交往的消极体验越多,越无法适应社会环境,形成适宜的交往行为。掌握积极有效的沟通与交往策略,能够提高其社会适应能力,促进其身心健康发展。

一、建立自我意识,树立积极形象

自我概念是指如何看待和感受自己,是个体所拥有的关于自身信念的总和[①]。多重障碍儿童在交往方面,常常不愿与人交流或感到交往困难,继而容易表现出过激行为,这些行为反应会让交往对象产生误解。而多重障碍儿童从交往对象的消极反馈中建立不恰当的、消极的关于"我"的意识,对自我的描述多消极。因此家长、教师要帮助儿童树立积极的自我意识。当儿童主动表达他们的需求和愿望时,我们要耐心倾听,多给予他们正面积极的行为反应,增强多重障碍儿童的交往意愿和动机。而且成功的交往体验能够帮助多重障碍儿童树立自尊和自信,满足儿童对能力、人际关系和自主性的深层需求,这些最终会给多重障碍儿童带来更大的幸福感。

多重障碍儿童由于自身障碍的限制,在生活自理方面存在不同程度的困难。常人能够自如处理的日常生活,对多重障碍儿童而言却存在诸多困难,而问题和失败会导致儿童的低自尊,从而带来更多的问题行为,所以多重障碍儿童的自我概念更多地建立在"我不能够做什么",而不是"我能够做什么"。对儿童自理能力训练的重要性不仅仅在于能让他们拥有自理能力,也在于帮助儿童树立积极形象,建立积极的自我意识。同时在与人交往中,可以改变常人眼中的刻板印象,增强社会适应能力。

二、开展主动交往,发展常规意识

多重障碍儿童的沟通与交往不仅仅是沟通,更多的是在沟通中发展语言能力和交往能力。然而不少多重障碍儿童的交往机会被父母和老师有意或无意地剥夺了。家长或老师往往低估了孩子的表达能力或者缺乏耐心,常常替他们做好一切,儿童的需要被提前满足,无形之中减少了他们进行主动沟通和互动的机会。我们应该看到的是,多重障碍儿童并不是无能力者,虽然他们在某些方面存在障碍,但是他们有能力且有可能参与到他周遭的活动中[②],参与到日常生活的基本活动中。所以除非孩子主动表达他的需求,否则我们不必事事代劳。相反,若能制造许多需要的情境,例如孩子口渴时,除非孩子要求,否则不主动提供杯子与开水,如此孩子可能因基本生理需求急切,而不得不想尽办法来表达他的愿望。

常规的建立也可提升儿童的沟通能力,因为与常规有关联的符号与行为,能促进沟通双方彼此的了解。当孩子能预期下一个活动或动作是什么,沟通机会自然增加,动机也会较为强烈。譬如:戴上帽子代表"外出",孩子就能对是否要外出表达自己的意愿。

---

① [美]David G. Myers.社会心理学[M].张智勇,乐国安,侯玉波,等,译.北京:人民邮电出版社,2011:29—31.
② 李翠玲.生态评量在多重障碍儿童教育之意义与应用[J].云嘉特教,1997(5):29.

如果能够让行为变得可以预测,他们在与人交往的活动中也会更加主动顺利。

　　案例①:在一位早期干预专家的帮助下,塞西莉亚意识到如果米切尔的日常生活更具有预测性,那么他将能够更好地理解身边发生的事。除了早上和晚上的程序,塞西莉亚决定尝试着通过几种方式来提高米切尔日常生活活动程序的预测性。当他喝光早晨的牛奶后,总是会洗个澡。洗完澡后塞西莉亚会给他涂润肤乳并且按摩他的肩部和背部。睡觉时间,她会把他的奶瓶给他,然后凯特会一边看电视一边摇晃他。塞西莉亚也意识到自己和米切尔已经发展出了"子程序"。例如,当她给米切尔换尿布时,在清洁完之后,她会往他肚子上吹气,并说:"好了,都干净了,都干净了。"然后,她会给他撒一点粉并给他换一张新的尿布,然后说"全部完成了",在把他抱起来之前,她总会摸摸他的肩膀。在把他放进浴盆之前,为了防止他大哭大叫,她会先把他的脚放在水中两次。在塞西莉亚给米切尔按摩背部前,她会挤出一些润肤乳放在手指上让他闻一闻。

三、家长——发展亲密的亲子关系

　　良好的亲子关系可以促进儿童早期语言和社会性行为的发展。当主要照顾者能为儿童提供一个安全舒适可信赖的环境,并对儿童发出的各种语言和非语言的信号作出及时回应时,两者的关系自然更加亲密。

　　作为父母,可能需经历一系列的阶段方能接受孩子是多重障碍儿童的事实。从最初的否定、争议到沮丧,再到最终的接纳,父母会产生强烈的情绪反应,如果心理防御机制不够健全,很容易将消极愤怒的情绪转移到孩子身上。家长一方面要积极看待多重障碍儿童,看到儿童所具有的发展优势,而不是放大他们的缺陷;另一方面要积极寻求外部支持,比如专业人员的心理咨询团体,多重障碍儿童的父母团体等。所以家长在与孩子进行互动时,可以运用以下几种策略:①为孩子提供一个安全舒适且可信赖的的环境,以促进两者之间的感情。马斯洛的需要层次理论说明生理需要和安全需要的缺失,会使人产生生理和心理的焦虑,而且影响更高层次需要的满足。作为多重障碍儿童的父母,应敏感地感知儿童的生理和心理需求,尽量为多重障碍儿童提供安全舒适的生活环境。②身体活动法(Van Dijk Method)的使用。身体活动法是指成人与儿童双方互动时所产生的身体移动与方法。不少多重障碍儿童活在自己的世界里,对周围的世界表现得漠不关心②。"移动"能够刺激儿童对周遭环境的感觉和认知,增加互动。婴幼儿会借由观察、参与和模仿他人发出的非符号性语言进行强化,进而了解移动可用来表达需求并把它当成一个沟通策略。当孩子感到"移动法"有趣,并开始感知这种相互作用时,就会产生一种明显的关注,从而推动孩子关注这种互动。

　　案例③:当成人止住摇马时,坐在摇马上的孩子的肩膀仍会向前移动。成人轻触孩

---

① [美]丹尼尔·P·哈拉汗,詹姆士·M·考夫曼,佩吉·C·普伦.特殊教育导论[M].肖非,等,译.11版.北京:中国人民大学出版社,2010:435.
② 多重障碍儿童[EB/OL].(2015-10-28).http://www.ntcu.edu.tw/spc/aspc/6_ebook/pdf/9003/1.pdf.
③ [英]芬坦·奥里甘.现代特殊教育实用手册[M].郑威廉,编译.重庆:重庆出版社,2013:107.

子的肩膀,并再度启动木马。摇马过一会儿又停了下来,而成人则等待着。当摇马停止运动时,在一段时间内,孩子仍继续运动,这是对摇马停摆的自然反应。但渐渐地,他就开始意识到等在一边的成人的映照行为(轻触肩膀)。于是他的移动行为得到强化,并向成人发出了信号,于是相互间的交流开展起来了。

四、同伴——构建良好的同伴关系

同伴关系是儿童生活经验中重要的社会关系之一,良好的同伴关系有利于儿童社会能力的培养、社会价值的获得、人格的健康发展。现有研究中的同伴关系,主要包括同伴接纳和友谊。同伴接纳是一种群体指向的单向结构,反映的是群体对个体的态度:喜欢或不喜欢、接纳或排斥;友谊则是一种以个体为指向的双向结构,反映的是个体与个体间的情感联系[①]。

多重障碍儿童,他们首先是儿童,其沟通与交往的本质特征反映了普通儿童的交往经验。如果只是让特殊儿童和普通儿童待在一起,没有深度的沟通与交往活动,仅仅停留于交往活动的表面上,则不利于特殊儿童与普通儿童良好同伴关系的构建。

普通儿童首先应该增进对多重障碍儿童的认识,其中教师可以通过多种方式让普通儿童认识到多重障碍儿童并非不同,只是在某些方面需要一些额外的帮助和支持,通过移情性理解设身处地地理解多重障碍儿童的情感和需要,促进群体间的相互理解。同时积极开展普通儿童和特殊儿童间的双向交往活动,促进普通儿童和多重障碍儿童同伴关系的构建。此外,当多重障碍儿童出现攻击或退缩行为,教师和家长可以向普通儿童展示一些应对策略,以缓解同伴关系的紧张。随着沟通与交往的深入,普通儿童和特殊儿童的同伴关系会逐步上升到友谊。

第六节　案例分析[②]

提起海伦·凯勒,大家都知道她有视觉障碍兼听觉障碍,知道她是一位杰出的教育家、作家、社会活动家。通过对她的案例分析,我们可以对多重障碍儿童的沟通与交往情况有进一步的了解。

一、基本情况

作家马克·吐温曾经说过:"19 世纪有两个值得关注的人,一个是拿破仑,另一个就是海伦·凯勒。"

海伦·凯勒,1880 年 6 月 27 日出生于亚拉巴马州北部一个小城镇——塔斯喀姆比亚。在十九个月时因患急性充血症而被夺去视力和听力。享年 88 岁,却有 87 年生活在无光、无声的世界里。在这段时间里,她先后完成了 14 本著作,其中最著名的有:《假如给我三天光明》、《石墙故事》。她致力于为残疾人造福,建立慈善机构,1964 年荣

---

① 邹泓.同伴接纳、友谊与学校适应的研究[J].心理发展与教育,1997(3):55—59.
② [美]海伦·凯勒.我生活的故事[M].朱原,译.北京:求真出版社,2010:1—238.

获"总统自由勋章",次年入选美国《时代周刊》评选的"二十世纪美国十大英雄偶像"之一。

二、过程分析

在因急性充血症而失去视力和听力之后,直到1887年,借着她的导师安妮·莎莉文对她的耐心教导和关爱,还有专家教她学会发音,让她学会流畅地表达,海伦凯勒才开始与其他人沟通并接受教育。

海伦·凯勒不但学会了阅读和说话,还以惊人的毅力完成了哈佛大学拉德克利夫学院的学业并于1904年毕业,成为有史以来第一个获得文学学士学位的盲聋人。她致力于残疾人事业,四处募捐以改善残疾人的生活环境和受教育水平。

海伦·凯勒曾经也有过昏暗的日子,她在一个乌黑的世界里度过了5年,并且没有任何获救的希望,曾经的她也是个性格乖张的小丫头,长时间的压抑、焦虑、沉重的压力得不到缓解。

手势、动作在她还小的时候尚能应付,随着年龄的增大,那些沟通手段已日益不敷应用。海伦·凯勒常常因为无法表达自己的需求而大发脾气。她在《我生活的故事》里是这样描述的:

我日甚一日地迫切希望把自己的思想感情和愿望表达出来。几种单调的手势,日益不敷应用,每次表达不了我的意思,我都要大发脾气,我在疯狂地挣脱它们。我极力挣扎,并不是因为挣扎会有效应,只是因为反抗的烈火在我胸中燃烧。而到头来,我总是大哭一场。

那时的小凯勒自卑、焦虑,常常受到激情的支配,控制不了自己的情绪。这种状况直到1887年3月3日那一天,凯勒称之为"重生日"。那一天,她的老师安妮·莎莉文走进了凯勒乌云密布的世界,给5岁的小凯勒带去了一丝光明和希望。

朋友,你可曾在茫茫大雾中航行过?在对面不见人的大雾中你神情紧张地驾驶着一条大船,不时用各种仪器探测着方位和距离,缓慢地向对岸驶去?你的心怦怦直跳,唯恐发生意外的事。在未受教育之前,我正像这大雾中的航船。我既没有指南针也没有探测仪,无从知道海港已经非常临近。我心里无声地呼喊着:"光明!光明!快给我光明!"恰恰正在此时,爱的光明照到了我的身上。

我觉得有脚步走过来,是母亲来了吧,我伸出手去。一个人握住了我的手,接着把我紧紧地抱在怀里。她是来对我启示世间的事理,她是为了爱我才来的。她就是我的老师——安妮·莎莉文。

从那天起,凯勒开始学习,学习事物的名称,学习了解这个世界。安妮反反复复地,一字一句地重复日常的话,把一句句话拼写在凯勒的手上,带凯勒感受生活、大自然的魅力,不放过任何一个机会,使凯勒了解世间一切事物的美,感受到生活充满美好且极具意义。

　　凯勒在安妮的帮助下,学会了用手语和文字与人进行沟通和交往,但是她不满足于此,总觉得因此受到了束缚。后来在富勒小姐的帮助下,凯勒用触觉来领会她喉咙的震动,嘴的运动和面部的表情,连贯地说出了"天气很热"这个完整的句子。看似简单的一句话,可是作为又盲又聋的人,要付出极大的努力才能克服这两座大山。

三、总结反思

　　视听双重障碍不仅仅是这两种障碍的简单相加,其障碍表现受两种障碍的交互作用的影响。由于主要的信息获取途径——视觉和听觉都受到了限制,儿童获得的信息量大大减少,影响了他们感知外部世界。而且由于海伦·凯勒的盲聋是后天性的,所以海伦小时候还无法适应这种转变,因此性情古怪乖张。直到她的老师安妮·莎莉文的到来,为她打开了新世界的大门,引导她认知世界,引导她感知生活的美好。安妮·莎莉文老师在没有任何教育经验可以遵循的情况下,以无比的爱心、耐心和毅力指导海伦·凯勒。靠着师生两人不屈不挠的意志力,海伦逐渐学会了手语、点字读书、唇读、说话,打开了海伦·凯勒的心灵世界。

　　海伦·凯勒的案例证明了提供一个富含沟通机会的支持性环境的重要性,同时也证实了兼具深度和广度的特殊教育教学的力量①,如果没有她的老师——安妮·莎莉文在旁的长期支持和教导,海伦·凯勒可能无法征服命运。

主要参考文献

1. 陈琦,刘儒德. 教育心理学[M]. 2 版. 北京:高等教育出版社,2011.
2. 陈强,徐云. 辅助沟通系统及实用技术[M]. 北京:科学出版社,2011.
3. 丁煌. 人际沟通学[M]. 武汉:武汉大学出版社,2013.
4. 方俊明. 特殊教育学[M]. 北京:人民教育出版社,2005.
5. 何华国. 特殊儿童心理与教育(修订版)[M]. 台北:五南图书出版公司,2004.
6. 蒋建荣. 特殊教育的辅具与康复[M]. 北京:北京大学出版社,2012.
7. 雷江华,方俊明. 特殊教育学[M]. 北京:北京大学出版社,2011.
8. 李翠玲. 重度与多重障碍[M]. 台北:五南图书出版股份有限公司,2009.
9. 李颖娟,丁旭. 人际沟通与交流[M]. 北京:清华大学出版社,2012.
10. 鲁曙明. 沟通交际学[M]. 北京:中国人民大学出版社,2008.
11. 朴永馨. 特殊教育辞典[Z]. 3 版. 北京:华夏出版社,2014.
12. 盛永进. 特殊儿童教育导论[M]. 南京:南京师范大学出版社,2015.
13. 王辉. 特殊儿童教育诊断与评估[M]. 南京:南京大学出版社,2007.
14. 许天威,徐享良,张胜成. 新特殊教育通论[M]. 2 版. 台北:五南图书出版公司,2006.
15. 徐颖. 媒介融合的轨迹[M]. 北京:中国人民大学出版社,2011.
16. 周晓虹. 现代社会心理学——多维视野中的社会行为研究[M]. 上海:上海人民出版社,2006.
17. [美]Myers. D. 社会心理学[M]. 张智勇,乐国安,侯玉波,等,译. 北京:人民邮电出版

---

① [美]丹尼尔·P·哈拉汗,詹姆士·M·考夫曼,佩吉·C·普伦. 特殊教育导论[M]. 肖非,等,译. 11 版. 北京:中国人民大学出版社,2010:432.

社,2011.

18. [美]丹尼尔·P·哈拉汗,詹姆士·M·考夫曼,佩吉·C·普伦. 特殊教育导论[M]. 肖非,等,译. 11 版. 北京:中国人民大学出版社,2010.

19. [英]芬坦·奥里甘. 现代特殊教育实用手册[M]. 郑威廉,编译. 重庆:重庆出版社,2013.

20. [美]海伦·凯勒. 我生活的故事[M]. 朱原,译. 北京:求真出版社,2010.

21. [美]克特·W·巴克编. 社会心理学[M]. 南开大学社会学系,译. 天津:南开大学出版社,1984.

22. [美]Margaret C. Wang. 特殊需要儿童教育[M]. 肖非,审译. 重庆:西南师范大学出版社,2011.

23. [美]特恩布尔,等. 今日学校中的特殊教育[M]. 方俊明,译. 3 版. 上海:华东师范大学出版社,2004.

24. 郭小枚. 多重残疾儿童综合性主题课程研究[J]. 中国特殊教育,2001(1).

25. 黄静文. 多重障碍聋生心理健康个案研究——以治疗取向的美术教育为切入点[J]. 现代特殊教育,2013(2).

26. 李翠玲. 生态评量在多重障碍儿童教育之意义与应用[J]. 云嘉特教,1997(5).

27. 李青,王涛. 基于平板电脑的特殊教育软件研究与应用现状述评[J]. 现代教育技术,2012(8).

28. 林淑丽,胡心慈,赵玉岚,邱满艳. 图卡兑换沟通系统训练对一位多重障碍儿童之功能性沟通行为的改变[J]. 特殊教育季刊,2011(11).

29. 曲桂平. 有形符号在多重障碍盲童沟通训练中的应用[J]. 现代特殊教育,2014(11).

30. 王辉,李晓庆,陈惠华. 多重障碍儿童特殊教育需要研究的个案评估报告[J]. 南京特教学院学报,2012(3).

31. 邹泓. 同伴接纳、友谊与学校适应的研究[J]. 心理发展与教育,1997(3).

32. 何川. 从美国《残疾人教育法案》看辅助技术在特殊教育中的应用[C]//第七届全国康复医学工程和康复工程学术研讨会论文集. 北京:中国康复医学会,2010.

33. 唐丹. iPad 软件应用于脑瘫儿童教育选择适配的个案研究[D]. 重庆:重庆师范大学,2014.

34. 多重障碍儿童[EB/OL]. (2015 - 10 - 28). http://www. ntcu. edu. tw/spc/aspc/6_ebook/pdf/9003/1. pdf.

35. 沟通辅具[EB/OL]. (2015 - 11 - 16). http://163. 21. 199. 247/as/soft9. htm.

36. 睿智版·双目眼控看护系统 A2[EB/OL]. (2015 - 11 - 16). http://www. 4008801390. com/Smart-version-binocular. htm.

37. IOS 辅助功能使用技巧与窍门[EB/OL]. (2015 - 11 - 17). http://www. apple. com/cn/ios/accessibility-tips/.

38. Proloquo2Go-Symbol-based AAC [EB/OL]. (2015 - 11 - 20). https://itunes. apple. com/cn/app/proloquo2go-symbol-based-aac/id308368164? mt = 8.

39. De Bortoli, T. , Arthur-Kelly, M. , Mathisen, B. , Foreman, P. , Balandin, S. Where are teachers' voice? A research agenda to enhance the communicative interactions with multiple and severe disabilities at school [J]. *Disability and Rehabilitation*,2009(10):1060.

图书在版编目(CIP)数据

特殊儿童沟通与交往/雷江华主编. —上海:华东师范
大学出版社,2016.5
教师教育精品教材. 特殊教育专业系列
ISBN 978 - 7 - 5675 - 5236 - 4

Ⅰ.①特… Ⅱ.①雷… Ⅲ.①儿童教育—特殊教育—
师范大学—教材 Ⅳ.①G76

中国版本图书馆 CIP 数据核字(2016)第 108809 号

教师教育精品教材 特殊教育专业系列

特殊儿童沟通与交往

主   编 雷江华
责任编辑 吴海红 李恒平
特约审读 张 伟
责任校对 时东明
装帧设计 卢晓红

出版发行 华东师范大学出版社
社   址 上海市中山北路 3663 号 邮编 200062
网   址 www.ecnupress.com.cn
电   话 021 - 60821666 行政传真 021 - 62572105
客服电话 021 - 62865537 门市(邮购)电话 021 - 62869887
地   址 上海市中山北路 3663 号华东师范大学校内先锋路口
网   店 http://hdsdcbs.tmall.com

印 刷 者 常熟市大宏印刷有限公司
开   本 787×1092 16 开
印   张 21
字   数 480 千字
版   次 2017 年 11 月第 1 版
印   次 2017 年 11 月第 1 次
书   号 ISBN 978 - 7 - 5675 - 5236 - 4/G · 9499
定   价 58.00 元

出 版 人 王 焰